생물 각 부분의 이름

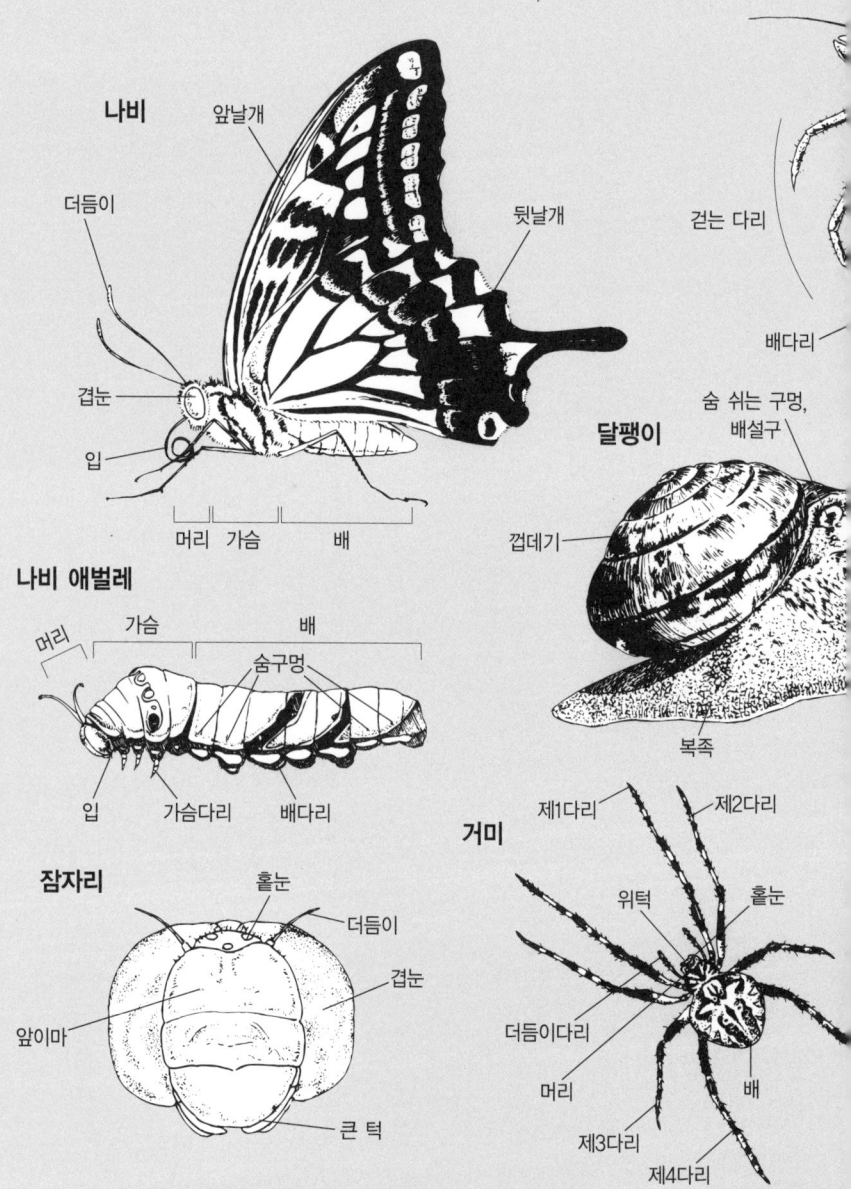

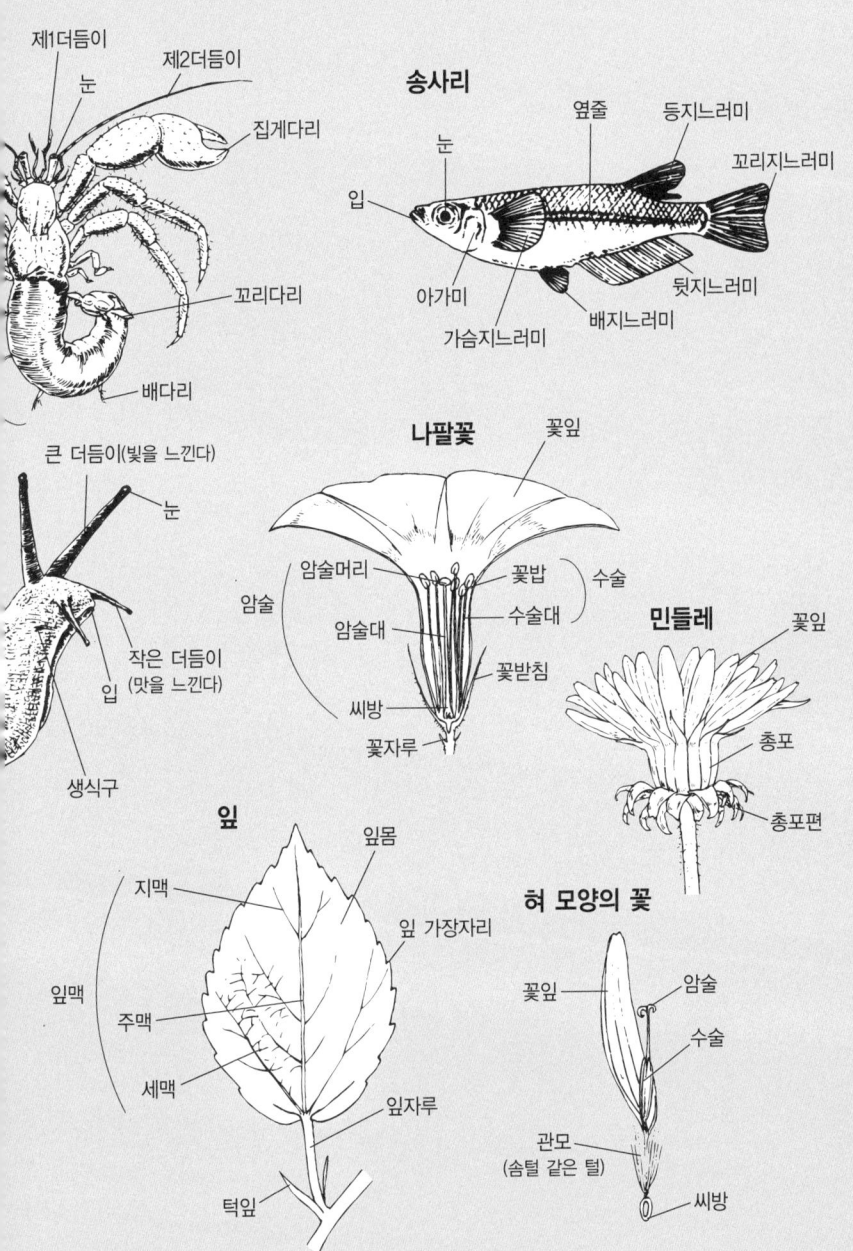

자유연구도감

자유연구도감

궁금한 것을 찾아 연구해 보자!

아리사와 시게오 글 | 쓰키모토 카요미 그림 | 김창원 옮김

책 머리에

2월 어느 날, 가지만 앙상한 팽나무에 가 보았습니다. 알락나비 애벌레는 낙엽 밑에서 겨울을 지낸다고 도감에 써 있어서 그것을 알아보기 위해서였습니다. 나무 밑동에 수북이 쌓여 있는 잎을 뒤져 보았더니 정말 알락나비 애벌레가 있었어요! 낙엽 뒤에 죽은 듯이 붙어서 겨울을 지내고 있는 모습은 보기에도 애처로웠습니다. 그런데 나중에 좀더 자세히 돋보기로 보려고 채집통 안에 낙엽째 넣고 집으로 돌아왔더니, 채집통에 넣어 둔 애벌레가 원래 있던 자리에서 다른 데로 옮겨가 있지 않겠어요? 추워서 애벌레는 겨우내 꼼짝 않는 걸로 알았는데…, 새로운 발견을 한 것 같아 기분이 좋았죠.

이 이야기를 새삼스럽게 소개한 것은 두 가지를 이야기하고 싶어서입니다. 하나는 어떤 일이든 자기가 직접 확인해 보면 책에 써 있지 않은 중요한 일을 발견하게 된다는 점, 그리고 또 하나는 연구 주제가 여름에만 있는 것은 아니라는 점입니다.

초등학생 때 곤충 표본과 식물 표본 등을 만든 기억이 납니다. 학창 시절 대부분의 일은 기억에서 사라지고 희미하지만, 곤충 채집이나 표본으로 만들기 위해 신문지 사이에 채집한 식물을 끼워 말리던 일들은 지금도 생생하게 기억이 납니다.

우리 생활 주변에는 궁금하게 여겨지는 일이나 흥미를 끄는 일들로 가득합니다. 호기심을 가지고 항상 생각하면서 연구에 몰두하다 보면 학교의 수업에서는 얻을 수 없는 감동과 만족감을 맛볼 수 있죠.

《자유연구도감》은 여러분 스스로 주제를 찾고 결과를 내보는 자유로운 연구 활동의 길잡이가 될 것입니다. 이런 과정에서 생각지도 않던 발견이 이뤄질 수도 있겠죠. 그것은 여러분만의 소중한 마음의 재산이 될 것입니다.

아리사와 시게오

옮기고 나서

우리가 사는 자연은 신비에 싸여 있는 아름다운 곳입니다. 하늘에 해와 달과 별들이 있고 흰 구름이 이리저리 떠돕니다. 구름들이 비를 내려 대지를 적시면 골짜기에는 맑은 물이 흐르게 되죠. 마침내 그 물은 강이 되어 바다로 흘러들고 많은 고기들을 살찌게 합니다. 산에는 나무가 자라고 꽃이 피고 새들이 지저귑니다. 온갖 동물들이 저마다 풀을 뜯고 뛰어놀며, 새끼를 기르기도 합니다. 이런 자연 가운데 여러분과 제가 살고 있는 것입니다.

여러분은 혹시 길가에서 자기 키보다 훨씬 크게 자란 해바라기를 보고 어쩌면 그 조그마한 씨가 저렇게 크게 자랄 수 있을까 궁금하게 여긴 적 있나요? 그 씨를 칼로 쪼개 보고 싶었던 적은 없었나요? 줄기 꼭대기에 태양 같은 황금빛 꽃을 피우는 작은 해바라기씨. 정말 놀랍고 신기하죠? 만일 그 신비의 베일을 살짝 젖히고 안을 들여다볼 수 있는 산책길을 걷는다면 얼마나 신이 나겠어요?

그래요! 신나는 일을 하는 것, 우리를 둘러싸고 있는 신비의 세계 속에 들어가 보는 것, 그것이 '자유연구'입니다. 연구라는 산책길의 첫발은 호기심에서부터 시작되고, 연구 세계의 문을 여는 열쇠는 관찰과 실험입니다.

《자유연구도감》은 여러분이 연구의 세계로 향해 가는 든든한 길잡이입니다. 특히 부록으로 담은 '재미있는 연구 주제 목록'은 '내가 과연 무얼 연구할 수 있을까?' 생각하는 여러분들에게 많은 도움이 되리라고 믿습니다.

김창원

당신은 어떤 타입이죠?

평생 기억에 남을 연구 주제

지렁이가 좋아하는 환경
→ 160쪽

호랑나비 암컷과
수컷은 어떻게
서로 알아볼까?
→ 136쪽

사람과 침팬지
→ 182쪽

부모님의 고향을
연구한다
→ 292쪽

자전거의 과학을 알아본다
→ 250쪽

도토리를 키워 보자
→ 218쪽

하루에 할 수 있는 연구 주제

소금쟁이의 다리를 관찰한다
→ 130쪽

매미가 날개돋이하는
모습을 관찰한다
→ 138쪽

채소는 식물의 어느 부분일까?
→ 220쪽

집게가 집을 옮기는 모습을 관찰한다
→ 170쪽

식물의 겨울 모습을 관찰한다
→ 226쪽

지진의 액상화 현상에 대해 알아본다
→ 248쪽

자갈 표본 만들기
→ 122쪽

쓰레기가 얼마나 버려져 있을까?
→ 282쪽

그림 글자와 마크에 대한 연구
→ 262쪽

정원에 있는 잡초를 조사해 본다
→ 206쪽

1주일이면 끝낼 수 있는 연구 주제

신난다.

싫증을 잘 내는 나도 할 수 있겠어!

잎맥 표본 만들기
→ 108쪽

고양이의 여러 가지 모습을 그려 보자
→ 260쪽

달팽이가 좋아하는 환경
→ 156쪽

나팔꽃 줄기가 감기는 모습을 관찰한다
→ 192쪽

가로수의 역할을 조사한다
→ 274쪽

리트머스 시험지 만들기
→ 232쪽

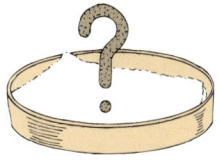

세제가 미치는 영향을 조사한다
→ 230쪽

국제 자매 도시를 조사한다 → 280쪽

떡잎의 역할을 알아본다
→ 212쪽

사람 얼굴 닮은 물건을
조사해 보자
→ 264쪽

끈기가 있어야 할 수 있는 연구 주제

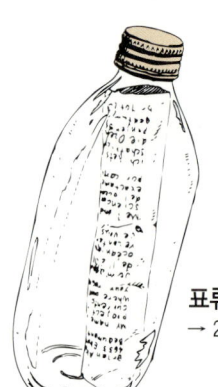

표류물을 모아 보자
→ 286쪽

나비 애벌레의 식욕
→ 134쪽

식물의 뿌리·줄기·잎의 성장을 알아본다
→ 202쪽

땅속에 살고 있는 생물을 조사한다
→ 162쪽

제비 새끼를 관찰한다
→ 174쪽

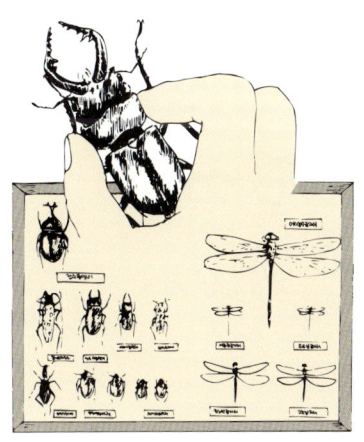
곤충 채집과 표본 만들기
→ 76쪽

식물 채집과 표본 만들기
→ 96쪽

우리집 1년 행사를 알아본다
→ 288쪽

감자는 뿌리일까, 줄기일까?
→ 216쪽

달의 모습을 그려 보자
→ 242쪽

친구와 여럿이 하는 연구 주제

수정이랑 현우랑 함께 해야지!

매미의 허물을 살펴본다
→ 140쪽

우리 동네의 장애인 이용 시설
→ 270쪽

씨는 어떻게 먼 곳으로 퍼져 나갈까?
→ 224쪽

해바라기의 성장
→ 196쪽

손이 얼마나 더러운지 조사한다
→ 236쪽

식사 예절을 조사한다
→ 278쪽

수화로 인사하는 법을 배운다
→ 276쪽

산성비가 우리 생활에
끼치는 영향에 대하여
→ 240쪽

보호색의 효과를 실감해 보자
→ 178쪽

차례

책 머리에 ········· 4
옮기고 나서 ········· 5
당신은 어떤 타입이죠? ········· 6

연구 상식
꼭 알아야 할
연구 진행 방법과
정리 완성법

주제 찾기 ········· 22
계획을 세운다 ········· 24
도구와 재료의 준비 ········· 26
박물관이나 과학관을 찾아가 보자 ········· 28
도서관에서 참고 자료를 찾는다 ········· 30
생물 도감을 이용하는 방법 ········· 32
관찰과 실험의 조건 ········· 34
관찰 노트와 카드 쓰는 방법 ········· 36
인터뷰를 할 때는? ········· 38
연구 결과 정리하는 방법 ①기본과 형태 ········· 40
연구 결과 정리하는 방법 ②제목과 부제목 ········· 42
연구 결과 정리하는 방법 ③그림, 표, 그래프, 사진 ········· 44
연구 결과 정리하는 방법 ④작업의 진행 ········· 46
복사 방법과 책 내용을 인용할 때 주의점 ········· 48
여름철 야외에서의 옷차림과 주의점 ········· 50
부모님의 도움을 받자 ········· 52

생물 기르기
살아 있는 생물
기르는 방법

장수풍뎅이 기르기 ········· 54
나비 기르기 ········· 56
소금쟁이와 잠자리 애벌레 기르기 ········· 58
달팽이와 지렁이 기르기 ········· 60
송사리 기르기 ········· 62
나팔꽃 기르기 ········· 64
해바라기 기르기 ········· 66
콩 기르기 ········· 68
감자 기르기 ········· 70

표본 만들기
여러 가지 표본 만들기의 기초 지식

흙과 비료 · 72
육식 생물은 기르기 어렵다! · · · · · · · · · · · · · · · · · 74

곤충 채집과 표본 만들기
　①곤충 있는 곳을 미리 봐 둔다 · · · · · · · · · · · · · · · · · · 76
　②곤충 채집에 필요한 도구 · · · · · · · · · · · · · · · · · · · 78
　③곤충 채집망으로 잡기 · 80
　④물 위나 물속에 있는 곤충 잡기 · · · · · · · · · · · · · · · 82
　⑤썩은 나무에 있는 곤충 잡기 · · · · · · · · · · · · · · · · · 84
　⑥곤충 쥐는 법·집에 가져올 때 주의할 점 · · · · · · · · · 86
　⑦곤충 표본 만드는 데 필요한 도구 · · · · · · · · · · · · · 88
　⑧나비목의 표본 만들기 · 90
　⑨잠자리목·메뚜기목의 표본 만들기 · · · · · · · · · · · · · 92
　⑩곤충핀을 꽂을 위치 · 94

식물 채집과 표본 만들기
　①식물 채집 장소 · 96
　②식물 채집 도구 · 98
　③식물 채집 방법 · 100
　④식물 표본 만드는 법 · 102
　⑤식물 표본의 색깔이 변했을 때 · · · · · · · · · · · · · · · 104
　⑥관찰을 위한 식물 표본 만들기 · · · · · · · · · · · · · · · 106

잎맥 표본 만들기 · 108
바닷말 표본 만들기 · 110
게 표본 만들기 · 112
조개 표본 만들기 · 114
거미줄 표본 만들기 · 116
석고 표본 만들기 · 118
새 깃털 표본 만들기 · 120
자갈 표본 만들기 · 122
표본 배열법과 정리하는 법 · · · · · · · · · · · · · · · · · · 124
표본을 특색 있게 만들려면 · · · · · · · · · · · · · · · · · · 126
연구 과제를 꼼꼼하게 정리했나요? · · · · · · · · · · · · 128

자연 주제
자연 속에서 주제를 찾는다

소금쟁이의 다리를 관찰한다 ·················· 130
호랑나비 – 알에서 나비까지 ·················· 132
나비 애벌레의 식욕 ·························· 134
호랑나비 암컷과 수컷은 어떻게 서로 알아볼까? ·· 136
매미가 날개돋이하는 모습을 관찰한다 ········ 138
매미의 허물을 살펴본다 ······················ 140
수액에 모여드는 곤충을 알아본다 ············ 142
꽃에 찾아드는 곤충을 알아본다 ·············· 144
잠자리의 날개돋이를 집에서 관찰한다 ········ 146
장수풍뎅이의 성장을 관찰한다 ················ 148
거미줄 치는 모습을 관찰한다 ················ 150
개미의 먹을 것 찾기 ·························· 152
달팽이의 움직임을 관찰한다 ·················· 154
달팽이가 좋아하는 환경 ······················ 156
지렁이의 몸에 대해 알아본다 ················ 158
지렁이가 좋아하는 환경 ······················ 160
땅속에 살고 있는 생물을 조사한다
  ①큰 토양 생물 채집 ······················ 162
  ②작은 토양 생물 채집 ···················· 164
플랑크톤을 관찰한다 ························ 166
생물 종류로 강물의 깨끗한 정도를 알아본다 ··· 168
집게가 집을 옮기는 모습을 관찰한다 ········ 170
총알고둥과 밀물, 썰물 ························ 172
제비 새끼를 관찰한다 ························ 174
청개구리 몸 색깔의 변화를 관찰한다 ········ 176
보호색의 효과를 실감해 보자 ················ 178
송사리의 성장을 연구한다 ···················· 180
사람과 침팬지 ································ 182
마이크로 세계를 스케치한다 ·················· 184
나팔꽃의 성장을 관찰한다 ···················· 188
나팔꽃 줄기가 감기는 모습을 관찰한다 ······ 192
나팔꽃이 피는 모습을 관찰한다 ·············· 194
해바라기의 성장 ······························ 196
해바라기는 정말 해만 바라볼까? ············ 200
식물의 뿌리·줄기·잎의 성장을 알아본다 ······ 202

정원에 있는 잡초를 조사해 본다 ········· 206
식물의 생명력을 조사한다 ①채소의 토막 ······· 208
식물의 생명력을 조사한다 ②여러 가지 식물 ····· 210
떡잎의 역할을 알아본다 ················ 212
식물의 잎에 사진을 인화해 보자 ·········· 214
감자는 뿌리일까, 줄기일까? ·············· 216
도토리를 키워 보자 ···················· 218
채소는 식물의 어느 부분일까? ············ 220
과일과 채소 씨를 모은다 ················ 222
씨는 어떻게 먼 곳으로 퍼져 나갈까? ······· 224
식물의 겨울 모습을 관찰한다 ············· 226
아무것도 없는 땅에서 뭔가 돋아난다 ······· 228
세제가 미치는 영향을 조사한다 ··········· 230
리트머스 시험지 만들기 ················· 232
소금의 결정을 만든다 ·················· 234
손이 얼마나 더러운지 조사한다 ··········· 236
산성비가 우리 생활에 끼치는 영향에 대하여 ·· 240
달의 모습을 그려 보자 ················· 242
달의 움직임을 관찰한다 ················· 244
행성을 관찰하고 스케치한다 ············· 246
지진의 액상화 현상에 대해 알아본다 ······· 248
자전거의 과학을 알아본다 ··············· 250
소리의 높이에 대해 알아본다 ············· 252
월동 중인 알과 번데기의 보존 ············· 254

사회 주제

생활 속에서
연구 과제를 찾는다

일하는 사람의 복장과 도구 ··············· 256
거리의 동물 지도를 만들어 보자 ·········· 258
고양이의 여러 가지 모습을 그려 보자 ······ 260
그림 글자와 마크에 대한 연구 ············ 262
사람 얼굴 닮은 물건을 조사해 보자 ········ 264
도로의 기호를 조사한다 ················· 266
특징 있는 간판을 조사해 본다 ············ 268
우리 동네의 장애인 이용 시설 ①공공시설 등 ···· 270
우리 동네의 장애인 이용 시설 ②가게 ········ 272
가로수의 역할을 조사한다 ··············· 274

수화로 인사하는 법을 배운다 ·············· 276
식사 예절을 조사한다 ················· 278
국제 자매 도시를 조사한다 ·············· 280
쓰레기가 얼마나 버려져 있을까? ·········· 282
우유팩으로 재생 종이를 만든다 ··········· 284
표류물을 모아 보자 ··················· 286
우리집 1년 행사를 알아본다 ············· 288
옷감 무늬의 이름을 조사한다 ············ 290
부모님의 고향을 연구한다 ··············· 292
신문에서 정보를 얻는다 ··············· 294

연구 기술
도움이 되는
여러 가지 기술

삽화와 그림 그리는 법 ················· 296
사진 찍는 법 ························ 300
돋보기 사용법 ······················· 304
쌍안경 사용법 ······················· 306
천체 망원경 사용법 ··················· 308
현미경 사용법 ······················· 310
기구와 용구 사용법 ··················· 312
약품 사용법 ························ 314
온도 측정법 ························ 316
무게와 분량을 재는 방법 ··············· 318
길이를 재는 방법 ···················· 320
넓이와 부피 재는 방법 ················ 322
시간을 잰다 ························ 324
몸의 치수를 이용한 측정법 ············· 326
지도 이용법 ························ 328
지도 그리는 법 ······················ 330
관찰물을 쉽게 알아보는 방법 ············ 332
위험한 동물과 식물 ··················· 334
응급 처치 ·························· 338

자료

재미있는 연구 주제 목록 ·············· 340
생물, 암석 등 표본 목록 ·············· 346
거리와 학교 그리고 집 안에 있는 연구 주제 ···· 348
도서관 및 박물관 안내 ··············· 350
찾아보기 ························ 356

연구 상식

꼭 알아야 할
연구 진행 방법과 정리 완성법

주제 찾기

자유연구를 시작하려고 할 때 가장 어려운 것이 주제 찾기입니다.
주제는 생활 주변에서 평소 이상하다고 생각하거나 흥미를 느낀 것 가운데서 찾으면 성공이며, 박물관이나 과학관에 가보는 것도 좋습니다.
주제를 찾았으면 재료를 쉽게 구할 수 있는지, 또 어른들의 도움 없이 혼자

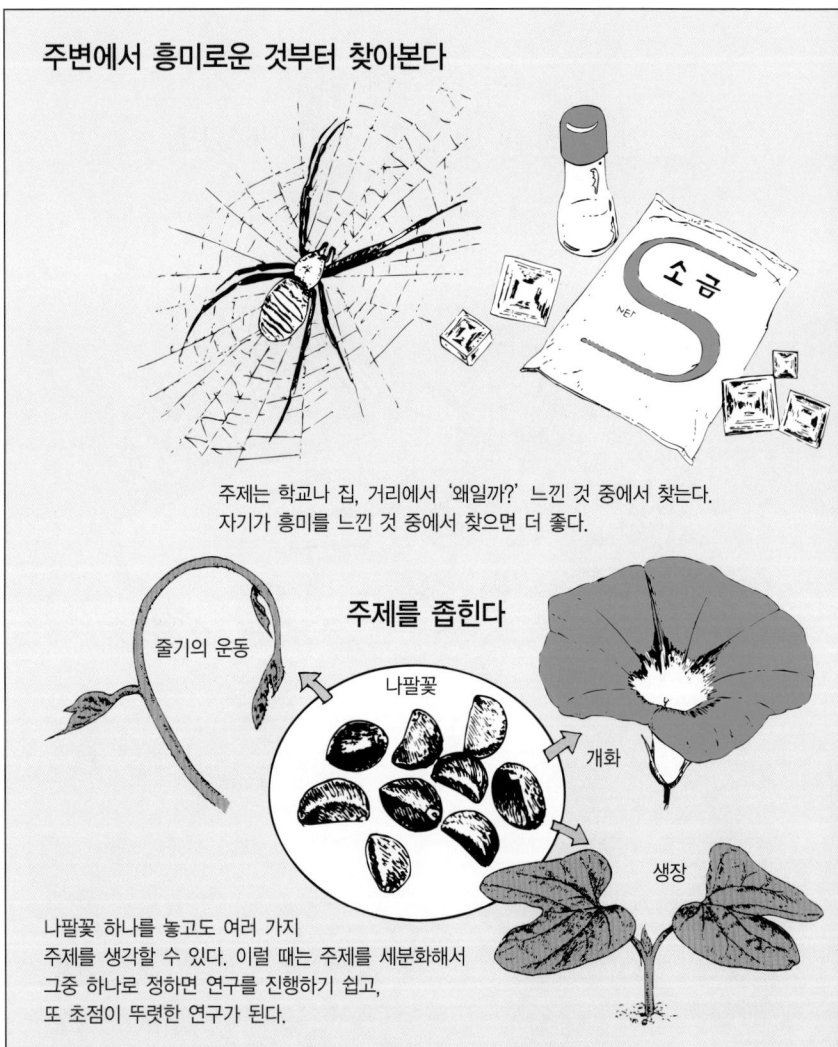

주변에서 흥미로운 것부터 찾아본다

주제는 학교나 집, 거리에서 '왜일까?' 느낀 것 중에서 찾는다.
자기가 흥미를 느낀 것 중에서 찾으면 더 좋다.

주제를 좁힌다

나팔꽃 하나를 놓고도 여러 가지
주제를 생각할 수 있다. 이럴 때는 주제를 세분화해서
그중 하나로 정하면 연구를 진행하기 쉽고,
또 초점이 뚜렷한 연구가 된다.

힘으로 할 수 있는 일인지 생각해 보고 나서 시작하도록 합니다. 참고 도서를 찾아보는 것도 필요합니다. 연구를 할 때, 궁금하거나 모르는 것은 여러 가지 책을 참고해서 알아볼 수 있습니다.

혼자 힘으로 주제를 찾기 어려울 때는 이 책에 나온 내용을 그대로 해 보는 것도 한 가지 방법입니다. 자기가 직접 해 보면 뜻하지 않는 것들을 알게 되는데, 그것만으로도 연구 과제는 성공했다고 할 수 있습니다.

시기를 생각한다

재미있을 것 같은 주제가 있어도 시기에 따라서는 연구를 할 수 없는 때가 있다. 즉 여름방학에 반딧불이를 연구해 보려고 해도 지역에 따라서는 어른벌레가 날아오지 않을 수가 있다. 주제를 결정할 때, 시기를 잘 따져 봐야 한다.

재료는 쉽게 구할 수 있어야 한다

흥미 있는 주제도 도구나 재료를 구하기 어려우면 연구하기 전에 지치기 쉽다. 예를 들어 '청개구리의 일기 예보' 연구에서 청개구리 10마리가 필요하다면, 그만한 청개구리를 구하기가 쉽지 않으므로 이는 무리한 주제라고 볼 수 있다.

연구하기 전에 가설을 세운다

궁금하거나 흥미 있는 주제를 고른 다음은 관찰과 실험을 시작하기 전에 '왜 그렇게 될까?', '아마 이래서 이렇게 되었을 거야.' 라는 자기 나름대로의 가설을 세운다. 가설을 세우고 연구를 해 나가면 실험이나 관찰이 쉬워질 뿐만 아니라 결과와 대조해서 완성시킬 때 아주 편리하다.

계획을 세운다

방학을 이용해서 주제 연구를 하려면 주제를 찾고 필요한 도구와 재료를 준비하며, 실험과 관찰을 거듭한 끝에 요약하고 완성하는 여러 작업을 해야 하므로 끈기가 있어야 하고 시간도 충분해야 합니다. 아무리 재미있는 주제라도 기한 내에 끝내지 못한다면 안 되겠죠? 예를 들어 나팔꽃의 생장을 기

시간 배분을 생각한다

아무리 쉬운 주제라 해도 시간과 끈기가 요구된다.
살아 있는 생물의 성장을 기록할 때는 계절도 고려해야 하므로
달력을 보고 구체적으로 어떤 내용에 시간이 얼마나 걸리는지 등 계획을 세운다.

록으로 만들려면 씨를 뿌리고 나서 꽃이 되고 결실을 맺을 때까지는 적어도 3개월이 걸립니다. 그러므로 여름방학에 나팔꽃 관찰을 계획했다면 늦어도 5월에는 씨를 심어야 합니다. 또 매일 매일의 기온을 기록하는 일도 이런 관찰에서는 중요한 사항인데, 가족과 함께 휴가 여행이라도 떠난다면 문제가 생길 수 있고, 연구 대상이 살아 있는 동물이라면 더욱 복잡해집니다. 그래서 여러 가지 일들을 잘 생각해서 여유 있게 계획을 세워야 합니다.

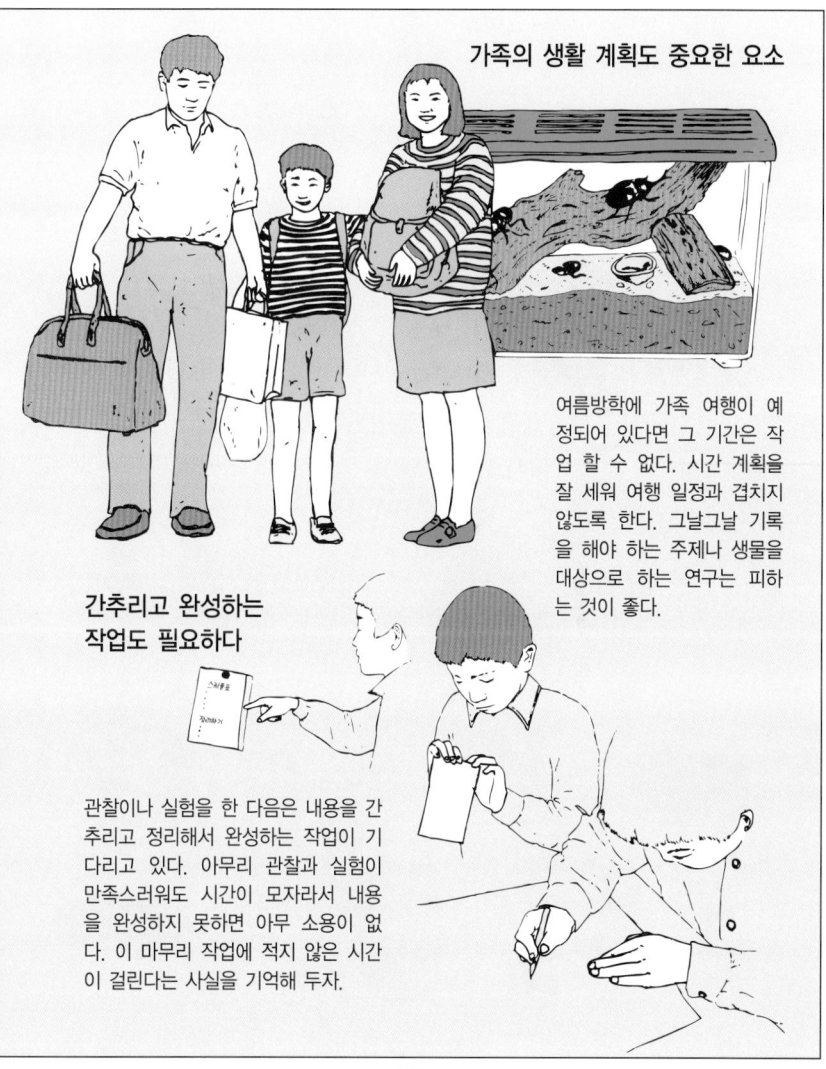

가족의 생활 계획도 중요한 요소

여름방학에 가족 여행이 예정되어 있다면 그 기간은 작업 할 수 없다. 시간 계획을 잘 세워 여행 일정과 겹치지 않도록 한다. 그날그날 기록을 해야 하는 주제나 생물을 대상으로 하는 연구는 피하는 것이 좋다.

간추리고 완성하는 작업도 필요하다

관찰이나 실험을 한 다음은 내용을 간추리고 정리해서 완성하는 작업이 기다리고 있다. 아무리 관찰과 실험이 만족스러워도 시간이 모자라서 내용을 완성하지 못하면 아무 소용이 없다. 이 마무리 작업에 적지 않은 시간이 걸린다는 사실을 기억해 두자.

도구와 재료의 준비

자연 실험과 관찰에는 도구와 재료가 필요합니다.
실험과 관찰이 시작되고 나서 '이게 없네! 꼭 있어야 하는데….' 하며 우왕좌왕하는 경우가 많으므로 자기가 하려는 일을 잘 생각해서 미리 도구와 재료를 준비해야 합니다. 자기 힘만으로 어려우면 선생님이나 부모님께 의논

도구와 재료를 구한다

도구와 재료는 대부분 철물점이나 잡화상에서 구할 수 있다. 어디서 파는지 모를 때는 인터넷이나 전화번호부를 찾아본다.

준비한 것을 점검한다

마련한 도구와 재료는 반드시 점검해서 제대로 준비했는지 확인한다. 완전하게 해두지 않으면 아주 중요한 순간을 기록하지 못할 수가 있다.

하고 도움을 얻어야 합니다.
또 식물이나 곤충은 말라 버리거나 죽기도 합니다.
모처럼 시간과 정성을 들여 온 이제까지의 관찰이 수포로 돌아가지 않게 하려면 '여름방학 동안 꽃이 필 수 있을까?' 또는 '그때까지 애벌레가 있는지?' 등을 미리 알아보아야 합니다. 특히, 연구 주제가 살아 있는 생물을 다루는 것일 때는 도구와 재료를 여유 있게 준비해야 합니다.

생물은 여러 마리를 준비한다

구하기 쉽지 않다.

생물은 도중에 죽기도 한다. 그것을 대신할 생물을 쉽게 손에 넣을 수 없거나 기르는 데 시간이 걸리는 생물 등은 실험용으로 여러 마리를 준비해야 실패를 막을 수 있다.

기르는 데 시간이 걸린다.

집에 있는 물건을 활용하자

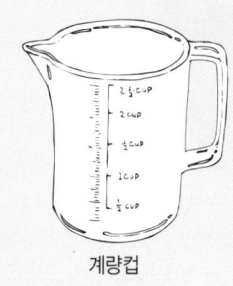

참고한 책에 써 있다고 해서 특별한 도구나 재료를 전부 새로 갖춰야 하는 것은 아니다. 집에 있는 것을 활용하는 방법도 생각하자.

계량컵

알코올 램프 대신 스토브를

박물관이나 과학관을 찾아가 보자

연구 주제를 찾은 사람이나 아직 찾지 못해 망설이는 사람에게 박물관이나 과학관은 여러 가지 유익한 힌트를 주는 곳입니다. 박물관이나 과학관 정보는 본문 350~355쪽을 참고합니다. 그곳에 있는 전시물을 견학하며 스케치하는 것이 좋고, 자료실이 있는 박물관의 경우, 도서관에서 자료를 찾아 헤

박물관 안내나 지역 소식지에서 찾는다

박물관이나 과학관은 인터넷이나 안내 책자, 지역 소식지에서 찾는다. 주제별 전문 박물관이 있다.

월요일이나 법정 공휴일에는 쉬는 곳이 많다. 미리 알아보고 찾아간다.

매는 시간을 줄여 주기도 합니다. 곤충이나 돌의 이름을 모를 때, 도움을 청하면 친절히 가르쳐 주는 곳도 있습니다.

박물관이나 자료관을 찾아다니면서 혼자 연구 과제를 찾고, 연구해서 결과를 내는 것에 자신이 없는 사람은 여름방학이나 겨울방학 기간에 열리는 관찰 교실, 체험 교실, 숲 해설 교실 등에 참여해 보세요. 그곳에서 다루는 주제를 연구 과제로 삼는 것도 한 가지 방법입니다.

전시물을 눈여겨보자

전시물은 주제별로 전시되어 있다.
시간을 들여서 잘 관찰하다 보면 연구 주제가 떠오를지도 모른다.

자료실도 이용한다

자료실과 열람실이 있으면 반드시 이용하자.
도서관보다 쉽게 찾고,
홍보용 책을 얻을 수도 있다.

관찰·체험 교실에 참가한다

여름방학 기간에 초등학생, 중학생을 대상으로 관찰 교실이나 체험 교실이 열린다. 대부분 예약이 필요하므로 미리 알아보고 신청하자.

도서관에서 참고 자료를 찾는다

연구 과제를 찾거나, 주제가 정해져서 참고 도서가 필요한 사람은 도서관에 가 봅니다. 도서관에서는 먼저 도서 대출 카드를 만듭니다. 이름, 전화번호, 주소, 학교 이름 등을 적으면 그 자리에서 카드가 만들어지고 바로 책을 빌릴 수 있습니다. 도서관은 어린이실, 백과사전이나 각종 책들이 가득한

도서 대출 카드를 만들자

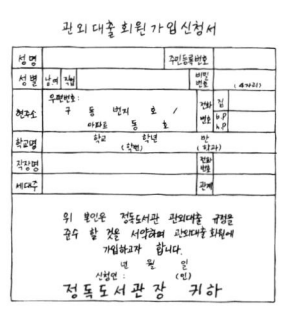

회원 가입 신청서에 이름, 주소 등 필요한 것을 적어 내면 대출 카드를 발급 받을 수 있다.

분야별로 진열되어 있다

원하는 분야의 책을 찾는다.
같은 내용의 책을 두세 권 찾아서
비교하며 읽으면 내용을 파악하기 쉽다.

자료실, 정기적으로 발행되는 책을 모아 놓은 연속간행물실 등으로 나뉩니다. 어린이실에 가면 자연, 역사, 사회 등 분야별로 책이 진열되어 있는데, 찾으려는 책이 눈에 띄지 않으면 컴퓨터로 검색해서 찾습니다. 서고에 보관되어 있는 책도 찾을 수 있습니다. 컴퓨터로는 책 이름, 책 내용, 지은이 이름, 출판사 이름 등으로 찾을 수 있습니다. 그 밖에 모르는 것이 있을 때는 망설이지 말고 담당 사서 선생님께 물어보면 친절히 가르쳐 주십니다.

컴퓨터로 찾는다

도서관에서는 컴퓨터로 책을 검색해서 찾는다. 책 이름이나 지은이 이름, 출판사 이름 등으로 찾을 수 있다.

자료실을 이용한다

지역 소식이나 족보자료실, 참고자료실, 연속간행물실이 있는 곳도 있다. 연속간행물실에 가면 정기적으로 간행되는 신문과 잡지가 있다. 최근 신문은 따로 묶여 있고, 옛날 것은 축소판 책자로 되어 있거나 단단히 철해져 있다. 요즘은 마이크로 필름으로 보관하는 곳도 있다.

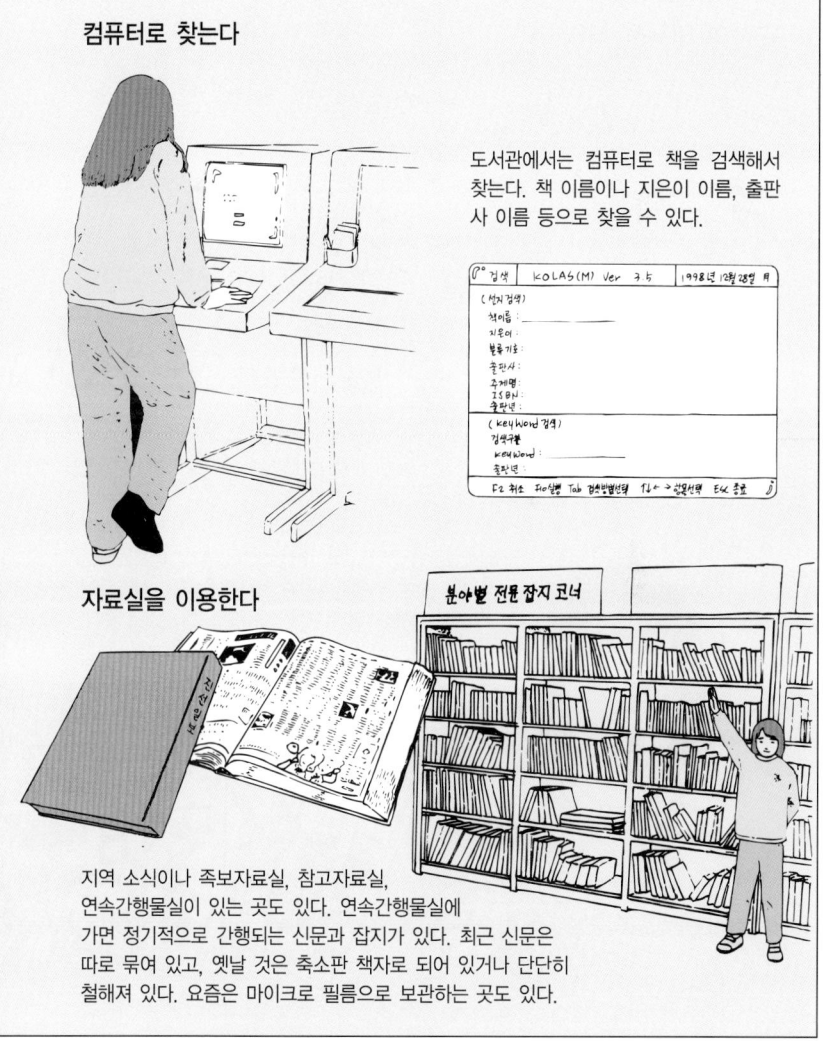

생물 도감을 이용하는 방법

생물 도감을 보는 방법을 안다면 표본을 만들거나 관찰하기가 무척 쉬워집니다. 한자어로 '도감'이라고 하지만 도감에도 여러 형태가 있으므로 각 도감의 특징을 알아보고 특징에 맞는 이용법을 익혀야 합니다.
단순히 생물의 이름을 알기 위한 도감이라도 야외에 가지고 다닐 수 있는

도감의 내용을 파악한다

생물 도감은 분류 중심, 생태 중심, 분류와 생태의 내용을 합한 것으로 나뉜다. 도감의 성격을 확실히 알아두자.

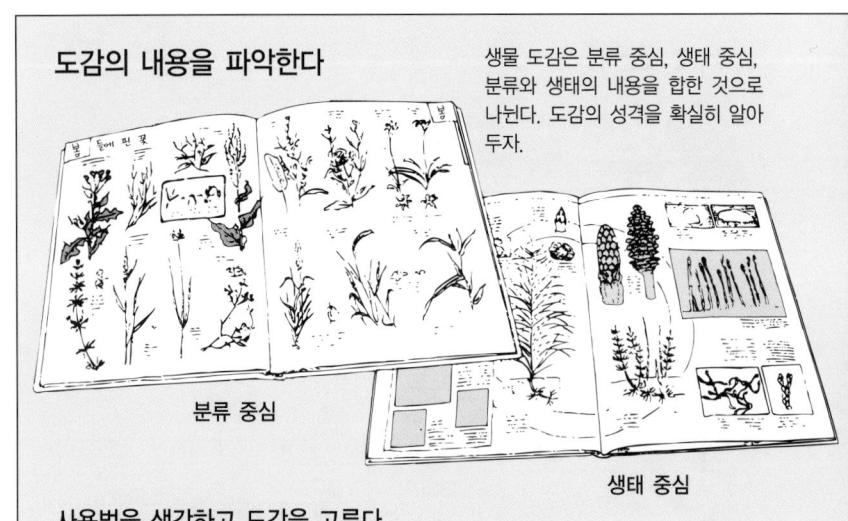

분류 중심

생태 중심

사용법을 생각하고 도감을 고른다

비슷한 내용의 도감도 휴대용인지, 책상 비치용인지 쓰임에 따라 도감의 크기와 형태가 다르다. 사용법을 고려해서 도감을 마련하자.

포켓 사이즈 도감이나 집에 두고 쓰는 대형 도감, 그리고 여러 권으로 나뉜 전문적인 도감 등이 있습니다.
찾는 방법도 계절별, 색깔별, 서식지별, 그리고 과에 의한 분류 등 여러 가지입니다.

찾는 방법도 여러 가지
(식물 도감의 경우)

계절 + 장소

계절

식물이나 곤충 등은 이름을 알아도 바로 찾을 수 있는 것은 아니다. 일반적으로 알고 있는 이름과 정식 이름이 다른 경우도 많기 때문이다. 먼저 여러 후보의 이름을 가정하고 추려내야 한다. 자기 도감이 찾을 때 어떤 방법을 택하고 있는지를 확인해 두자. 예를 들면, 식물 도감은 〈계절〉, 〈장소〉, 〈꽃 색깔〉, 〈과〉 등의 찾는 방법을 사용한다.

과

계절 + 장소 + 꽃 색깔

과, 종 등을 찾는 기준으로 삼고 있는 도감에서는 과, 종의 특징을 이해하고 있어야 한다.

관찰과 실험의 조건

거실과 현관 중 어느 곳이 시원한가를 조사할 때, 만일 거실의 온도를 아침 10시에 측정하고, 현관은 다음 날 아침 10시에 측정했다고 한다면, 이 관찰은 측정한 날이 다르므로 의미 없는 비교가 됩니다.
이처럼 둘 이상의 것을 비교 실험할 때는 모든 조건은 같아야 하며, 관찰이

비교 관찰이나 실험에서는 조건을 같게 한다

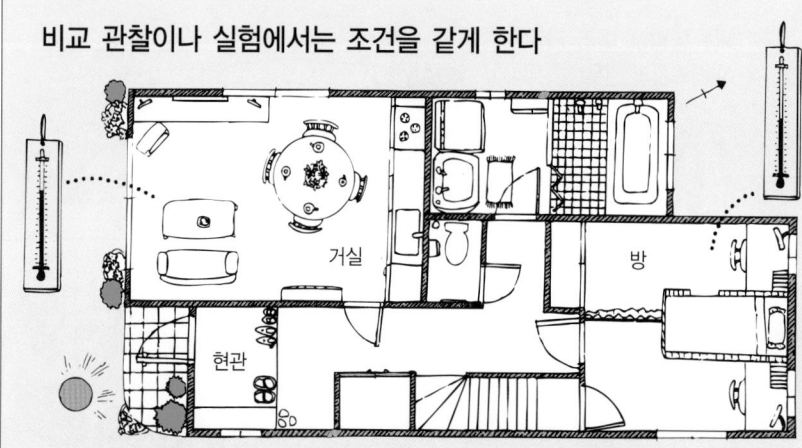

· 같은 날, 같은 시각, 같은 성능의 온도계 – 다른 것은 장소뿐

관찰이나 실험은 내용에 따라 장소, 시간, 재료 등에서 여러 가지 변수가 있을 수 있으므로 관찰이나 실험 전에 잘 생각해서 정하자.

다른 조건이 작용하지 않도록 주의한다

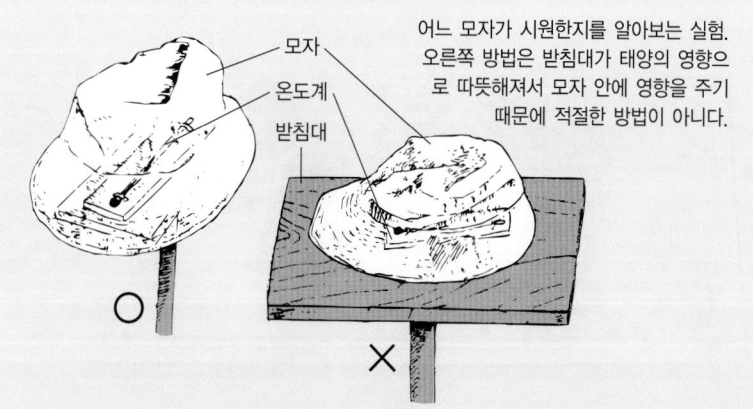

어느 모자가 시원한지를 알아보는 실험. 오른쪽 방법은 받침대가 태양의 영향으로 따뜻해져서 모자 안에 영향을 주기 때문에 적절한 방법이 아니다.

나 실험은 여러 번 해서 평균을 내거나, 여러 개를 동시에 진행시켜야 좋은 결과를 얻을 수 있습니다. 한 번이거나 한 개일 경우, 우연히 그렇게 나올 수도 있기 때문입니다.

특히 생물을 대상으로 하는 관찰이나 실험에서는 조건이 더욱 중요합니다. 예를 들어 식물의 움직임이나 달의 운동 등을 관찰할 때는 항상 같은 위치에서 관찰해야 정확한 결과를 얻을 수 있습니다.

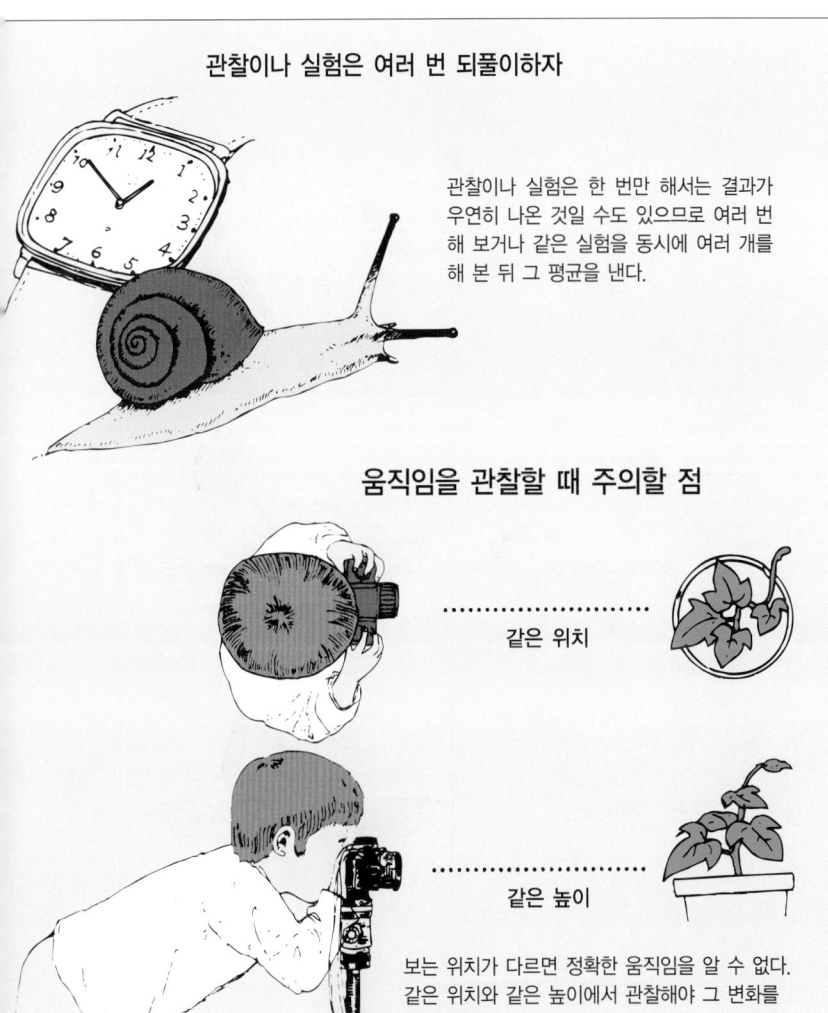

관찰이나 실험은 여러 번 되풀이하자

관찰이나 실험은 한 번만 해서는 결과가 우연히 나온 것일 수도 있으므로 여러 번 해 보거나 같은 실험을 동시에 여러 개를 해 본 뒤 그 평균을 낸다.

움직임을 관찰할 때 주의할 점

같은 위치

같은 높이

보는 위치가 다르면 정확한 움직임을 알 수 없다. 같은 위치와 같은 높이에서 관찰해야 그 변화를 알 수 있다.

관찰 노트와 카드 쓰는 방법

관찰과 실험은 결과를 즉시 기록하는 것이 중요합니다. 관찰 노트나 카드의 형식이 따로 정해져 있는 것이 아니므로 한번 만들어 봅니다. 필기구로는 연필 두세 자루, 지우개, 여섯 가지 색연필이 있으면 됩니다.
관찰 노트는 폈을 때 왼쪽에는 관찰한 내용을 쓰고, 오른쪽에는 스케치할

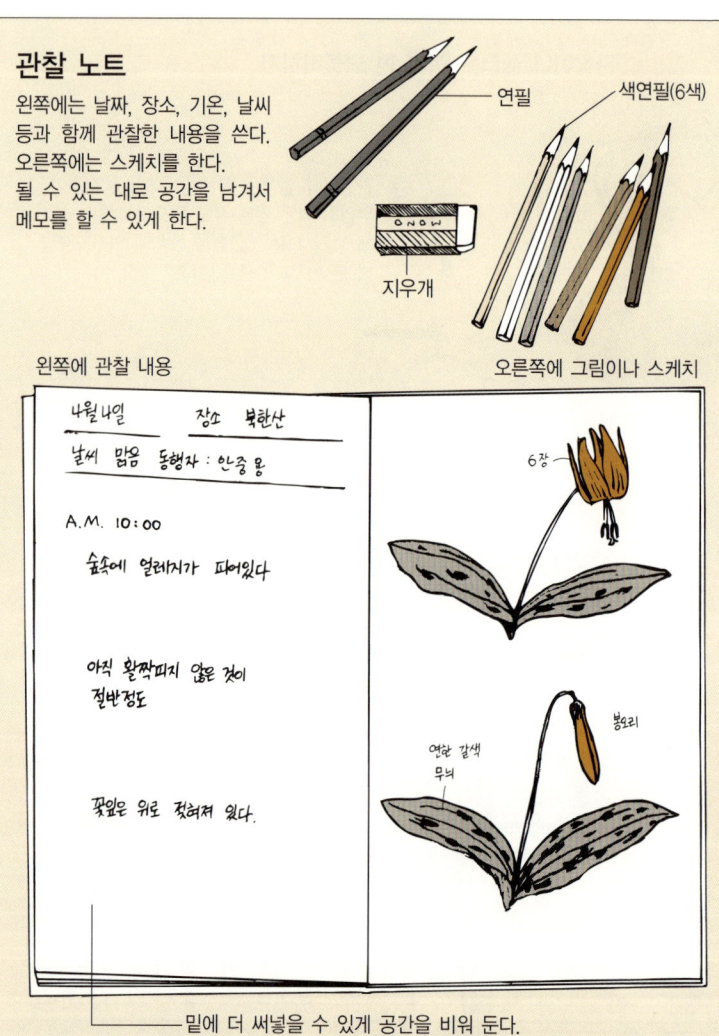

관찰 노트

왼쪽에는 날짜, 장소, 기온, 날씨 등과 함께 관찰한 내용을 쓴다.
오른쪽에는 스케치를 한다.
될 수 있는 대로 공간을 남겨서 메모를 할 수 있게 한다.

왼쪽에 관찰 내용 / 오른쪽에 그림이나 스케치

밑에 더 써넣을 수 있게 공간을 비워 둔다.

자리를 두면 나중에 한데 모아 정리할 때 편리합니다. 관찰 카드에 연구할 내용을 쓰는 칸을 미리 만들어 두면 관찰 중에는 요점만 쓰면 되므로 편리합니다. 또한 관찰 카드는 한 가지 양식을 만들어 놓고 복사를 해서 사용합니다. 관찰을 하고 집에 돌아오면 그날그날 검토하여 내용을 추가하거나, 잘못된 내용은 고칩니다. 생각했던 일도 가끔 잊기 쉽고 또 자기가 쓴 글도 바삐 쓰면 무슨 말인지 모를 수도 있기 때문입니다.

관찰 카드
연구 내용에 맞게 적당한 칸을 만들고 여러 장 복사해 둔다.

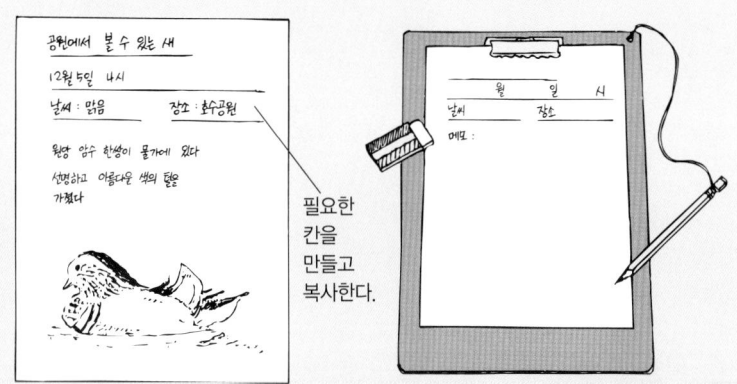

필요한 칸을 만들고 복사한다.

바인더 등에 끼워 두면 쓰기 편하다.

검토는 그날그날 한다

관찰 노트와 카드는 집에 돌아와서 그날 안으로 점검하고 보충할 내용을 써넣거나 잘못 기록한 부분을 고친다. 나중으로 미루면 기억이 나지 않을 수도 있다. 자기가 쓴 글이 무슨 말인지 모를 수도 있다.

인터뷰를 할 때는?

사람을 인터뷰하거나 편지나 이메일로 설문 조사를 할 때는 상대에게 학교, 학년, 이름, 어떤 목적인지 등을 분명하게 알려야 합니다. 너무 촉박하게 재촉하지 말아야 하며, 상대가 바쁠 때는 뒤로 미루는 것이 예의입니다. 미리 약속을 할 때는 만날 날과 시간을 정하고 시간을 지킵니다. 약속도 하지

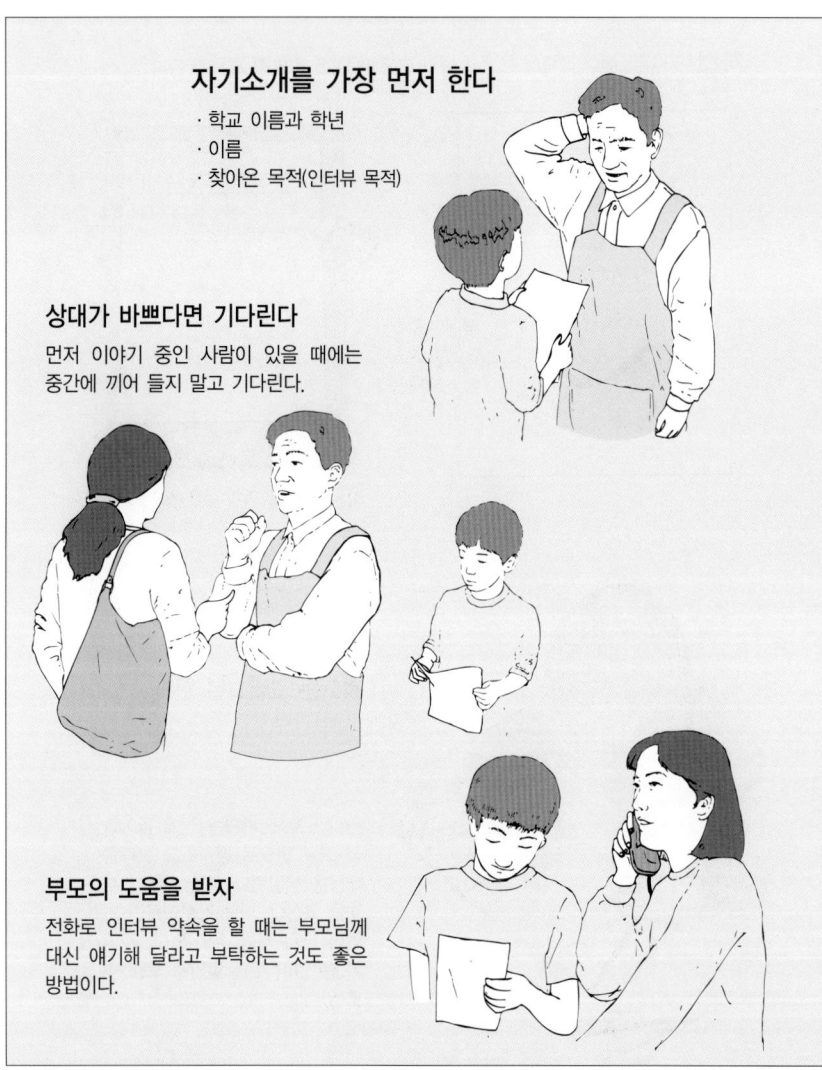

자기소개를 가장 먼저 한다
· 학교 이름과 학년
· 이름
· 찾아온 목적(인터뷰 목적)

상대가 바쁘다면 기다린다
먼저 이야기 중인 사람이 있을 때에는 중간에 끼어 들지 말고 기다린다.

부모의 도움을 받자
전화로 인터뷰 약속을 할 때는 부모님께 대신 얘기해 달라고 부탁하는 것도 좋은 방법이다.

않고 어린이가 찾아가면 상대해 주지 않을 수도 있으므로 이런 때는 어른들의 도움을 받는 것도 좋습니다. 이야기를 들을 때는 미리 알고 싶거나 의문 나는 점을 간추려 두었다가 요령 있게 질문해야 합니다. 순서 없이 생각나는 대로 묻는다면 제대로 조사하기가 어렵습니다. 편지로 설문 조사를 할 때는 설문지와 함께 우표를 붙인 회신용 봉투를 함께 넣어 보냅니다.

사람을 만나기 전에 질문 내용을 정리해 둔다

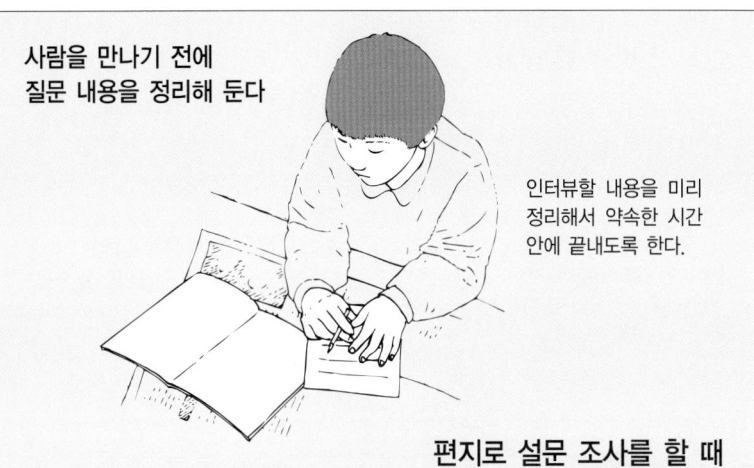

인터뷰할 내용을 미리 정리해서 약속한 시간 안에 끝내도록 한다.

편지로 설문 조사를 할 때

자기소개의 편지와 설문지를 따로 만든다. 자기 집 주소와 이름을 쓰고, 반드시 새 우표를 붙인 회신용 봉투를 편지 봉투 안에 함께 넣는다. 답장을 받으면 고맙다는 인사 편지를 하자.

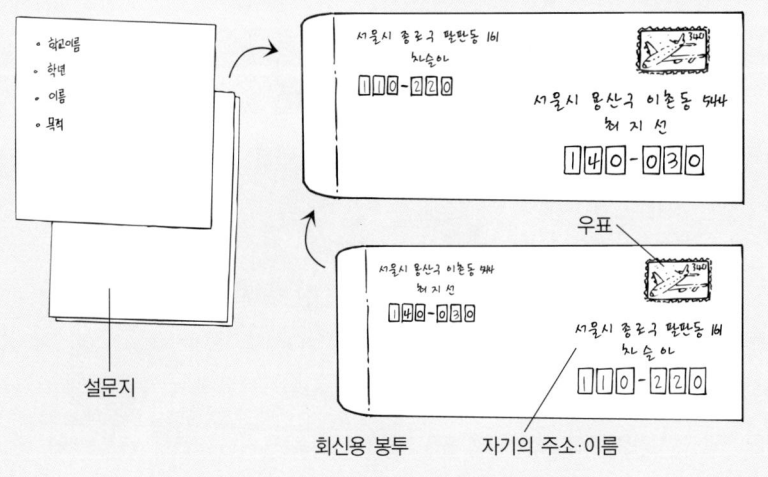

연구 결과 정리하는 방법 - ① 기본과 형태

관찰과 실험이 끝나면 정리해서 완성시키는 작업을 합니다. 이것은 자기가 한 연구 내용과 결론을 다른 사람에게 알리기 위한 작업으로, 기본적으로 다음 네 가지 내용을 담아야 합니다.
①동기(이 연구를 시작한 이유), ②연구 진행 방법, ③연구 과정과 결과, ④결

반드시 써야 할 내용

① 동기
왜 이 연구를 시작했는지, 실험 전에 생각했던 자기 나름의 가설도 적는다.

② 연구 진행 방법
도구와 재료는 어떤 것을 준비했는지, 어떤 방법으로 연구를 진행했는지를 기록한다.

③ 연구 과정과 결과
구체적인 연구 진행 순서와 얻은 결과를 쓰고, 사진이나 그림 혹은 표 등을 덧붙인다.

④ 결론
알아낸 사실은 무엇인지, 자기의 예측과 같았는지, 달랐는지, 다르다면 왜 그런지, 연구를 끝내고도 모르는 내용과 아쉬웠던 점 등을 적는다.

표본에는 라벨을 붙인다
이름, 채집 장소와 날짜 등을 기록한다.

론(알아낸 일과 밝혀지지 않은 일).

또 어떤 형태로 정리할 것인지를 생각해야 합니다. 한 장의 큰 전지에 정리할 것인지, 도화지에 기록한 다음 겉표지를 붙이고 묶을 것인지, 앨범을 만들거나 두루마리 식으로 할 것인지를 결정합니다. 표본을 만들었을 때, 연구 동기 등을 따로 쓸 필요는 없지만 표본을 상자에 고정시키고 도감에서 조사한 내용을 적은 라벨을 붙이는 작업을 해야 합니다.

정리하는 여러 가지 형태

연구 결과 정리하는 방법 - ② 제목과 부제목

정리와 완성 과정에서 가장 중요한 것은 남이 봐서 알기 쉬워야 한다는 점입니다. 우선 제목에서 연구 내용을 짐작할 수 있어야 합니다.
제목은 짧을수록 좋은데, 그것만으로 설명이 부족할 것 같으면 부제목을 붙여서 보완합니다. 그리고 연구 내용을 긴 문장으로 한없이 늘어놓으면 읽는

제목은 내용을 알기 쉽게 정한다

제목만 보아도 내용이 무엇인지 알 수 있어야 한다.

> 매미의 관찰   태백초등학교
>   서영민

> 매미의 날개돋이 관찰
>
>   태백초등학교 서영민

부제목을 단다

제목이 길거나 설명이 불충분하면 부제목을 단다.

> 새끼 제비 관찰
>
>   응담초등학교 3학년
>   안소은

> 새끼 제비 관찰
>
> 어미제비는 하루에 몇 번
> 먹이를 나르는가
>
>   응담초등학교 3학년 안소은

소제목을 단다

문장이 길면 읽는 사람이 지루하다.
본문 중간 중간에 소제목을 달아 알리려는 내용을 분명히 밝힌다.

알아낸 내용

오이는 꽃이 피고 나서 먹을 수 있게 되기까지 11일 걸렸다. 오이(열매)는 하루에 1cm 이상 자라며 비가 오는 날에는 5cm나 자라기도 했다. 꽃은 핀 다음에 바로 시들지만 열매가 생긴 뒤에도 시든 꽃잎은 떨어지지 않고 그대로 붙어 있는 것을 알았다.

알아낸 내용

● 먹을 수 있게 되기까지 11일
오이는 꽃이 피고 나서 11일이면 먹을 수 있게 된다. 하루에 1cm 이상 자라며, 비가 오면 5cm까지 자란다.

● 꽃잎은 끝까지 떨어지지 않는다
꽃은 바로 시들지만 열매를 맺은 뒤에도 그대로 붙어 있는 것을 알았다.

사람이 뭐가 뭔지 모르게 되므로, 간추린 내용 앞에 소제목을 써 놓으면 일목요연하게 정리되어 연구 내용이 한눈에 들어옵니다.

제목과 소제목은 본문과 색깔을 달리해서 쓰면 읽는 사람의 눈에 쏙 들어오는 효과가 있고, 내용이 여러 장이면 겉표지를 붙여서 제목을 독립시키는 것이 좋습니다. 연구를 정성 들여 하는 것도 중요하지만 연구한 내용을 보기 좋게 정리하는 것도 중요합니다.

내용은 짜임새 있게 구성한다

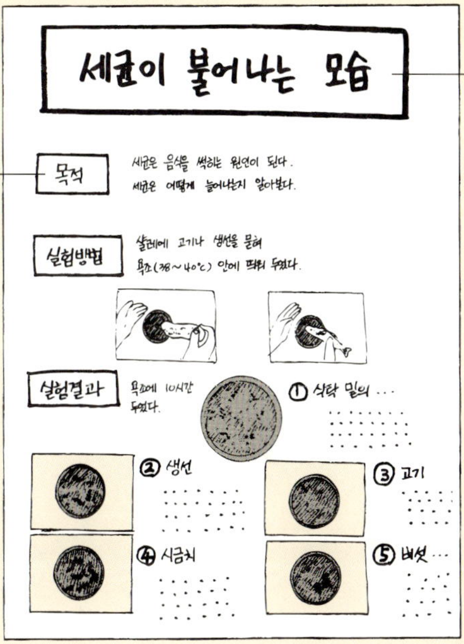

제목을 크게 쓰면 사람의 눈을 끈다.

소제목을 색연필로 쓰거나 테두리를 친다.

제목이나 소제목은 본문보다 크게 쓴다. 테두리를 치거나, 색깔을 달리하면 짜임새가 있어 보인다.

겉표지를 단다

내용이 한 장에 다 들어가지 않을 때는 여러 장을 묶고 겉표지를 달아서 제목을 독립시킨다. 연구 내용과 관계 있는 그림이나 사진으로 겉표지를 꾸미면 개성 있는 작품이 된다.

내용과 관계 있는 그림이나 사진을 붙인다.

연구 결과 정리하는 방법 - ③ 그림, 표, 그래프, 사진

곤충의 몸 구조를 글로 설명하려면 '매미 수컷의 배 밑에는 발음기라는 기관이있는데 비벼서 소리를 내는 데 쓰인다.' 이렇게 써야겠지만, 그림이나 사진이 있으면 설명은 간단해집니다.

사진이나 그림을 이용하면 시각적인 효과가 클 뿐만 아니라 내용이 간결해

표와 그래프로 구분해서 나타내자

어떤 물건의 양이나 수, 양이나 수의 비교, 양이나 수의 변화는
표 또는 그래프로 나타내는 것이 알기 쉽다.

표
많은 항목을
비교할 때 쓴다.

	첫 번째	두 번째	세 번째	네 번째	평균
달팽이 A	23	30	57	7	약 29
달팽이 B	38	27	22	18	약 26
달팽이 C	15	6	12	17	약 13
달팽이 D	35	48	60	30	약 43

[표1] 달팽이가 15분간 기어간 거리(cm)

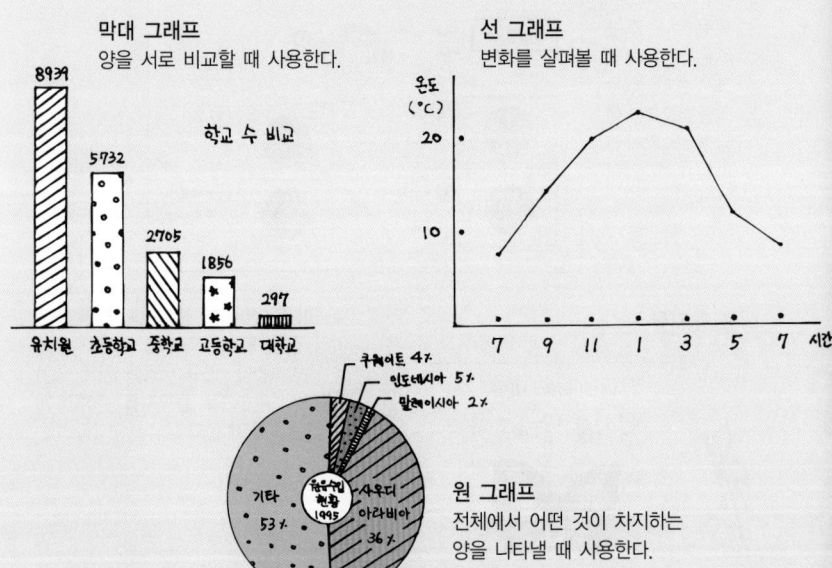

막대 그래프
양을 서로 비교할 때 사용한다.

선 그래프
변화를 살펴볼 때 사용한다.

원 그래프
전체에서 어떤 것이 차지하는
양을 나타낼 때 사용한다.

지고 보는 사람도 이해하기 쉽습니다. 표나 그래프도 마찬가지입니다. '개미집 근처에 먹이를 놔두었다. 15분 뒤 설탕에는 9마리, 고기에는 3마리, 30분 뒤 설탕에는 20마리, 고기에는 12마리가 모여들었다.' 라고 설명하기보다는 표나 그래프로 시간과 마릿수를 표시하면 금방 알아볼 수 있겠죠? 단, 사진이나 표, 그래프로 나타낼 때는 반드시 어떤 내용을 나타내는 것인지 알기 쉽게 사진이나 표 아래에 설명을 달아주어야 합니다.

사진 사용법

색깔이 있거나 움직임이 있는 것, 어떤 것에 대한 모습 비교, 그림으로 나타내기 좀 어려운 것 등은 사진으로 나타내면 알기 쉽다.

그림 사용법

사진과 같은 목적이지만 사진으로 하면 그 구조가 분명하지 않거나, 사진으로 찍어서는 자세한 부분을 알아보기 어려울 때는 그림으로 그려서 나타낸다. 또 사진으로는 표현할 수 없는 것도 그림으로 그린다(투시도 등).

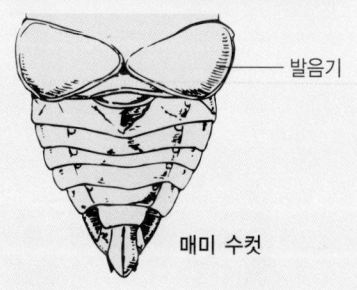

매미 수컷

설명을 단다

표, 그래프, 그림, 사진에는 반드시 설명을 달아서 무엇을 나타내는 것인지를 알게 한다. 설명이 없으면 보는 사람이 이해하기 어렵다.

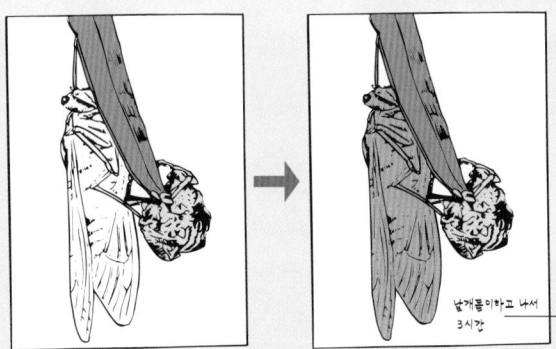

날개돋이하고 나서 3시간

— 설명을 단다.

연구 결과 정리하는 방법 - ④ 작업의 진행

동기와 결론을 쓰고 제목과 소제목을 정하고, 사진이나 그림, 표와 그래프를 작성했으면 최종 정리 작업에 들어갑니다.
여기서는 결과를 큰 종이에 정리할 때의 요령을 설명하겠습니다.
처음부터 큰 종이에 쓰기 시작하면 안 됩니다. 먼저 노트 크기의 종이에 제

노트 크기의 종이에 배치해 본다
작은 종이는 전체적인 균형을 보기에 좋다.

큰 종이에 계획대로 배치해 본다
연필로 연하게 대충 그린 다음 위치를 조정한다.
방안선이 연하게 그려져 있는 모눈종이를 이용할 수도 있다.

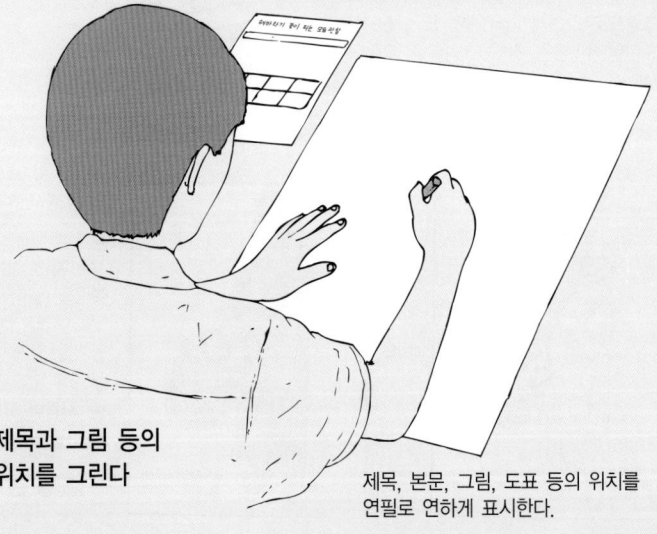

제목과 그림 등의 위치를 그린다
제목, 본문, 그림, 도표 등의 위치를 연필로 연하게 표시한다.

목, 글자, 사진 등을 대강 배치해 보고, 전체의 균형이 제대로 잡혔는지 봅니다. 이 배치를 기준 삼아 큰 종이에 제목, 소제목, 본문, 그림과 그래프의 위치를 밑그림으로 연하게 그립니다.

위치를 정한 다음 유성펜 등으로 깨끗하게 글을 쓰고, 색칠하고, 필요한 자료(사진 등)를 덧붙여서 완성합니다. 표나 그래프도 다른 종이에 그려 두었다가 사진과 함께 나중에 붙입니다.

본문 글씨가 기울거나 삐뚤어지지 않도록 밑줄을 연하게 친다

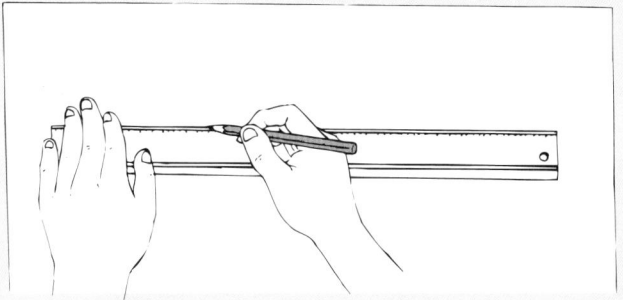

본문은 글자 크기가 일정하도록 쓰고, 또 줄이 삐뚤어지지 않도록 연필로 밑줄을 미리 그어 둔다.

완성

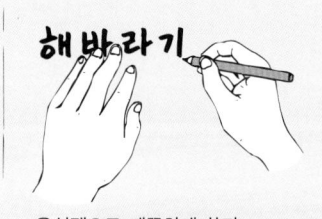

유성펜으로 깨끗하게 쓴다.
제목은 색깔 있는 펜으로 쓴다.

그림이나 사진을 붙인다.

지우개로
연필 자국을 지운다.

복사 방법과 책 내용을 인용할 때 주의점

어떤 책에서 필요한 부분을 복사하거나, 관찰 카드가 여러 장 있어야 할 때는 문방구나 도서관의 복사기를 이용해야 합니다. 집에 자료가 있다면 가까운 문방구에서 복사하고, 도서관 자료의 경우에는 도서관 복사기를 이용하면 사용하기 간편하고 복사비도 쌉니다.

복사 신청 방법

사서 선생님에게 신청서를 받아 필요한 사항을 적어서 낸다.

복사하는 방법

담당하는 사람이 있어 돈을 받고 복사해 주는 곳도 있지만 자신이 직접 복사해야 하는 곳도 많다. 만일을 위해서 복사기 사용 방법을 알아 두자.

도서관에 따라 돈이나 카드를 이용해서 자기가 직접 복사하는 곳도 있고, 복사 신청서를 적어 내면 담당 직원이 해 주는 곳도 있습니다. 도서관에서 복사를 할 때는 그곳 사서 선생님의 도움을 받습니다.

연구를 위해 다른 사람이 발표한 내용이나 이미 출간된 책의 내용을 참고할 경우에는 복사해서 첨부합니다. 이때는 어떤 책에서 인용했는지 반드시 출처를 밝혀야 합니다.

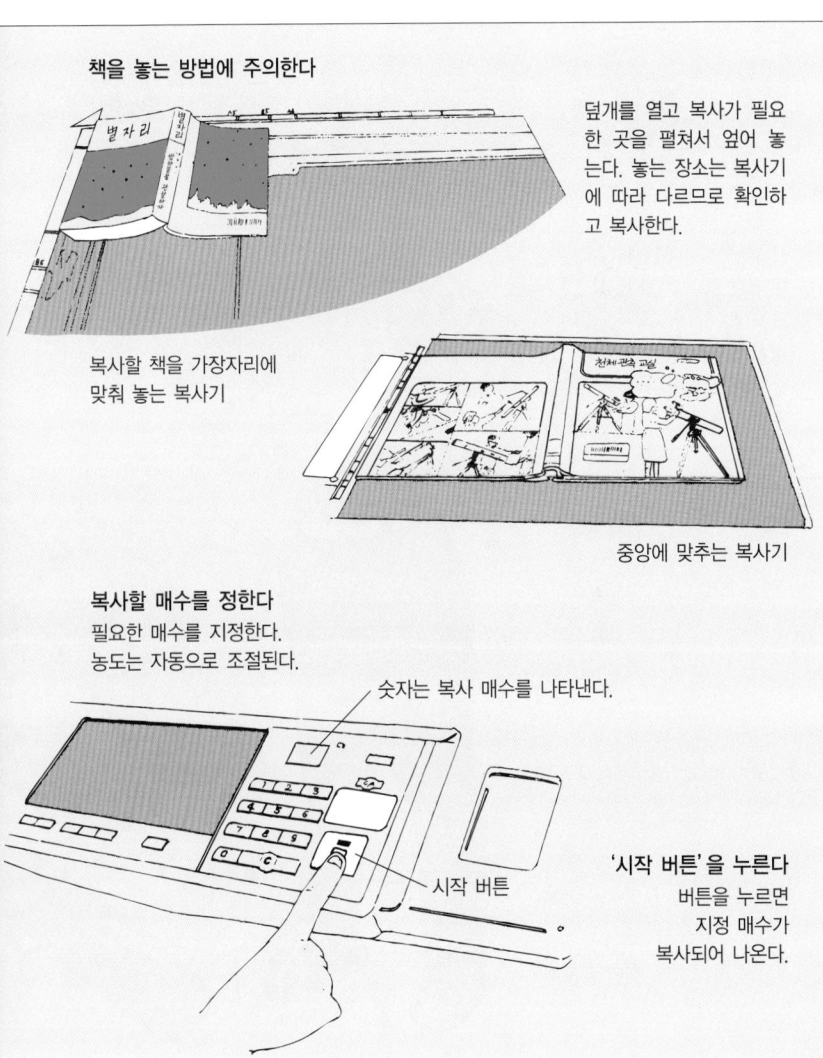

책을 놓는 방법에 주의한다

덮개를 열고 복사가 필요한 곳을 펼쳐서 엎어 놓는다. 놓는 장소는 복사기에 따라 다르므로 확인하고 복사한다.

복사할 책을 가장자리에 맞춰 놓는 복사기

중앙에 맞추는 복사기

복사할 매수를 정한다
필요한 매수를 지정한다.
농도는 자동으로 조절된다.

숫자는 복사 매수를 나타낸다.

시작 버튼

'시작 버튼'을 누른다
버튼을 누르면
지정 매수가
복사되어 나온다.

여름철 야외에서의 옷차림과 주의점

산이나 들에서는 벌레에 물리거나 나뭇가지, 가시 등에 찔려 상처를 입을 수 있습니다. 그러므로 여름이라도 긴팔 셔츠와 긴 바지를 입는 것이 좋습니다. 신발은 늘 신던 운동화가 가장 좋으며, 일사병의 위험도 있으므로 챙이 달린 모자를 씁니다. 바다나 개울에서 물에 들어 갈 때에도 일사병 예방

산이나 들에서의 옷차림

- 모자
- 긴팔 셔츠
- 긴 바지
- 신던 운동화

낚시용 조끼
주머니가 많아서 물건을 넣어 두기 편하다.

물통
작은 것도 좋다.

을 위해 모자를 씁니다. 갯가나 물속, 바위터 등을 걸어야 할 때는 역시 운동화가 가장 좋습니다. 면장갑을 끼면 바위 모서리 등에 손이 베는 것을 예방할 수 있습니다. 야외에 나갈 때는 어디에 가며, 몇 시에 돌아올 것인지 등을 자세히 써서 일정을 가족에게 알립니다. 아무리 가까운 곳이라고 할지라도 야외에서는 자기도 모르게 주위에 정신이 팔려 무리한 행동을 하기 쉽고, 이럴 때 사고가 일어나므로 주의해야 합니다.

바다와 물가에서의 옷차림

- 모자
- 티셔츠
- 면장갑
- 반바지
- 신던 운동화
- 접는 우산
- 비옷

소형 배낭
관찰 도구 이외의 휴대품은 배낭 안에 넣어 두 손을 자유롭게 한다.

원예용 면장갑이면 더욱 좋다.

부모님의 도움을 받자

어떤 주제를 선택할지 결정하는 것도 어렵지만, 대충 주제가 잡힌 뒤에도 관찰과 실험에 필요한 도구나 재료를 준비할 때 등 혼자서는 해결하지 못할 일들이 있습니다. 이런 일로 소중한 시간을 헛되게 보내고 나면 처음의 의욕마저 식게 됩니다. 연구 과정에서 흔히 일어나는 어려움입니다. 이럴 때 부모님께 자기 생각을 이야기하고 도구 준비나 가장 자신이 없는 일에 도움을 받도록 합니다.

부모님은 누구보다도 우리의 성격을 잘 알고, 또 그 주제가 집에서 할 수 있는 것인지, 끝까지 할 수 있는 일인지도 판단해 주실 수 있기 때문입니다. 단, 처음부터 끝까지 도움을 받는다면 연구 활동의 원래 뜻이 흐려지겠죠? 도움을 받더라도 꼭 필요할 때만 받는다는 점을 명심하고 부모님께 도움을 청해 봅니다.

생물 기르기

살아 있는 생물 기르는 방법

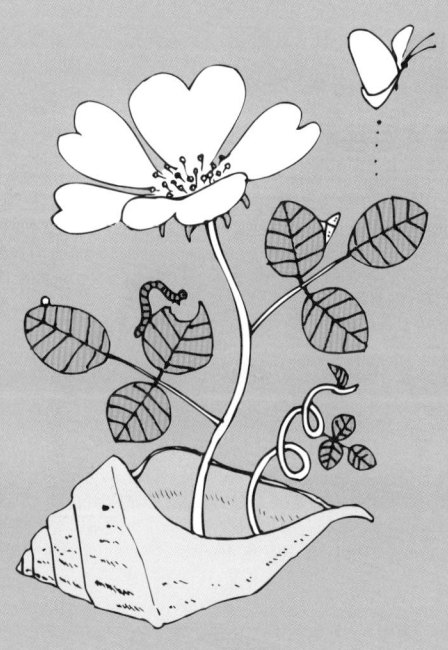

장수풍뎅이 기르기

7~8월에 어른벌레 채집

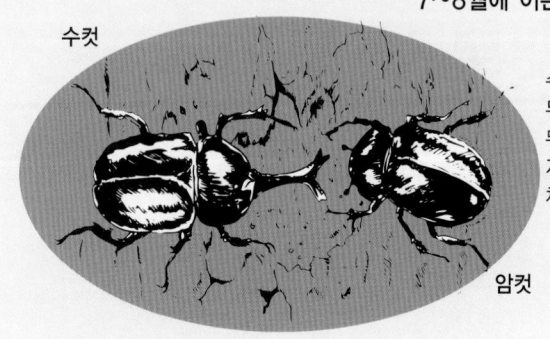

수컷

암컷

수액이 나와 있는 참나무(상수리나무나 졸참나무 등)를 미리 봐 두고 저녁이나 아침에 가서 채집한다.

어른벌레 기르는 법

큼직한 사육 상자에 수컷과 암컷을 2마리씩 넣어 기른다.

- 사육 상자
- 올라가서 쉴 수 있게 나무토막을 넣어 준다.
- 먹이
- 부엽토 10cm
- 부엽토란 낙엽 등이 썩어서 된 흙으로, 숲에서 담아 오거나 가게에서 산다.

먹이

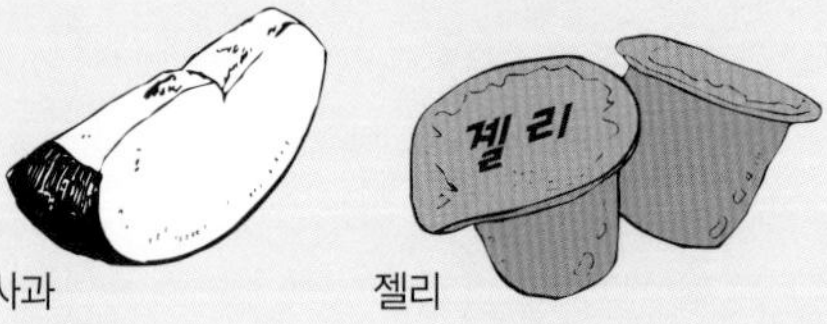

- 사과
- 젤리

이틀에 한 번 사과나 채소, 젤리를 접시에 담아 준다.

장수풍뎅이는 졸참나무, 상수리나무 등에 밤부터 아침에 걸쳐 찾아옵니다. 수컷과 암컷을 같이 기르면 알을 낳게 할 수 있습니다.

나비 기르기

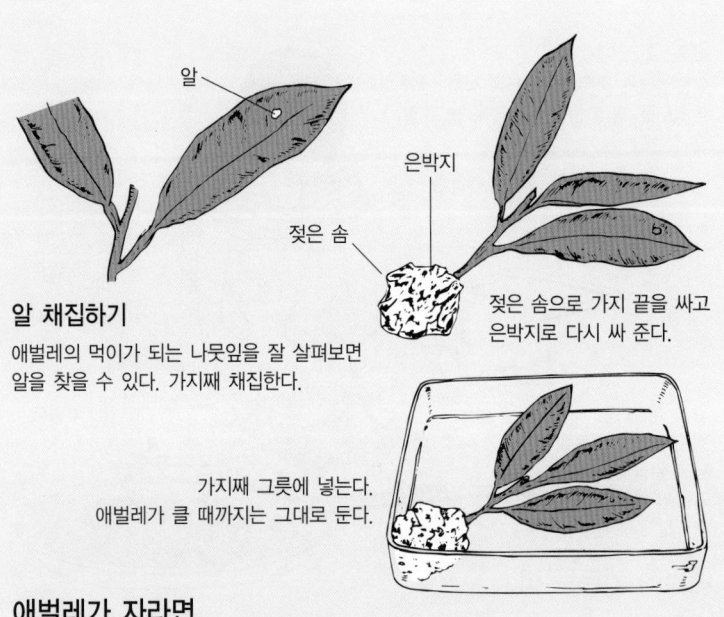

알 채집하기

애벌레의 먹이가 되는 나뭇잎을 잘 살펴보면 알을 찾을 수 있다. 가지째 채집한다.

젖은 솜으로 가지 끝을 싸고 은박지로 다시 싸 준다.

가지째 그릇에 넣는다. 애벌레가 클 때까지는 그대로 둔다.

애벌레가 자라면

애벌레가 허물을 벗고 자라면 먹는 양이 많아진다. 사육 상자로 옮겨 먹이를 준다. 먹이는 반드시 그 애벌레가 어떤 잎을 먹는지 알아보고 줘야 한다.

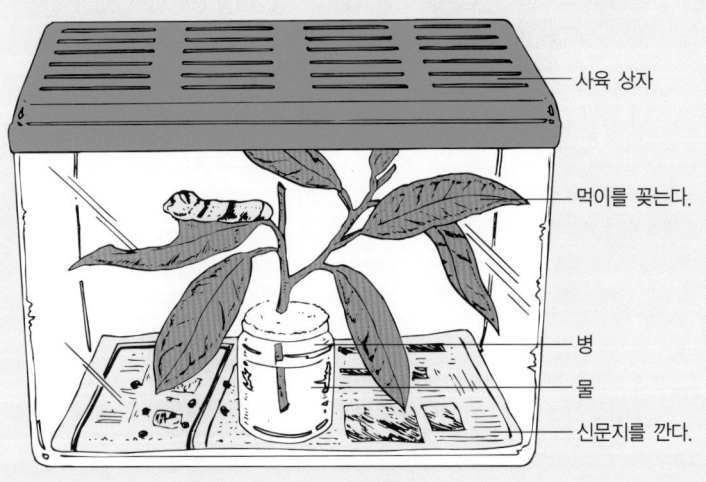

알이 나비가 될 때까지 길러 봅니다. 애벌레의 먹이만 제대로 알면 어느 나비나 기르는 법은 같습니다. 여기서는 호랑나비의 예를 소개합니다.

번데기 시기

애벌레가 이제까지 잘 먹던 먹이를 먹지 않는다면 곧 번데기가 될 징조인 것이다. 번데기가 되어 매달릴 수 있도록 나뭇가지를 넣어 준다.

뚜껑은 열어 놓는다.

매달릴 나뭇가지   번데기

애벌레의 먹이

호랑나비 애벌레는 귤이나 탱자나무 등 운향과의 잎을 먹는다.
도감을 찾아 그 밖의 나비는 어떤 나뭇잎을 먹는지 확인한다.

귤나무   탱자나무   머귀나무

소금쟁이와 잠자리 애벌레 기르기

소금쟁이 기르기

소금쟁이를 수조에서 기를 때는 물에 빠지지 않고 쉴 수 있는 장소를 만들어 준다.

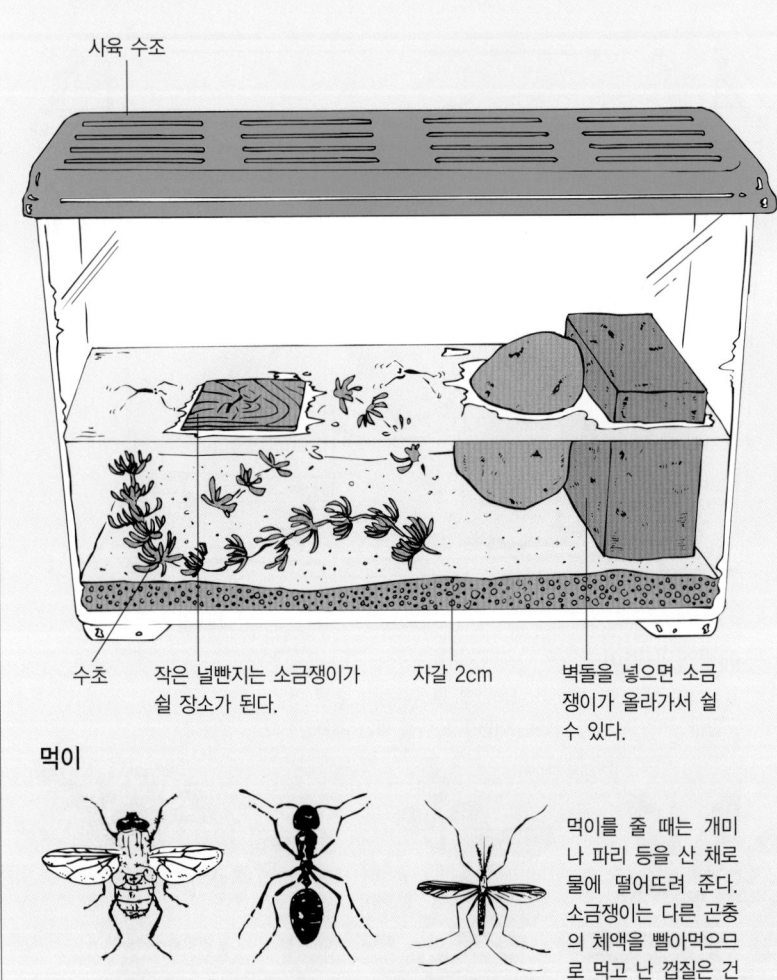

사육 수조

수초 / 작은 널빤지는 소금쟁이가 쉴 장소가 된다. / 자갈 2cm / 벽돌을 넣으면 소금쟁이가 올라가서 쉴 수 있다.

먹이

파리 / 개미 / 모기

먹이를 줄 때는 개미나 파리 등을 산 채로 물에 떨어뜨려 준다. 소금쟁이는 다른 곤충의 체액을 빨아먹으므로 먹고 난 껍질은 건져 낸다.

소금쟁이와 잠자리 애벌레는 모두 육식 곤충입니다. 먹이만 제대로 주면 쉽게 기를 수 있습니다.

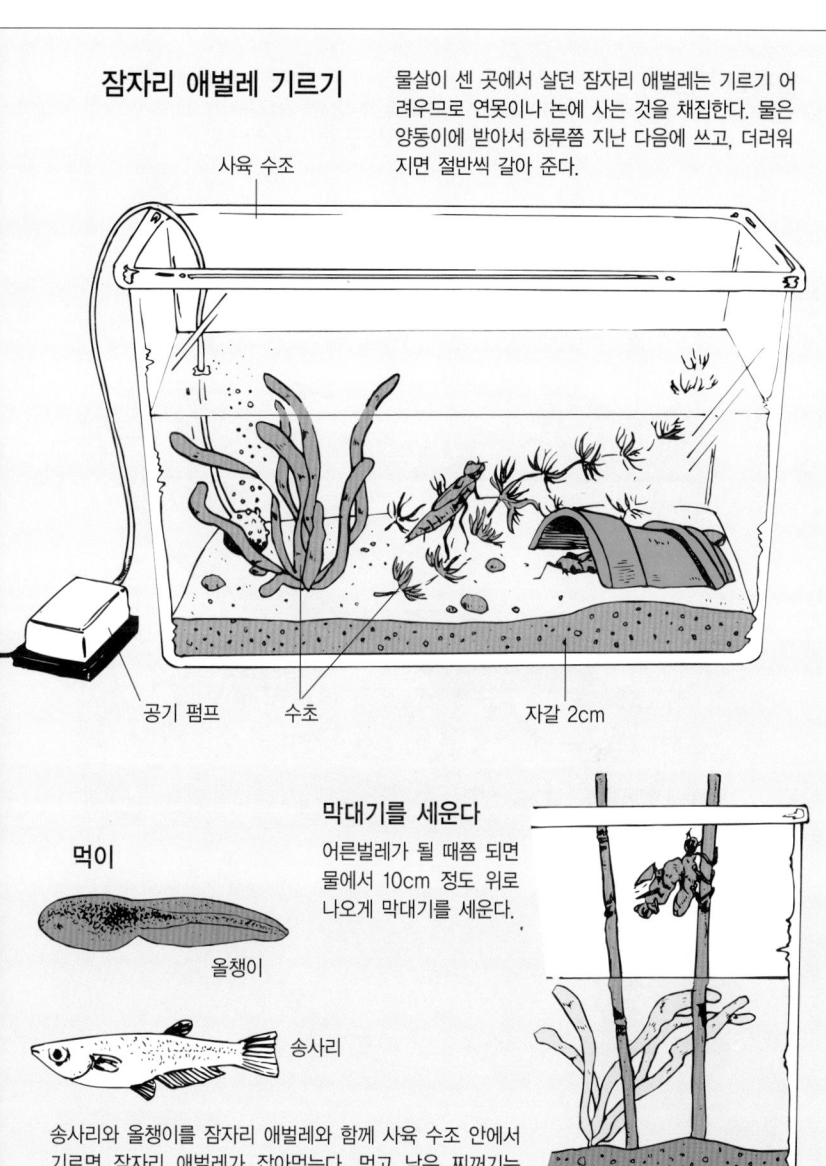

잠자리 애벌레 기르기

물살이 센 곳에서 살던 잠자리 애벌레는 기르기 어려우므로 연못이나 논에 사는 것을 채집한다. 물은 양동이에 받아서 하루쯤 지난 다음에 쓰고, 더러워지면 절반씩 갈아 준다.

사육 수조

공기 펌프 수초 자갈 2cm

막대기를 세운다

어른벌레가 될 때쯤 되면 물에서 10cm 정도 위로 나오게 막대기를 세운다.

먹이

올챙이

송사리

송사리와 올챙이를 잠자리 애벌레와 함께 사육 수조 안에서 기르면 잠자리 애벌레가 잡아먹는다. 먹고 남은 찌꺼기는 바로 걷어 낸다.

달팽이와 지렁이 기르기

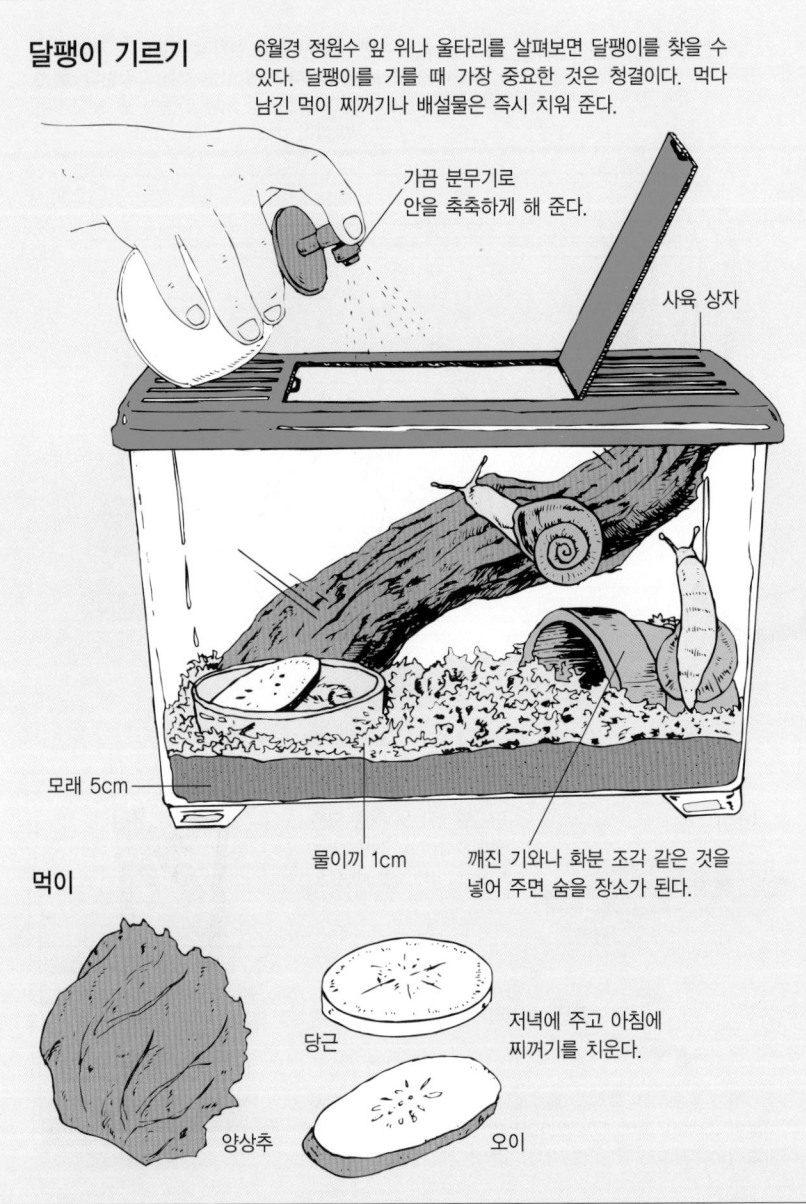

달팽이와 지렁이는 물기를 좋아하지만 물기가 너무 많으면 안 됩니다. 그리고 흙이나 모래에 곰팡이가 생기지 않게 주의합니다.

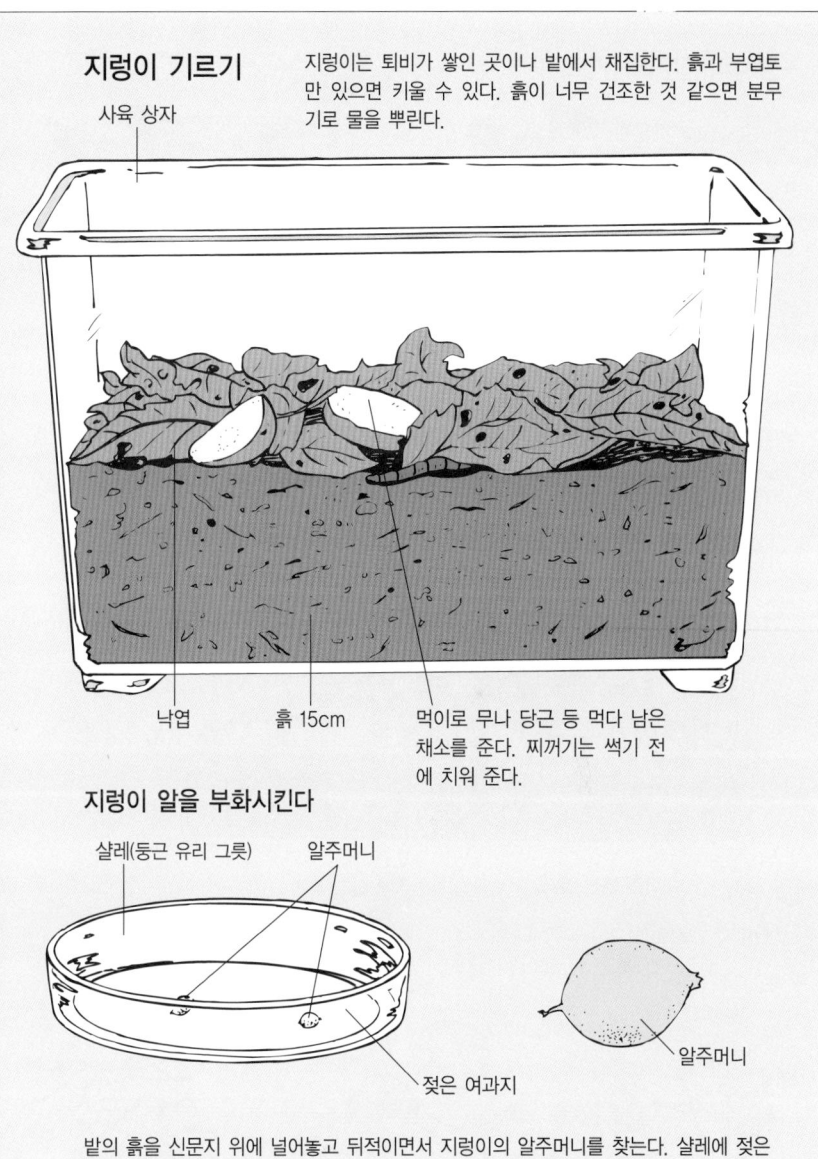

지렁이 기르기

지렁이는 퇴비가 쌓인 곳이나 밭에서 채집한다. 흙과 부엽토만 있으면 키울 수 있다. 흙이 너무 건조한 것 같으면 분무기로 물을 뿌린다.

- 사육 상자
- 낙엽
- 흙 15cm
- 먹이로 무나 당근 등 먹다 남은 채소를 준다. 찌꺼기는 썩기 전에 치워 준다.

지렁이 알을 부화시킨다

- 샬레(둥근 유리 그릇)
- 알주머니
- 젖은 여과지
- 알주머니

밭의 흙을 신문지 위에 널어놓고 뒤적이면서 지렁이의 알주머니를 찾는다. 샬레에 젖은 여과지를 깔고 알주머니를 넣는다. 가끔 분무기로 물을 뿌려 주면 부화한다.

송사리 기르기

송사리 잡기와 기르기

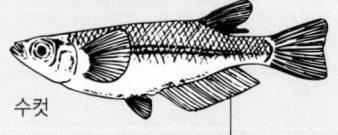
수컷 — 배지느러미가 평행사변형

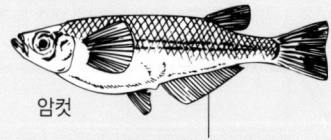
암컷 — 배지느러미가 삼각형

시내나 연못에서 무리 지어 다니는 송사리를 그물로 잡는다.
수컷과 암컷을 각각 5마리씩 기른다.

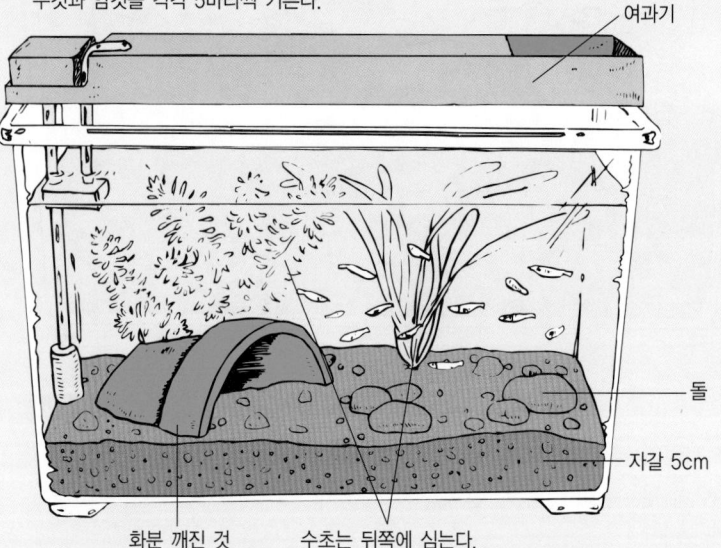

여과기 / 돌 / 자갈 5cm / 화분 깨진 것 / 수초는 뒤쪽에 심는다.

먹이 잡식성이어서 아무것이나 먹는다.
매일 아침에 한 번, 물이 더러워지지 않도록 조금씩 준다.

송사리 먹이나 으깬 열대어 먹이 / 삶은 달걀 노른자 / 실지렁이

송사리는 잡식성 동물이며 쉽게 죽지 않습니다. 수온이 20℃ 정도 되면 알을 계속 낳습니다. 알을 부화시켜 봅니다.

알을 낳으면

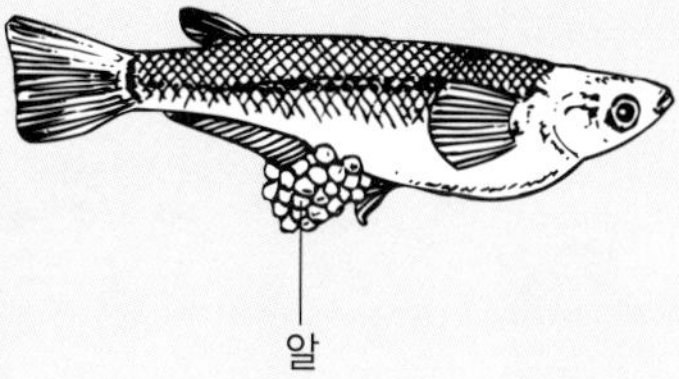

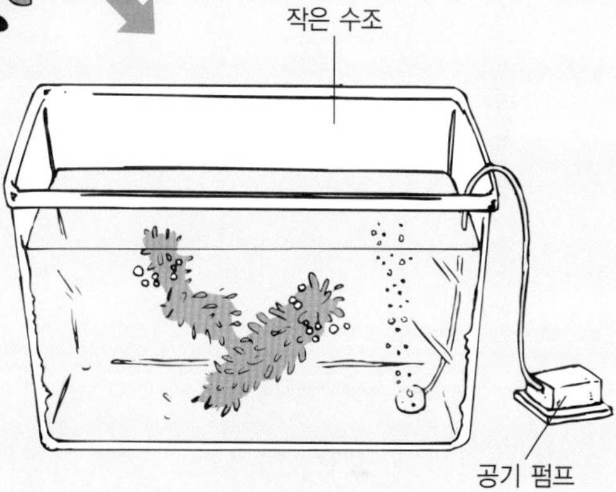

- 수초
- 알
- 작은 수조
- 공기 펌프

암컷은 수초에 알을 낳는다. 알이 붙어 있는 수초를 각각 작은 수조에 옮겨 부화시킨다.

수조의 물 갈아 주기

수돗물은 염소를 없앤 후에 쓴다. 보름이나 한 달에 한 번 수조의 물을 반씩 갈아 준다.

양동이에 물을 받은 다음 햇볕이 드는 곳에 하루 정도 두면 염소가 없어진다.

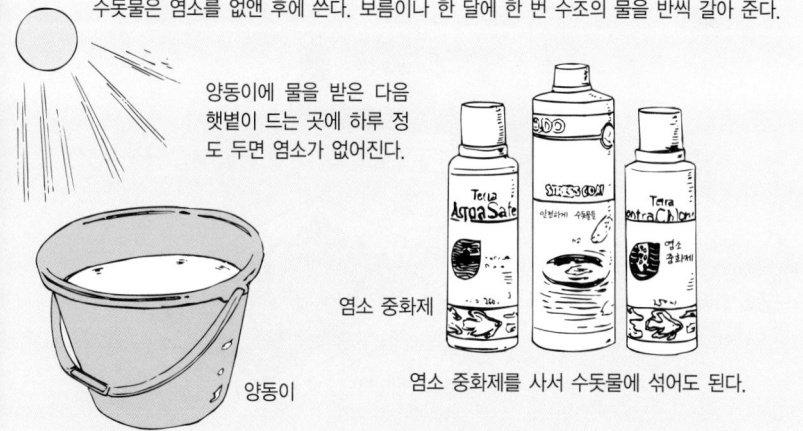

- 염소 중화제
- 양동이

염소 중화제를 사서 수돗물에 섞어도 된다.

나팔꽃 기르기

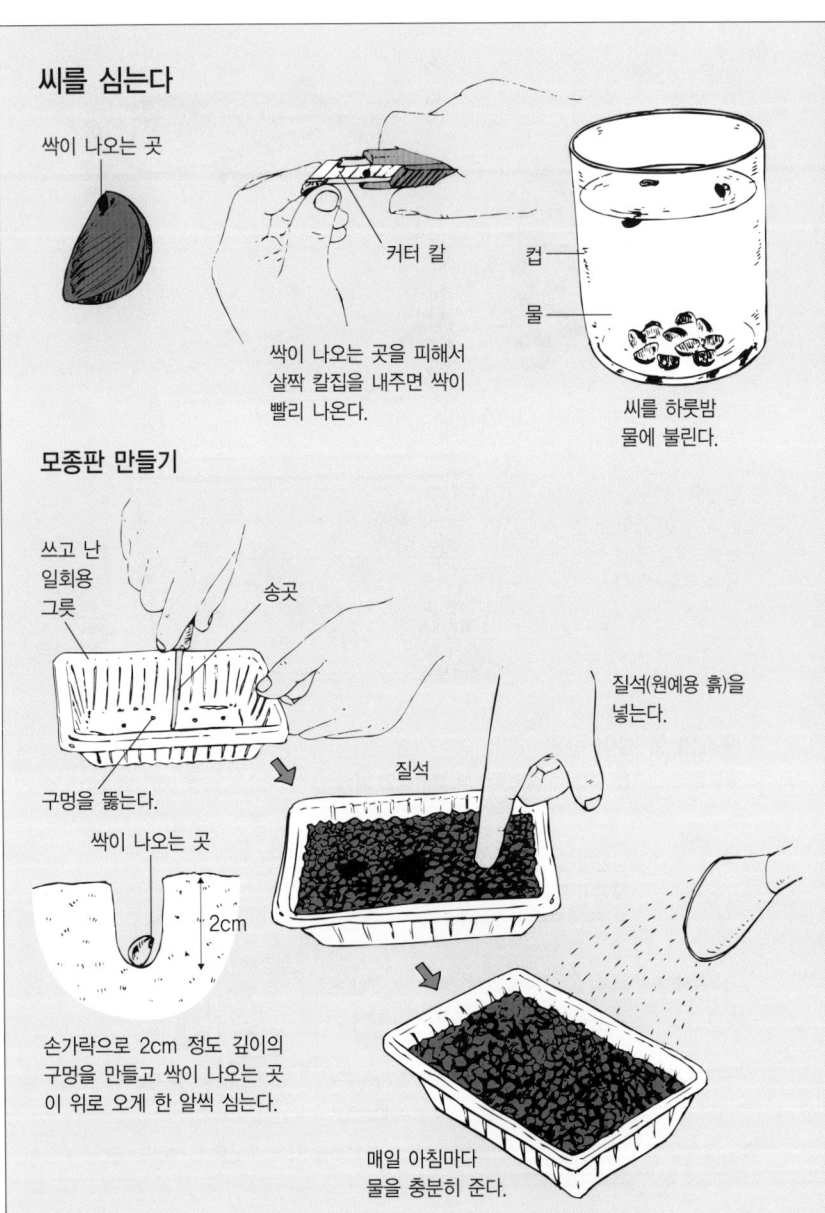

나팔꽃이 필 때까지의 과정을 여름방학 연구 과제로 삼으려면 4~5월에는 씨를 뿌려야 합니다. 직접 땅에 심는 것보다 화분에 심는 것이 실험하기에 더 좋습니다.

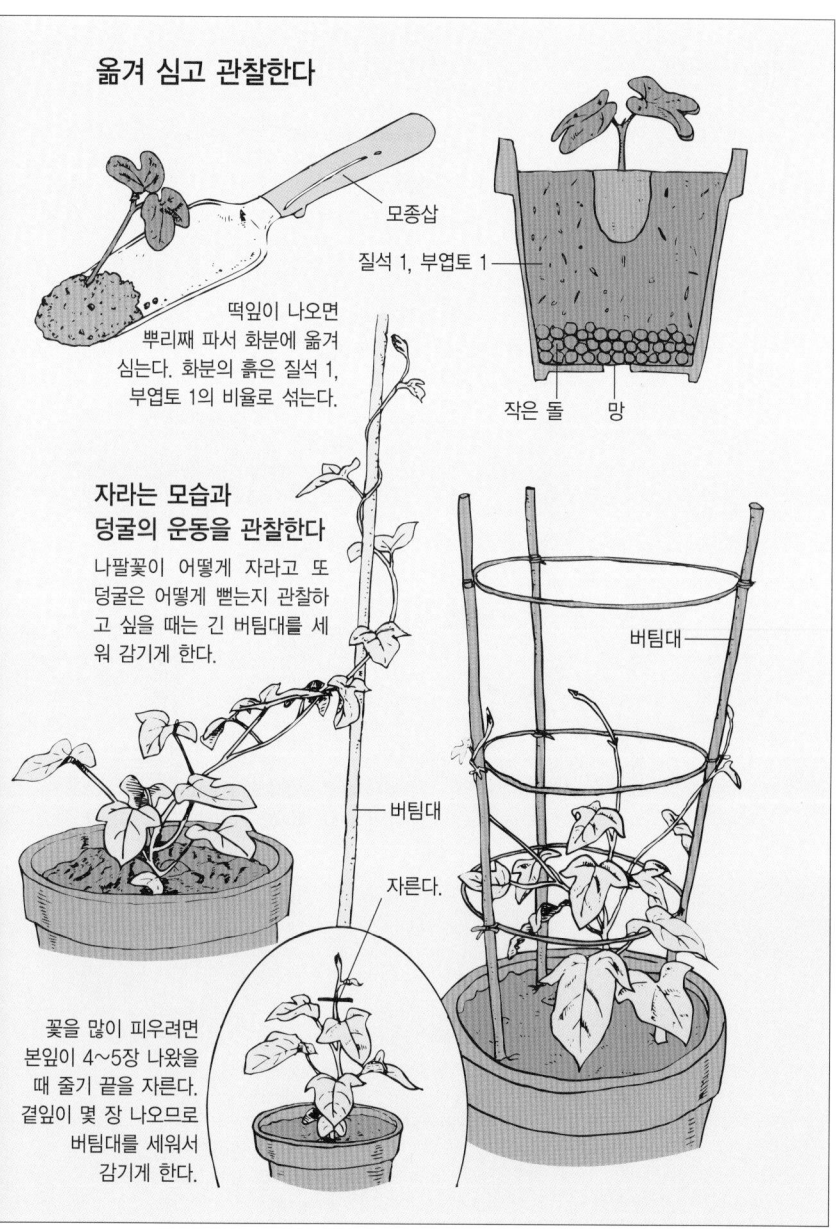

해바라기 기르기

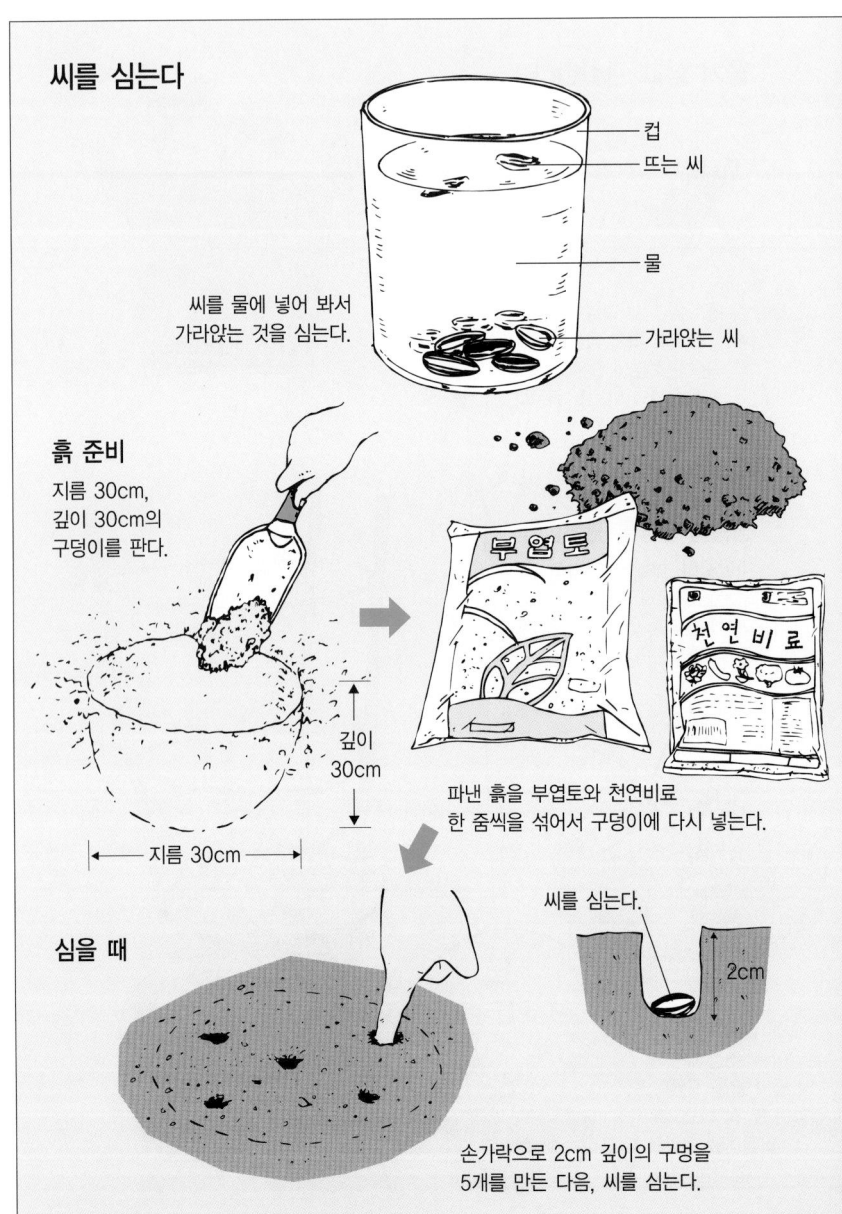

해바라기는 자라면 키가 너무 커서 화분에서는 기르기 어렵습니다.
4~5월경 뜰 가운데 볕이 잘 드는 곳을 골라 심어야 합니다.

싹이 난 후 솎아 낸다

본잎이 나오기 시작하면 가장 좋은 모종만 남기고 솎아 낸다.

버팀대를 세운다

매일 아침마다 물을 흠뻑 준다.

버팀대

키가 자라서 쓰러질 것 같으면 버팀대를 세워 준다.

흙을 덮는다

뿌리가 보이면 흙을 덮어 준다.

콩 기르기

콩 씨앗을 준비합니다. 4~5월에 씨를 심으면 2개월 반 지나서 수확할 수 있으며, 떡잎이 자라는 과정을 보는 실험이라면 6~8월에 심어야 합니다.

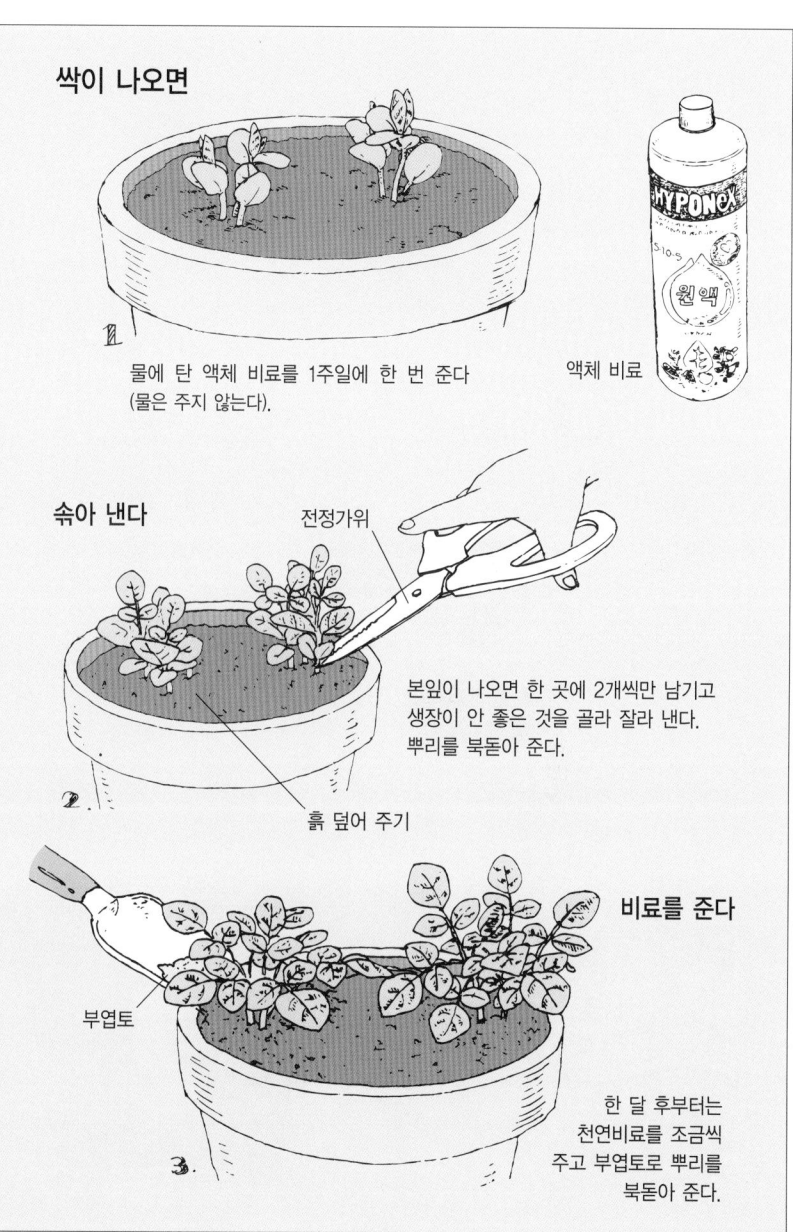

싹이 나오면

물에 탄 액체 비료를 1주일에 한 번 준다 (물은 주지 않는다).

액체 비료

솎아 낸다

전정가위

본잎이 나오면 한 곳에 2개씩만 남기고 생장이 안 좋은 것을 골라 잘라 낸다. 뿌리를 북돋아 준다.

흙 덮어 주기

비료를 준다

부엽토

한 달 후부터는 천연비료를 조금씩 주고 부엽토로 뿌리를 북돋아 준다.

감자 기르기

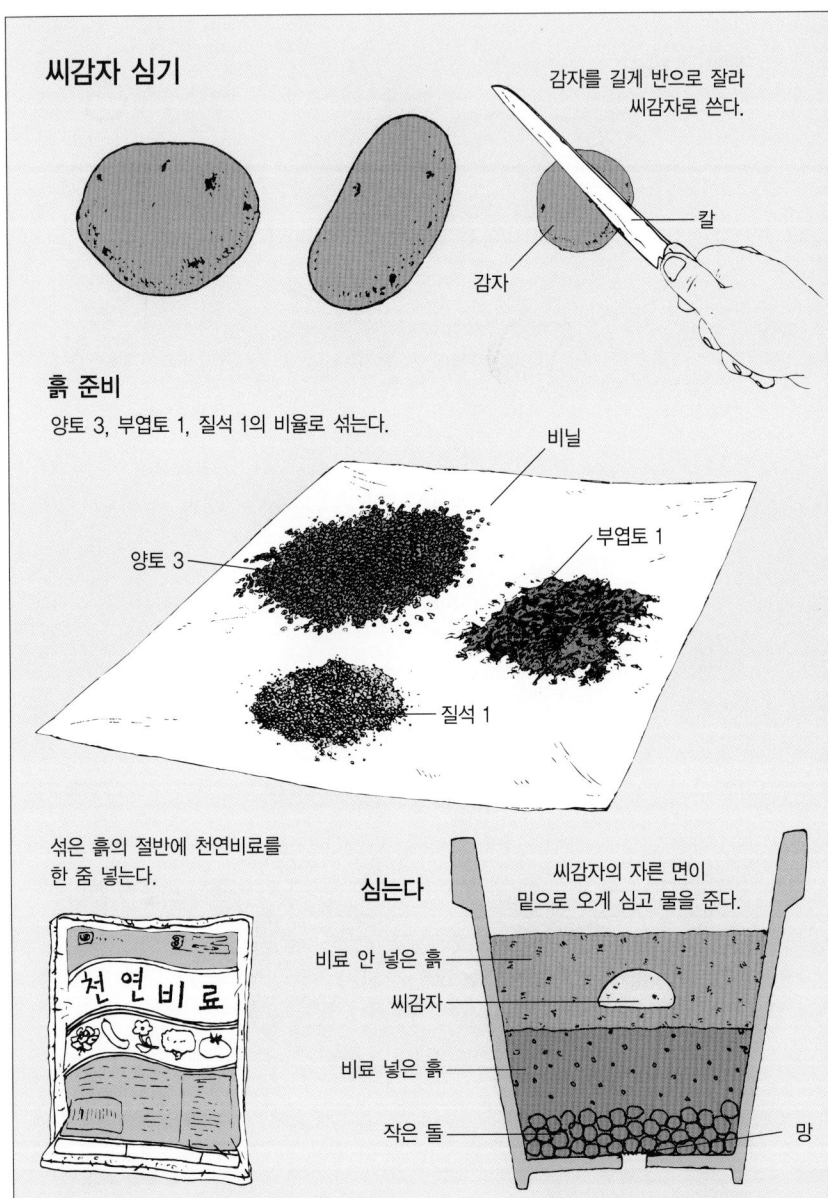

감자를 수확하고 싶으면 3~4월쯤 씨감자를 심습니다. 실험만 한다면 5월쯤 심어도 됩니다.

싹이 나오면
싹이 나오면 비료를 넣지 않은 흙으로 5cm 정도 덮어 준다.

비료 안 넣은 흙

솎아 낸다
싹이 더 나오면 건강한 싹 2개만 남기고 나머지는 뽑는다.

비료 안 넣은 흙으로 덮기
비료를 넣지 않은 흙으로 화분 가득히 덮어 준다.

물과 비료
씨감자를 심고 나서 장마철까지는 액체 비료를 물에 타서 1주일에 한 번 준다(물은 주지 않는다). 장마철이 지난 후, 물은 흙이 바싹 말랐을 때만 준다.

흙과 비료

양토

원예에서 기본이 되는 흙

부엽토

작은 돌

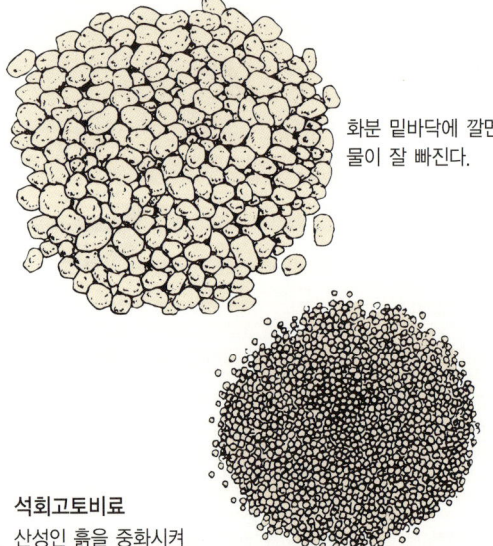

화분 밑바닥에 깔면 물이 잘 빠진다.

천연비료

식물이 자라는 데 필요한 성분이 들어 있다.

석회고토비료
산성인 흙을 중화시켜 마그네슘을 보충해 준다.

화분에서 식물을 재배할 때 성공하는 비결은 그 식물에 알맞은 흙을 섞어서 만드는 일입니다. 비료는 필요할 때만 줍니다.

질석

낙엽이 썩어서 된 흙으로 잡초 등의 씨가 들어 있지 않아 관찰용으로 쓰인다.

가볍고 물이 잘 빠지며 공기가 잘 통한다.

흙을 섞는 방법

비닐을 펼쳐 놓고 필요한 흙을 비율에 맞게 올려놓는다.
우선 비닐을 이리저리 접어 가며 섞고, 면장갑을 끼고 손으로 잘 섞는다.

육식 생물은 기르기 어렵다!

이 책에서는 육식 생물을 길러 관찰하는 주제는 언급하지 않았습니다. 육식 생물을 기른다는 것이 보통 어려운 일이 아니기 때문입니다. 쇠고기나 돼지고기 등을 먹을 수 있는 생물이라면 그래도 낫지만, 청개구리처럼 살아서 움직이는 것만 먹는 생물은 매일매일 먹이 찾는 데 쫓겨서 관찰을 제대로 하기 어렵습니다. 만약 기르지는 않고 짧은 시간에 실험과 관찰만 할 거라면 작업이 끝난 후 놓아주는 것이 좋습니다.

힘들어도 꼭 육식 생물을 길러 관찰하고 싶다면 먹이 확보에 신경을 써야 합니다. 개미나 바퀴벌레 등이 수가 많고 잡기도 쉬워 먹이로 알맞습니다. 파리는 아래 그림과 같은 방법으로 번식시킬 수 있습니다. 병에 바나나를 넣어 베란다에 놓아두면 바나나가 썩고 파리가 알을 낳는데, 알이 부화해서 애벌레가 되면 병째로 사육 상자에 넣습니다. 애벌레가 계속 자라서 어른벌레가 되므로 먹이는 걱정할 필요가 없습니다.

바나나

사육 상자

표본 만들기

여러 가지 표본 만들기의 기초 지식

곤충 채집과 표본 만들기

① 곤충 있는 곳을 미리 봐 둔다

곤충은 종류별로 활동하는 장소가 대개 정해져 있다.
흔히 모여 있거나 쉬는 장소를 알아 두면 원하는 곤충을 쉽게 채집할 수 있다.

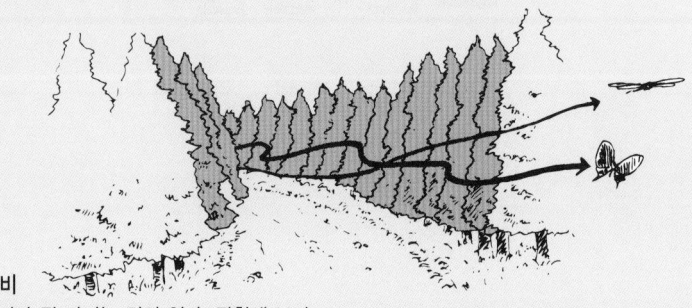

나비
나비가 잘 다니는 길이 있다. 관찰해 보자.

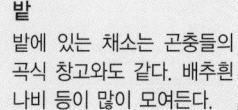

밭
밭에 있는 채소는 곤충들의 곡식 창고와도 같다. 배추흰나비 등이 많이 모여든다.

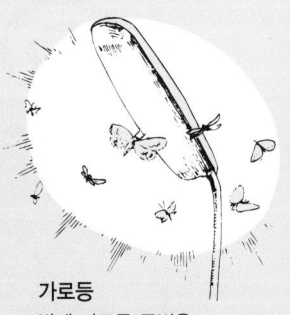

먹이가 되는 나무
나비목의 애벌레는 정해진 식물의 잎만 먹는다. 이런 식물에는 애벌레와 어른 벌레가 모두 함께 있는 경우가 많다.

가로등
밤에 가로등 주변을 보면 나방 등이 많다.

곤충 채집을 할 때 언제, 어디서 잡았는지 채집한 정보를 적어 두면 표본에 라벨을 붙일 때 편합니다.

수액
수액이 많이 나오는 상수리나무 등에는 딱정벌레와 나비, 벌이 모여든다.

저장목과 썩은 나무
생나무를 잘라 쌓아 둔 저장목의 통나무나 숲에 뒹구는 썩은 나무에는 하늘소 애벌레 등이 있다.

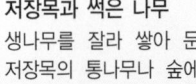

물가와 수초
물속에 알을 낳는 곤충도 많은데 주로 물가나 수초에서 산다.

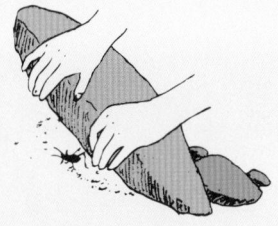

돌 밑과 풀숲
돌 밑이나 풀숲에는 귀뚜라미, 노래기, 개미 등이 있다.

겨울 낙엽 밑
겨울에도 낙엽을 들춰 보면 나비의 애벌레나 무당벌레 등이 겨울잠을 자고 있다.

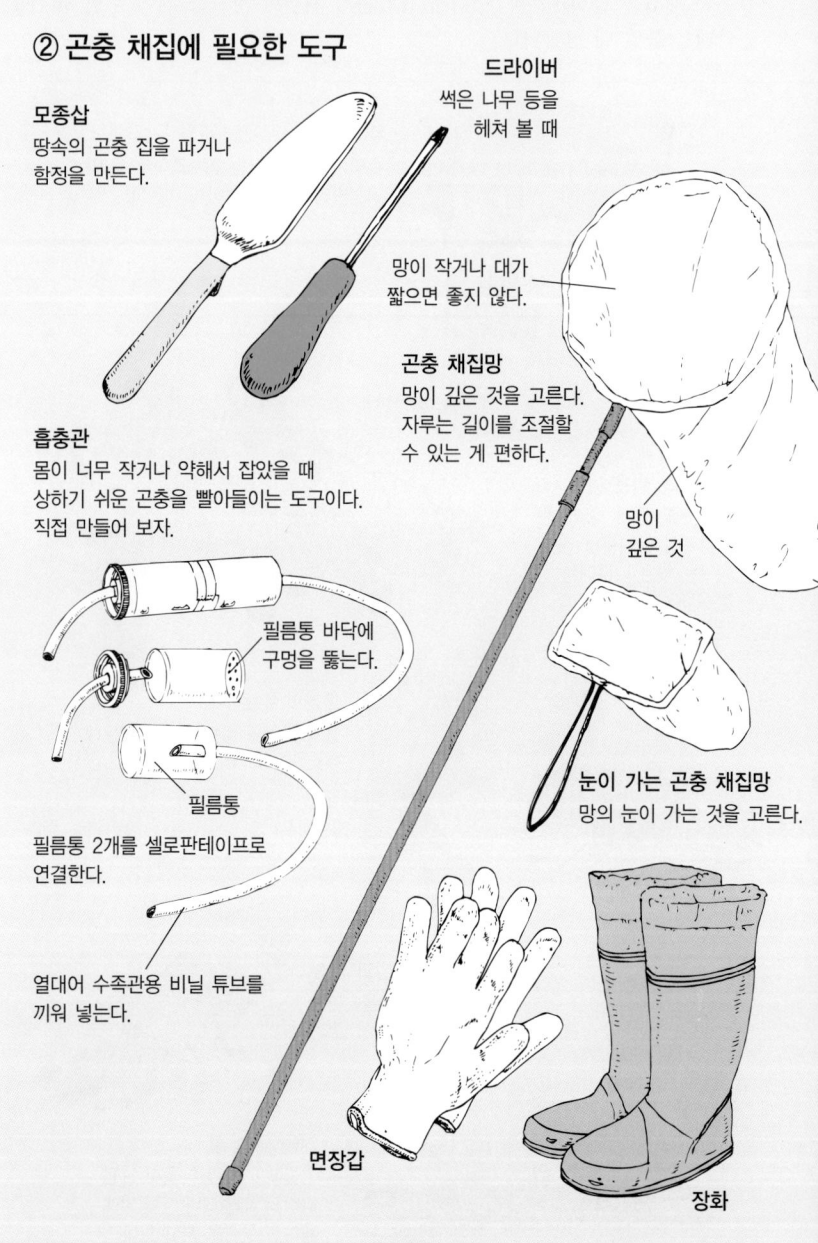

핀셋

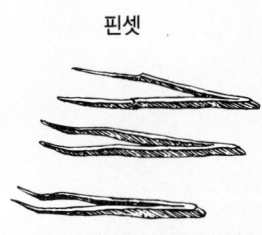

나무 구멍 속이나 땅속 곤충을 채집할 때 사용한다. 큰 것과 작은 것을 준비한다.

곤충 채집 가방

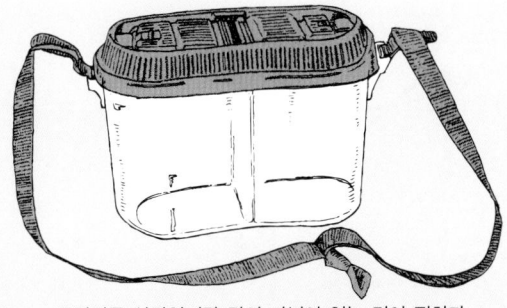

무엇이든 상관없지만 칸이 나뉘어 있는 것이 편하다.

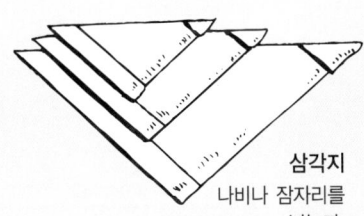

삼각지
나비나 잠자리를 넣는다.

삼각통
벨트에 껴서 허리에 찬다.

필름통
작은 곤충을 넣는다.
송곳으로 공기구멍을 뚫는다.

비닐 주머니
물에서 사는 곤충을 채집해서 가지고 돌아올 때 쓴다.

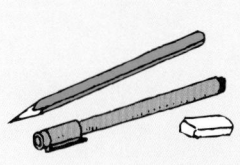

관찰 노트
노트에 언제, 어디서 잡았는지 적는다.

③ 곤충 채집망으로 잡기

날아다니는 곤충

1. 잡을 준비를 한다.
2. 잡을 대상을 정하고 재빠르게 채집망을 휘두른다.

땅에 있는 곤충

재빨리 망을 덮어씌운다.

망 끝을 집어 올려 곤충이 날 수 있도록 한다.

느리게 움직이는 곤충은 망 끝을 잡고 들어 올린 채 천천히 덮어씌운다.

※**주의**: 같은 종류의 곤충은 2마리 이상 잡지 않는다.

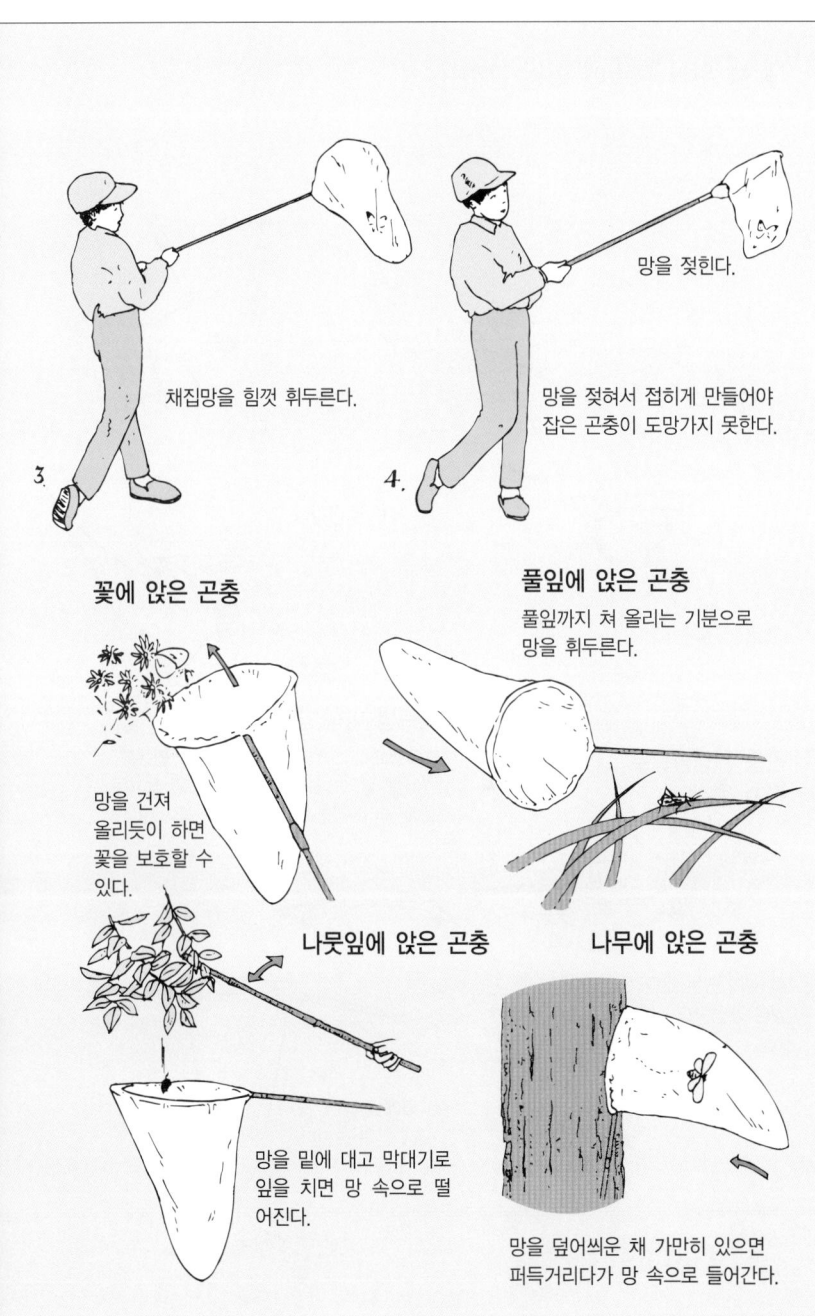

④ 물 위나 물속에 있는 곤충 잡기

먹이로 유인한다
망 안쪽에 먹이를 넣은 다음 수초 옆 물속에 넣어 두면 육식성 곤충이 들어간다.

수초를 훑는다
망으로 수초 밑을 훑는다.

페트병 어항
페트병으로 그림과 같은 어항을 만든다. 먹이를 넣고 병이 5분의 4 정도 잠기는 곳에 넣어 두면 육식성 곤충이 들어간다.

곤충 채집망으로 건져 올린다

물 위에 있는 소금쟁이는 얼른 채집망으로 덮어씌우고,

그대로 물에 담갔다가 물과 함께 건져 올린다.

작은 곤충 잡기

너무 작거나 약해서 상하기 쉬운 곤충은 흡충관으로 빨아들인다.

나무 구멍 속이나 땅속에 사는 작은 곤충은 핀셋으로 잡는다.

흡충관

핀셋

빈 병에 떨어뜨린다

병을 갖다 대고 뚜껑으로 밀어 떨어뜨린다.

기어 다니는 곤충 잡기

플라스틱 컵으로 덫을 만들어 땅에 묻고 곤충을 유인한다. 비가 올 수 있으므로 작은 돌을 사방에 놓고 빗물 가리개를 덮으면 완성이다. 고기를 넣으면 딱정벌레, 송장벌레 등의 육식성 곤충이 잡히고 과일을 넣으면 귀뚜라미나 풍뎅이 등을 잡을 수 있다.

작은 돌

빗물 가리개

큰 플라스틱 컵

구멍 뚫린 칸막이 뚜껑

먹이

페트병

페트병 덫

페트병을 이어서 덫을 만든 다음 먹이를 넣고 바닥에 놓으면 된다.

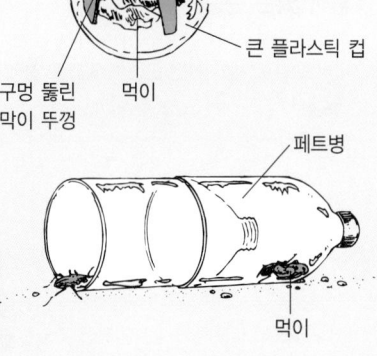

먹이

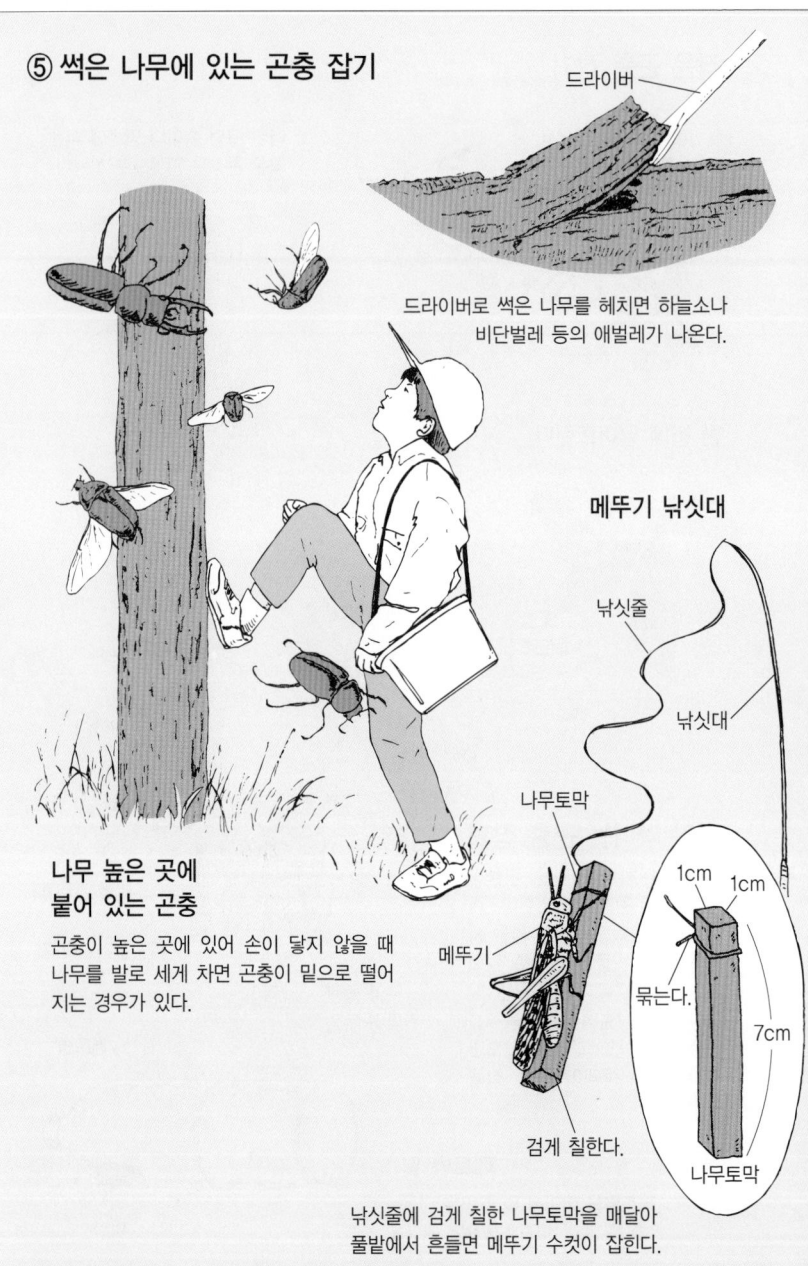

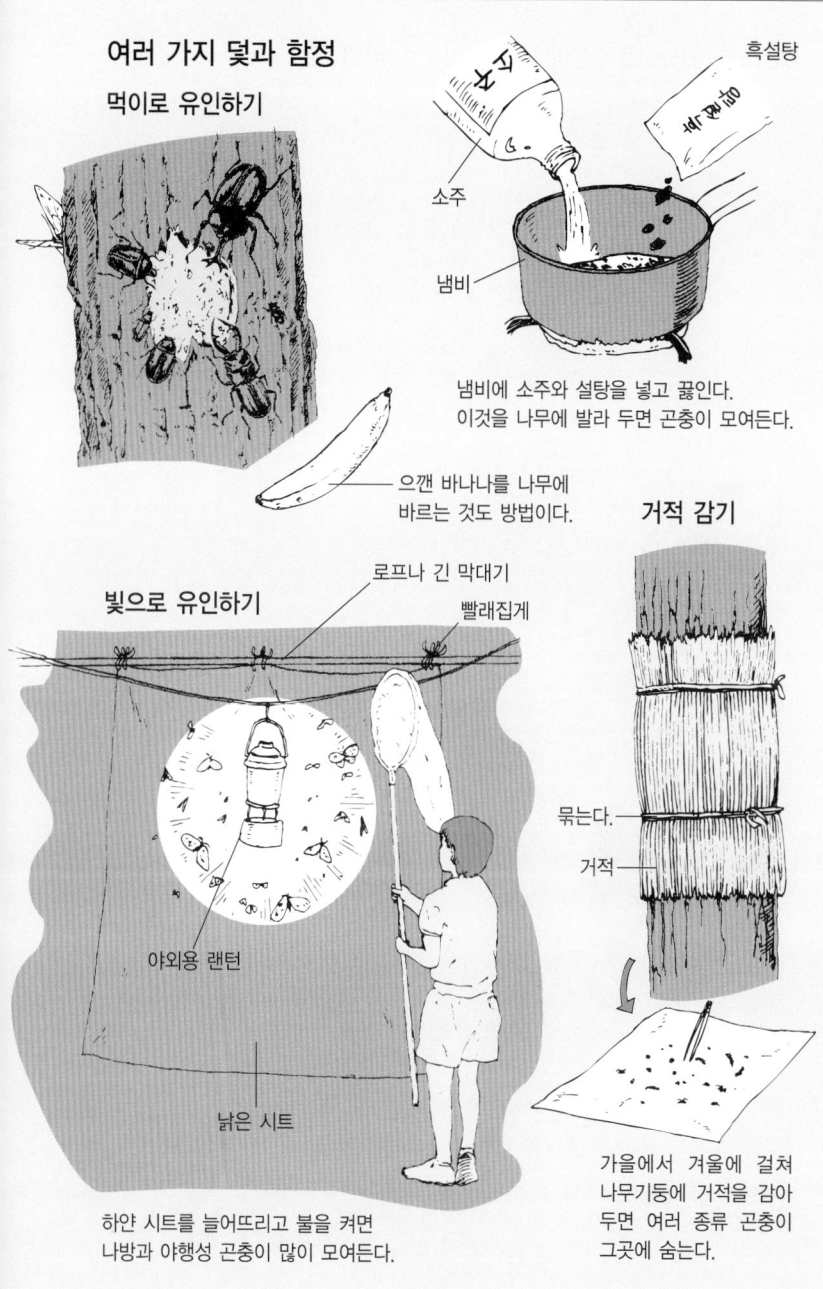

⑥ 곤충 쥐는 법 · 집에 가져올 때 주의할 점

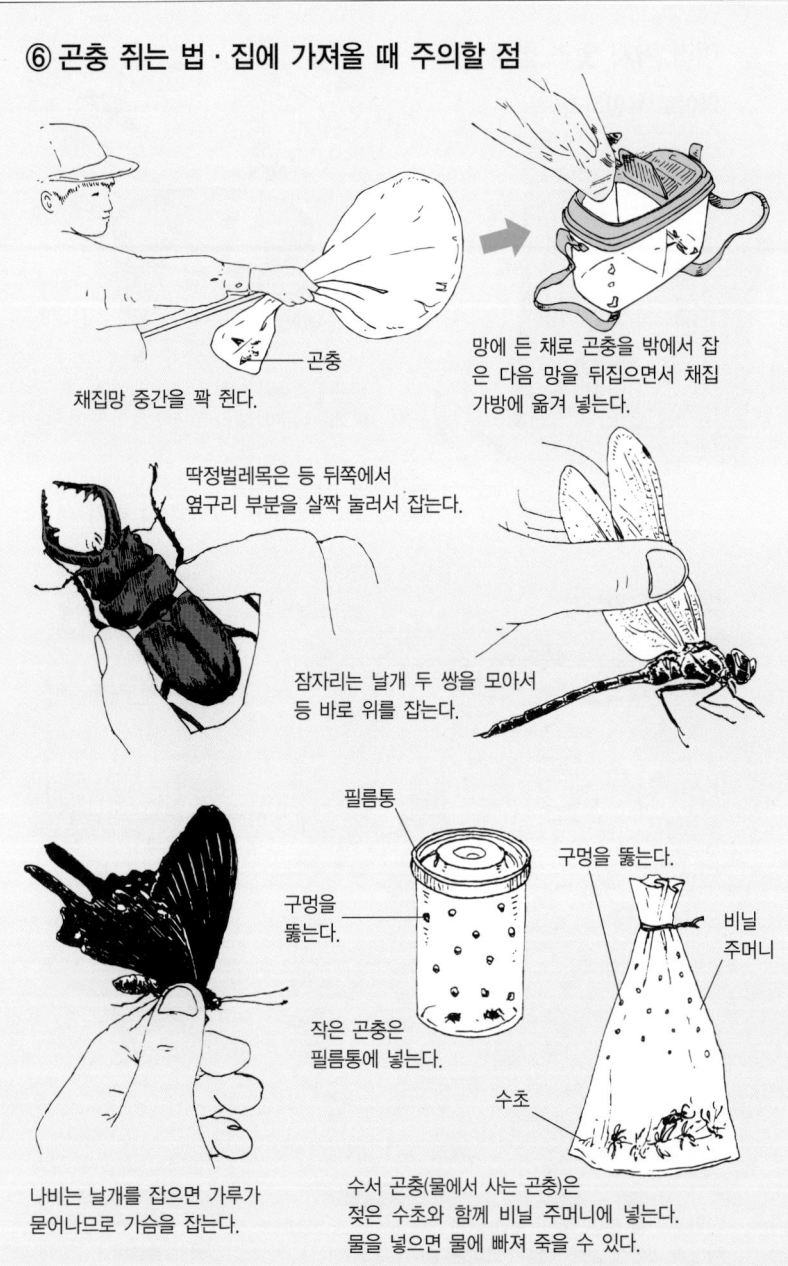

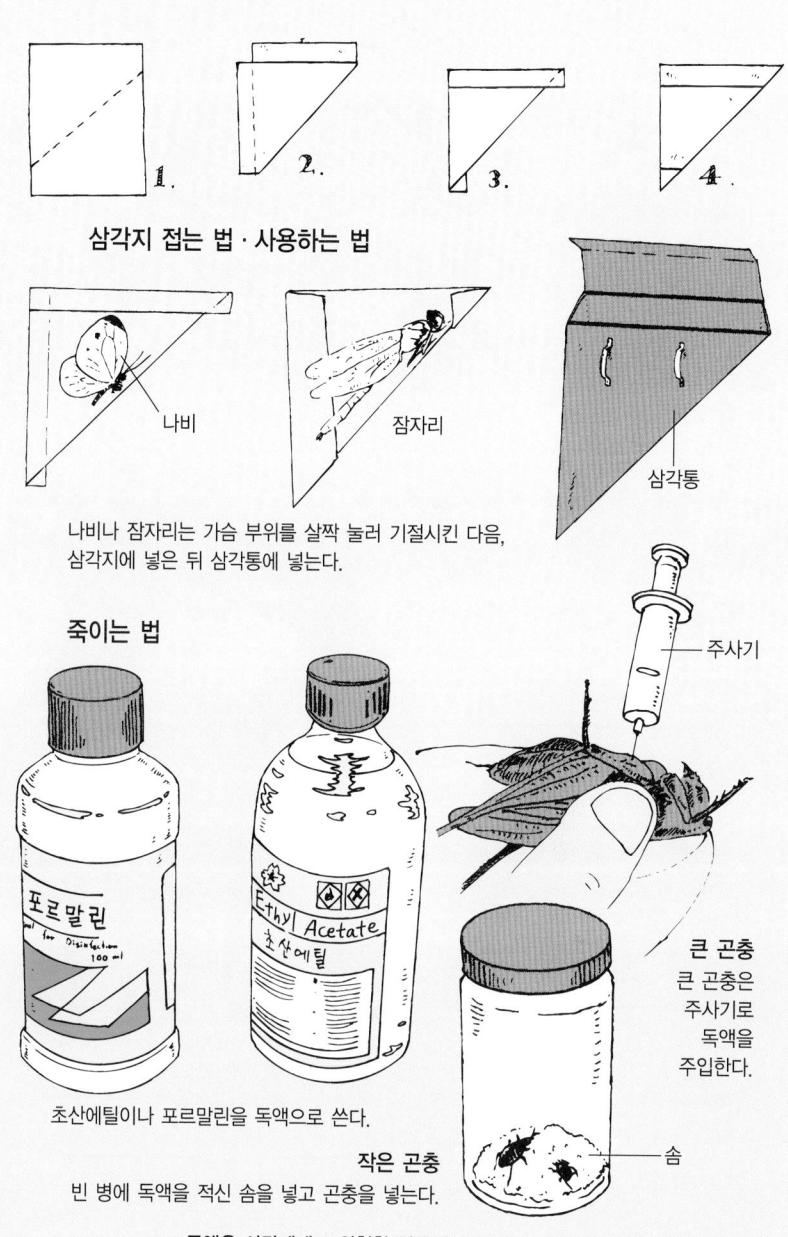

삼각지 접는 법 · 사용하는 법

나비나 잠자리는 가슴 부위를 살짝 눌러 기절시킨 다음, 삼각지에 넣은 뒤 삼각통에 넣는다.

죽이는 법

초산에틸이나 포르말린을 독액으로 쓴다.

큰 곤충
큰 곤충은 주사기로 독액을 주입한다.

작은 곤충
빈 병에 독액을 적신 솜을 넣고 곤충을 넣는다.

※ 독액은 사람에게도 위험한 약품이므로 지도 선생님의 말씀을 잘 따른다.

⑦ 곤충 표본 만드는 데 필요한 도구

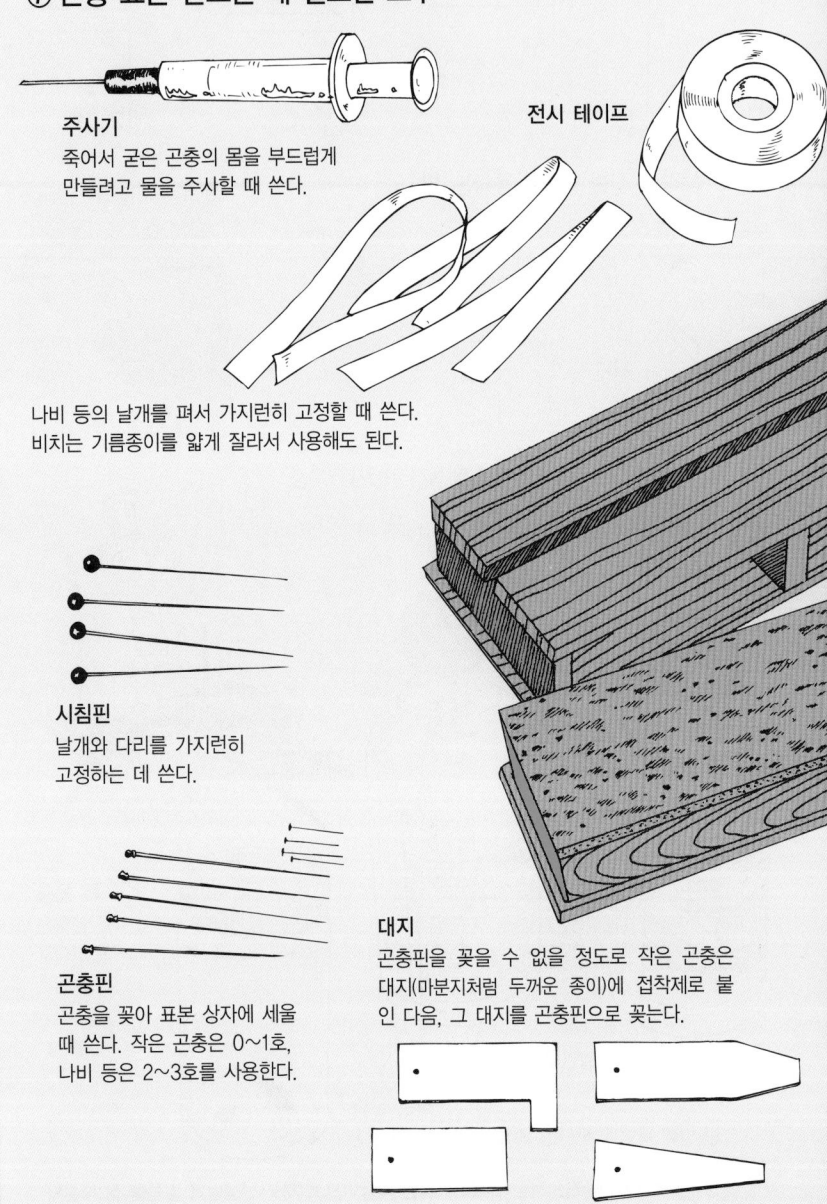

주사기
죽어서 굳은 곤충의 몸을 부드럽게 만들려고 물을 주사할 때 쓴다.

전시 테이프
나비 등의 날개를 펴서 가지런히 고정할 때 쓴다.
비치는 기름종이를 얇게 잘라서 사용해도 된다.

시침핀
날개와 다리를 가지런히 고정하는 데 쓴다.

곤충핀
곤충을 꽂아 표본 상자에 세울 때 쓴다. 작은 곤충은 0~1호, 나비 등은 2~3호를 사용한다.

대지
곤충핀을 꽂을 수 없을 정도로 작은 곤충은 대지(마분지처럼 두꺼운 종이)에 접착제로 붙인 다음, 그 대지를 곤충핀으로 꽂는다.

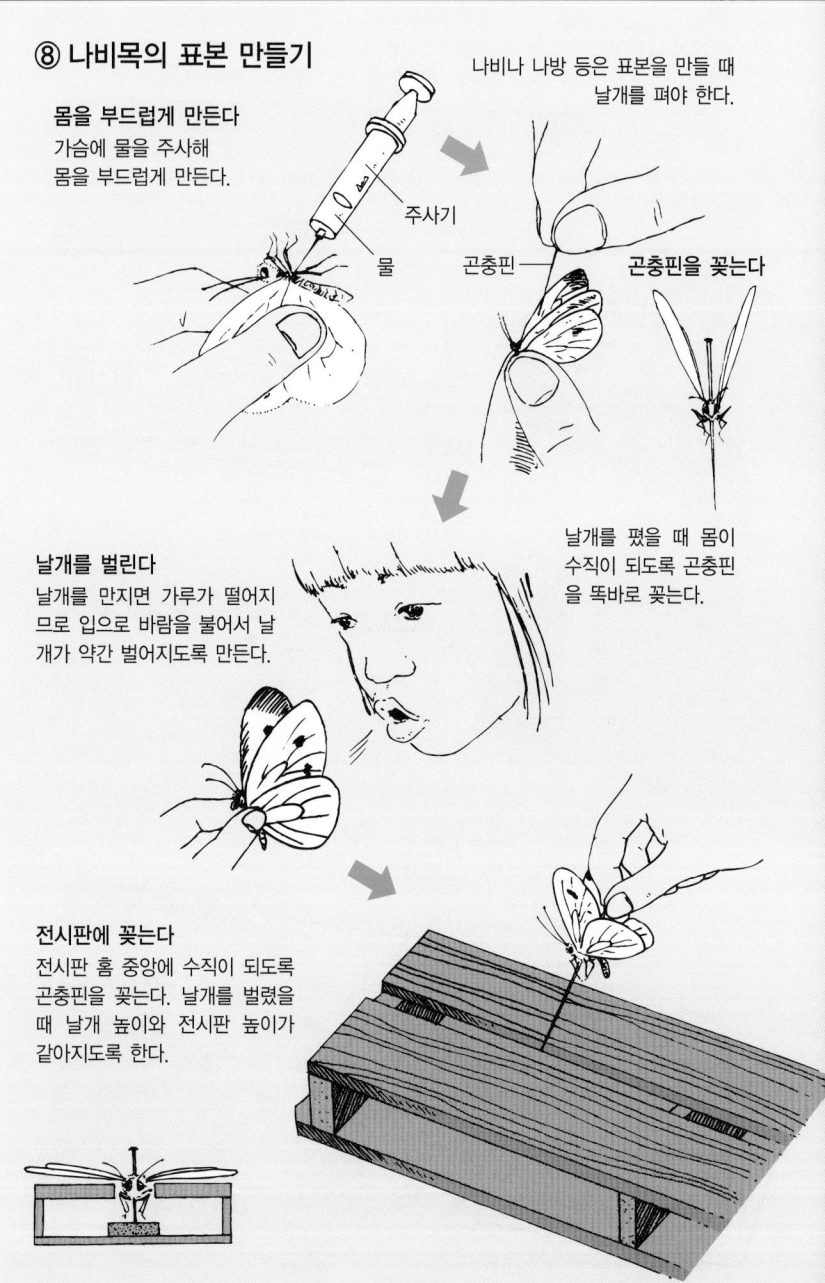

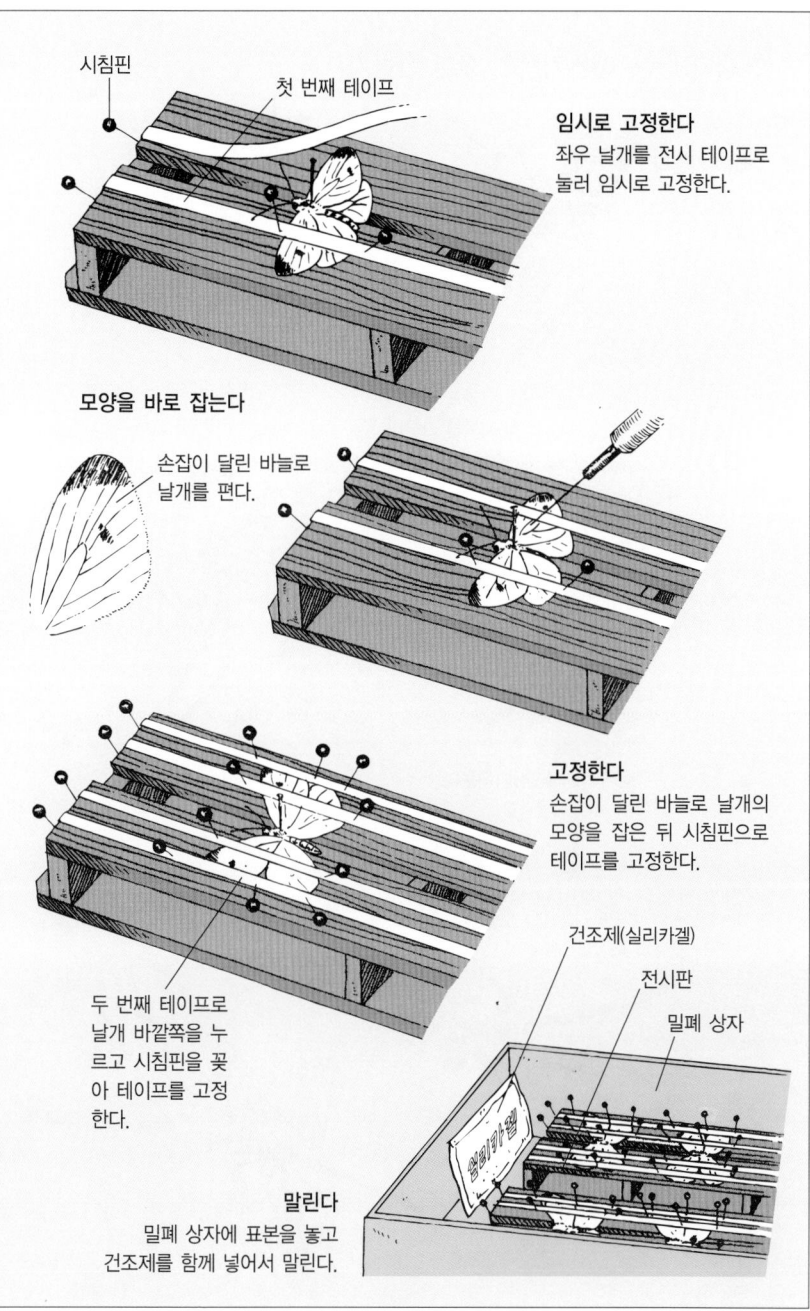

⑨ 잠자리목 · 메뚜기목의 표본 만들기

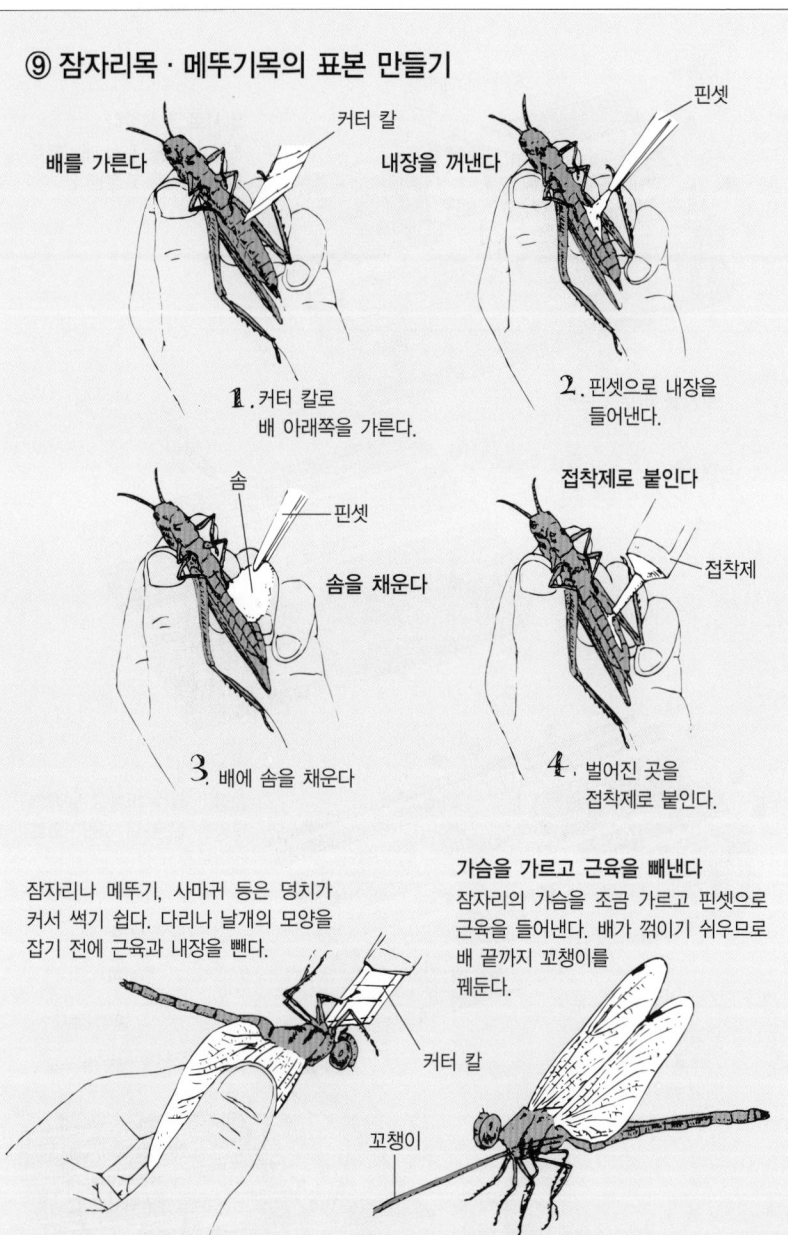

배를 가른다 — 커터 칼
내장을 꺼낸다 — 핀셋

1. 커터 칼로 배 아래쪽을 가른다.
2. 핀셋으로 내장을 들어낸다.

솜 / 핀셋
솜을 채운다
접착제로 붙인다 — 접착제

3. 배에 솜을 채운다
4. 벌어진 곳을 접착제로 붙인다.

잠자리나 메뚜기, 사마귀 등은 덩치가 커서 썩기 쉽다. 다리나 날개의 모양을 잡기 전에 근육과 내장을 뺀다.

가슴을 가르고 근육을 빼낸다
잠자리의 가슴을 조금 가르고 핀셋으로 근육을 들어낸다. 배가 꺾이기 쉬우므로 배 끝까지 꼬챙이를 꿰둔다.

커터 칼
꼬챙이

딱정벌레목의 표본

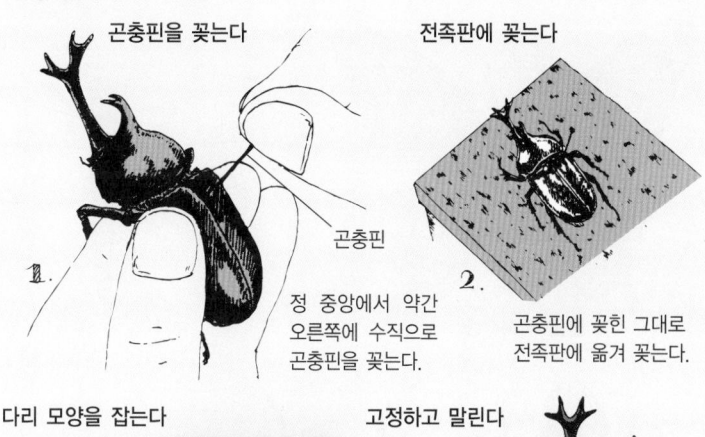

곤충핀을 꽂는다
정 중앙에서 약간 오른쪽에 수직으로 곤충핀을 꽂는다.

전족판에 꽂는다
곤충핀에 꽂힌 그대로 전족판에 옮겨 꽂는다.

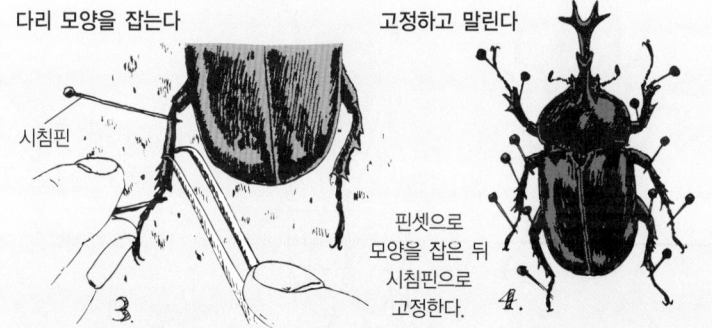

다리 모양을 잡는다
핀셋으로 모양을 잡은 뒤 시침핀으로 고정한다.

고정하고 말린다
다리 모양을 잡고 시침핀으로 고정한 다음 전족판째로 상자에 넣어 말린다.

딱정벌레목은 표본을 만들 때 다리 모양을 잡아야 하는데, 다리 모양을 잡는 일을 '전족'이라고 한다. 만약 몸이 딱딱하면 뜨거운 물에 잠깐 담가서 부드럽게 한다.

작은 딱정벌레목의 표본

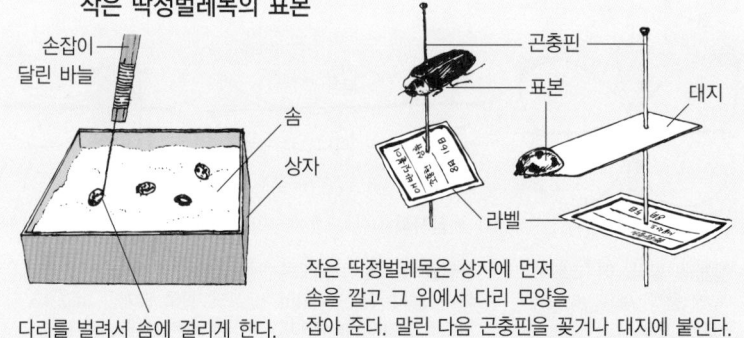

다리를 벌려서 솜에 걸리게 한다.

작은 딱정벌레목은 상자에 먼저 솜을 깔고 그 위에서 다리 모양을 잡아 준다. 말린 다음 곤충핀을 꽂거나 대지에 붙인다.

⑩ 곤충핀을 꽂는 위치

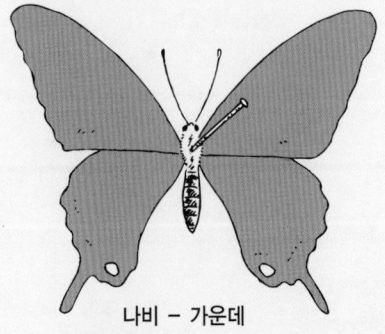
나비 - 가운데

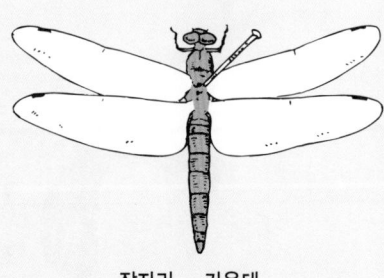
잠자리 - 가운데

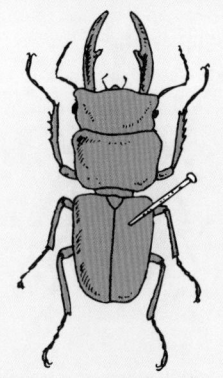
딱정벌레 - 가운데서 약간 오른쪽

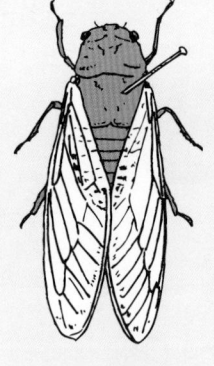
매미 - 가운데서 약간 오른쪽

메뚜기 - 옆면

옆에서 볼 때, 위에서 1/3 정도 되는 곳에 핀을 꽂는다.

날개 펴는 법

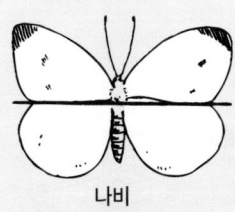
나비
날개를 일직선이 되도록 펴서 몸의 축과 수직이 되도록 한다.

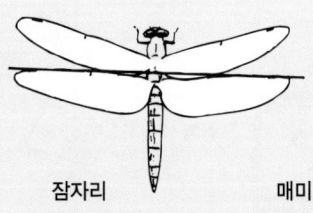
잠자리
날개를 일직선이 되도록 펴서 몸의 축과 수직이 되도록 한다(나비와 같다).

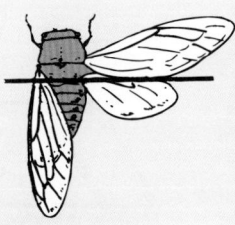
매미
나비와 같은 식으로 하되, 한쪽 날개만 펴고 다른 쪽은 그대로 둔다.

라벨을 붙인다

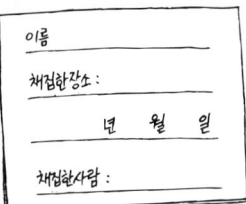

도감을 보고 이름을 찾는다. '~종류'라는 식으로 크게 분류해도 된다. 라벨에는 이름, 채집한 곳, 채집한 날짜, 채집한 사람을 적는다.

표본과 라벨의 높이를 가지런히 맞춘다

표본의 높이가 각각 다르면 보기에 좋지 않다. 평균대로 높이를 맞춘다.

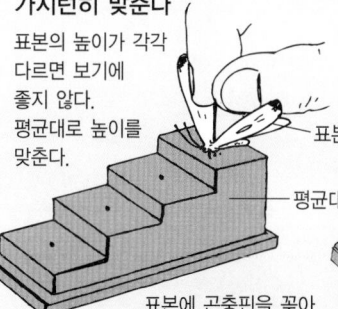

표본에 곤충핀을 꽂아 평균대 구멍에 꽂고 표본의 높이를 맞춘다.

다음으로 라벨을 써서 곤충핀에 꽂고 라벨의 높이를 맞춘다.

표본을 진열한다

표본 상자에 표본을 꽂아 진열한다.
방충제인 나프탈렌과 건조제를 넣으면 완성이다.

식물 채집과 표본 만들기

① 식물 채집 장소

길가나 빈터

밭

식물은 여러 장소에 적응하며 살아가고 있다. 어디서 싹이 나고 자라며 어떻게 살아가는 지를 생각하고 채집하면 재미있다.

학교 운동장

식물을 채집해서 표본을 만들어 봅시다. 식물은 종류가 많으므로 〈뜰에 자라는 식물〉, 〈봄꽃〉, 〈덩굴 식물〉과 같이 주제를 정하면 정리하기 쉽습니다.

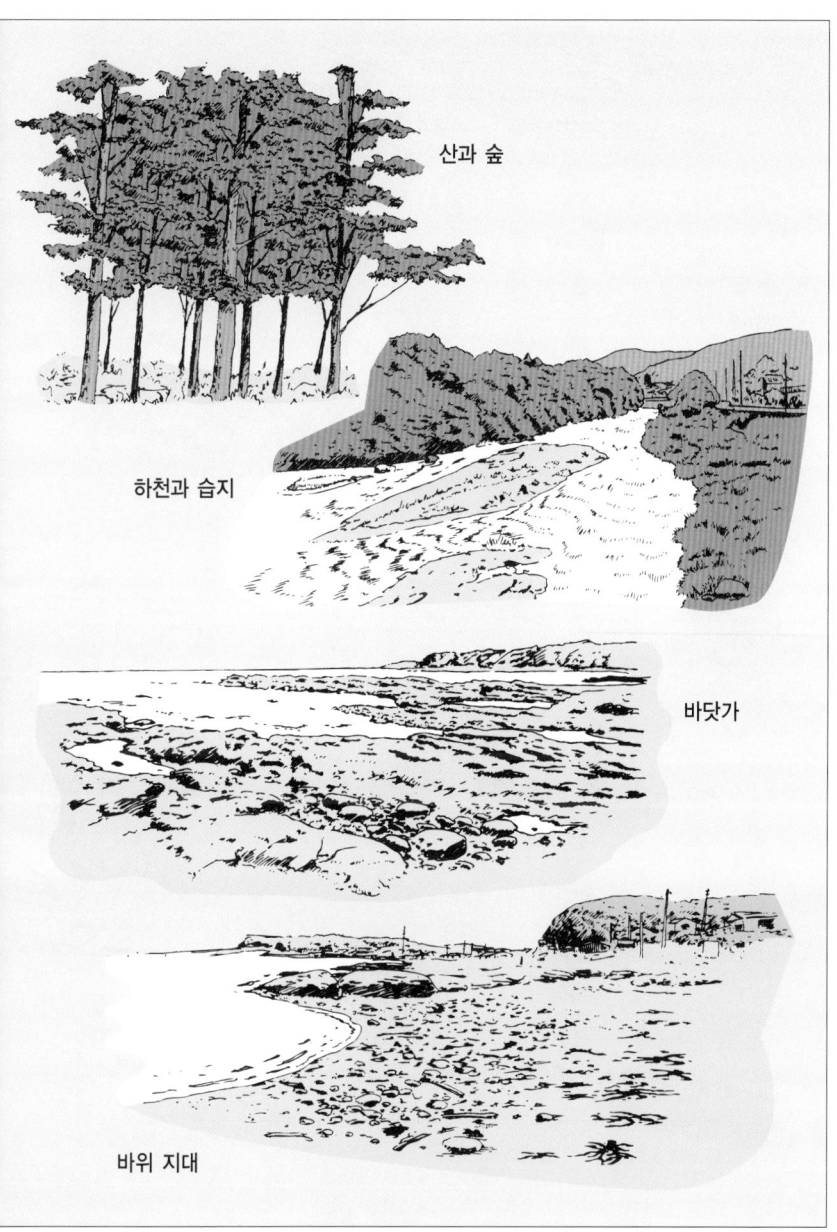

산과 숲

하천과 습지

바닷가

바위 지대

② 식물 채집 도구

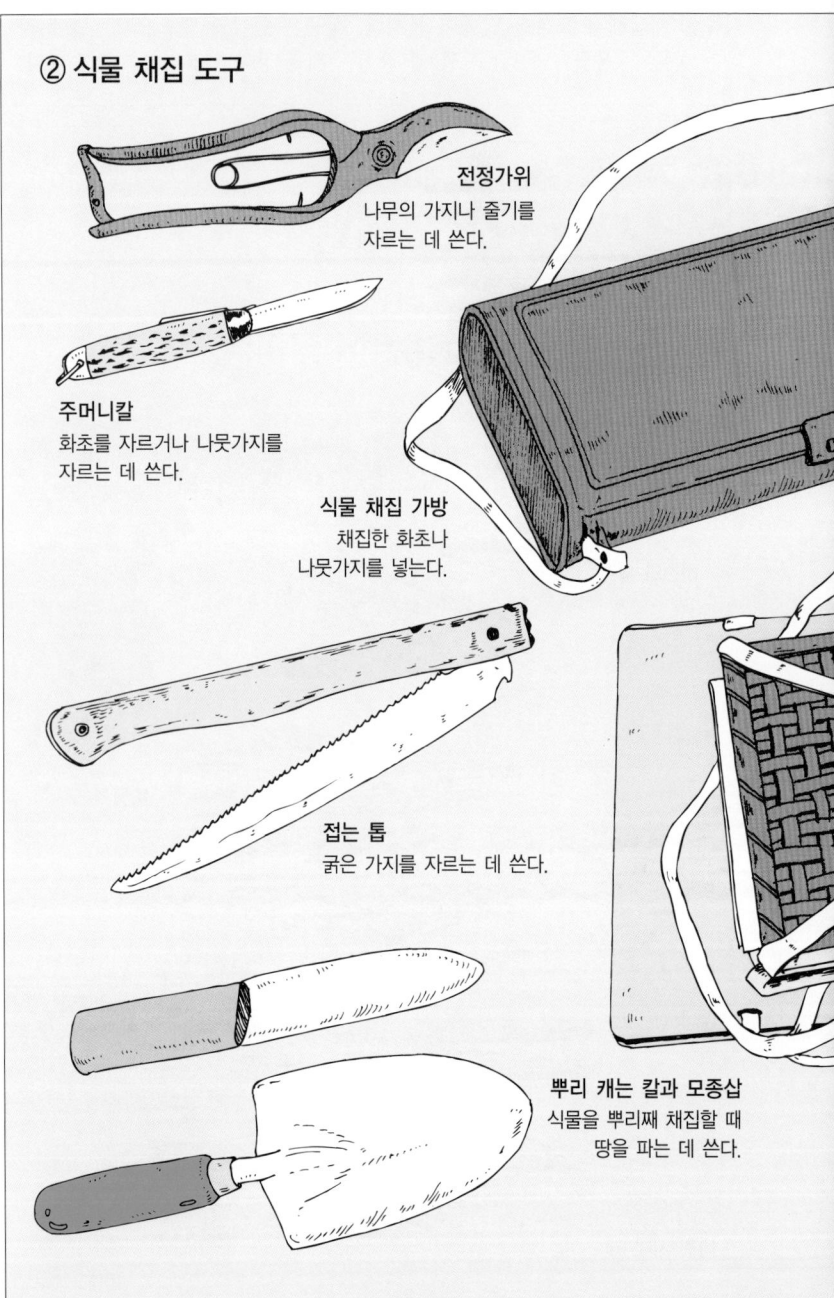

전정가위
나무의 가지나 줄기를 자르는 데 쓴다.

주머니칼
화초를 자르거나 나뭇가지를 자르는 데 쓴다.

식물 채집 가방
채집한 화초나 나뭇가지를 넣는다.

접는 톱
굵은 가지를 자르는 데 쓴다.

뿌리 캐는 칼과 모종삽
식물을 뿌리째 채집할 때 땅을 파는 데 쓴다.

③ 식물 채집 방법

뿌리째 채집한다

식물에 따라서는 뿌리가 넓게 자리잡은 것이 있다. 식물 주위를 넓게 파서 채집한다.

꽃이나 열매까지 채집한다

나무의 경우, 꽃이나 열매가 달린 가지를 채집해야 이름을 조사할 때 편하다.

종이 라벨을 단다

- 종이테이프
- 세로 10cm

꼰다.

이름, 채집한 장소, 특징 등을 적어서 채집한 식물에 끈을 매단다.

이름 / 채집한 장소 / 특징

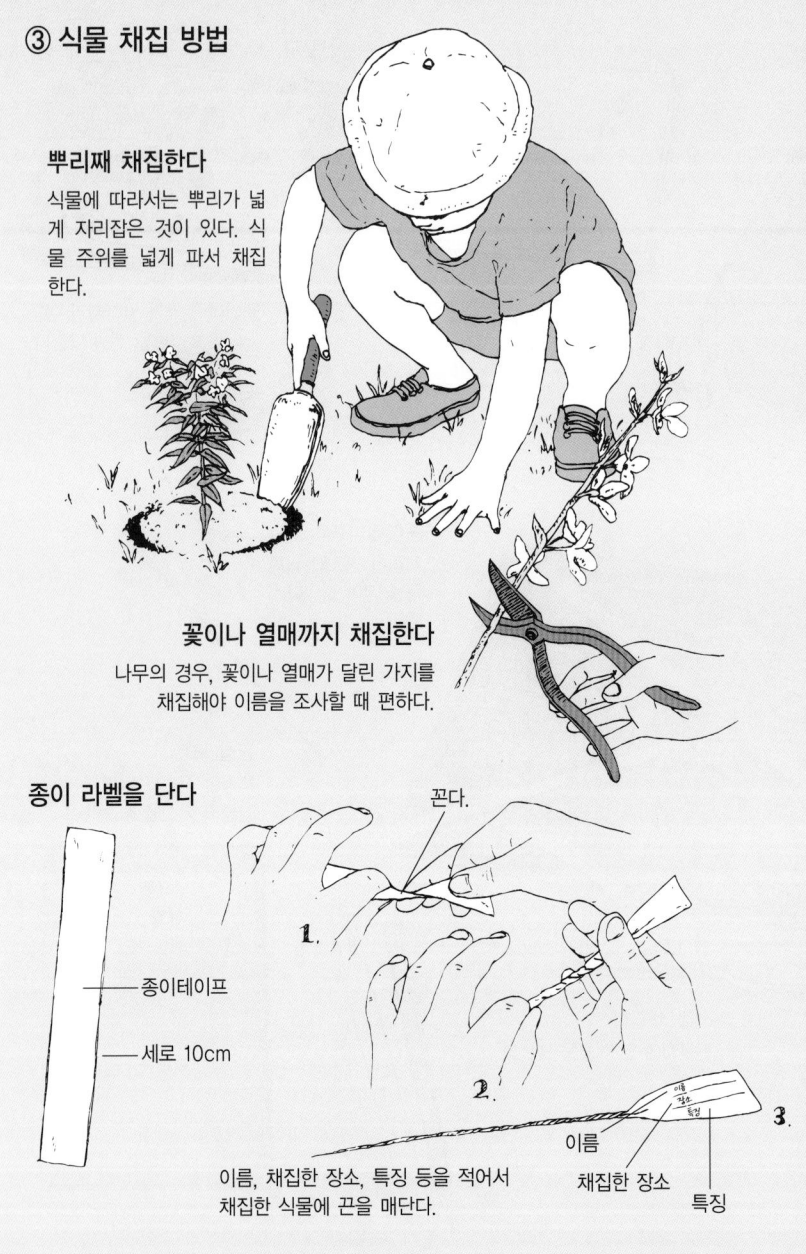

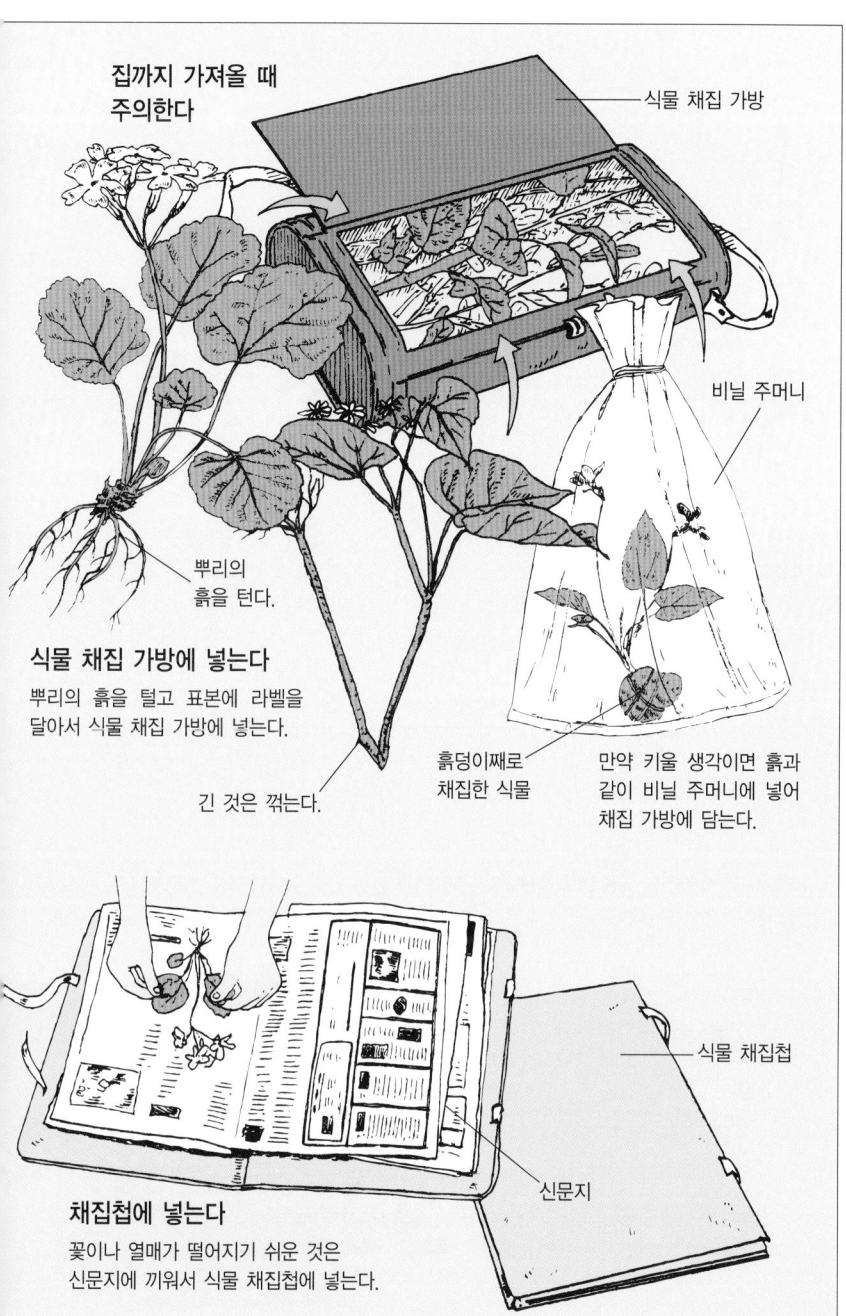

④ 식물 표본 만드는 법

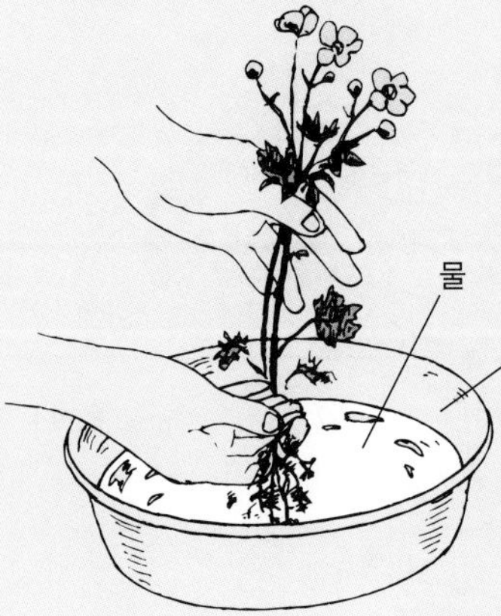

신문지에 끼운다

뿌리를 씻는다

뿌리에 묻은 흙을 말끔히 씻어 내고 걸레로 닦는다.

신문지에 표본을 끼운다.
큰 것은 구부리거나 꺾어서
정리하고 메모한 종이를 붙인다.

신문지에 끼워 말린다

표본이 든 신문지와 흡수용 신문지를 교대로 끼워 넣고 위에 무거운 물건을 올려 식물의 물기를 뺀다. 흡수용 신문지는 처음에는 하루에 2번, 나중에는 하루에 한 번씩 갈아 준다.

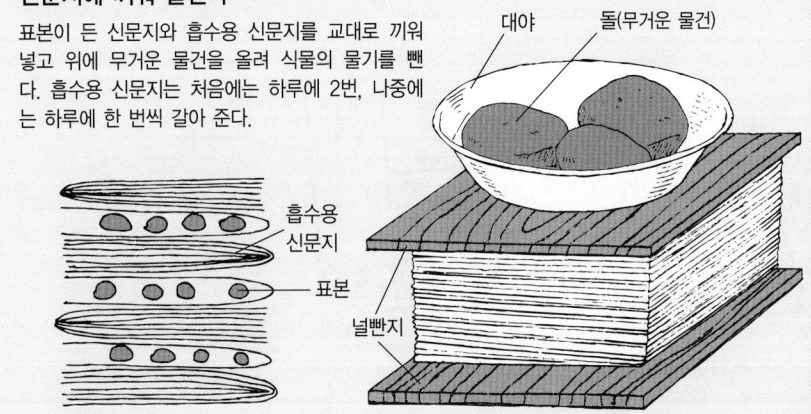

건조 상태를 확인한다

빳빳하다.   늘어진다.

얇은 표본은 마르는 데 1주일, 두꺼운 것은 10일 이상 걸린다. 꺼냈을 때 빳빳하면 잘 마른 것이다.

대지에 식물을 붙이고 라벨을 붙인다

식물 도감

대지에 표본을 올려놓고 종이테이프로 고정시킨다. 도감에서 조사한 이름, 채집한 장소, 채집한 사람 등을 라벨에 써 붙인다.

종이 테이프

대지   제목
표지
묶는다.

들에 핀 들꽃

| 이름 |
| 채집한장소: |
| 년 월 일 |
| 채집한사람 : |

라벨

표본 대지

표지를 만들어 묶는다

표본 대지에 구멍을 뚫고 두꺼운 표지를 만들어 함께 묶으면 완성이다.

⑤ 식물 표본의 색깔이 변했을 때

식물 표본은 시간이 지나면 누렇게 색이 바랜다. 즉시 건조제를 써서 수분을 없애면 본래 색으로 돌아온다.

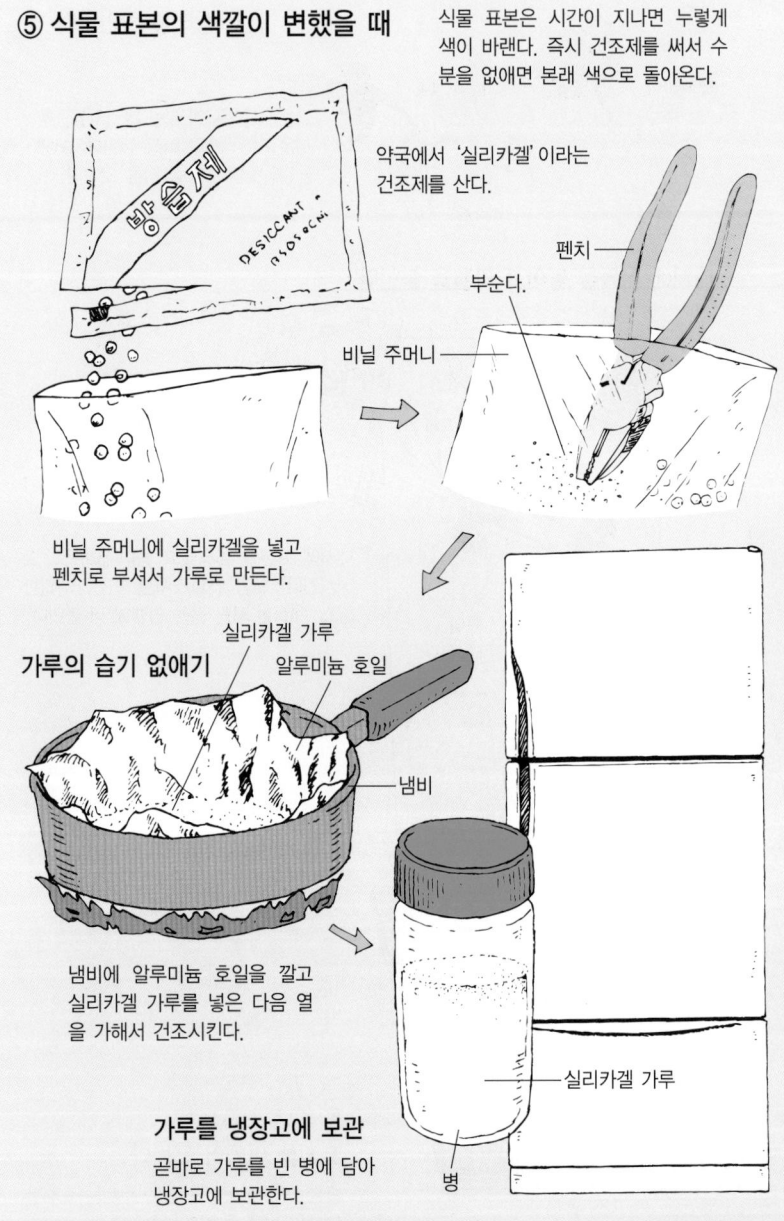

약국에서 '실리카겔'이라는 건조제를 산다.

펜치
부순다.
비닐 주머니

비닐 주머니에 실리카겔을 넣고 펜치로 부셔서 가루로 만든다.

가루의 습기 없애기

실리카겔 가루
알루미늄 호일
냄비

냄비에 알루미늄 호일을 깔고 실리카겔 가루를 넣은 다음 열을 가해서 건조시킨다.

가루를 냉장고에 보관

곧바로 가루를 빈 병에 담아 냉장고에 보관한다.

실리카겔 가루
병

냉장고에서 표본 말리기

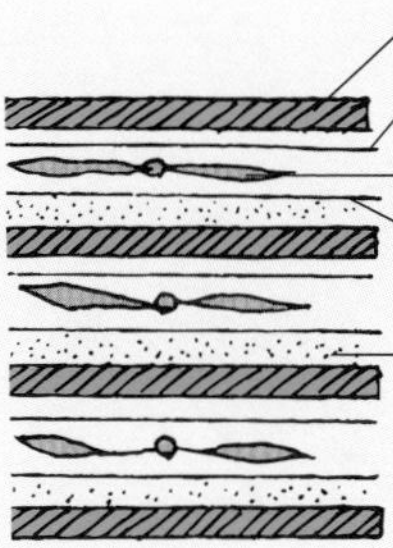

- 두꺼운 종이
- 흡수용 신문지
- 표본
- 흡수용 신문지
- 실리카겔 가루

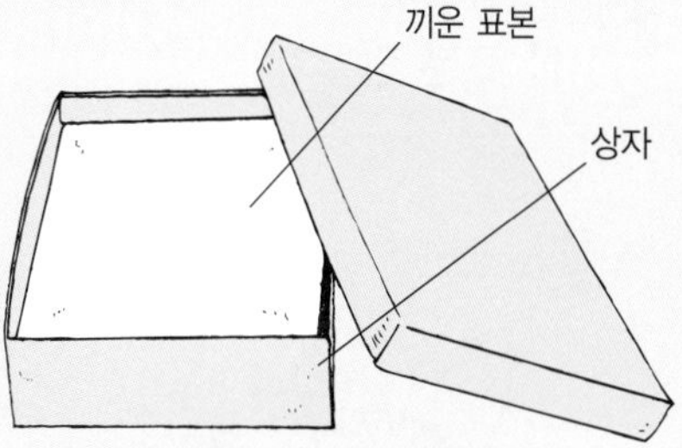

끼운 표본
상자

그림과 같이 두꺼운 종이, 실리카겔 가루, 흡수용 신문지 순서로 차례차례 포개어 표본을 끼우고 상자에 넣는다.

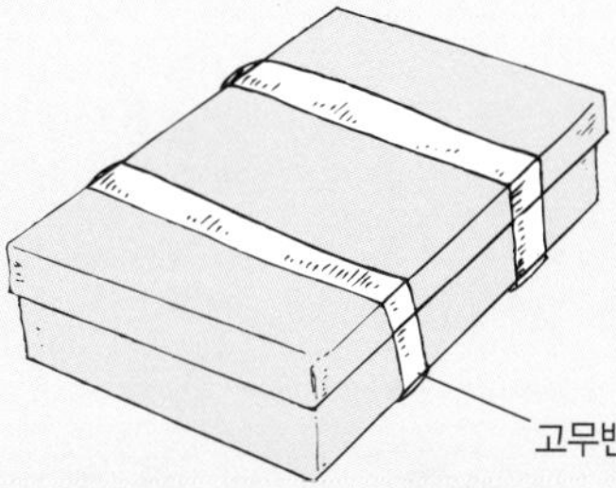

냉장고

고무밴드

뚜껑을 덮고 벌어지지 않게 고무밴드로 묶는다.

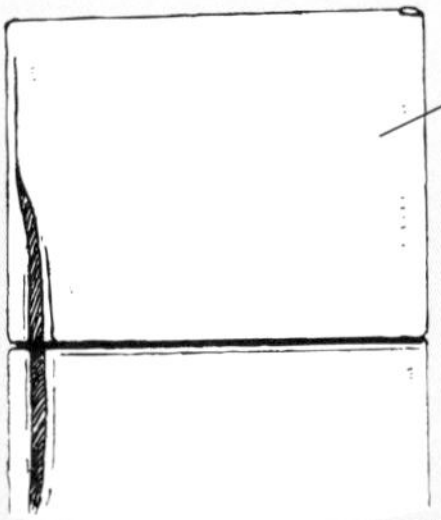

냉장고에 6시간 넣었다가 꺼내서 그대로 건조시키면 완성이다.

다리미로 표본 말리기

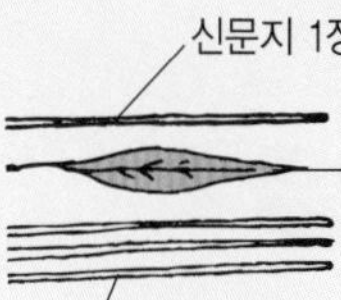

- 신문지 1장
- 표본
- 신문지 3장

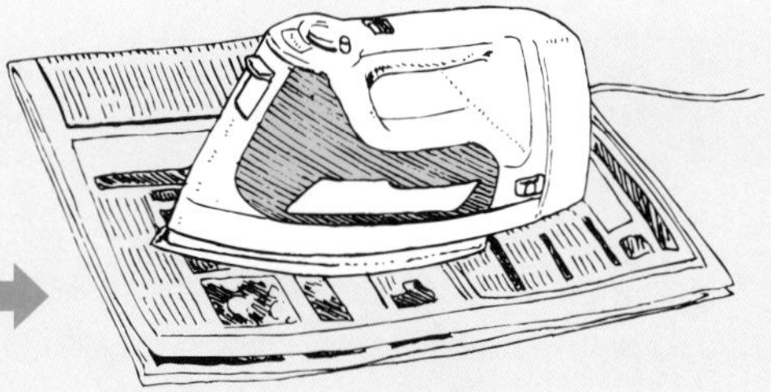

그림과 같이 신문지 사이에 표본을 끼우고 다림질한다. 표본이 축 늘어지지 않고 빳빳하면 완성이다.

⑥ 관찰을 위한 식물 표본 만들기

초본 식물은 식물 전체를 표본으로 만들지만 식물의 특징적인 부분만을 표본으로 만들면, 편리한 야외 관찰용 표본집이 되기도 한다.

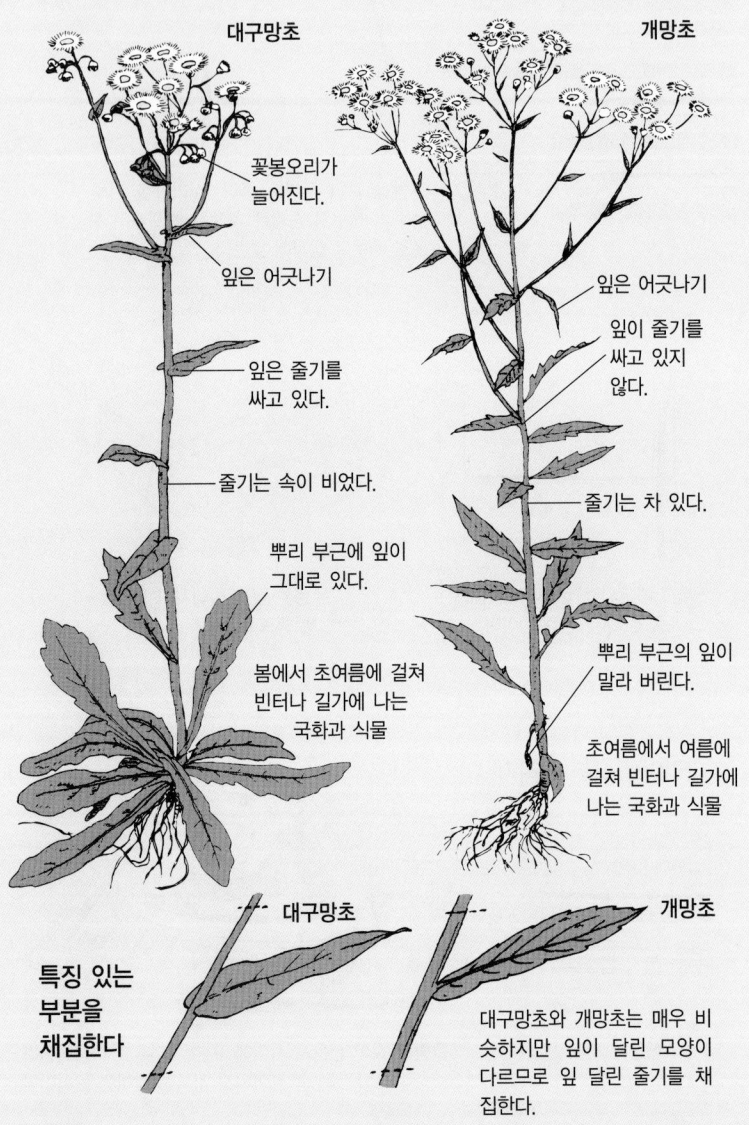

대지에 붙여서 말린다

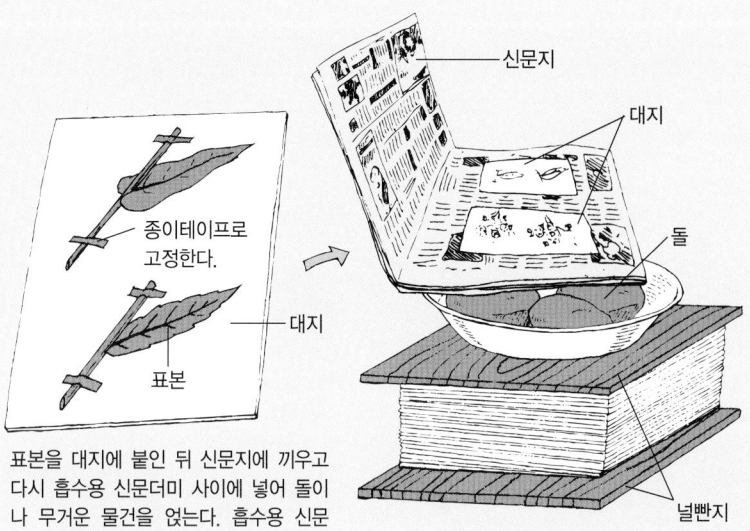

표본을 대지에 붙인 뒤 신문지에 끼우고 다시 흡수용 신문더미 사이에 넣어 돌이나 무거운 물건을 얹는다. 흡수용 신문지를 자주 갈아 주면서 잘 말린다.

특징을 적어 넣는다

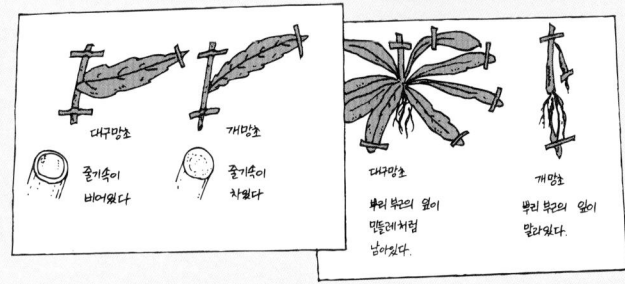

도감을 보면서 대지에 특징을 적어 넣는다.

완성한다

대지를 겉표지와 함께 묶으면 완성이다.

잎맥 표본 만들기

식물의 잎을 햇빛에 비추어 보면 그물 같은 무늬가 보입니다. 이것이 바로 양분과 수분의 통로가 되는 잎맥입니다. 잎맥 표본을 만들어 봅니다.
잎의 녹색 부분인 잎몸을 없애려면 수산화나트륨을 물에 타서 이곳에 잎을 넣고 끓이면 되는데, 수산화나트륨은 알칼리성이어서 피부를 상하게 하므

수용액을 만든다

물 9, 수산화나트륨 1의 비율로 섞어 수용액을 만든다. 비커(또는 냄비)에 물을 넣고 수산화나트륨이 유리 막대를 타고 내려가도록 붓는다.

잎을 채집한다

곤충이 먹은 흔적이 없는 깨끗한 잎을 채집한다.

끓인다

수용액에 잎을 넣고 30분 정도 끓인다.

물로 씻는다

핀셋으로 잎을 꺼내 물로 씻는다.

로 조심해서 다뤄야 합니다.

잎맥 표본을 만들면 잎사귀 구석구석까지 잎맥이 퍼져 있고 또 식물에 따라서 잎맥 모양에 특징이 있다는 것을 알 수 있습니다. 예를 들어 나팔꽃이나 무궁화 같은 쌍떡잎 식물은 그물 모양이고, 벼나 조릿대 같은 외떡잎 식물은 평행한 줄무늬 모양입니다. 그리고 같은 목의 식물이라도 종에 따라서 모양이 다릅니다.

바닷말 표본 만들기

물가나 둔치에서 바닷말(해조)을 채집해 표본을 만들어 봅니다. 바닷말은 봄에 가장 깨끗합니다. 채집한 장소와 바닷말의 특징 등을 관찰 노트에 기록합니다.

게 표본 만들기

게는 등에 단단한 껍데기인 등딱지가 있어서 표본을 만들기가 쉽습니다.
내장과 근육을 잘 빼내는 일이 가장 중요합니다.

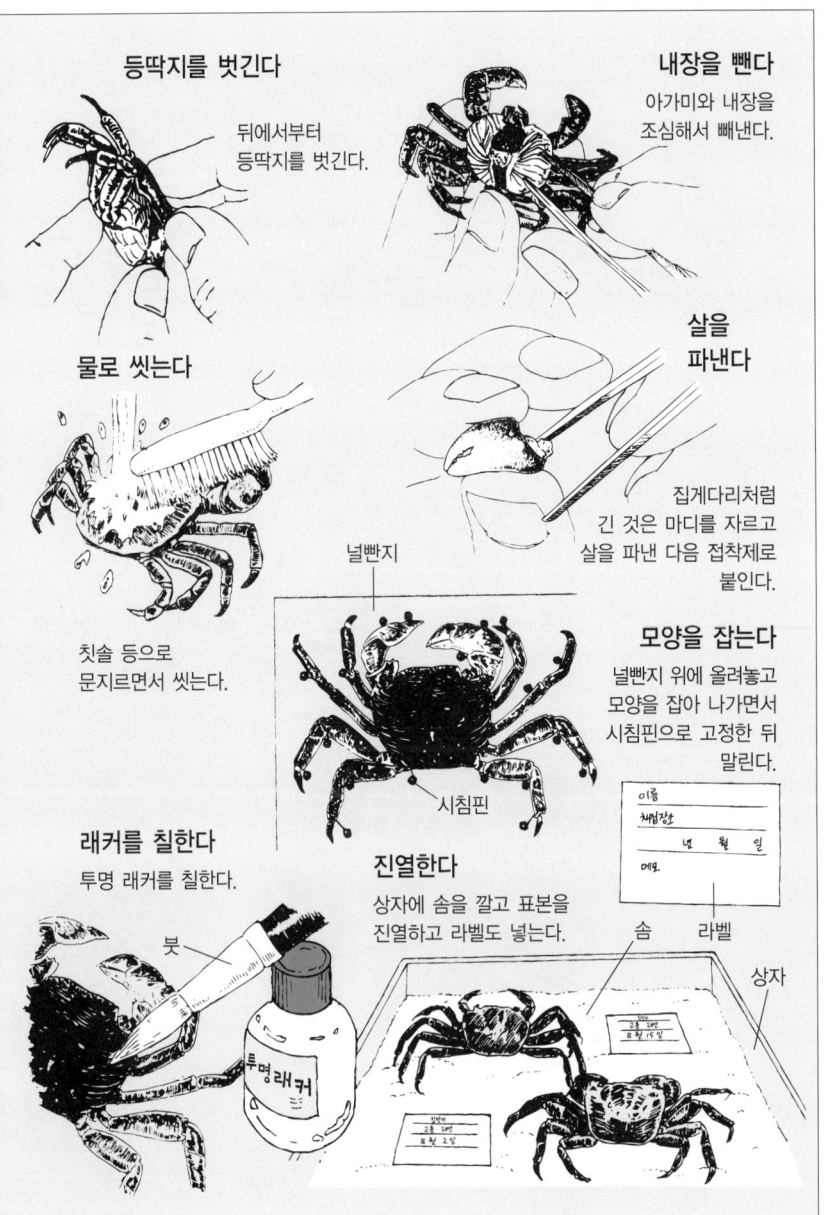

등딱지를 벗긴다
뒤에서부터 등딱지를 벗긴다.

내장을 뺀다
아가미와 내장을 조심해서 빼낸다.

물로 씻는다
칫솔 등으로 문지르면서 씻는다.

살을 파낸다
집게다리처럼 긴 것은 마디를 자르고 살을 파낸 다음 접착제로 붙인다.

모양을 잡는다
널빤지 위에 올려놓고 모양을 잡아 나가면서 시침핀으로 고정한 뒤 말린다.

널빤지
시침핀

래커를 칠한다
투명 래커를 칠한다.

진열한다
상자에 솜을 깔고 표본을 진열하고 라벨도 넣는다.

붓
솜   라벨
상자

조개 표본 만들기

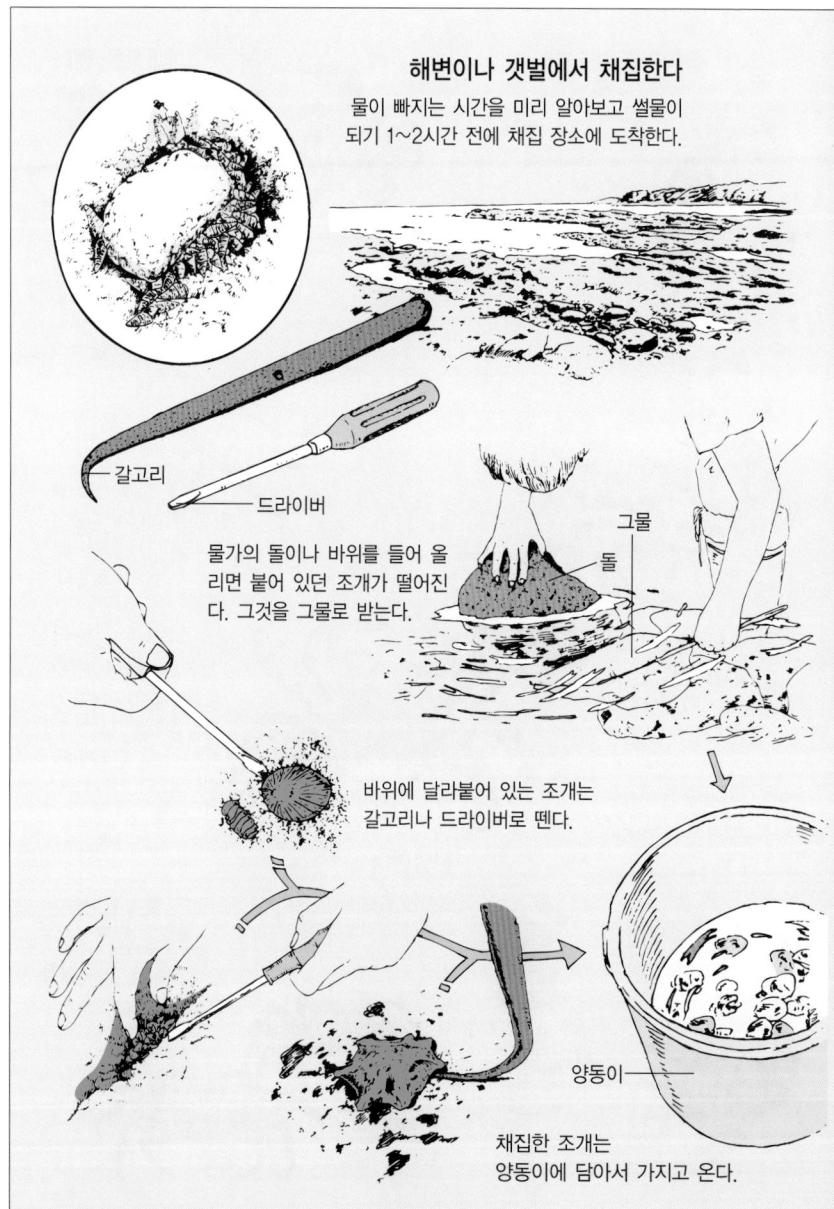

해변이나 갯벌에서 채집한다
물이 빠지는 시간을 미리 알아보고 썰물이 되기 1~2시간 전에 채집 장소에 도착한다.

갈고리
드라이버

물가의 돌이나 바위를 들어 올리면 붙어 있던 조개가 떨어진다. 그것을 그물로 받는다.

돌
그물

바위에 달라붙어 있는 조개는 갈고리나 드라이버로 뗀다.

양동이

채집한 조개는 양동이에 담아서 가지고 온다.

둔치나 갯벌, 강에서 조개를 채집해 표본을 만들어 봅니다. 조갯살을 깨끗하게 떼 내는 것이 중요합니다.

거미줄 표본 만들기

'거미' 하면 모두 거미줄을 친다고 생각하기 쉬운데 그렇지 않은 거미도 많습니다. 거미줄을 치지 않는 거미는 걸어다니면서 혹은 가만히 기다려서 먹이를 잡습니다. 종에 따라서 거미줄이 다르기 때문에 거미줄만 보고도 어떤 종류인지를 알 수 있습니다.

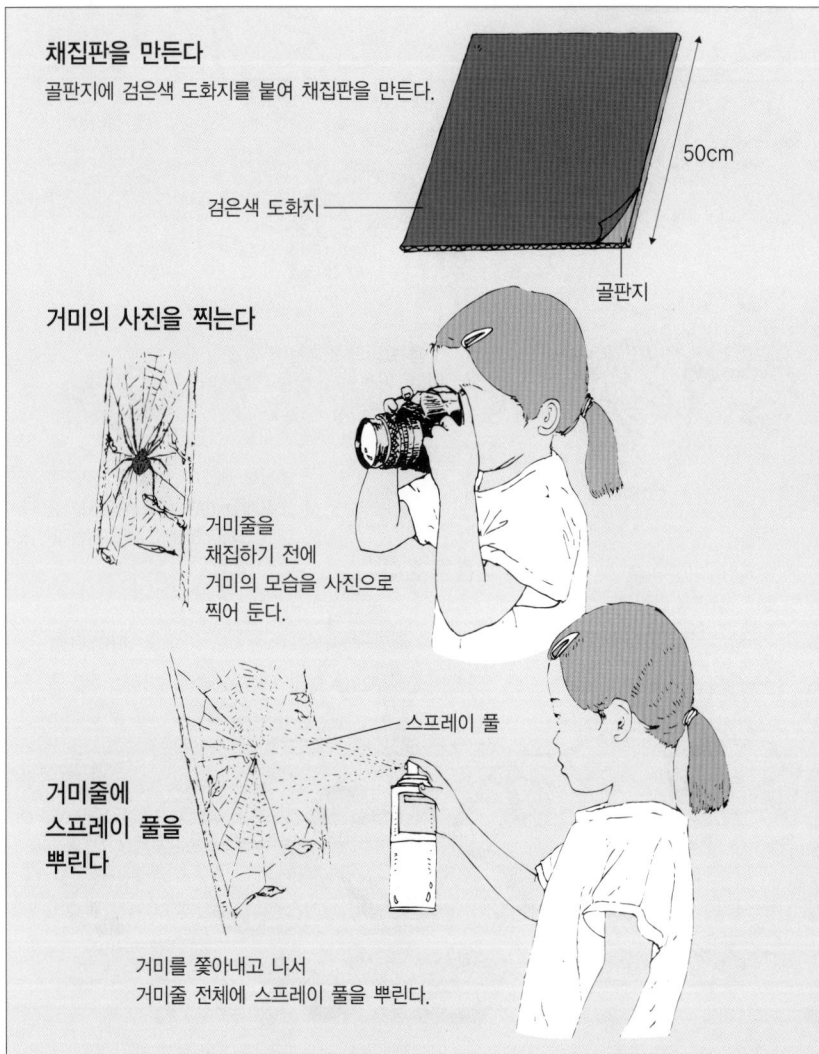

채집판을 만든다
골판지에 검은색 도화지를 붙여 채집판을 만든다.

50cm
검은색 도화지
골판지

거미의 사진을 찍는다
거미줄을 채집하기 전에 거미의 모습을 사진으로 찍어 둔다.

거미줄에 스프레이 풀을 뿌린다
스프레이 풀
거미를 쫓아내고 나서 거미줄 전체에 스프레이 풀을 뿌린다.

거미줄이 만들어진 그대로를 표본으로 만들어 봅니다. 표본에는 그 거미의 사진과 이름, 채집한 장소, 채집한 날짜 등을 적은 라벨을 붙입니다. 그리고 표본을 잘 관찰해 특징도 함께 적어 넣으면 표본으로서의 가치가 한층 높아집니다.

표본을 만든다는 이유로 함부로 거미줄을 없애면 안 됩니다. 거미줄은 거미에게 있어서 먹이를 잡는 중요한 도구이기 때문입니다.

거미줄을 접착시킨다
채집판을 거미줄에 갖다 댄다.

랩으로 덮는다
랩으로 덮는다. 사이에 공기가 들어가지 않도록 주의한다.

대형 비닐 랩

라벨을 붙인다
라벨에 이름, 채집한 장소, 채집한 날짜, 특징 등을 쓰고 거미의 사진과 함께 채집판에 붙인다.

거미 사진

라벨

석고 표본 만들기

석고를 물에 갠다

물과 석고의 비율은 1:1이다. 빈 깡통에 물을 넣고 석고를 부으면서 저어서 갠다.

물 1 : 1 석고

새 발자국 표본

발자국을 빙 둘러 두꺼운 종이 고리를 만들어 놓는다.

두꺼운 종이 양끝에 칼집을 넣고 칼집끼리 끼운다.

갠 석고를 붓는다.

굳으면 물로 흙을 씻어 내고 말린 다음 이름, 장소, 날짜 등을 쓴다. 석고에 글씨를 쓸 때는 유성펜으로 쓴다.

석고를 사용해서 동물이나 새의 발자국, 나무껍질, 게집 등의 표본을 만들어 봅니다. 석고는 화방에서 살 수 있습니다.

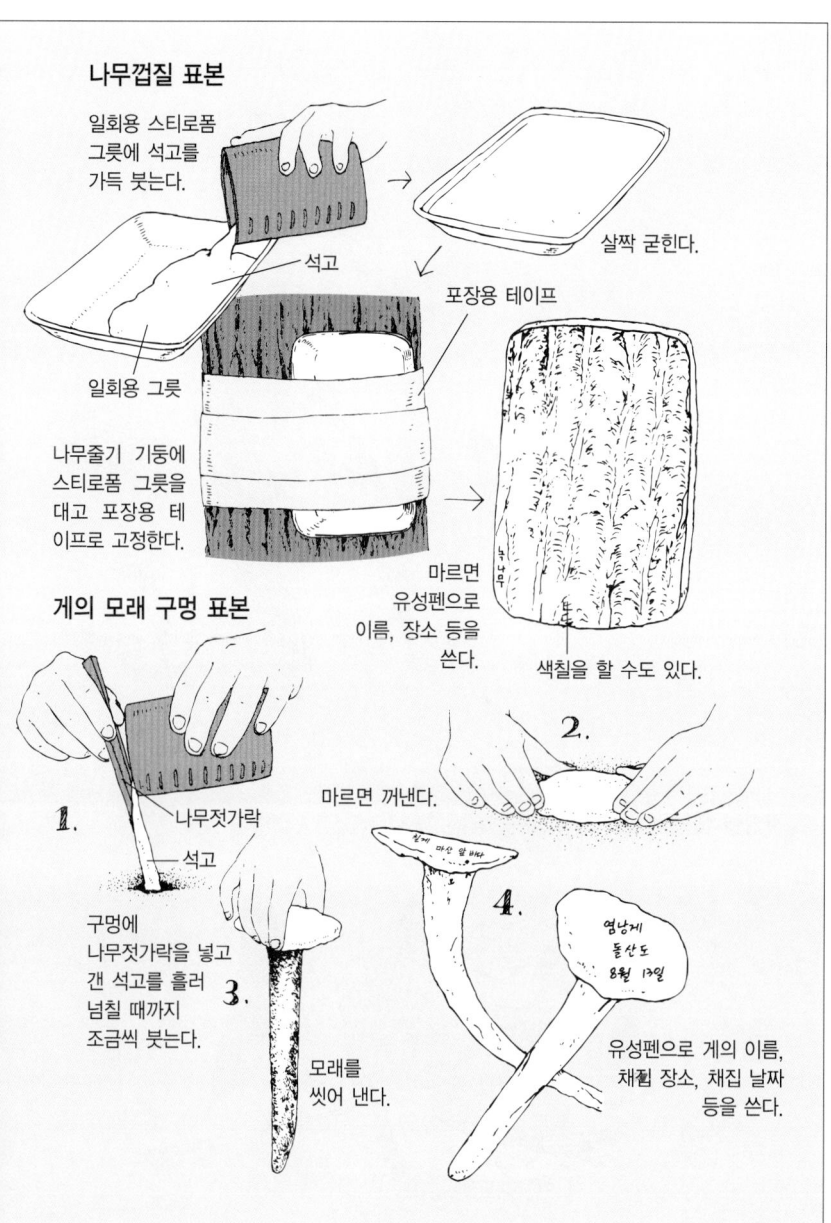

새 깃털 표본 만들기

야산이나 공원에 가서 땅바닥을 살펴보면 새털이 떨어져 있을 때가 종종 있습니다. 이것을 주워 표본을 만들어 봅니다.

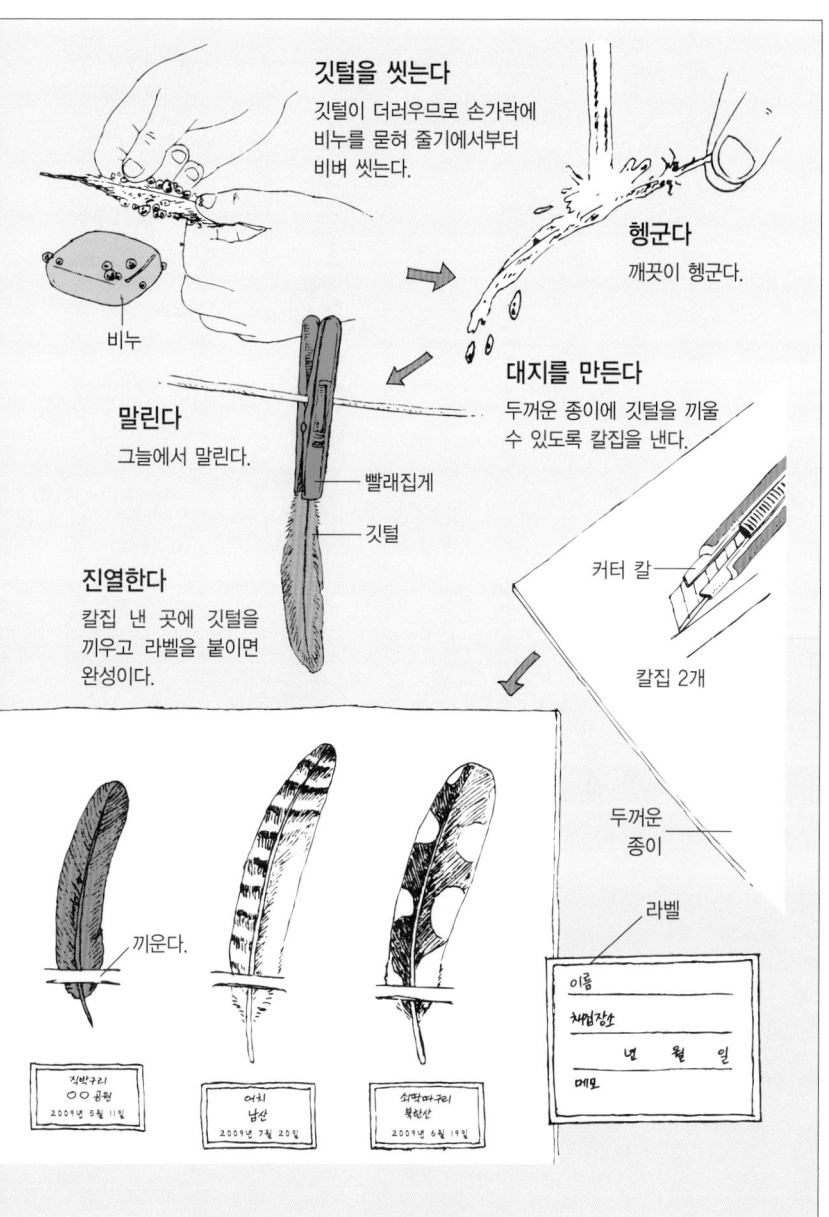

자갈 표본 만들기

자갈을 채집한다

강 중류와 하류 사이에는 알맞은 크기의 돌이 많다.

손바닥보다 작은 돌을 줍는다

표본으로 하기에는 손바닥보다 크기가 작은 돌이 좋다. 표면의 감촉과 색깔, 모양이 각기 다른 돌을 모은다.

돌을 씻는다

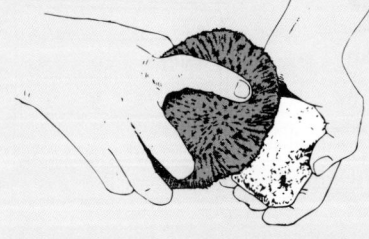

수세미나 칫솔로 흙이나 물때 등을 깨끗이 씻는다.

강가의 돌을 모아서 표본을 만들어 봅니다. 가능하다면 도감과 암석 표본, 인터넷을 통해 돌 이름을 조사해 보면 재미있습니다.

돌을 깨끗이 손질한다

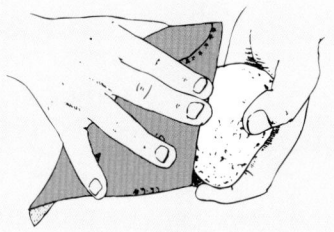

물에 젖지 않는 샌드페이퍼(눈이 가는 것)로 돌 표면을 문질러 닦는다.

돌 표면을 관찰한다

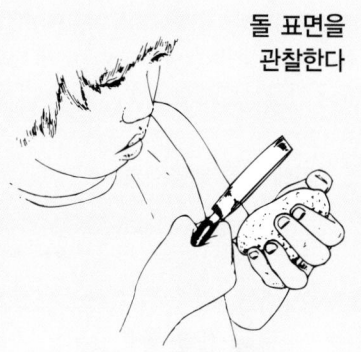

표면의 알갱이와 색깔의 상태를 돋보기로 관찰한다.

돌 이름을 조사한다

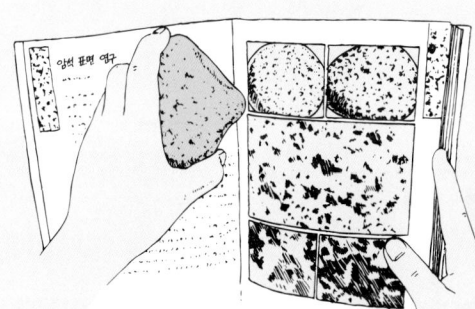

표면의 알갱이와 색깔을 단서로 도감과 암석 표본, 인터넷에서 돌 이름을 찾아본다. 쉽지 않지만 재미있는 작업이다.

표본을 만든다

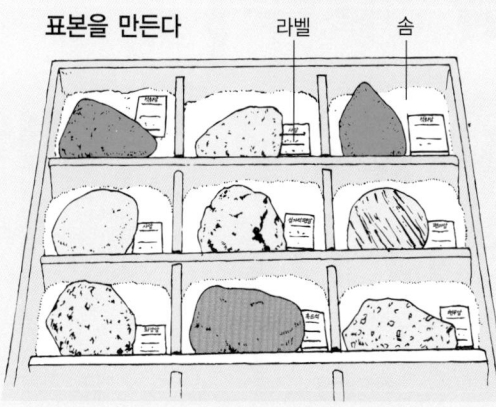

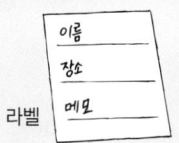

상자에 칸을 만든 다음 솜을 깔고 돌을 넣는다. 라벨에 돌 이름과 채집한 장소, 채집한 날짜 등을 써넣는다. 이름을 모르면 돌에 대해 관찰한 내용을 적는다.

표본 배열법과 정리하는 법

모아 놓은 표본을 어떻게 정리하면 좋을까요? 기준을 정하고 기준에 따라 배열해서 보기 쉬운 표본이 되어야 합니다. 곤충이나 식물 등의 표본은 도감처럼 서식 장소(채집한 장소), 계절을 기준으로 하면 좋습니다. 도감의 분류에 따라서 배열할 때는 먼저 무리를 크게 나누고 다시 그 안에서 작은 무

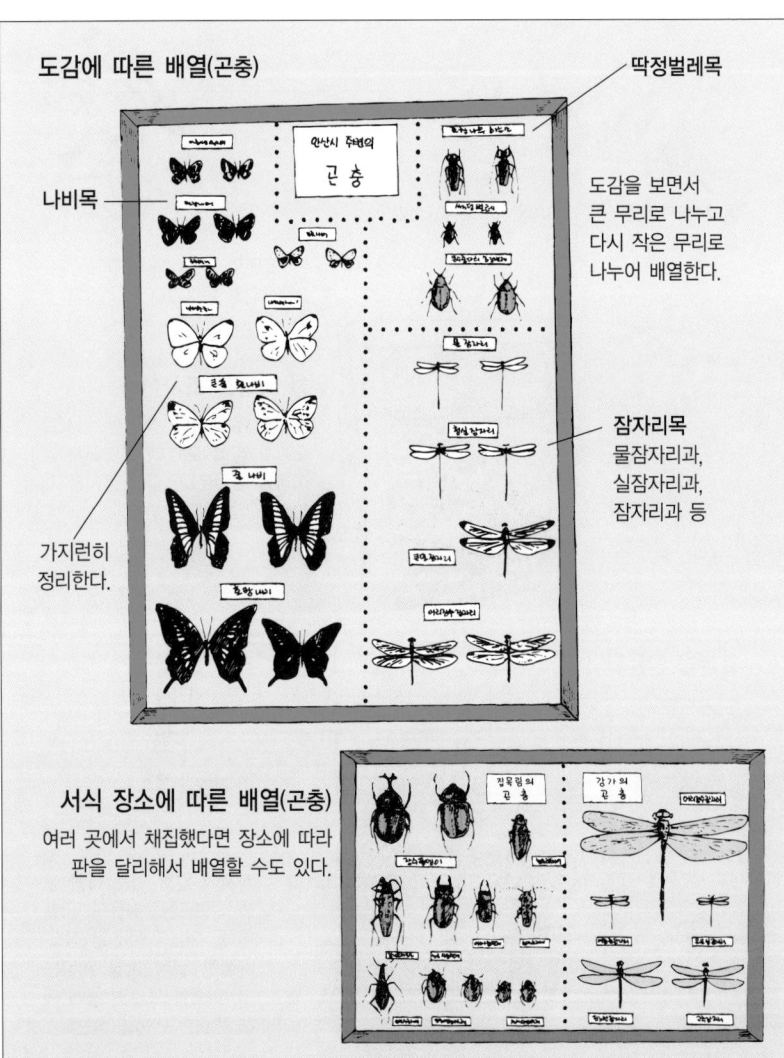

리로 나누면 보기 편한 표본이 됩니다. 조개껍데기 표본인데 이름을 모르면 먼저 고둥 모양 조개와 껍데기 2개 달린 조개로 크게 나누고 각각을 크기에 따라 배열합니다.

자갈 표본도 이름을 모를 경우가 많은데 억지로 이름을 달지 말고, 우선 표면의 무늬나 알갱이 크기로 구분하고 다시 색깔과 모양에 따라 나누어 배열합니다.

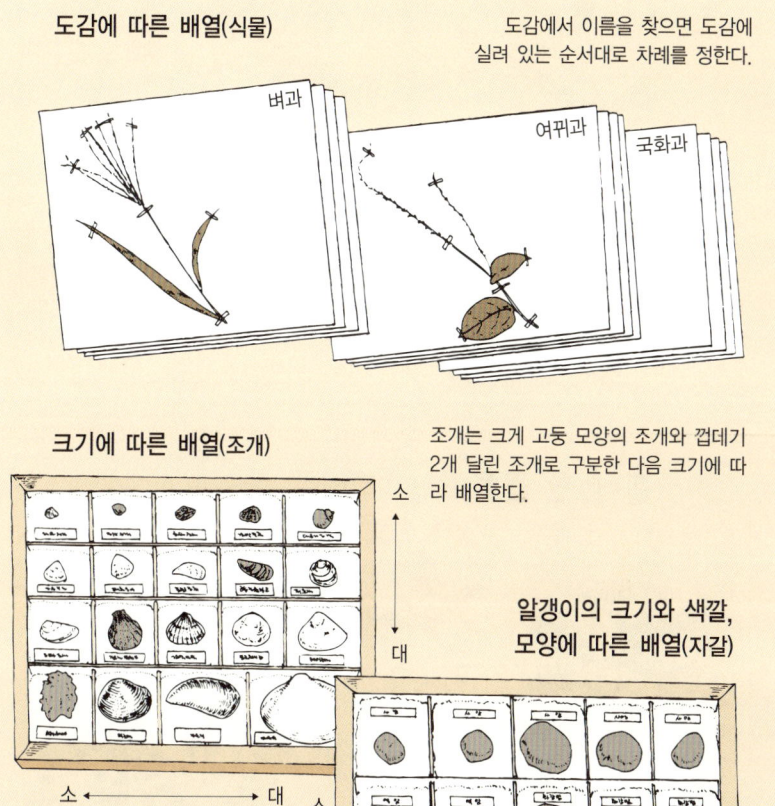

도감에 따른 배열(식물)

도감에서 이름을 찾으면 도감에 실려 있는 순서대로 차례를 정한다.

크기에 따른 배열(조개)

조개는 크게 고둥 모양의 조개와 껍데기 2개 달린 조개로 구분한 다음 크기에 따라 배열한다.

알갱이의 크기와 색깔, 모양에 따른 배열(자갈)

자갈의 이름을 잘 모를 때는 표면 알갱이의 크기, 모양, 색깔 등을 기준으로 한다.

표본을 특색 있게 만들려면

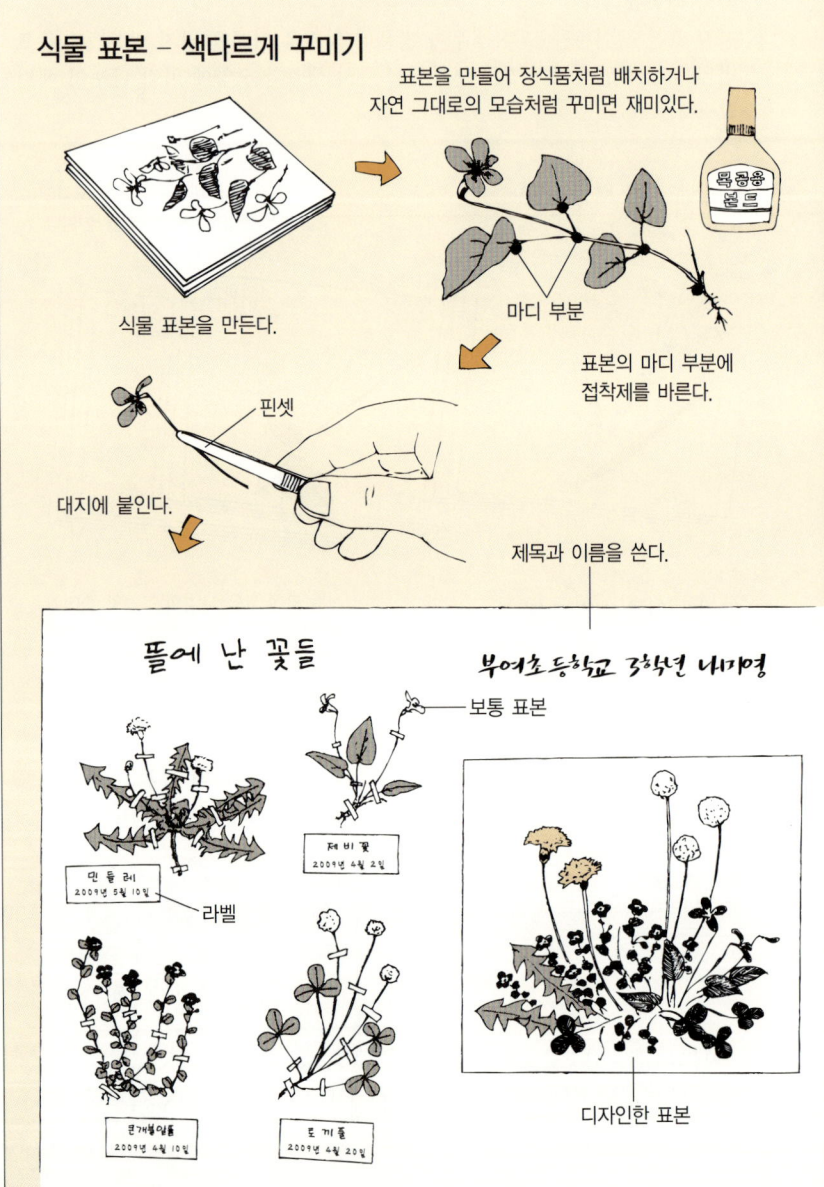

종류별로 표본을 정리하는 것도 좋지만 살고 있는 환경을 재현해서 표본을 만들어 봅니다. 색다른 작품이 되고 또 만드는 과정도 재미있습니다.

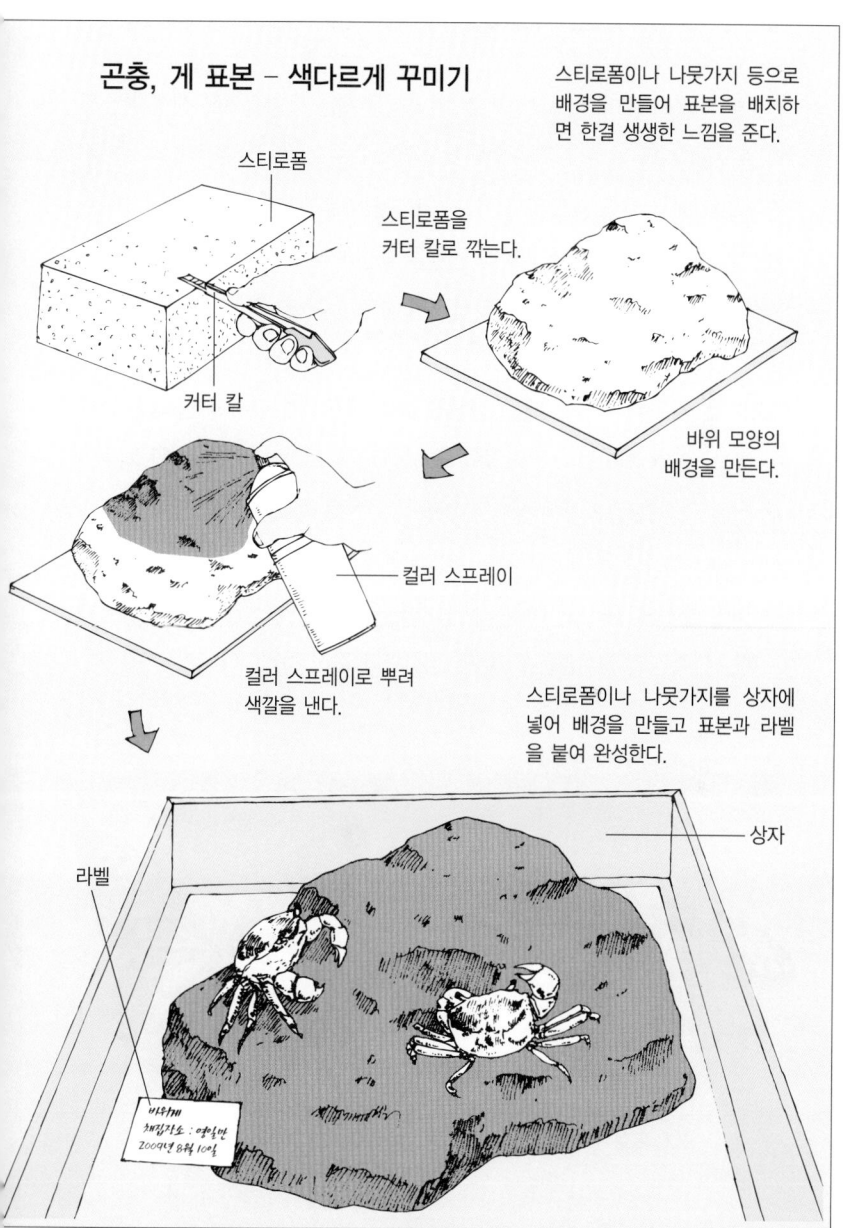

연구 과제를 꼼꼼하게 정리했나요?

연구한 내용의 재미가 중요할까요, 아니면 주제를 독창적으로 선정하는 것이 중요할까요?

연구 과정에서 가장 중요한 것은 세 가지는 바로 ① 자기가 계획을 세웠는가? ② 그 계획에 따라 실험이나 관찰을 충실하게 해 나갔는가? ③ 끝까지 완성시켰는가? 입니다. 이 세 가지 기준에 맞는지 안 맞는지는 제출된 작품이 얼마나 꼼꼼하게 만들어졌는지를 보면 알 수 있습니다.

그러므로 결과를 정리할 때는 정성을 다해 꼼꼼하게 꾸며야 합니다. 내용이 독창적이고 재미있으면 더없이 좋지만, 너무 독창성과 재미에만 치우쳐서 실험 과정과 결과가 엉성하면 안됩니다. 남들이 잘했다고 평가해 주는 것이 연구의 목적은 아닐지라도 이왕이면 자기의 작품이 좋은 평가를 받는 것이 좋지요. 그리고 여러 가지 어려움을 이겨 내고 끝까지 해냈을 때 느끼는 만족감과 성취감은 그 어떤 칭찬보다 값진 것입니다.

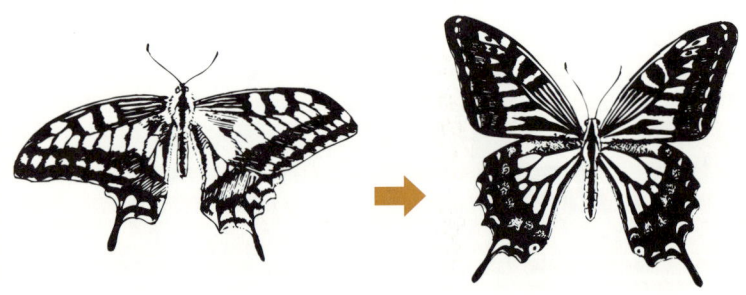

왠지 엉성해 보인다.   살아 있는 것처럼 보인다.

자연 주제

자연 속에서 주제를 찾는다

소금쟁이의 다리를 관찰한다

소금쟁이를 잡아다 대야나 물통에 풀어 놓고, 다리를 어떻게 움직이는지 살펴보고 그림으로 그려 봅니다. 물에 떠 있는 소금쟁이는 발끝만 수면에 대고 있습니다. 현미경이나 돋보기로 소금쟁이의 발끝을 관찰해서 그림을 그립니다. 가는 털이 빽빽이 나 있습니다. 소금쟁이는 어떻게 해서 물 위에 떠

다리 움직임 관찰

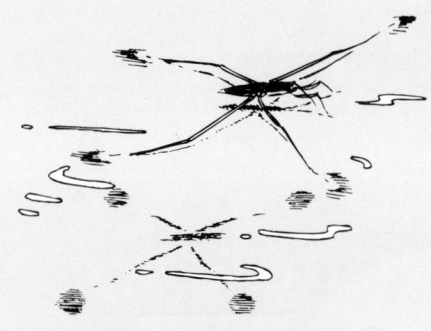

물 위에 떠서 가고 있을 때는 가운데 두 다리를 노처럼 젓는다.

발끝은 보기 어려우므로 물밑에 비치는 그림자를 관찰한다.

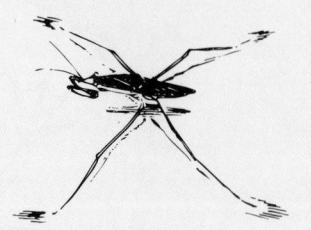

먹이를 먹을 때는 작은 앞다리 두 개로 감싸 쥐고 먹는다.

발끝 관찰

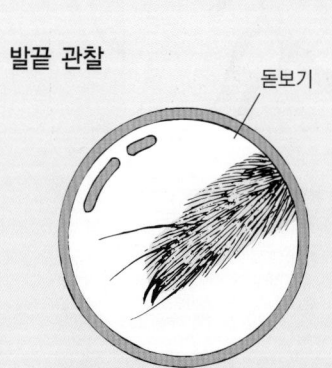

현미경이나 돋보기로 발끝을 보면 가는 털이 잔뜩 나 있다.

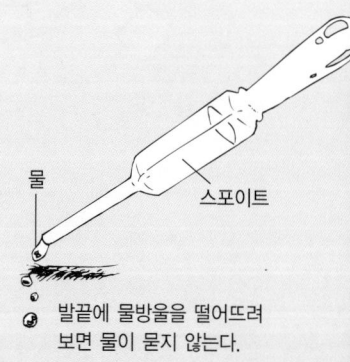

발끝에 물방울을 떨어뜨려 보면 물이 묻지 않는다.

있을까요? 발끝에 비눗물을 묻혀서 털이 어떻게 되는지 관찰합니다. 소금쟁이는 물과 떨어질 수 없는 관계이지만, 물속에서는 숨을 쉬지 못합니다. 소금쟁이가 물 위에 떠 있을 수 있는 것은 다리 털과 물의 표면 장력 때문입니다. 비눗물이나 기름 등을 물에 섞어서 소금쟁이가 물에 뜰 수 있는지 실험해 봅니다. 우리가 사용한 비눗물, 샴푸, 기름 등이 하수구를 통해 강과 바다로 흘러 갈 때, 소금쟁이에게 어떤 영향을 주는지 알 수 있습니다.

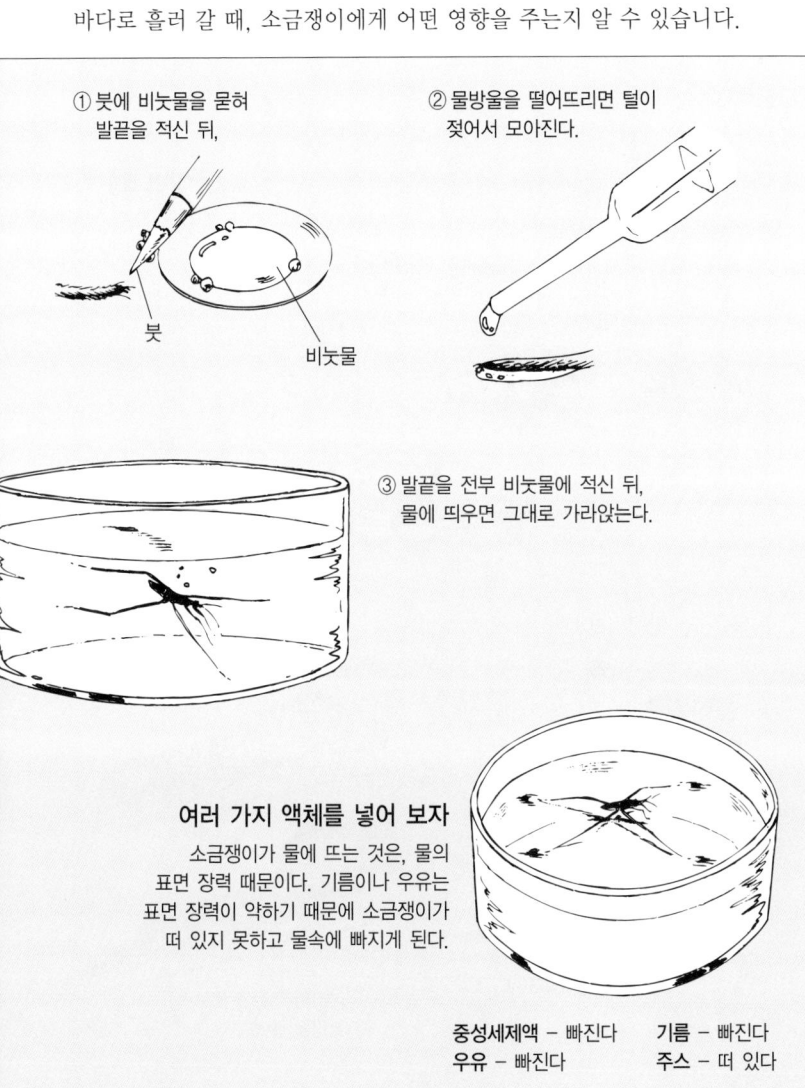

① 붓에 비눗물을 묻혀 발끝을 적신 뒤,

붓
비눗물

② 물방울을 떨어뜨리면 털이 젖어서 모아진다.

③ 발끝을 전부 비눗물에 적신 뒤, 물에 띄우면 그대로 가라앉는다.

여러 가지 액체를 넣어 보자

소금쟁이가 물에 뜨는 것은, 물의 표면 장력 때문이다. 기름이나 우유는 표면 장력이 약하기 때문에 소금쟁이가 떠 있지 못하고 물속에 빠지게 된다.

중성세제액 - 빠진다   기름 - 빠진다
우유 - 빠진다   주스 - 떠 있다

호랑나비 - 알에서 나비까지

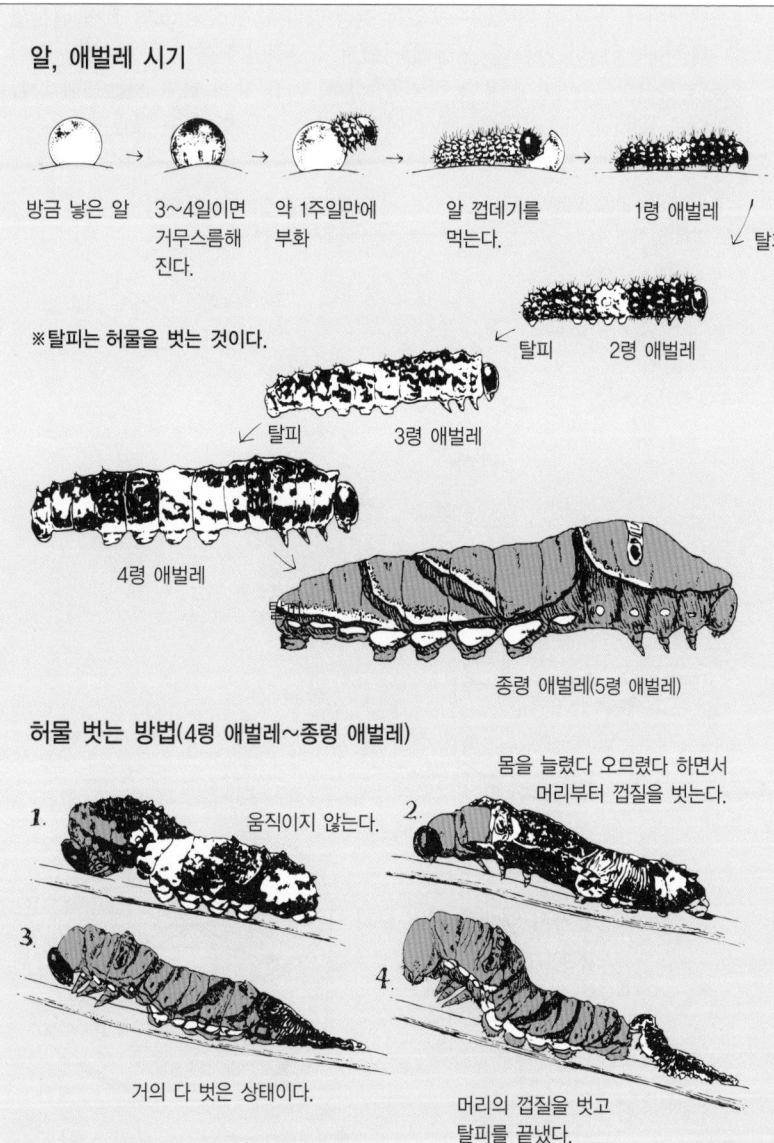

호랑나비가 알에서 어른벌레가 되기까지 약 1개월 반에서 2개월 동안, 성장 과정을 자세히 기록합니다. 그림으로 그리고 사진으로 찍어서 기록합니다.

번데기에서 나비가 되기까지

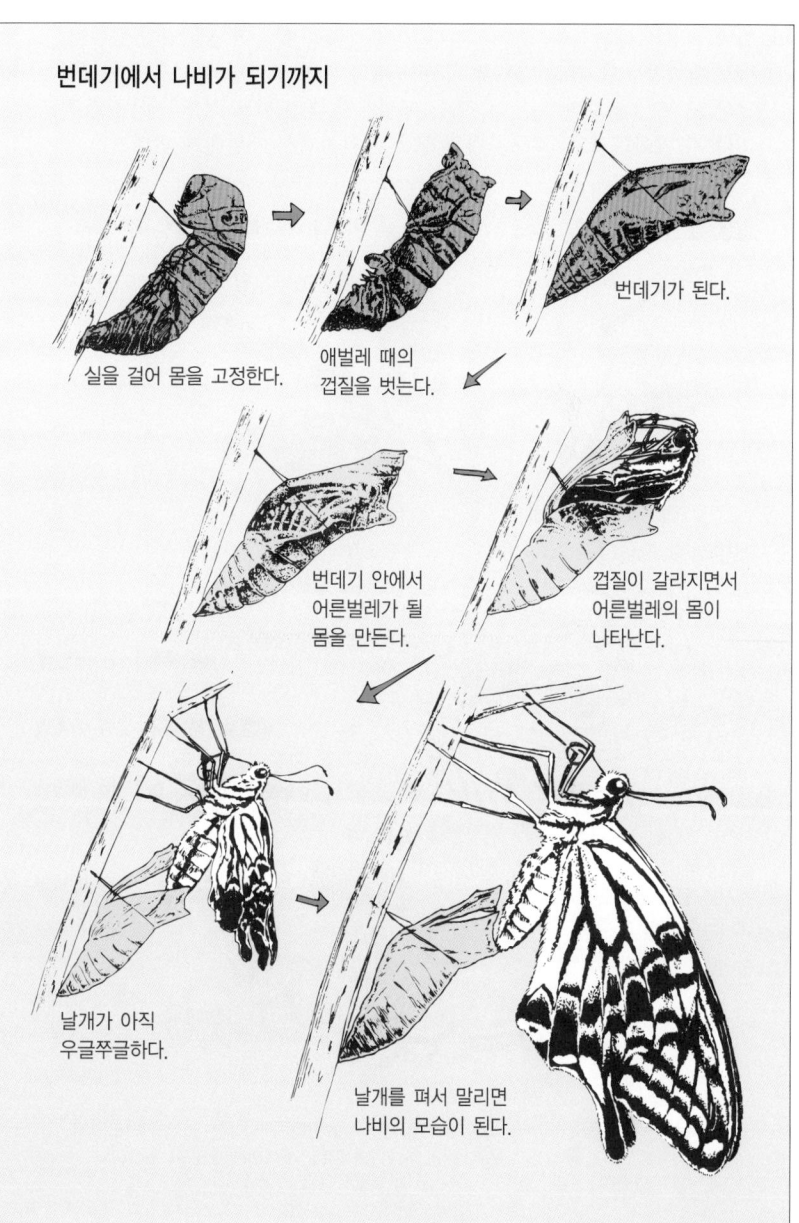

실을 걸어 몸을 고정한다.

애벌레 때의 껍질을 벗는다.

번데기가 된다.

번데기 안에서 어른벌레가 될 몸을 만든다.

껍질이 갈라지면서 어른벌레의 몸이 나타난다.

날개가 아직 우글쭈글하다.

날개를 펴서 말리면 나비의 모습이 된다.

나비 애벌레의 식욕

나비나 나방의 애벌레는 종류에 따라 먹고 자라는 식물이 정해져 있습니다. 따라서 농작물이나 과일 나무를 먹는 나비와 나방의 애벌레가 크게 번식하면 식물에 피해를 주게 되는데, 이들 애벌레가 과연 어느 정도의 식욕을 갖고 있는지 알아봅니다. 호랑나비의 알을 부화시켜서 애벌레가 번데기가 될

때까지 식물의 잎을 얼마나 먹는지 기록해 봅니다.

호랑나비는 자기가 먹는 식물의 싱싱한 잎이나 싹에 알을 낳습니다. 이파리째로 채집합니다. 부화한 뒤에는 귤나무 잎을 줍니다. 귤나무 잎은 모양이 단순해서 면적을 재기 쉬우기 때문입니다.

단계별로 먹는 양이 얼마나 다른지, 번데기가 되기까지 한 마리의 애벌레가 먹는 잎이 얼마나 되는지 정리해 봅니다.

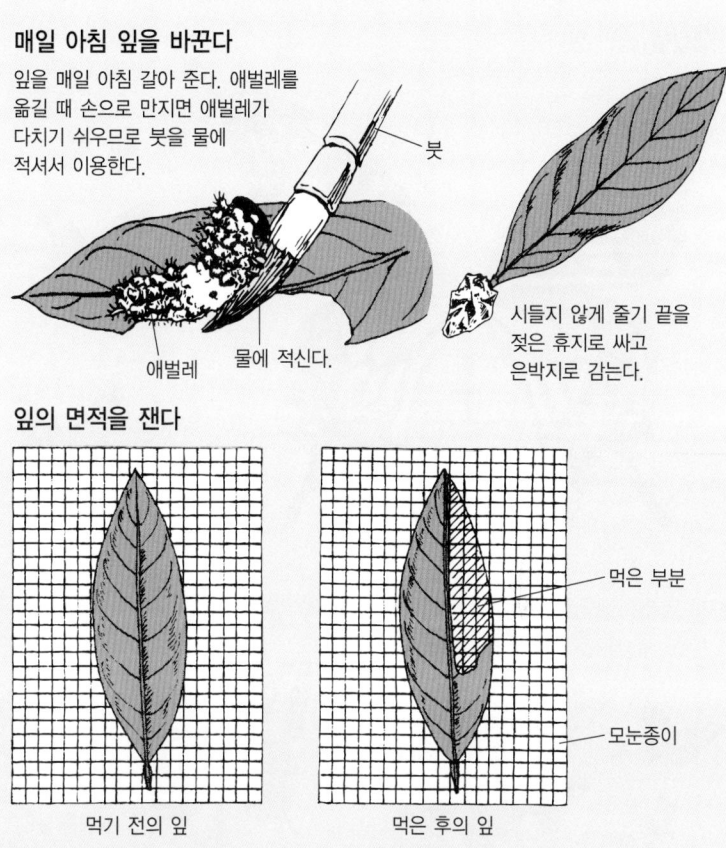

매일 아침 잎을 바꾼다

잎을 매일 아침 갈아 준다. 애벌레를 옮길 때 손으로 만지면 애벌레가 다치기 쉬우므로 붓을 물에 적셔서 이용한다.

- 붓
- 물에 적신다.
- 애벌레
- 시들지 않게 줄기 끝을 젖은 휴지로 싸고 은박지로 감는다.

잎의 면적을 잰다

- 먹기 전의 잎
- 먹은 후의 잎
- 먹은 부분
- 모눈종이

매일 아침, 모눈종이에 먹기 전 잎의 모양과 먹은 후의 모양을 옮겨 그리고, 먹은 부분의 면적을 잰다(면적 재는 법은 322쪽).

1~5령 애벌레의 각 단계별로 어느 정도 먹었는지, 번데기가 될 때까지 잎을 얼마나 먹었는지 그래프로 표시한다.

호랑나비 암컷과 수컷은 어떻게 서로 알아볼까?

호랑나비의 암컷은 냄새로 먹이를 찾습니다. 한편 수컷은 날개 무늬와 색깔로 암컷을 찾는다고 합니다. 암컷의 모형을 여러 개 만들고 색깔을 각각 칠해서, 어느 모형에 수컷이 오는지 실험해 봅니다.

어떤 실험에서는 포스터물감이나 색종이로 모형을 만들었더니 노란색에는

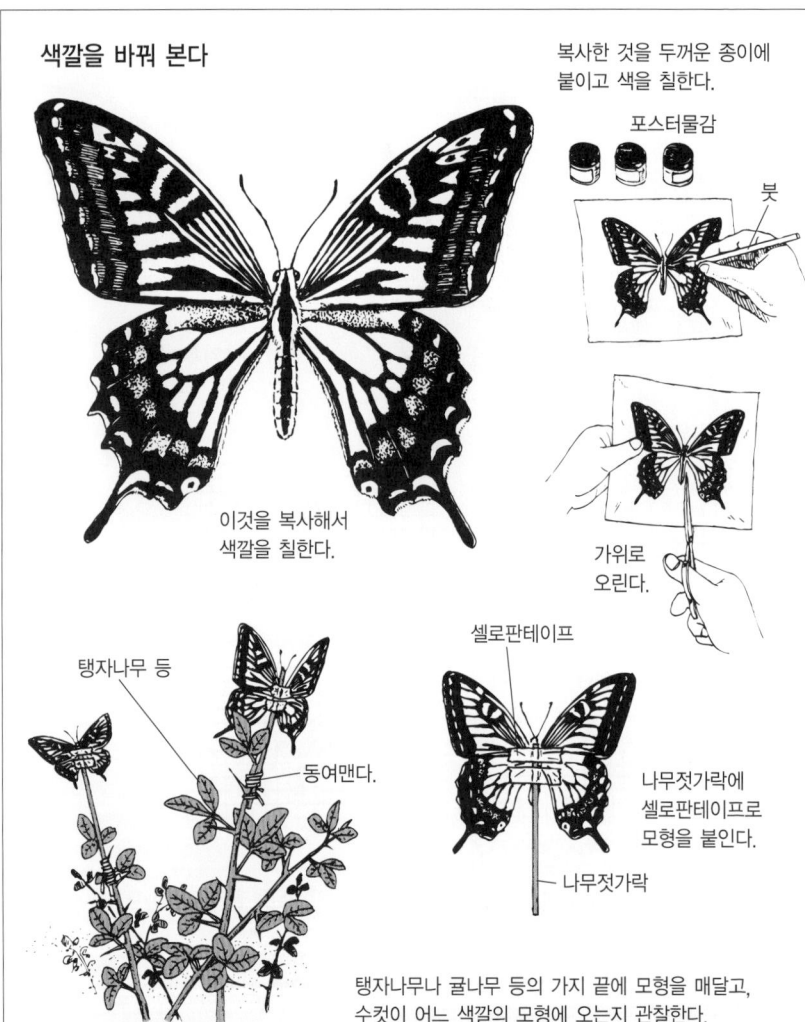

색깔을 바꿔 본다

이것을 복사해서 색깔을 칠한다.

복사한 것을 두꺼운 종이에 붙이고 색을 칠한다.

포스터물감

붓

가위로 오린다.

탱자나무 등

동여맨다.

셀로판테이프

나무젓가락에 셀로판테이프로 모형을 붙인다.

나무젓가락

탱자나무나 귤나무 등의 가지 끝에 모형을 매달고, 수컷이 어느 색깔의 모형에 오는지 관찰한다.

오지 않고 청록색을 칠한 모형에 오는 것을 알게 됩니다. 포스터물감이나 색종이의 노란색은, 나비한테는 다른 색으로 보이는 것 같습니다.

수컷이 색깔과 무늬를 구별한다는 것을 알았으면 생김새는 호랑나비인데 무늬가 다른 모형과, 무늬는 호랑나비인데 생김새는 네모난 것, 둥근 것, 삼각형 등의 모형을 만들어 어느 모형에 수컷이 찾아 드는지 알아보는 것도 재미있습니다. 호랑나비가 잘 날아다니는 오전 중에 실험해 봅니다.

무늬를 바꿔 본다

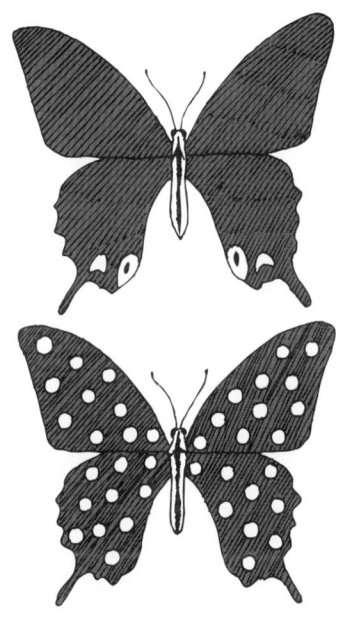

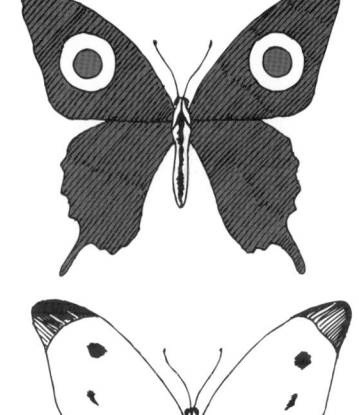

무늬가 다른 여러 호랑나비 모형을 만들어 어느 모형에 수컷이 오는지 관찰한다.

모양을 바꿔 본다

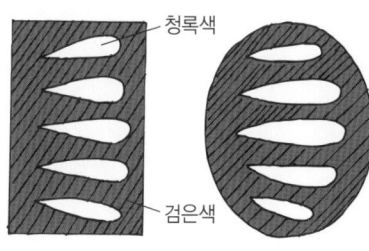

직사각형에 검은색과 청록색 줄무늬 모형에도 수컷이 온다는 것을 알게 되었다. 또한 여러 가지 모양 가운데 어느 쪽에 수컷이 오는지도 관찰한다.

매미가 날개돋이하는 모습을 관찰한다

매미는 여러 해 동안 애벌레로 땅속에서 지낸 후, 때가 되면 땅 위로 나와 날개돋이(우화, 곤충의 번데기가 껍질을 벗고 어른벌레가 되는 일)해서 어른벌레가 됩니다. 매미가 날개돋이하는 시기는 대개 7월부터 9월인데, 관심만 가지면 누구나 관찰할 수 있습니다. 신비스러운 매미의 날개돋이를 관찰하고

애벌레를 찾는다

해 지기 전에 나무 밑에서 애벌레의 구멍을 찾는다. 1cm 정도의 구멍은 이미 빠져나간 곳이며, 불규칙한 모양의 작은 구멍은 애벌레가 들어 있는 곳이다.

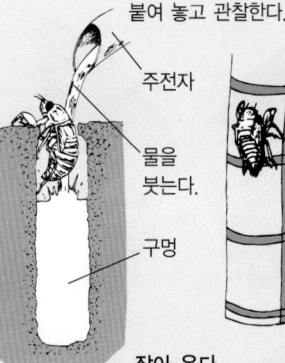

애벌레를 커튼이나 방충망에 붙여 놓고 관찰한다.

잡아 온다

애벌레는 흙탕물과 같이 나온다. 얼른 잡아서 그릇에 담아 집으로 가져온다.

밤이 되면, 구멍에서 나온 애벌레를 찾는다

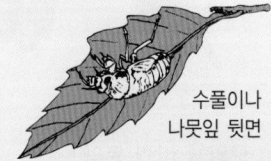

수풀이나 나뭇잎 뒷면

저녁 때 나무 기둥이나 나무 주변, 풀 속 등을 찾아본다. 껍질을 벗는 과정에 있는 애벌레나 날개돋이 준비에 들어간 애벌레를 발견할 수 있다.

나무 기둥

기록해 봅니다. 공원이나 숲에 가서 나무 밑동 주변을 잘 살펴보면, 아직 애벌레가 빠져 나오지 않은 구멍을 찾을 수 있습니다. 그 구멍에 물을 부으면 애벌레가 밖으로 나옵니다. 그 애벌레를 집으로 가져와서 커튼에 붙여 놓고 관찰해 봅니다. 애벌레의 구멍을 찾기 힘든 사람은 날이 저문 뒤 나무 주위나 줄기, 수풀 속 등을 손전등으로 비추며 찾아봅니다. 집에 가져와서 아침이 되면 놓아주고, 허물은 표본을 만듭니다.

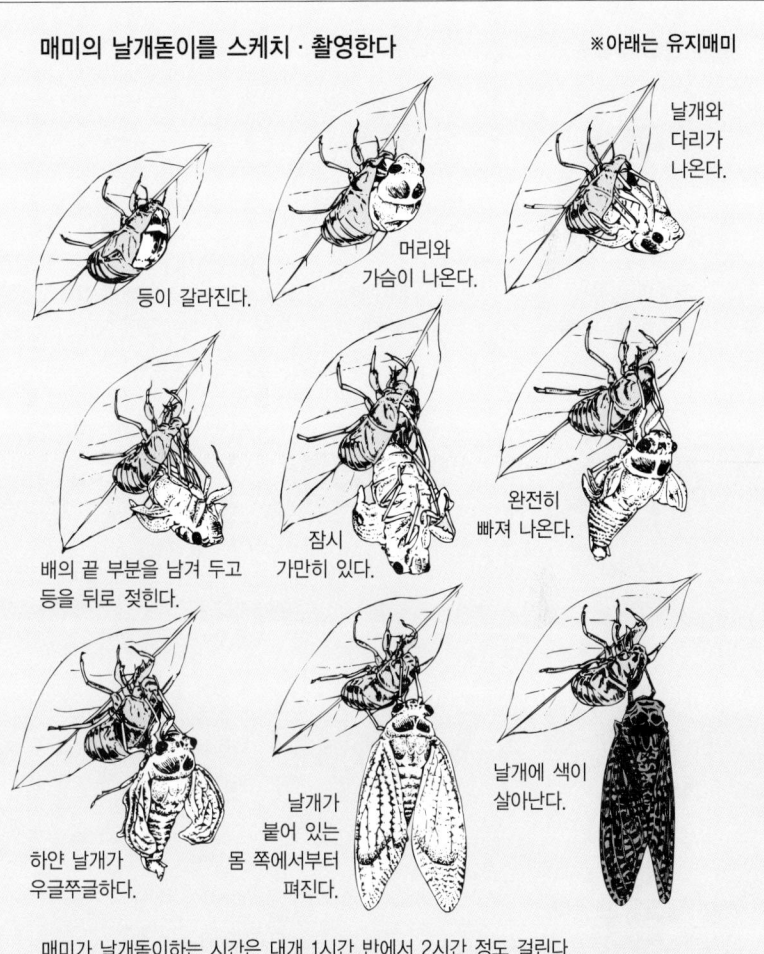

매미의 날개돋이를 스케치·촬영한다
※아래는 유지매미

- 등이 갈라진다.
- 머리와 가슴이 나온다.
- 날개와 다리가 나온다.
- 배의 끝 부분을 남겨 두고 등을 뒤로 젖힌다.
- 잠시 가만히 있다.
- 완전히 빠져 나온다.
- 하얀 날개가 우글쭈글하다.
- 날개가 붙어 있는 몸 쪽에서부터 펴진다.
- 날개에 색이 살아난다.

매미가 날개돋이하는 시간은 대개 1시간 반에서 2시간 정도 걸린다.
머리가 나오고 몸이 나오는 등 그때그때마다 어느 정도 시간이 걸리는지,
그때의 모양은 어떤지 따로따로 기록한다.

매미의 허물을 살펴본다

7월에서 9월, 공원이나 숲 속에서 나무줄기, 풀잎 뒷면, 전신주 등을 살펴봅니다. 매미가 벗어 놓은 껍질(허물)을 볼 수 있습니다.
매미 껍질을 모아서 날개돋이한 시기는 언제이고, 날개돋이한 장소가 지면에서 얼마나 높은 곳이었는지를 매미 종류별로 알아봅니다.

매미 껍질로 종류를 구별할 수 있다

※더듬이가 포인트

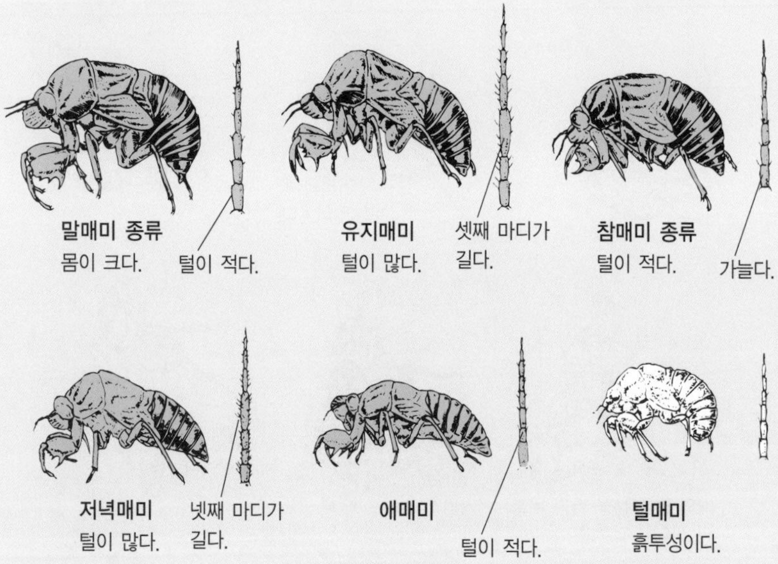

말매미 종류 몸이 크다. 털이 적다.

유지매미 털이 많다. 셋째 마디가 길다.

참매미 종류 털이 적다. 가늘다.

저녁매미 털이 많다. 넷째 마디가 길다.

애매미 털이 적다.

털매미 흙투성이다.

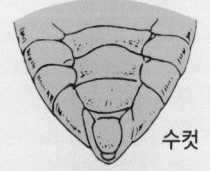
수컷

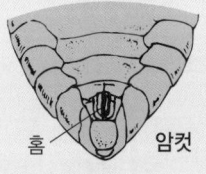
홈 암컷

벗어 놓은 껍질로 매미의 종류와 암수를 구별한다. 몸체의 크기와 더듬이로 종류를 알 수 있고, 배 끝의 모양을 보고 암수를 구별한다. 홈이 있으면 암컷이다.

매미 껍질을 모은다

껍질은 2주일 분을 모아서 종류마다 암수로 나누고 그래프로 정리하면 언제부터 날개돋이하는지를 한눈에 알 수 있다. 매일매일 채집할 때, 매일 날개돋이한 숫자와 기온, 날씨를 같은 그래프에 표시해 두면, 날개돋이가 날씨에 어떤 영향을 받는지도 알아낼 수 있다.

모든 장소를 대상으로 삼아 일일이 살펴보기 어렵기 때문에 가로 20m, 세로 20m 범위를 정해서 줄을 쳐 놓는 방법으로 조사 범위를 정하는 것이 좋습니다. 매일매일 껍질을 모으는 것도 좋지만, 힘들면 2일이나 3일 간격으로 해도 좋습니다. 껍질을 채집한 날의 온도와 날씨를 기록해 둡니다. 매미 껍질 하나하나의 장소와 높이를 기록하고 집에 가서 이름을 적고 암수를 구별해 적습니다.

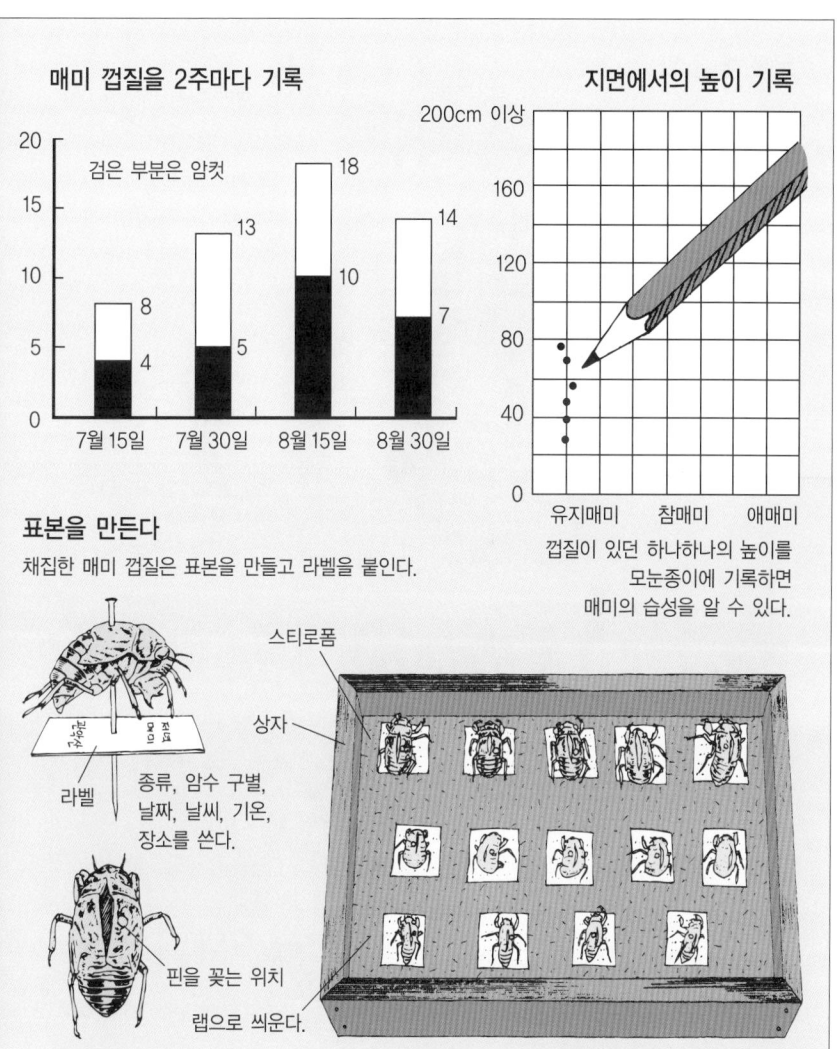

수액에 모여드는 곤충을 알아본다

여름은 곤충들이 활동하는 계절입니다. 날씨가 따뜻할 때 잘 먹고 짝짓기를 해서 자손을 퍼뜨립니다. 곤충이 꽃과 수액에 모여드는 이유는 먹을 것이 있기 때문이기도 하지만, 짝짓기할 기회가 많아져서 번식 확률이 높아지기 때문이기도 합니다. 잡목림에 자라는 상수리나무와 졸참나무는 매미들의

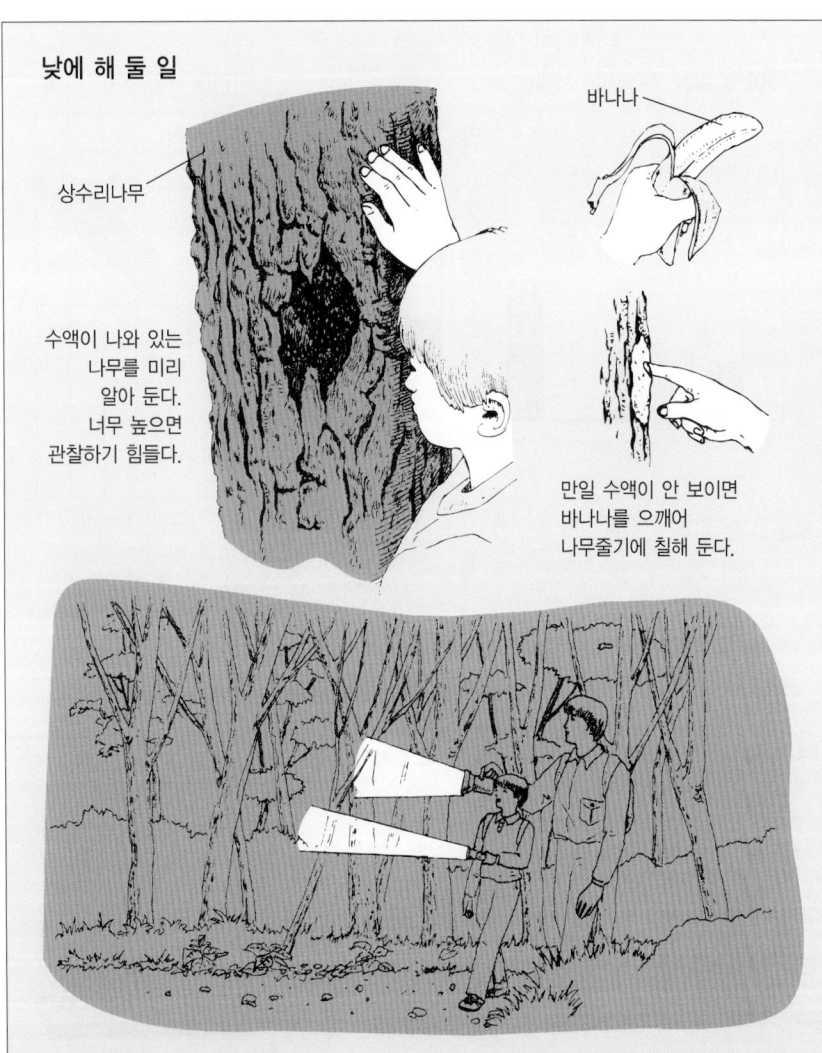

낮에 해 둘 일

상수리나무

바나나

수액이 나와 있는 나무를 미리 알아 둔다. 너무 높으면 관찰하기 힘들다.

만일 수액이 안 보이면 바나나를 으깨어 나무줄기에 칠해 둔다.

식당인 동시에 사교장입니다. 상수리나무와 졸참나무 수액에 모여드는 곤충에 대해 알아봅니다. 곤충들은 아침 일찍부터 활동합니다. 전날 낮에 수액이 나와 있는 나무를 알아 두고 다음 날 새벽 일찍 나가 봅니다. 만일 수액이 나와 있는 나무가 눈에 띄지 않으면 바나나를 으깨서 나무 기둥에 묻혀 두면 됩니다. 어떤 곤충이 찾아오는지 1시간마다 기록해 두고 표나 그래프로 정리하면, 곤충마다 활동하는 시간대를 알 수 있습니다.

아침 일찍 나온다

아침 일찍부터 활동하는 것은 장수풍뎅이다. 오전 중에 활동하는 곤충이 많다. 1시간마다 찾아온 곤충을 확인해 보자.

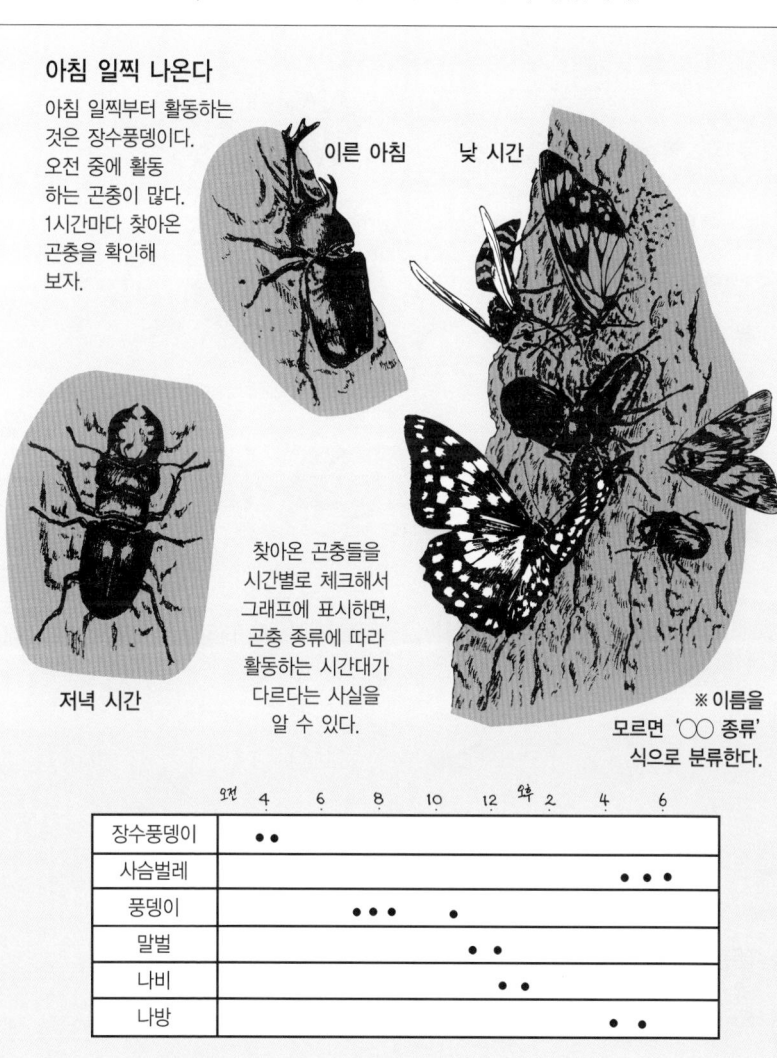

이른 아침 낮 시간

저녁 시간

찾아온 곤충들을 시간별로 체크해서 그래프에 표시하면, 곤충 종류에 따라 활동하는 시간대가 다르다는 사실을 알 수 있다.

※ 이름을 모르면 '○○ 종류' 식으로 분류한다.

	오전 4	6	8	10	12	오후 2	4	6
장수풍뎅이	••							
사슴벌레							•••	
풍뎅이				•••	•			
말벌						••		
나비					••			
나방							••	•

꽃에 찾아드는 곤충을 알아본다

봄부터 여름까지 많은 꽃들이 계속해서 핍니다. 벌과 나비는 꽃을 찾아와 꿀과 꽃가루를 모으고, 꽃은 이들의 힘을 빌어 꽃가루받이를 합니다. 곤충들이 제일 많이 활동하는 시간은 언제일까요? 관찰할 꽃을 정해 놓고 1시간마다 어떤 곤충이 몇 번 찾아오는지 세어 봅니다.

관찰 범위를 정한다

일정 범위 안에 피어 있는 꽃이나, 큰 꽃이면 10송이 정도 선택해서 관찰할 범위를 정한다.

지상 1~2m 위치에 도화지를 삿갓처럼 말아서 온도계 위에 씌우고 기온을 잰다.

도화지
온도계

곤충 세는 법

같은 곤충이 관찰 범위 내에 여러 번 드나들어도 그때마다 숫자를 센다.

2회
1회 **관찰 범위**
관찰 범위 밖은 세지 않는다.

15분 동안 관찰

1시간 중 15분 동안은 곤충이 온 숫자를 세면서 관찰한다.

45분 동안 휴식

관찰하지 않는 나머지 45분 동안은, 곤충을 채집하거나 쉰다.

관찰용 카드를 만들어 어떤 곤충이 왔는지 적어 넣습니다. 카드에는 1시간마다의 기온과 날씨의 변화를 반드시 기록하고, 1시간마다 곤충 수를 집계해서 막대 그래프로 그려 보면, 곤충이 활동하는 때를 알 수 있습니다.

또, 찾아온 곤충을 종류별로 조사해서 원그래프로 그려 보면, 그 꽃에 어떤 곤충이 많이 오는지 한눈에 알 수 있습니다. 다른 종류의 꽃도 실험해서 비교해 봅니다.

곤충의 이름을 알아본다

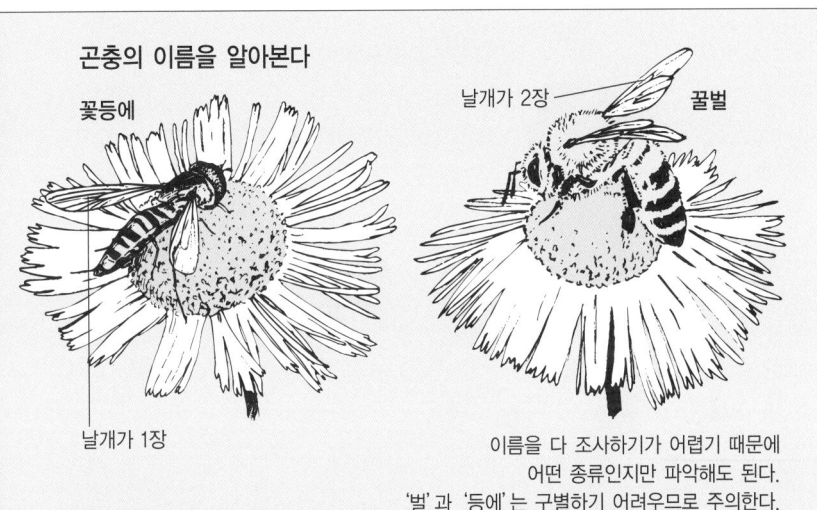

이름을 다 조사하기가 어렵기 때문에 어떤 종류인지만 파악해도 된다.
'벌'과 '등에'는 구별하기 어려우므로 주의한다.

그래프로 그린다

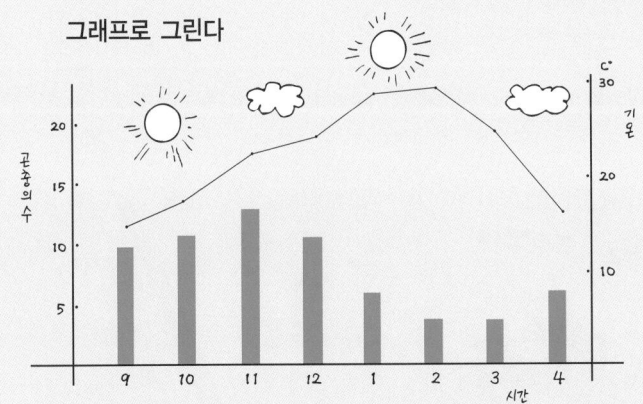

1시간마다 총 수를 집계하면, 곤충의 활동 주기를 알 수 있다.
비교적 오전 중이 많다. 곤충 전체를 종류별로 나눠 원그래프로 나타내 보면,
그 꽃에 주로 어떤 곤충들이 찾아오는지 알 수 있다.

잠자리의 날개돋이를 집에서 관찰한다

잠자리 애벌레는 강이나 연못 등의 물속에서 사는데, 6월 중순에서 7월에 걸쳐 일제히 물에서 나와 날개돋이를 합니다. 이렇게 잠자리가 날개돋이하는 모습을 스케치하거나 사진을 찍어서 관찰한 내용을 정리해 봅니다. 물살이 빠른 곳에 사는 애벌레는 물이 깨끗하지 않으면 살지 못해서 기르기가

잠자리 애벌레를 채집한다

물풀 속을 휘젓거나 물밑에 있는 흙을 건져 올리면 잠자리 애벌레가 잡힌다.

되도록 많이 자란 잠자리 애벌레를 채집하는 것이 성공하는 요령이다.

잠자리 애벌레를 기른다

커다란 컵 안에 넣어 기른다. 물은 하루 전에 수돗물을 받아 햇볕에 쪼여 염소를 제거한 것을 사용한다. 먹이를 먹지 않으면 날개돋이가 가까웠다는 증거이므로 막대기를 꽂아 준다.

커다란 컵
하루종일 햇볕을 쪼인 수돗물
먹이 송사리 등
애벌레
자갈
흙
10cm
막대기

어렵습니다. 늪이나 연못 등 물이 고여 있는 곳에서 잠자리 애벌레를 채집하고, 이들은 주로 육식을 하므로 수족관 가게에서 올챙이나 송사리를 사서 먹이로 줍니다. 되도록 거의 다 자라서 날개돋이하기 직전의 잠자리 애벌레를 채집해야 키우기 쉽습니다. 큰 컵 안에 넣고 물을 자주 갈아 주며, 날개돋이할 때가 되면 긴 나무 막대기를 수면에서 10cm 정도 나오도록 해서 꽂습니다. 잠자리는 밤이나 아침 일찍 날개돋이할 때가 많습니다.

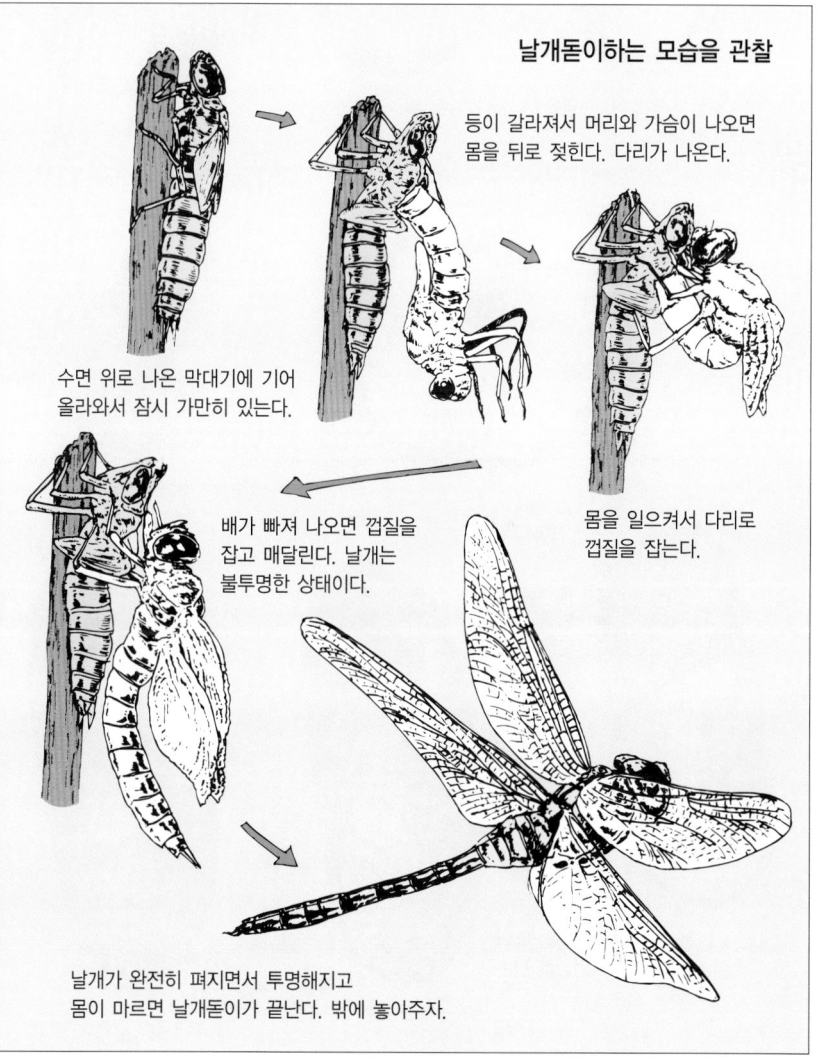

날개돋이하는 모습을 관찰

등이 갈라져서 머리와 가슴이 나오면 몸을 뒤로 젖힌다. 다리가 나온다.

수면 위로 나온 막대기에 기어 올라와서 잠시 가만히 있는다.

몸을 일으켜서 다리로 껍질을 잡는다.

배가 빠져 나오면 껍질을 잡고 매달린다. 날개는 불투명한 상태이다.

날개가 완전히 펴지면서 투명해지고 몸이 마르면 날개돋이가 끝난다. 밖에 놓아주자.

장수풍뎅이의 성장을 관찰한다

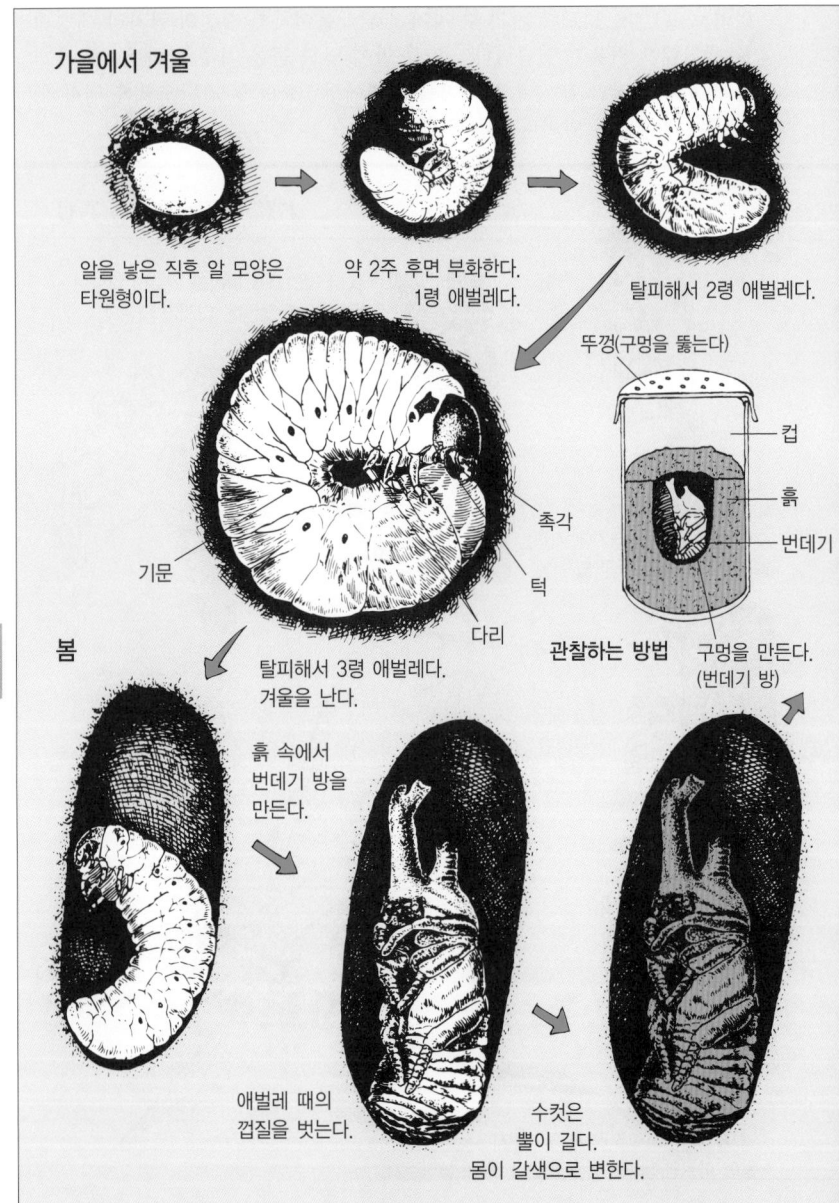

장수풍뎅이의 알이나 애벌레를 채집하고, 어른벌레가 될 때까지의 성장 과정을 빠짐없이 기록해 봅니다(장수풍뎅이 기르는 방법은 54쪽).

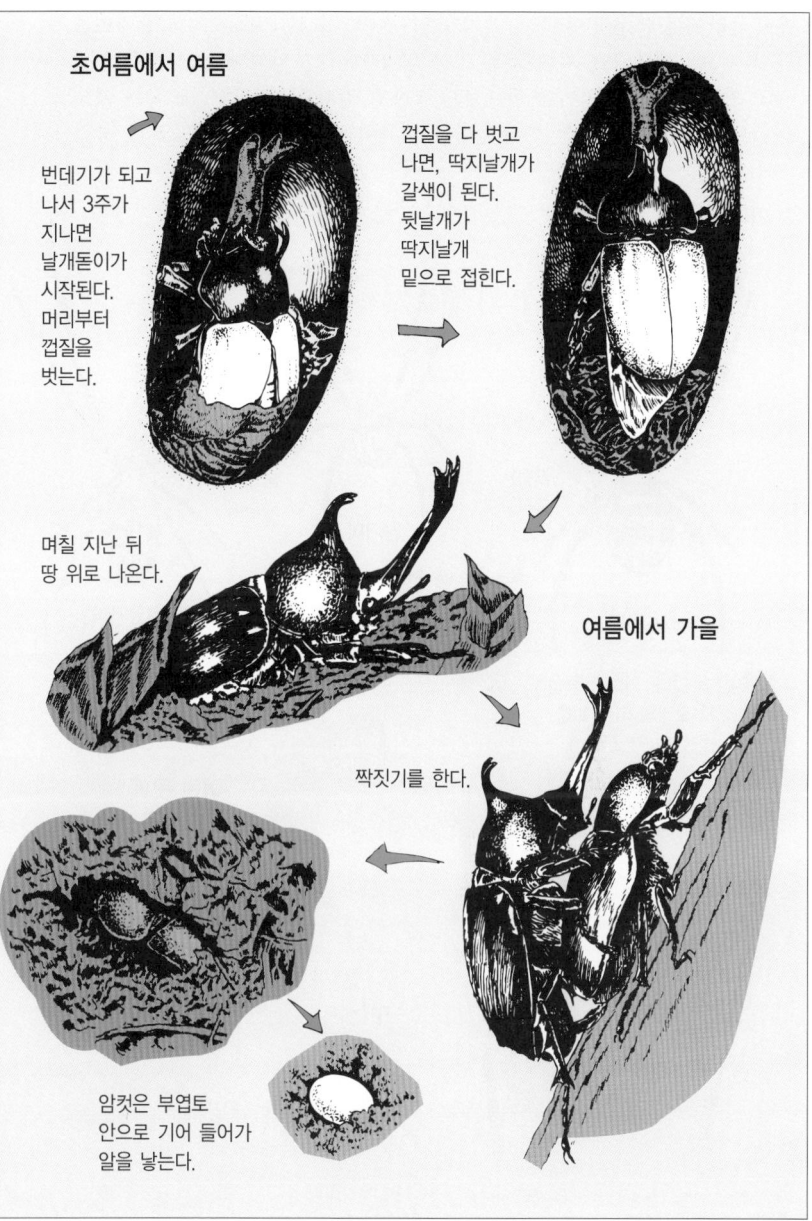

거미줄 치는 모습을 관찰한다

우리나라에는 약 600여 종의 거미가 있습니다. 그런데 모든 거미가 거미줄을 칠까요? 거미줄을 치는 것은 그중 약 60% 정도입니다. 거미줄을 치지 않고 돌아다니면서 먹이를 잡는 것, 잠자코 기다리다가 먹이를 잡는 것도 있습니다. 거미줄을 만드는 거미 중에 비교적 가까이에서 볼 수 있고, 둥근

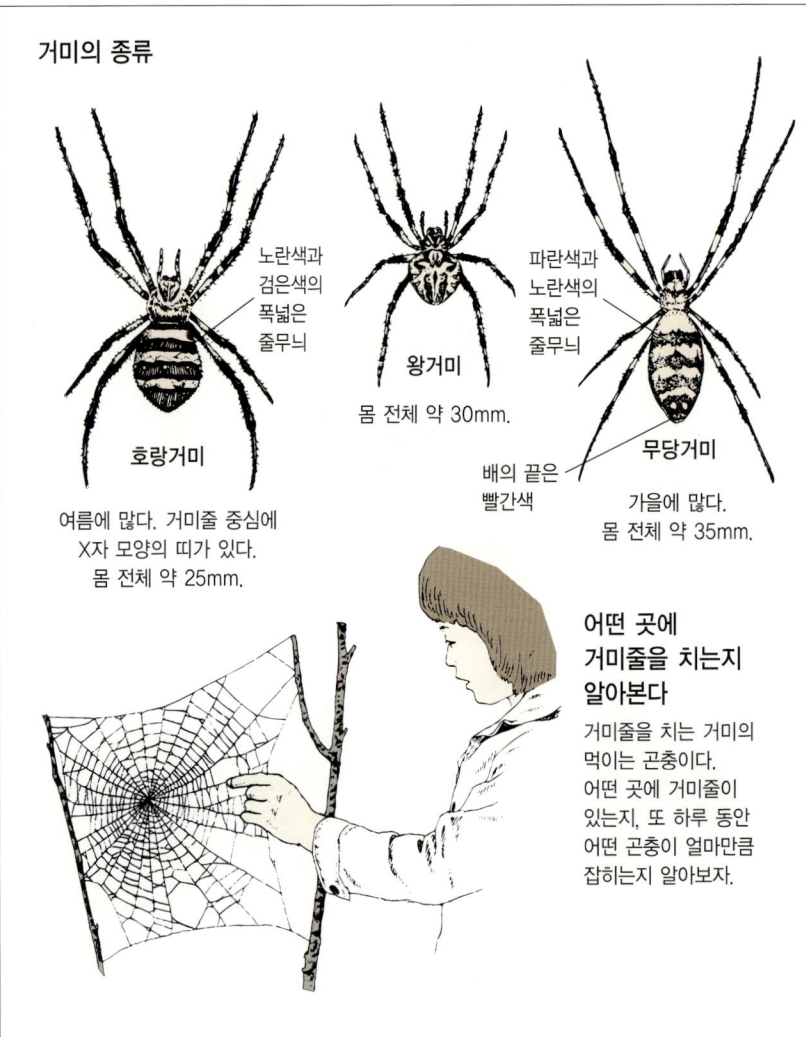

거미의 종류

호랑거미 — 노란색과 검은색의 폭넓은 줄무늬
여름에 많다. 거미줄 중심에 X자 모양의 띠가 있다.
몸 전체 약 25mm.

왕거미
몸 전체 약 30mm.
배의 끝은 빨간색

무당거미 — 파란색과 노란색의 폭넓은 줄무늬
가을에 많다.
몸 전체 약 35mm.

어떤 곳에 거미줄을 치는지 알아본다

거미줄을 치는 거미의 먹이는 곤충이다. 어떤 곳에 거미줄이 있는지, 또 하루 동안 어떤 곤충이 얼마만큼 잡히는지 알아보자.

거미줄을 치는 종류가 호랑거미, 무당거미, 왕거미입니다.
거미는 한 번 거미줄을 치고 그것을 계속 사용하는 것이 아니고, 다시 고쳐서 새로운 거미줄을 만듭니다. 거미를 찾아서 거미줄 치는 모습을 관찰하고 스케치해 봅니다.
왕거미는 저녁 때 거미줄을 치고 다음 날 아침에 걷는 습성이 있고, 호랑거미는 아침 일찍 줄을 고치는 습성이 있습니다.

거미줄 치는 방법 관찰

※왕거미의 경우

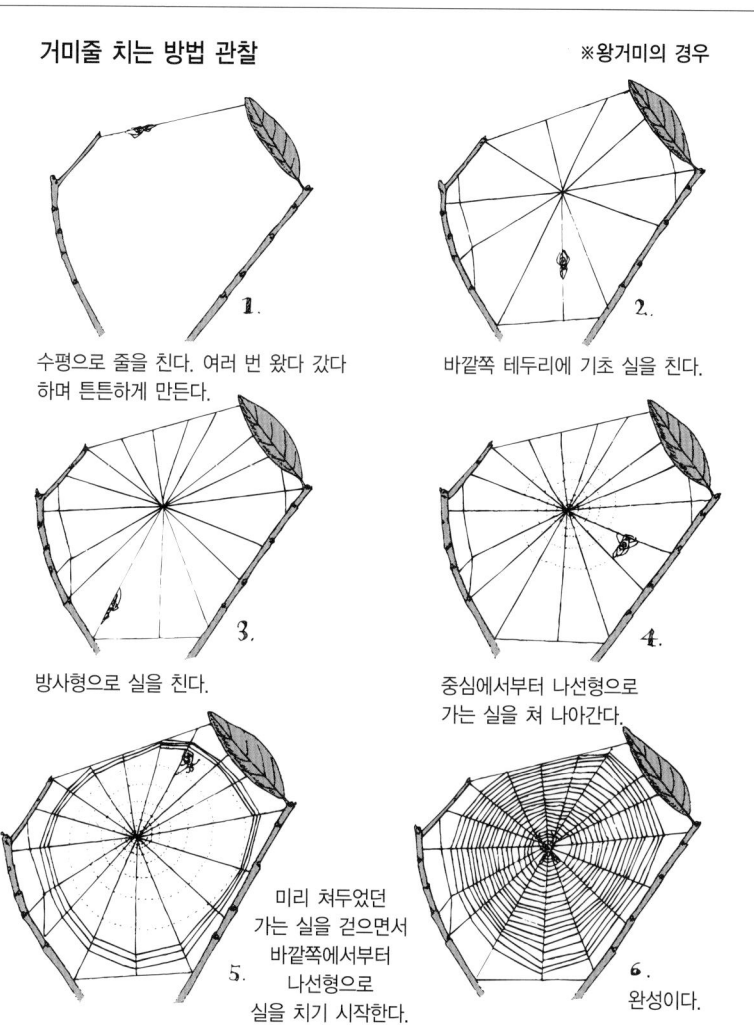

1. 수평으로 줄을 친다. 여러 번 왔다 갔다 하며 튼튼하게 만든다.

2. 바깥쪽 테두리에 기초 실을 친다.

3. 방사형으로 실을 친다.

4. 중심에서부터 나선형으로 가는 실을 쳐 나간다.

5. 미리 쳐두었던 가는 실을 걷으면서 바깥쪽에서부터 나선형으로 실을 치기 시작한다.

6. 완성이다.

개미의 먹을 것 찾기

개미는 우리가 쉽게 볼 수 있는 곤충 중 하나입니다. 여러분도 한번쯤은 개미가 먹이를 찾아 줄지어 가는 모습을 본 적이 있을 것입니다.
개미는 날이 따뜻할 때 먹을 것을 모아 두었다가 그것으로 겨울을 납니다.
개미는 단것을 몹시 좋아하는 것 같습니다.

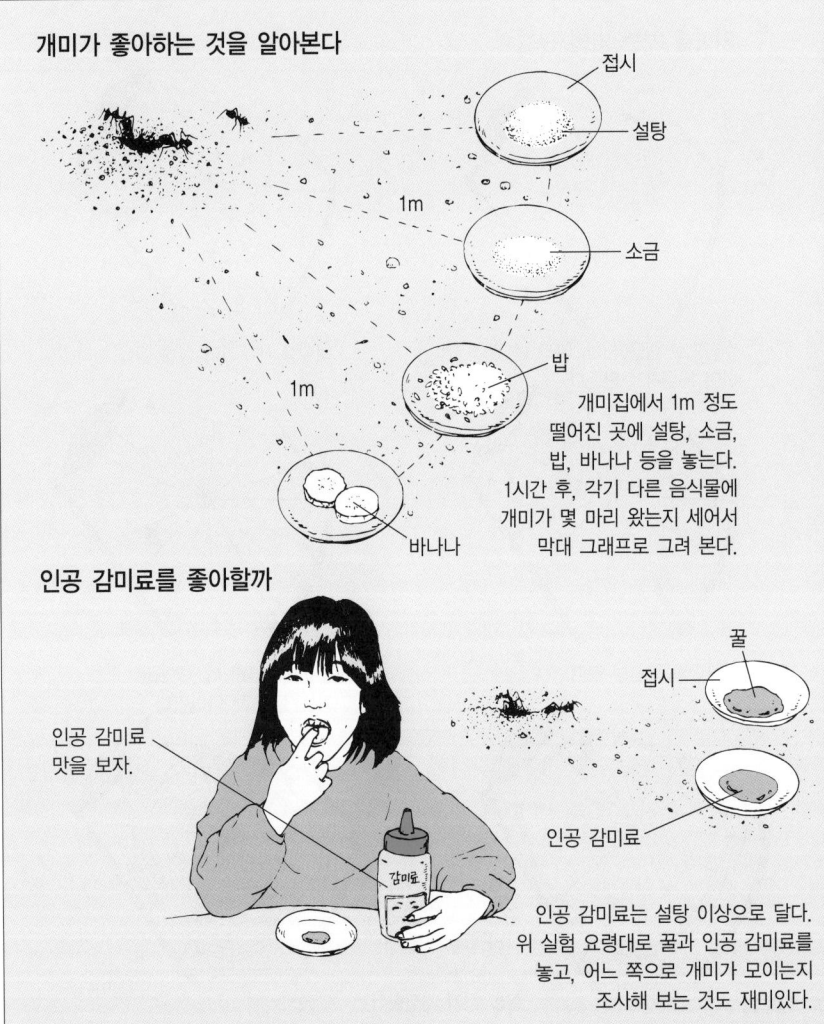

개미가 좋아하는 것을 알아본다

접시
설탕
1m
소금
1m
밥

개미집에서 1m 정도 떨어진 곳에 설탕, 소금, 밥, 바나나 등을 놓는다. 1시간 후, 각기 다른 음식물에 개미가 몇 마리 왔는지 세어서 막대 그래프로 그려 본다.

바나나

인공 감미료를 좋아할까

인공 감미료 맛을 보자.

꿀
접시
인공 감미료

인공 감미료는 설탕 이상으로 달다. 위 실험 요령대로 꿀과 인공 감미료를 놓고, 어느 쪽으로 개미가 모이는지 조사해 보는 것도 재미있다.

여러 가지 먹잇감을 개미집 근처에 놓아두고, 어느 먹이에 제일 많이 모여드는지 알아봅니다.
개미는 확실히 단것을 좋아합니다. 하지만 인공 감미료는 어떨까요? 사람의 혀에는 달게 느껴지는데, 개미도 과연 그럴까요?
먹을 것이 있으면 개미들은 어느새 행렬을 만듭니다. 이것은 개미가 분비하는 '페로몬'이라는 유인 물질 때문인데 개미의 행동을 관찰해 봅니다.

개미의 행렬을 방해한다 ①

과자

과자를 둔다 과자를 집에서 떨어진 곳에 놓아, 개미가 행렬을 짓게 만든다.

길을 손으로 쓸어 본다
행렬 사이의 흙을 손으로 살짝 쓸어 본다.

흙을 쓸어버린 곳에서 개미는 행렬이 흐트러져서 우왕좌왕하기 시작한다. 길잡이가 되는 페로몬(유인물질)이 흩어졌기 때문인 것 같다.

개미의 행렬을 방해한다 ②

과자

물을 사용해 본다
과자를 놓아 개미를 모여들게 한 다음, 얼마 뒤에 그 과자를 그림처럼 물 가운데 둔다.
개미는 어떻게 할까?
개미 중에는 모래를 옮겨서 길을 만들 수 있는 종류도 있다고 한다. 한번 시험해 보자.

과자 자갈 접시 물

달팽이의 움직임을 관찰한다

달팽이의 몸

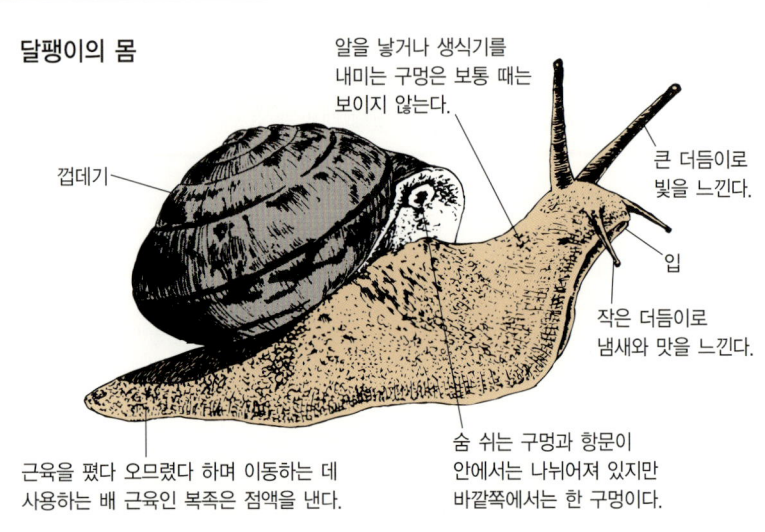

- 껍데기
- 알을 낳거나 생식기를 내미는 구멍은 보통 때는 보이지 않는다.
- 큰 더듬이로 빛을 느낀다.
- 입
- 작은 더듬이로 냄새와 맛을 느낀다.
- 근육을 폈다 오므렸다 하며 이동하는 데 사용하는 배 근육인 복족은 점액을 낸다.
- 숨 쉬는 구멍과 항문이 안에서는 나뉘어져 있지만 바깥쪽에서는 한 구멍이다.

이동하는 모습 관찰

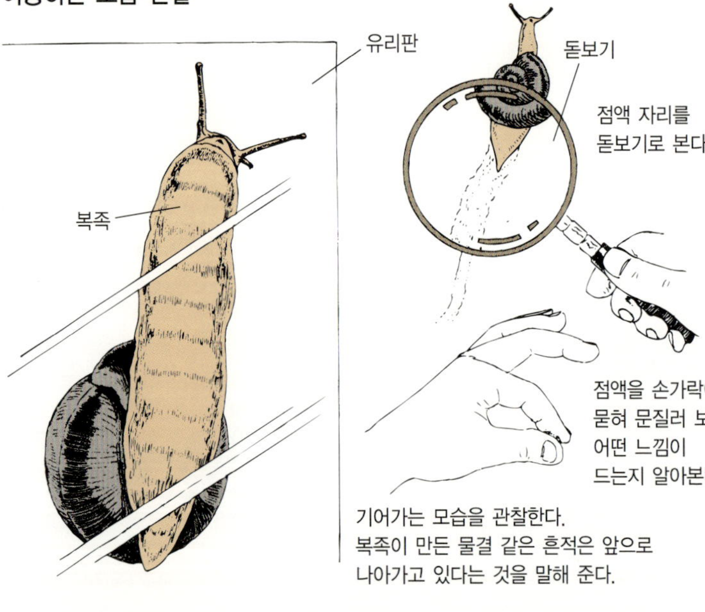

- 유리판
- 복족
- 돋보기
- 점액 자리를 돋보기로 본다.
- 점액을 손가락에 묻혀 문질러 보아 어떤 느낌이 드는지 알아본다.

기어가는 모습을 관찰한다.
복족이 만든 물결 같은 흔적은 앞으로 나아가고 있다는 것을 말해 준다.

달팽이를 채집하여 몸의 생김새를 알아봅니다. 여러 곳을 기어 다니게 해서 어떻게 움직이는지 관찰하고, 스케치하거나 사진을 찍어 정리해 봅니다.

여러 곳을 기어가게 한다

실이나 덩굴

두꺼운 실이나 식물의 줄기에 오르게 해 보자. 복족으로 실을 껴안듯이 해서 올라가고, 옆으로 뻗은 실에서는 복족을 꼬아 걸치고 움직인다.

칼

칼날 위를 기어가게 해 보자. 복족은 칼날에 베이지 않는다. 점액이 복족을 보호하는 것 같다.

떨어진 곳 옮겨가기

복족을 길게 늘린다.

떨어진 곳에는 목 부분의 복족을 힘껏 뽑아 늘여서 건너간다.

모래 위

달팽이가 가는 길 앞에 모래 지대를 만들고 달팽이가 지나갈 수 있는지 알아보자.

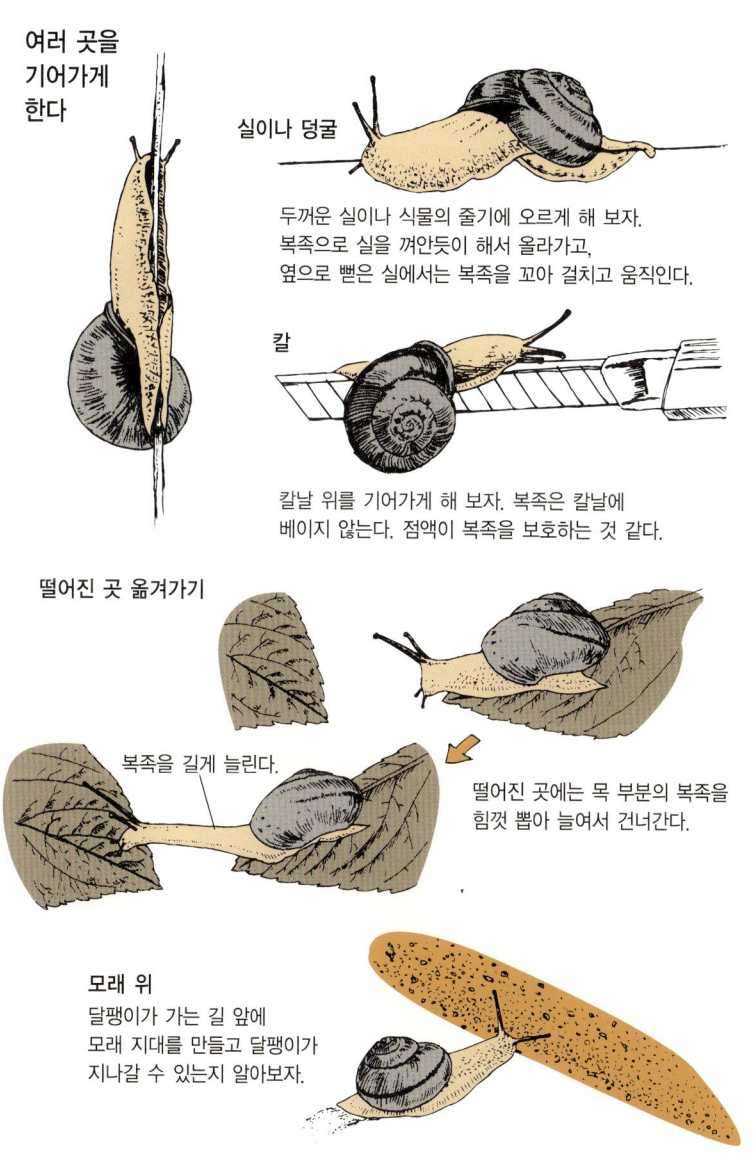

달팽이가 좋아하는 환경

비 오는 날의 달팽이, 달팽이는 장마철에 잘 나타납니다.
사람들은 흔히 달팽이는 조개와 비슷하고 비가 오면 좋아할 거라고 생각합니다. 그러나 달팽이는 허파로 호흡하기 때문에 비가 많이 오는 것을 싫어하며 물에 빠지면 그대로 죽고 맙니다.

비를 좋아할까?

비가 많이 올 때, 달팽이는 나뭇잎 그늘 등에서 쉰다. 사육 상자에 몇 마리 넣고 분무기로 물을 뿌리면 달팽이가 당황해서 옆으로 기어오른다.

건조제를 넣었을 때

유리병에 염화칼슘을 넣고 뚜껑을 덮는다. 유리 안이 건조해지면 달팽이는 껍데기 속으로 들어가서 입구를 마개로 막는다. 맑은 날 한낮에는 이런 상태로 쉰다.

쉬고 있는 달팽이에게 물을 뿌리면 껍데기 안에서 나온다.

달팽이는 어떤 환경을 좋아할까요? 비, 건조제, 기온, 활동하는 시간대 등 간단한 실험을 통해서 달팽이의 움직임이 활발해지는 조건을 알아봅니다. 그리고 사육 상자에서 키운 달팽이 실험으로 알게 된 내용을 바탕으로 실제 바깥에서 살고 있는 달팽이는 어떤지 관찰해 봅니다. 물론 실험 방법과 결과는 그림이나 사진으로 정리해 봐야겠죠! 단, 달팽이를 만지고 나서는 반드시 손을 씻습니다(달팽이 기르는 방법은 60쪽).

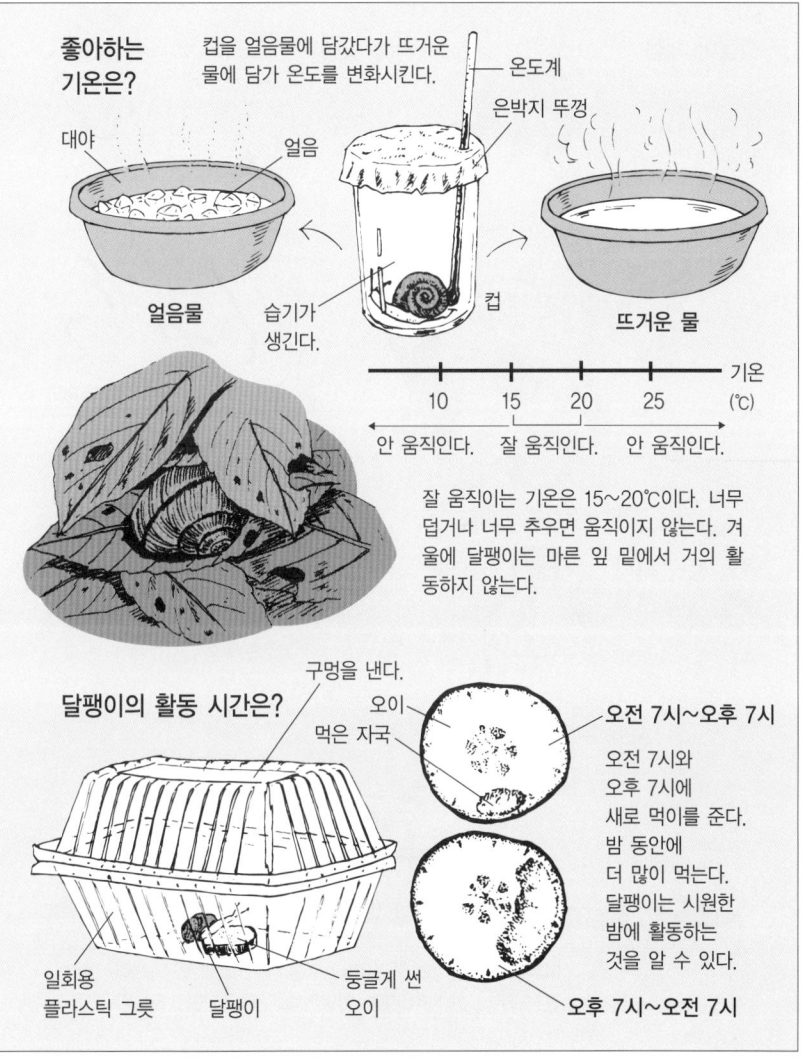

지렁이의 몸에 대해 알아본다

몸을 꿈틀거리기 때문에 지렁이를 징그럽게 여기는 사람이 많습니다. 그러나 지렁이는 흙과 함께 썩은 나뭇잎 등을 먹고 배설하여 흙의 양분을 풍부하게 만들어 주는 중요한 생물입니다.
지렁이는 갯지렁이 등과 함께 환형동물로 불립니다. 둥근 고리가 여러 개

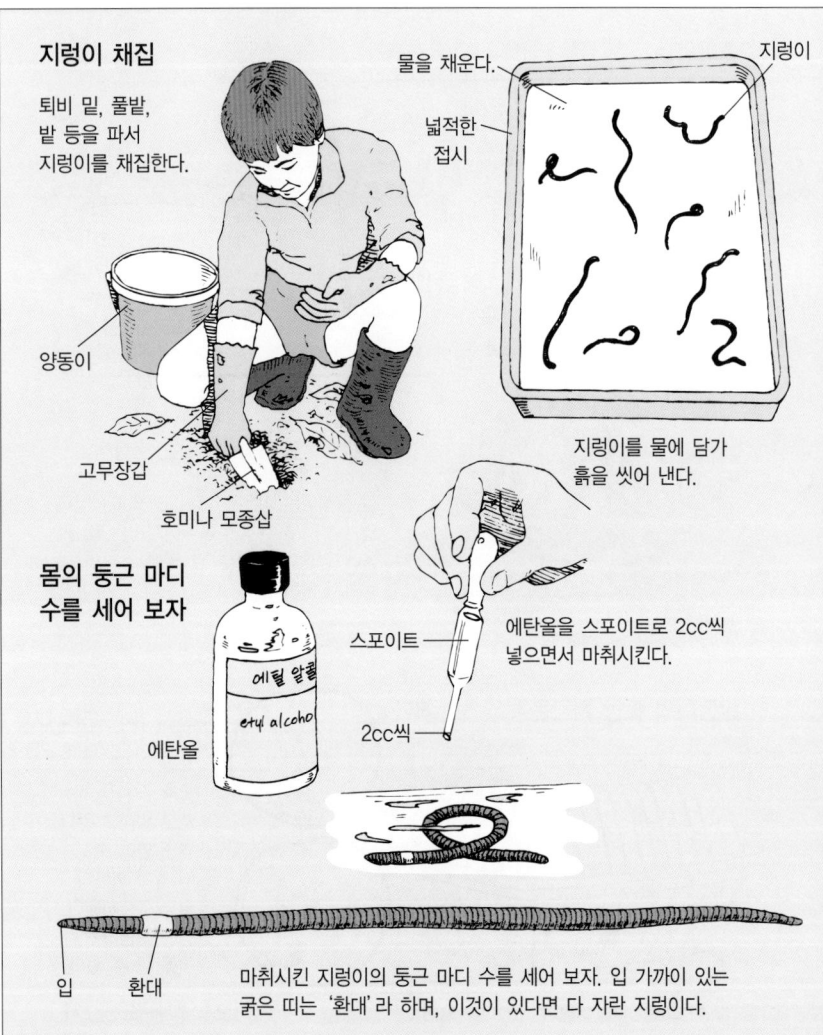

이어진 듯 가늘고 긴 몸을 하고 있는 것이 특징입니다. 지렁이는 낚싯밥으로 쓸 때 외에는 손댈 기회가 없지만 이번 기회에 지렁이의 몸을 관찰해 봅니다. 다 똑같아 보이는 지렁이도 종류에 따라 생김새나 크기가 다릅니다. 지렁이는 매우 중요한 생물이지만 중요성에 비해 연구가 활발하지는 못했습니다. 관찰한 것을 스케치하고 정리해 봅니다. 차분하게 몰두하다 보면 아직 세상에 알려지지 않은 새로운 사실을 발견하게 될지도 모릅니다.

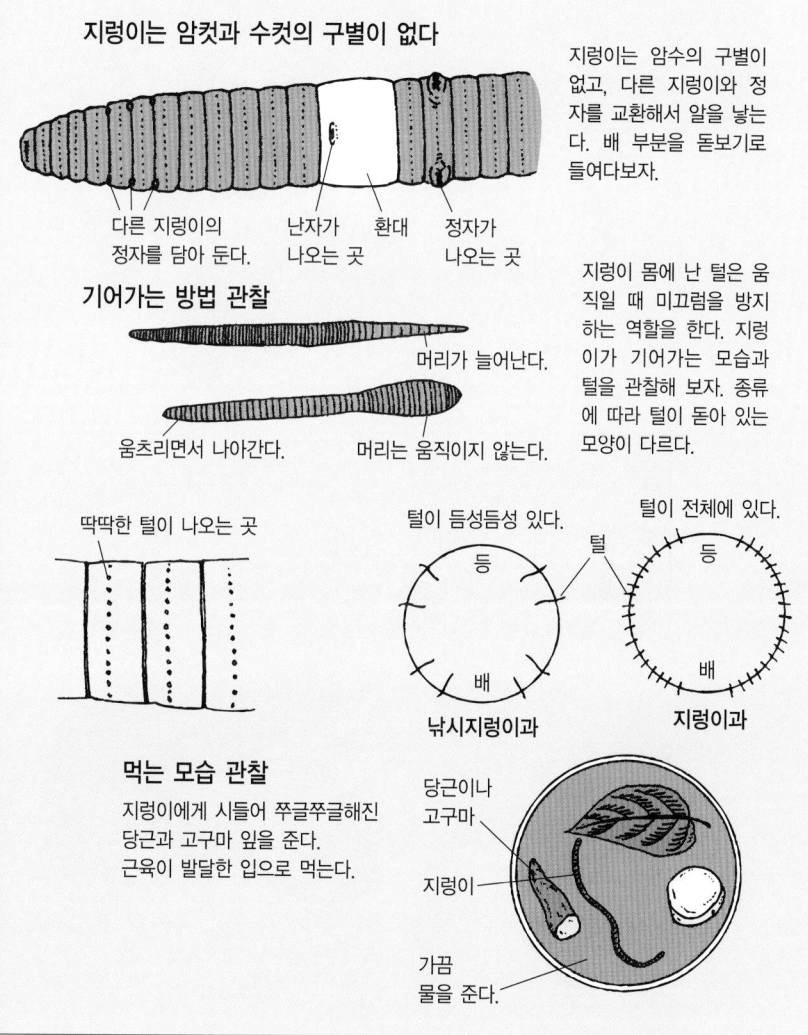

지렁이가 좋아하는 환경

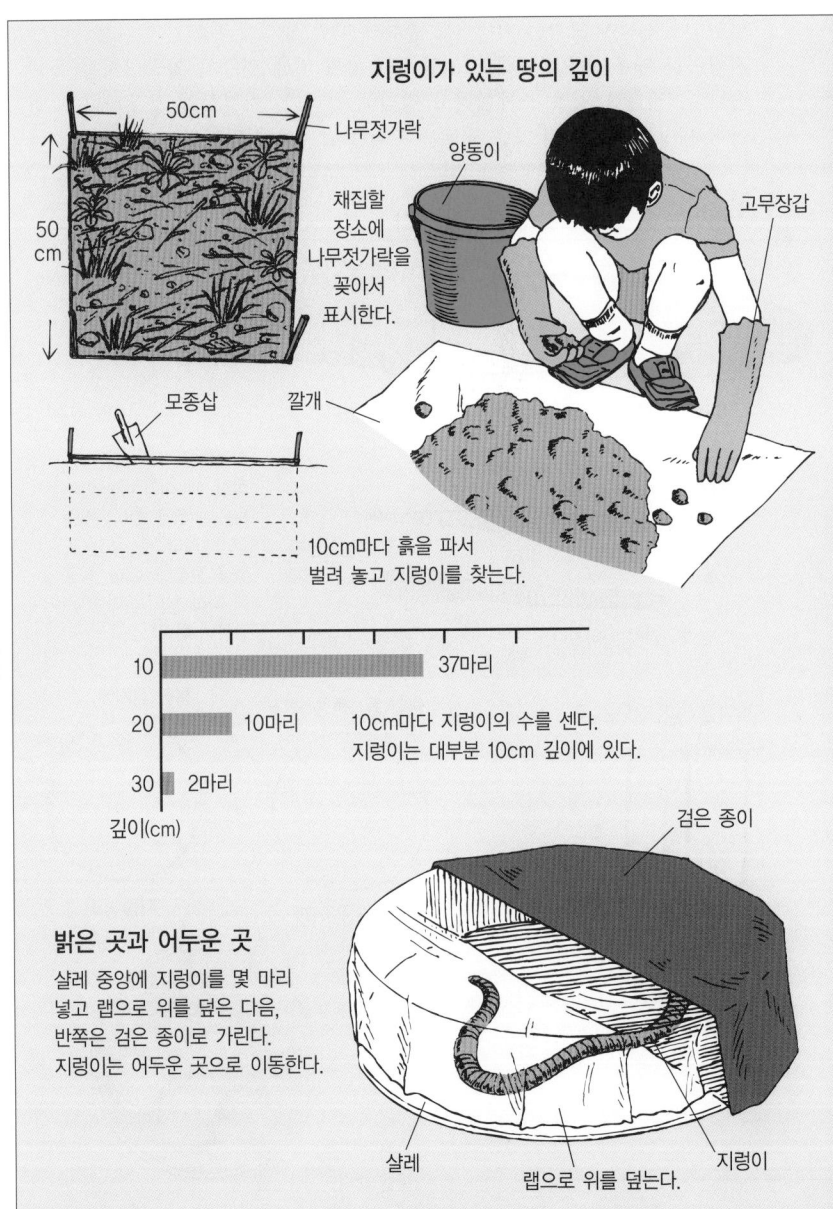

지렁이는 젖은 땅속에서 삽니다. 지렁이가 땅속 어느 정도의 깊이에 있는지, 어떤 흙을 좋아하는지, 관찰과 실험으로 확인해 봅니다.

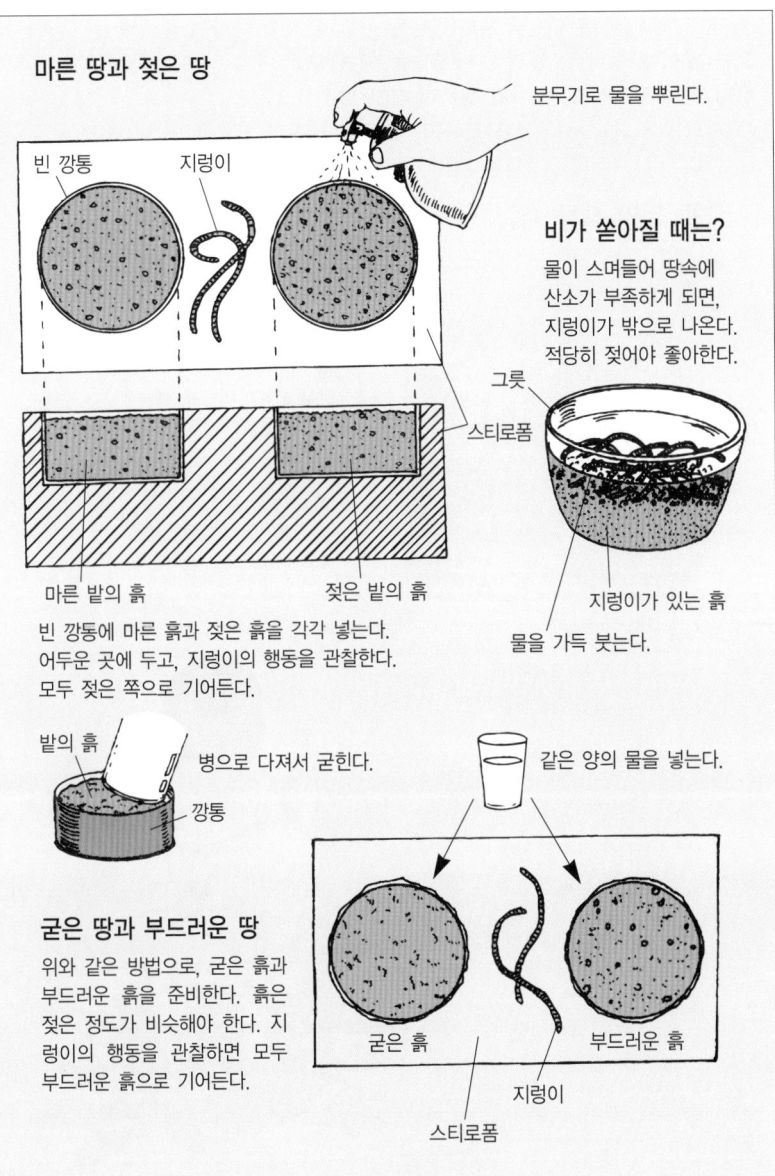

땅속에 살고 있는 생물을 조사한다

숲 속을 걸으면 바닥이 푹신푹신하여, 사람이 자주 다니는 길이나 집 뜰하고는 많이 다릅니다. 떨어진 나뭇잎을 헤쳐 보면 바로 작은 생물들이 눈에 띕니다. 발밑에는 과연 어떤 생물이 살고 있을까요?

우선 사방 50cm²의 공간을 정하고, 그곳에 쌓인 낙엽과 깊이 10cm까지의

① 큰 토양 생물 채집

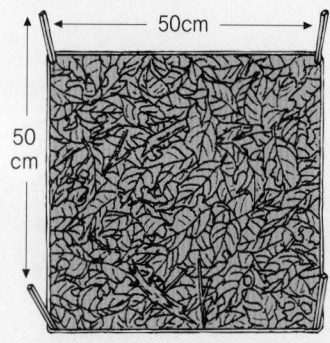

50cm

50cm

쌓인 낙엽을 걷어서 깔개에 옮기고 낙엽을 헤쳐 가며 핀셋으로 곤충들을 채집한다.

채집한 곤충은 전체 수, 종류별 수를 세어 표로 정리하고 스케치하고 사진을 찍은 뒤, 도감을 이용해서 이름과 특징 등을 알아본다.

준비물

알코올 70~90% 용액, 나무젓가락, 비닐끈, 체, 입이 넓은 병, 핀셋

50cm 사방을 재어, 네 귀퉁이에 나무젓가락을 꽂고 비닐끈으로 둘러친다.

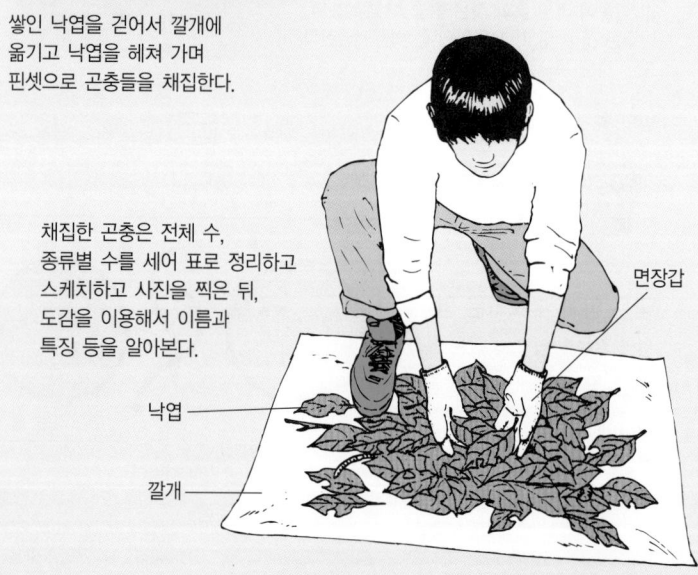

면장갑
낙엽
깔개

땅속에 있는 생물을 핀셋으로 채집해서 수를 세어 봅니다. 그리고 툴그랜 장치를 사용하면 핀셋으로는 채집할 수 없는 작은 생물까지 채집할 수 있습니다. 상상할 수 없을 만큼 많은 생물이 있는 것을 알게 된다면 이번 연구는 대성공입니다.

이들 생물(토양 생물)은 낙엽을 분해해서 부드럽고 영양이 풍부한 흙으로 만듭니다. 그리고 흙은 식물을 자라게 하고 또 소중한 물을 만듭니다.

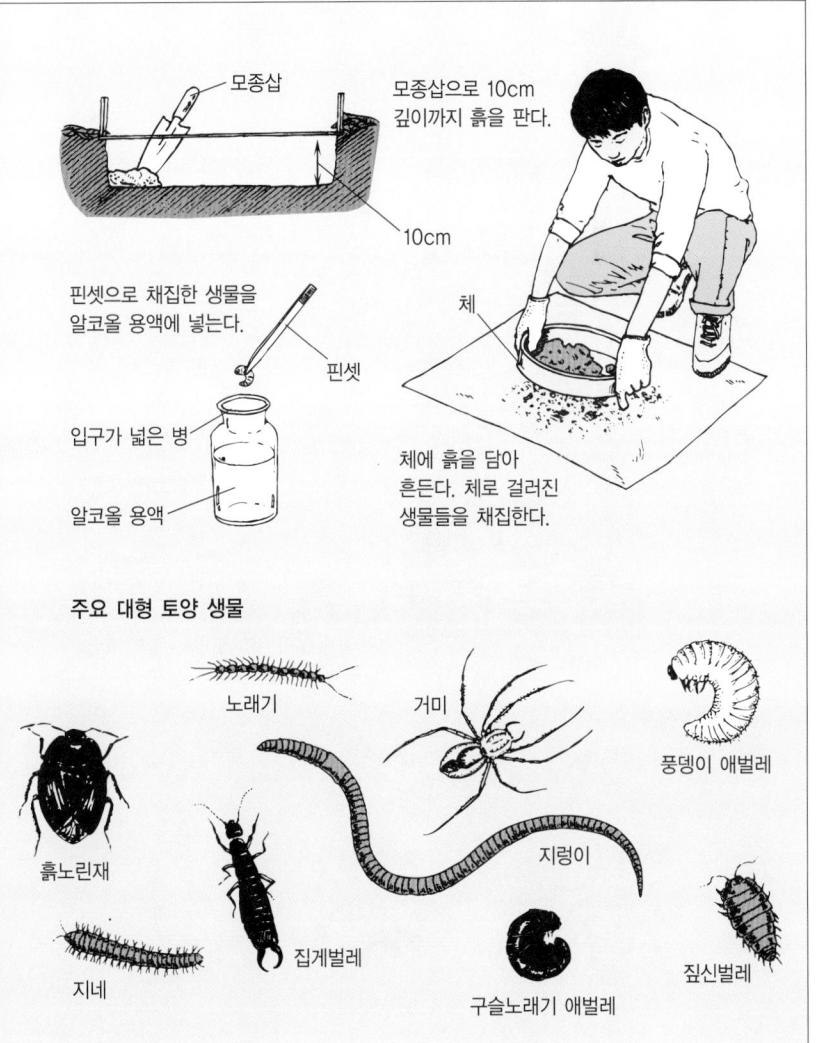

주요 대형 토양 생물

② 작은 토양 생물 채집

PVC 파이프(지름 5cm×길이 10cm)

앞 쪽과 같은 장소에서 PVC 파이프를 박아 넣는다.

흙을 밀어낸다.

파이프를 모종삽으로 파내고 비닐 주머니에 넣어 가져온다.

그물망

두꺼운 종이로 만든 깔때기

툴그랜 장치

- 20W 정도의 백열등
- 빛을 하룻밤 쪼인다.
- 빛을 싫어하는 토양 생물이 빛을 피해 밑으로 떨어진다.
- 샬레
- 알코올 용액

돋보기로 관찰한다.

작은 생물은 툴그랜 장치로 채집하여 종류를 확인하고 숫자를 센다. 이 숫자의 125배가 넓이 50×50cm, 깊이 10cm의 흙 안에 있는 생물의 숫자이다.

작은 토양 생물

- 갈고리게벌레
- 털진드기
- 노랑톡토기
- 어리톡토기

발 아래 사는 생물 수 조사

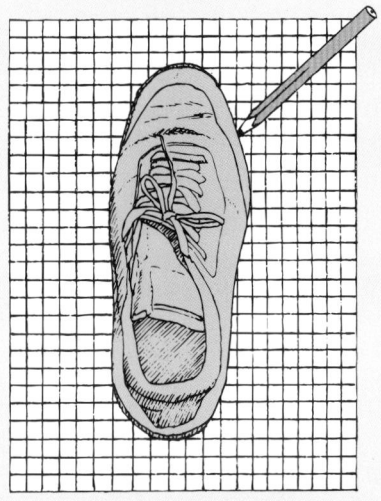

모눈종이에 신발을 얹고 연필로 윤곽을 그린다.

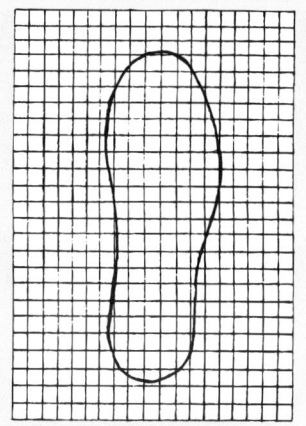

모눈의 수를 센다. 모눈 1개는 1cm² 이므로 신발 밑바닥의 면적을 알 수 있다. 21cm의 신발이면 대개 135cm² 다.

넓이 50×50cm, 깊이 10cm에 있는 큰 토양 생물과 작은 토양 생물의 숫자가 나오면 발밑에 사는 생물의 수는 '생물의 수×(신발 밑넓이÷2500)'로 나온다. 몇 만 마리가 될 수도 있다(발밑 10cm 깊이까지에 있는 생물의 수). 또한 한 스푼의 흙에는 보통 5억 마리의 세균이 있다.

여러 장소를 조사해 보자

이 방법으로 여러 장소의 흙을 조사하면 토양 생물의 숫자와 종류가 장소에 따라 차이가 있음을 알 수 있다.

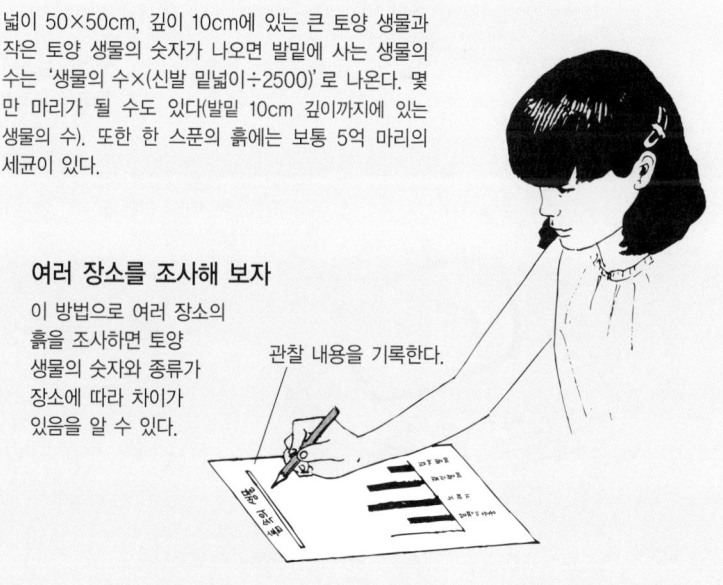

관찰 내용을 기록한다.

플랑크톤을 관찰한다

늪이나 연못에는 송사리보다 훨씬 작고, 현미경이 아니면 보이지 않을 정도로 작은 생물이 있습니다. 플랑크톤입니다. 플랑크톤에도 많은 종류가 있는데, 크게는 식물성 플랑크톤과 동물성 플랑크톤으로 나눕니다. 식물성 플랑크톤은 동물성 플랑크톤에게 먹히고, 동물성 플랑크톤은 다른 작은 생물에

연못이나 늪에서 채집

눈이 가는 곤충 채집망이나 투명한 유리병을 써서 물을 떠낸다.

눈이 가는 곤충 채집망

투명한 유리병

그물을 뒤집어 씻는다.

대야

채집망으로 건져 올렸을 때는 연못물을 담은 대야 안에서 그물을 뒤집어서 씻는다.

연못의 물

대야의 물을 투명 유리병에 옮겨 담는다.

투명한 유리병

게 먹히는 먹이사슬을 이룹니다. 그래서 플랑크톤이 없으면 다른 생물이 살 수 없습니다. 플랑크톤을 관찰해 봅니다.

플랑크톤을 관찰하는 제1단계는 연못이나 늪에 가서 플랑크톤을 채집하고 스케치하는 일이며, 제2단계는 도감 등에서 이름을 조사하는 일입니다. 좀 더 깊이 들어가는 제3단계에서는 채집하는 장소를 바꾸어, 플랑크톤의 종류가 같은지 다른지를 확인해 봅니다.

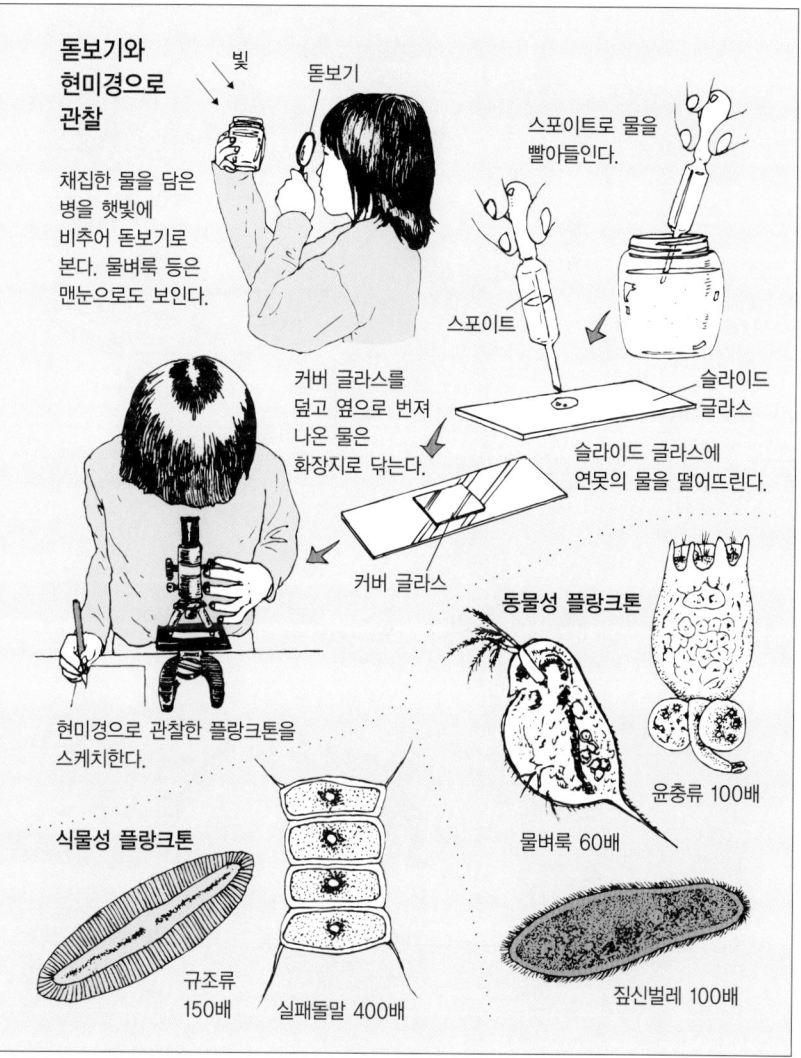

생물 종류로 강물의 깨끗한 정도를 알아본다

강에는 수서곤충, 조개, 지렁이, 거머리 등이 삽니다. 이 가운데는 오염된 물에 잘 견디는 생물이 있지만 조금만 더러워도 살지 못하는 것도 있습니다. 같은 강의 상류, 중류, 하류에서 사는 작은 생물을 채집해 봅니다. 상류로 갈수록 물이 깨끗하며 생물의 숫자와 종류가 많고, 하류로 갈수록 물이

물속의 생물을 채집하자

상류
강폭이 좁고
물살이 빠르며,
큰 바위나 돌이 있다.
숲이 우거지고
집은 거의 없다.

중류
물의 흐름이 느려지고
돌의 크기가 작아진다.
주위에 집이 눈에 띄고
논밭이 늘어난다.

하류
강폭이 넓어지고
강변에 자갈이 많아진다.
주위에 숲은 없고
집이 많다.

그물이나 소쿠리를 한 손에 잡고, 돌을 들어 올려서
돌 바닥을 긁는다. 또 그물로 자갈이나 흙을 건져 올려
흐르는 물 안에서 거른다.

채집한 곤충은 넓적한
접시나 사육 상자
등에 넣고 종류를
확인한다.

더러워져서 생물의 수가 줄어들고 물벌레나 거머리 등이 늘어납니다. 집이나 공장 등에서 나오는 하수의 영향을 받기 때문이죠.

여러 곳의 강에서 생물을 채집하여 그 강이 얼마나 깨끗한지 판정해 봅니다. 낙엽이 쌓여서 지저분해 보이는 곳도 강도래나 잠자리의 애벌레가 있으면, 그곳은 깨끗한 곳임을 알 수 있습니다. 강 주위에 있는 산의 모습이나 사람 사는 집이 있는지 없는지 등도 기록해 둡니다.

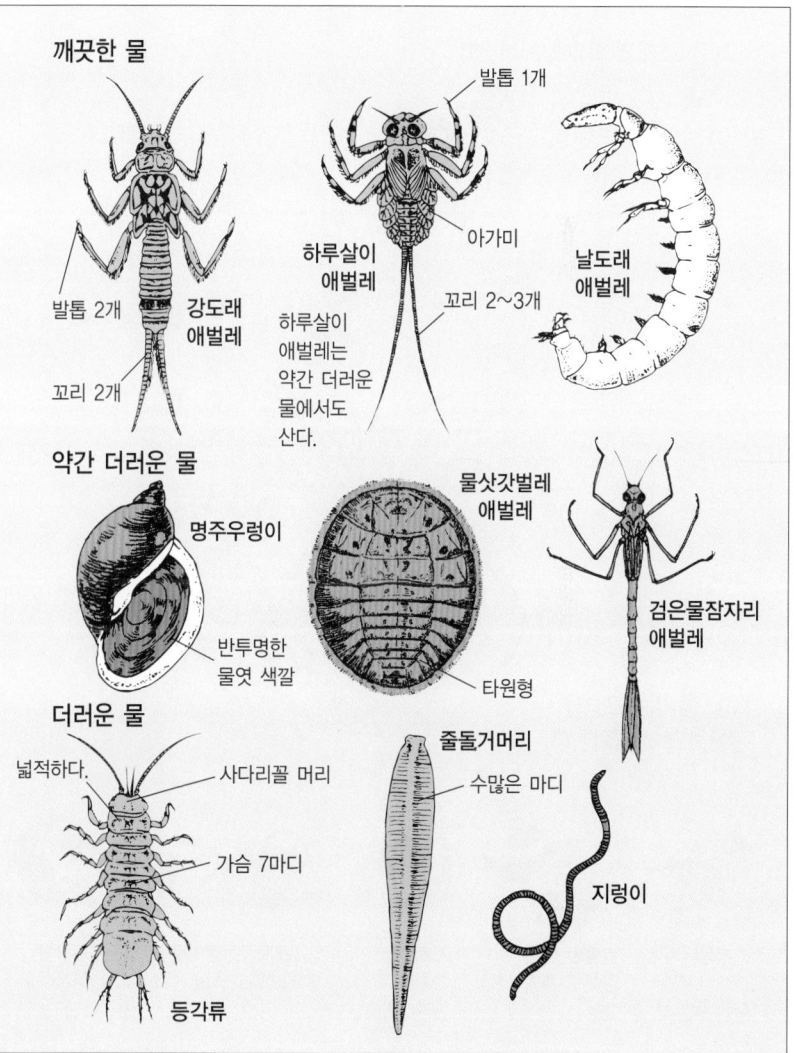

집게가 집을 옮기는 모습을 관찰한다

집게는 물가의 바위 많은 곳이나 바닷가 바위 웅덩이에 있습니다. 움직임이 느리고, 금방 조개 속에 숨기 때문에 잡기 쉽습니다. 집게를 잡아서 집(조개껍데기)을 교환하는 모습을 관찰하고 실험해 봅니다.
집게를 조개껍데기에서 꺼내어 관찰하고 스케치해 봅니다. 배 부분을 보면,

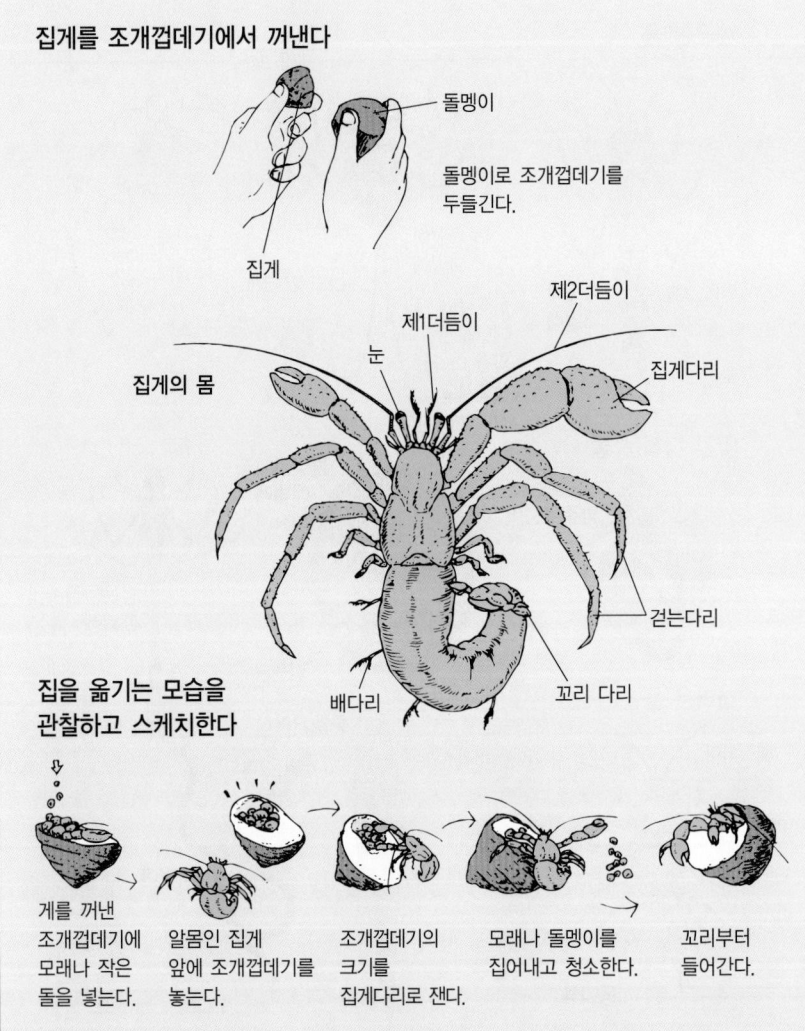

집게가 왜 독립적으로 살지 않고 조개껍데기 속에 들어가 사는지 짐작할 수 있습니다.

집게를 꺼낸 조개껍데기 속을 작은 돌이나 흙으로 채운 뒤, 어떻게 행동하는지 관찰해 봅니다. 스케치하고 사진도 찍습니다. 여러 종류의 조개껍데기를 준비하고, 어떤 껍데기를 좋아하는지 실험해서 결과를 정리해 보면 재미있습니다.

어떤 모양을 좋아할까?

길쭉한 모양, 고둥 모양, 넓적한 모양, 둥근 모양 등 다양한 모양의 조개껍데기를 준비한다. 조개껍데기의 위치를 바꾸면서 여러 번 시험하고 어떤 모양의 조개껍데기를 좋아하는지 살펴본다.

여러 모양의 조개껍데기를 놓아둔다.

조개껍데기를 변형시킨다

같은 모양과 크기의 조개껍데기를 4개 준비하고 줄칼이나 본드로 변형시킨 후, 집게를 놓아준다. 조개껍데기의 위치를 바꾸면서 몇 번 시험해서, 어느 곳에 들어가는지 알아본다.

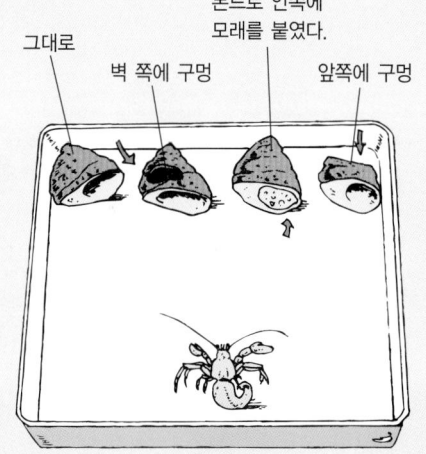

그대로 / 벽 쪽에 구멍 / 본드로 안쪽에 모래를 붙였다. / 앞쪽에 구멍

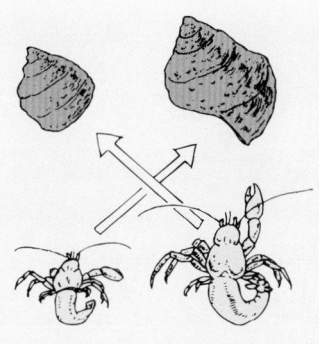

이런 것도 한번 시험해 보자

큰 집게와 작은 집게를 찾아서 서로 조개껍데기를 바꾸고 넓적한 접시에 두 마리를 놓아준다. 두 마리가 어떤 행동을 하는지, 관찰하고 스케치해 보자.

총알고둥과 밀물, 썰물

총알고둥은 껍데기의 높이가 1.5cm 정도의 작은 고둥으로 해변에서 흔히 볼 수 있으며 '경단고둥'으로도 불립니다. 총알고둥은 바닷가 바위에 착 달라붙어 생활합니다. 그러나 바닷물에 잠기는 것은 알을 낳을 때 뿐이며, 보통 때는 해수면보다 약간 높은 곳에 있습니다. 총알고둥을 10마리 정도 채

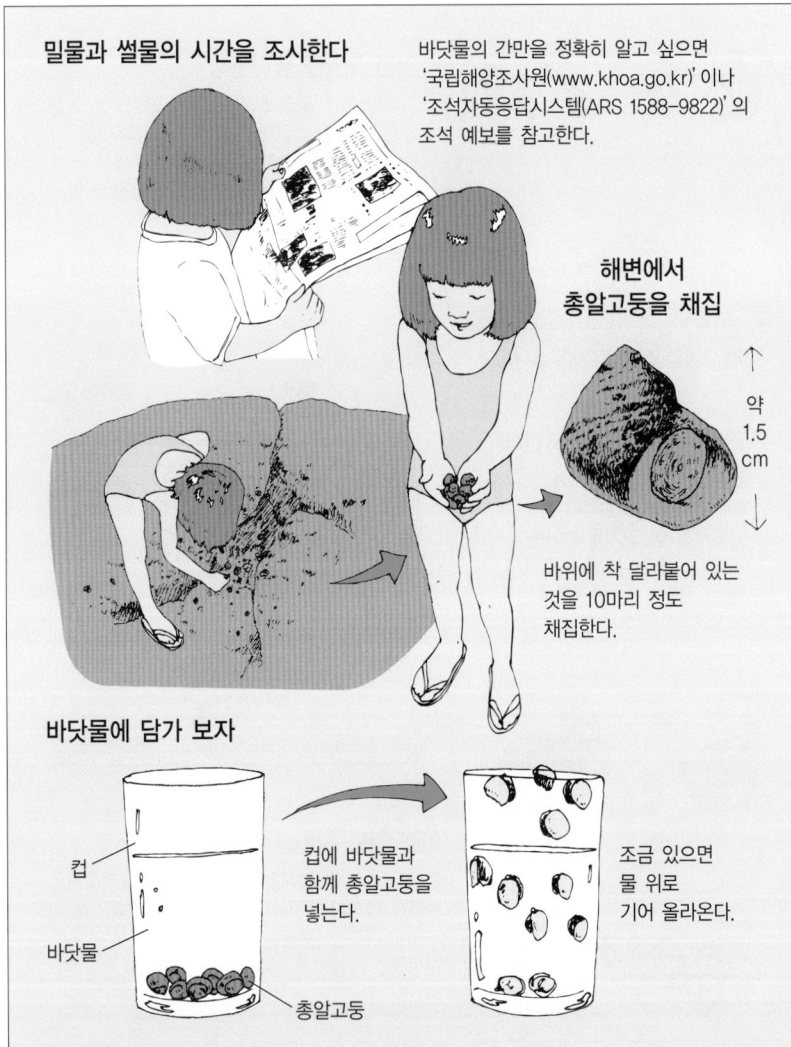

집하여 바닷물과 함께 컵에 담가 두면, 잠시 후 물에서 나와 컵 위로 기어 올라옵니다. 밀물과 썰물의 차가 가장 큰 때인 음력 초하루 또는 보름이 한 이틀 지난 뒤에 바위가 있는 해변에 가 봅니다. 바다에서는 달의 인력 변화로 하루에 두 번, 밀물과 썰물이 되풀이됩니다. 항상 그 자리에 붙어 있을 것 같은 고둥 종류도 조수의 밀물과 썰물에 맞춰 위치를 이동하며 생활하고 있습니다. 그 모습을 사진으로 찍고 정리하여 완성시켜 봅니다.

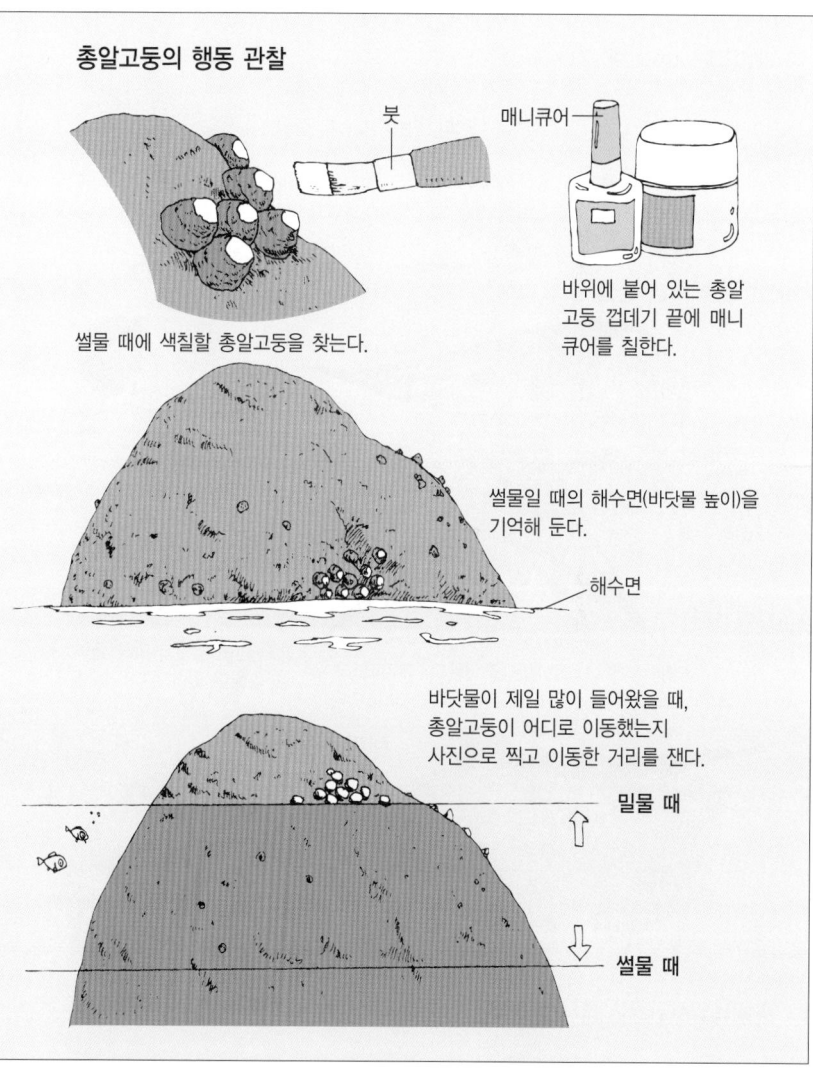

총알고둥의 행동 관찰

붓

매니큐어

썰물 때에 색칠할 총알고둥을 찾는다.

바위에 붙어 있는 총알고둥 껍데기 끝에 매니큐어를 칠한다.

썰물일 때의 해수면(바닷물 높이)을 기억해 둔다.

해수면

바닷물이 제일 많이 들어왔을 때, 총알고둥이 어디로 이동했는지 사진으로 찍고 이동한 거리를 잰다.

밀물 때

썰물 때

제비 새끼를 관찰한다

제비는 따뜻한 동남아시아에서 겨울을 보내고, 몇천 km의 여행을 해서 봄이면 우리나라로 찾아옵니다. 새끼를 낳고 기르면서 농작물의 해충을 잡아먹어서 사람들은 예로부터 제비를 좋은 새로 생각했습니다. 제비도 천적인 뱀 등이 인간을 두려워하여 가까이 오지 않는 것을 알기 때문에, 사람이 사는

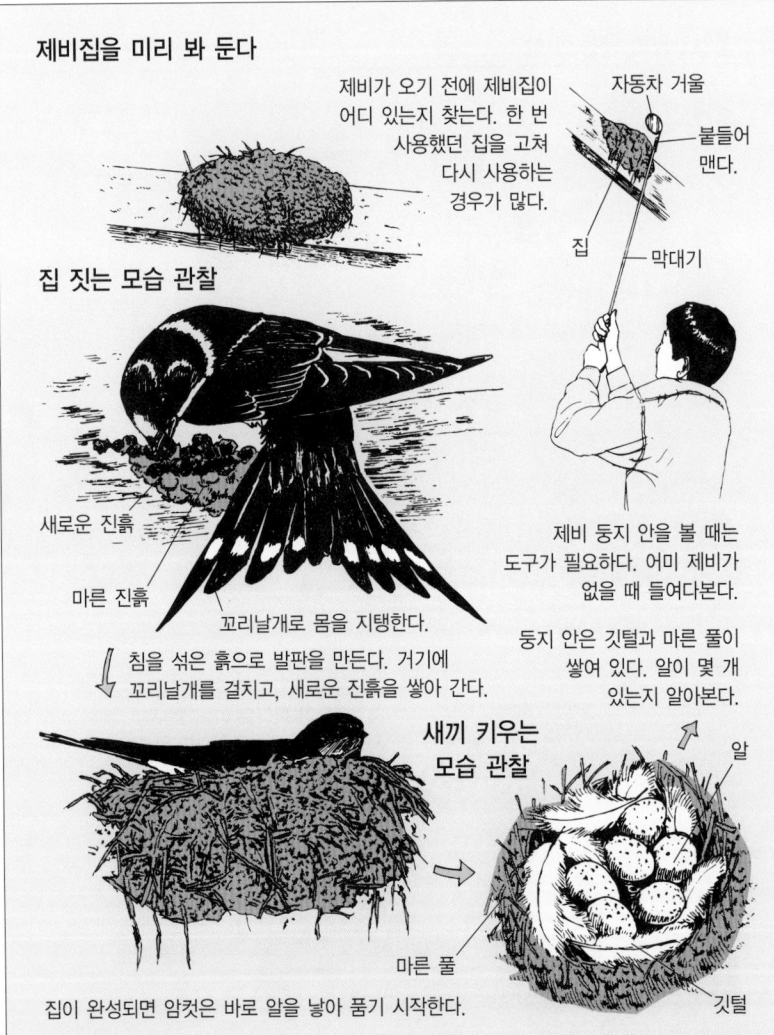

제비집을 미리 봐 둔다

제비가 오기 전에 제비집이 어디 있는지 찾는다. 한 번 사용했던 집을 고쳐 다시 사용하는 경우가 많다.

자동차 거울 / 붙들어 맨다. / 집 / 막대기

집 짓는 모습 관찰

새로운 진흙
마른 진흙
꼬리날개로 몸을 지탱한다.
침을 섞은 흙으로 발판을 만든다. 거기에 꼬리날개를 걸치고, 새로운 진흙을 쌓아 간다.

제비 둥지 안을 볼 때는 도구가 필요하다. 어미 제비가 없을 때 들여다본다.

둥지 안은 깃털과 마른 풀이 쌓여 있다. 알이 몇 개 있는지 알아본다.

새끼 키우는 모습 관찰

알 / 마른 풀 / 깃털

집이 완성되면 암컷은 바로 알을 낳아 품기 시작한다.

집의 처마에 집을 짓습니다. 제비가 새끼를 키우는 모습을 관찰해 봅니다. 제비는 사용했던 집을 고쳐 다시 사용하는 경우가 많아서 제비집이 어디 있는지 미리 봐 두면 좋습니다. 제비가 집짓기를 끝내고 알을 낳아 기르기 시작하면 집 짓는 과정과 새끼가 자라는 모습을 스케치해 보고, 어미는 어떤 먹이를 하루에 몇 번 가져다주는지 그래프로 그려 봅니다. 제비를 놀라게 하면 둥지를 버리고 떠나기도 하므로 둥지 안을 들여다볼 때는 조심해야 합니다.

청개구리 몸 색깔의 변화를 관찰한다

청개구리가 풀 위에 앉아 있을 때는 몸은 녹색을 띠지만, 흙이나 마른 잎 위에 있을 때는 몸 색깔이 변하여 반점이 있는 회색이 됩니다. 이렇게 청개구리가 몸 색깔을 바꿀 수 있는 것은 체세포에 포함되어 있는 색소를 이동시킬 수 있기 때문입니다.

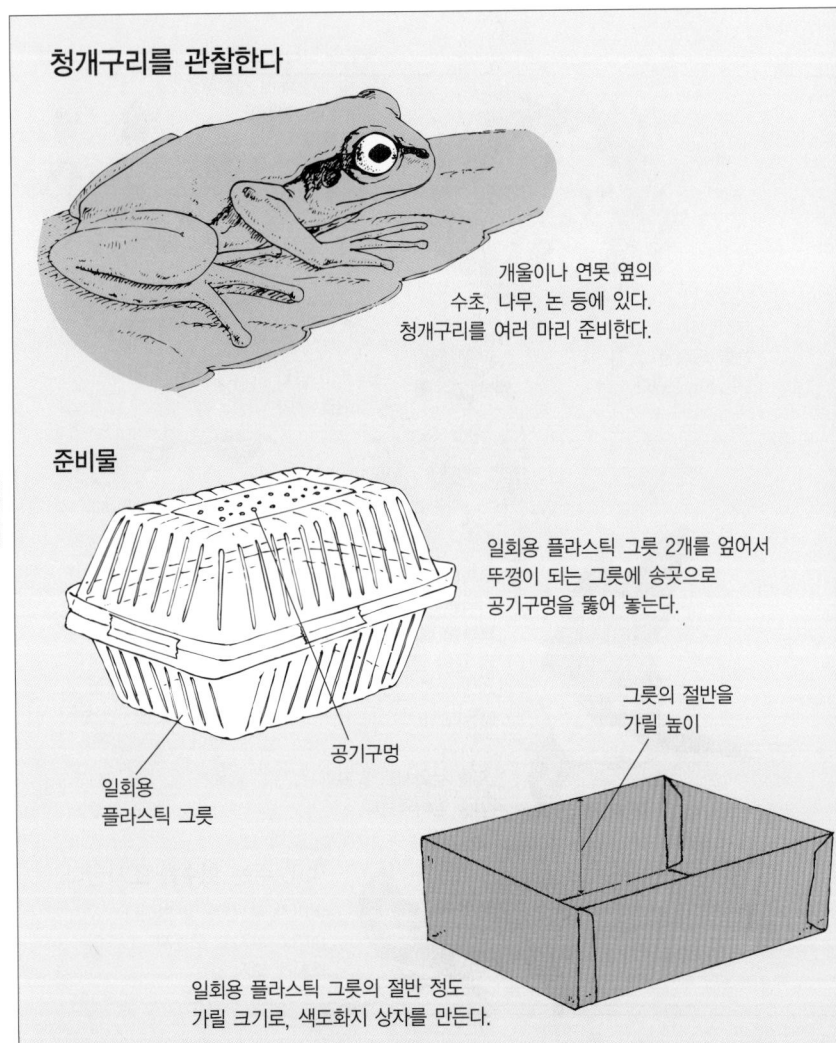

청개구리를 관찰한다

개울이나 연못 옆의 수초, 나무, 논 등에 있다. 청개구리를 여러 마리 준비한다.

준비물

일회용 플라스틱 그릇 2개를 엎어서 뚜껑이 되는 그릇에 송곳으로 공기구멍을 뚫어 놓는다.

일회용 플라스틱 그릇

공기구멍

그릇의 절반을 가릴 높이

일회용 플라스틱 그릇의 절반 정도 가릴 크기로, 색도화지 상자를 만든다.

청개구리를 잡아서 색깔 있는 상자에 넣고 시간이 지나면서 몸 색깔이 어떻게 변하는지, 어느 부분부터 변하기 시작하는지를 조사해 봅니다. 또 여러 가지 색깔의 상자를 미리 준비해서 최종적으로 어떤 색으로 변하는지 대조해 보는 것도 좋습니다.

개구리는 보통 살아 있는 것만 먹기 때문에 집에서는 기르기가 어렵습니다. 실험에 사용했던 청개구리는 원래 있던 곳에 놓아줍니다.

색깔 변화를 기록한다

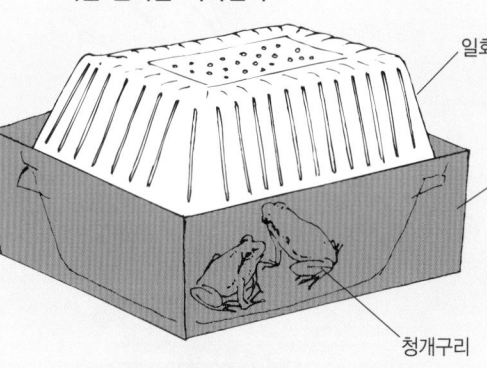

청개구리를 플라스틱 그릇에 넣고 셀로판테이프로 뚜껑을 붙인다. 그릇을 파란색, 검은색, 갈색 등의 상자에 넣고 몸 색깔이 변하는 모습을 10분마다 사진으로 찍어 기록한다.

파란색 상자	
10	
20	부분적으로 변화
30	확실하게 변화
40	〃
50	거무스름 해진다.
60 (분)	〃

어디부터 변하는지 조사한다

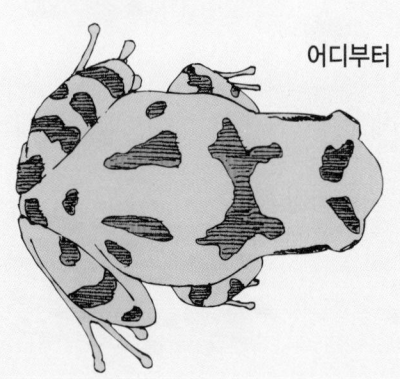

몸의 어느 부분부터 어떻게 변화해 가는지 자세하게 기록한다.

보호색의 효과를 실감해 보자

생물의 세계는 먹고 먹히는 먹이사슬 관계로 되어 있습니다. 자기 몸을 지킬 수 있는 무기를 따로 지니고 있지 않은 생물은 그 대신 적에게 발견되지 않도록 하는 자기 보호 기능이 발달했습니다. 마른 나뭇가지나 풀숲에서 깜짝 놀라서 튀어나오는 생물을 보면 대벌레이거나 메뚜기일 때가 많습니다.

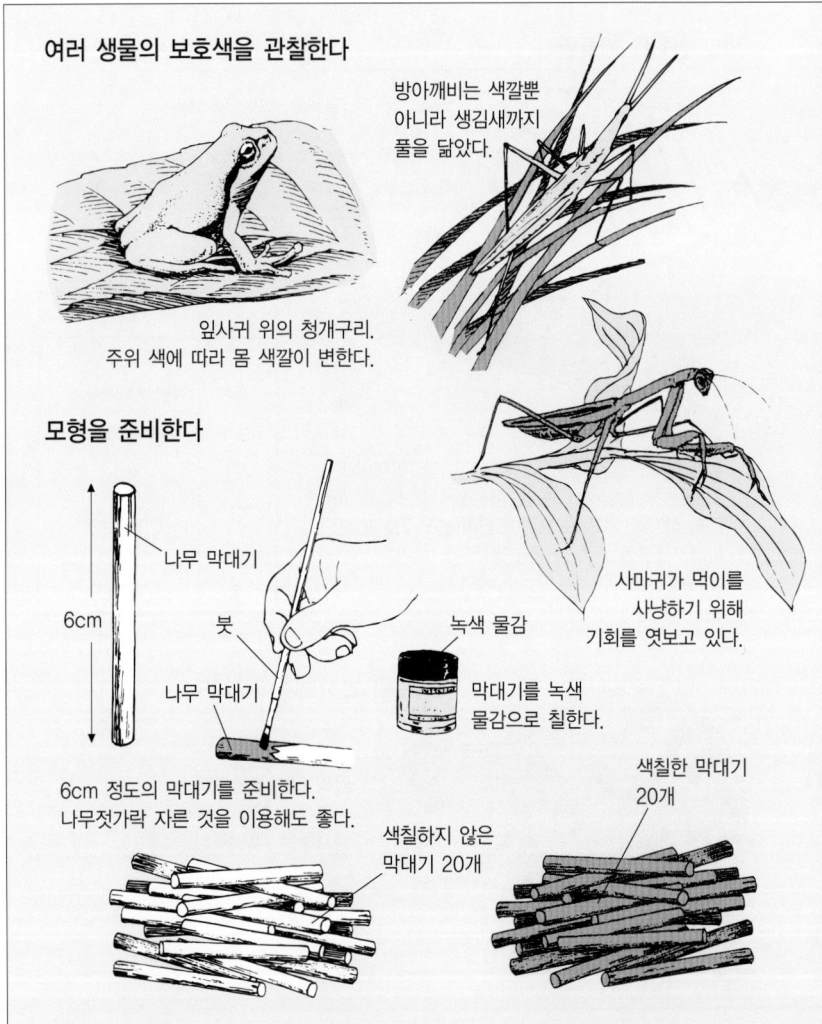

여러 생물의 보호색을 관찰한다

방아깨비는 색깔뿐 아니라 생김새까지 풀을 닮았다.

잎사귀 위의 청개구리. 주위 색에 따라 몸 색깔이 변한다.

사마귀가 먹이를 사냥하기 위해 기회를 엿보고 있다.

모형을 준비한다

6cm

나무 막대기

붓

나무 막대기

녹색 물감

막대기를 녹색 물감으로 칠한다.

6cm 정도의 막대기를 준비한다. 나무젓가락 자른 것을 이용해도 좋다.

색칠하지 않은 막대기 20개

색칠한 막대기 20개

이처럼 주위의 환경과 몸의 모습을 비슷하게 하는 것은 '의태'라고 하고, 몸 색깔이 주위 환경과 같은 것은 '보호색'이라고 합니다. 방아깨비는 의태와 보호색을 동시에 하고 있는 생물입니다. 의태와 보호색은 적에게서 몸을 숨길 때 좋을 뿐만 아니라 먹이를 사냥하면서 자기 위치를 감추는 데도 이용됩니다. 두 사람이 한 조가 되어 보호색을 이용하는 생물을 관찰해 보고, 보호색이 어떤 효과가 있는지 실험한 뒤 결과를 그래프로 그려 봅니다.

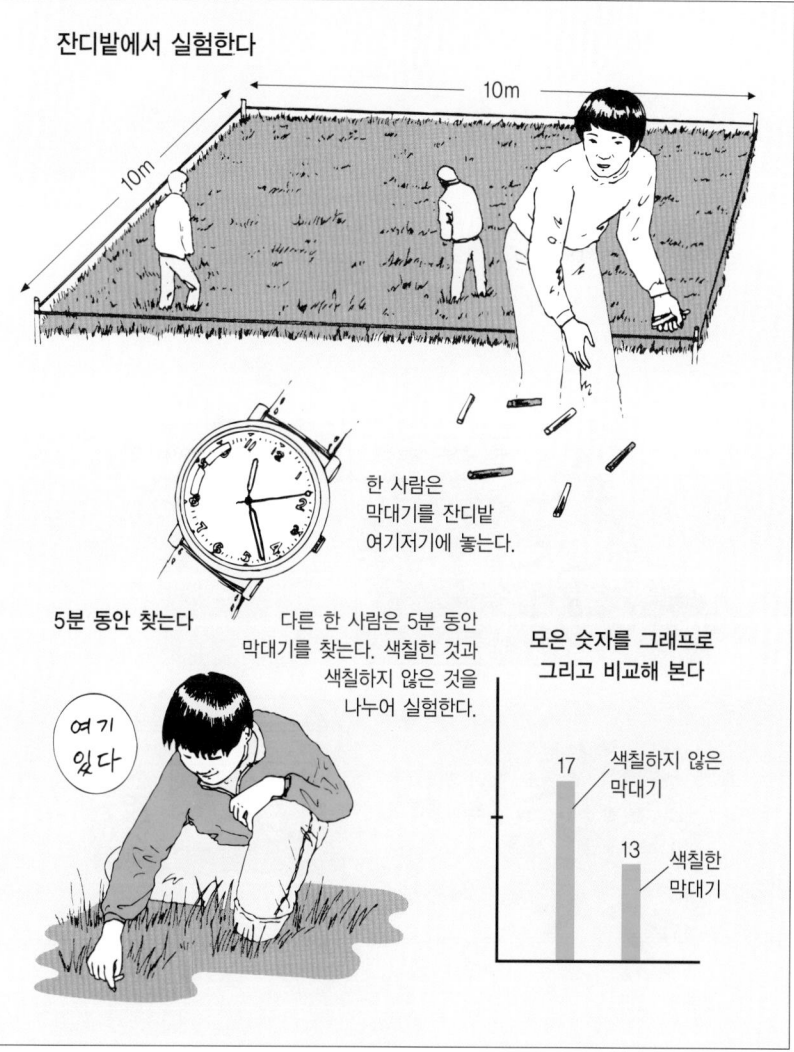

송사리의 성장을 연구한다

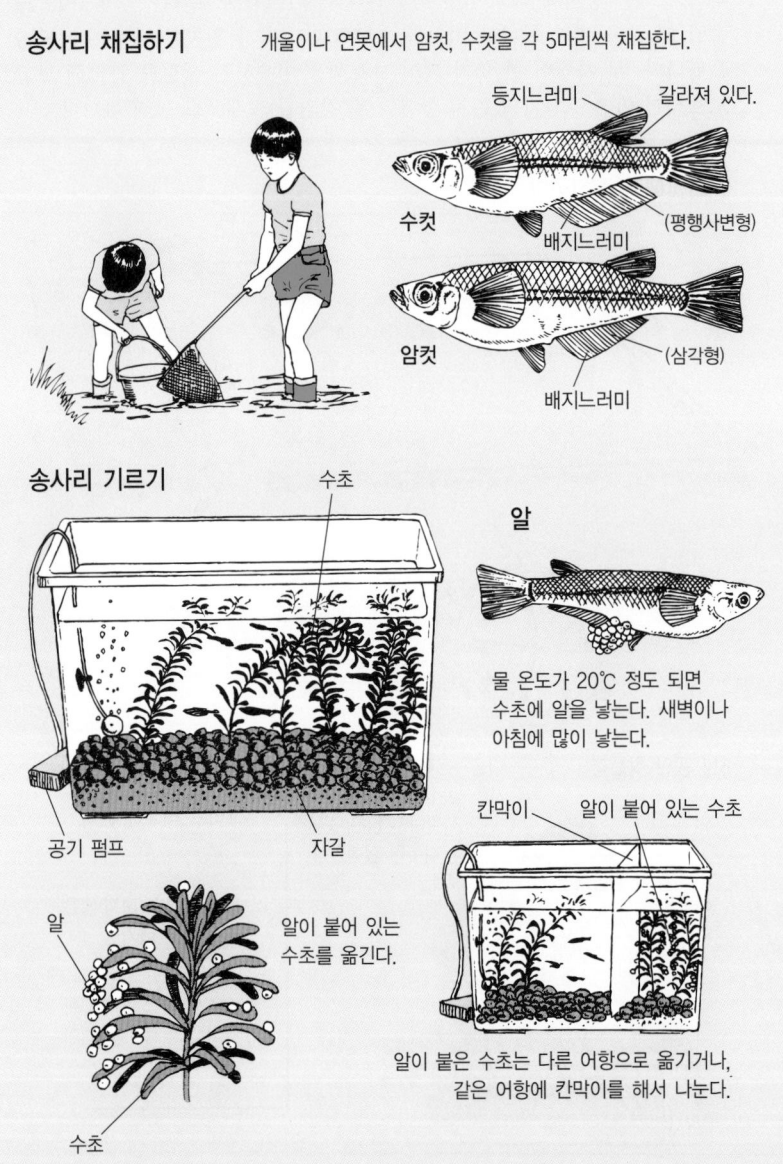

송사리 채집하기 — 개울이나 연못에서 암컷, 수컷을 각 5마리씩 채집한다.

수컷: 등지느러미 (갈라져 있다.), 배지느러미 (평행사변형)
암컷: 배지느러미 (삼각형)

송사리 기르기 — 수초, 공기 펌프, 자갈

알 — 물 온도가 20℃ 정도 되면 수초에 알을 낳는다. 새벽이나 아침에 많이 낳는다.

알이 붙어 있는 수초를 옮긴다.

알이 붙은 수초는 다른 어항으로 옮기거나, 같은 어항에 칸막이를 해서 나눈다.

송사리는 쉽게 죽지 않아서 기르기 쉽습니다. 알 낳을 때부터 부화할 때까지 성장 과정을 자세히 관찰하고, 기록해 봅니다(송사리 기르는 방법은 62쪽).

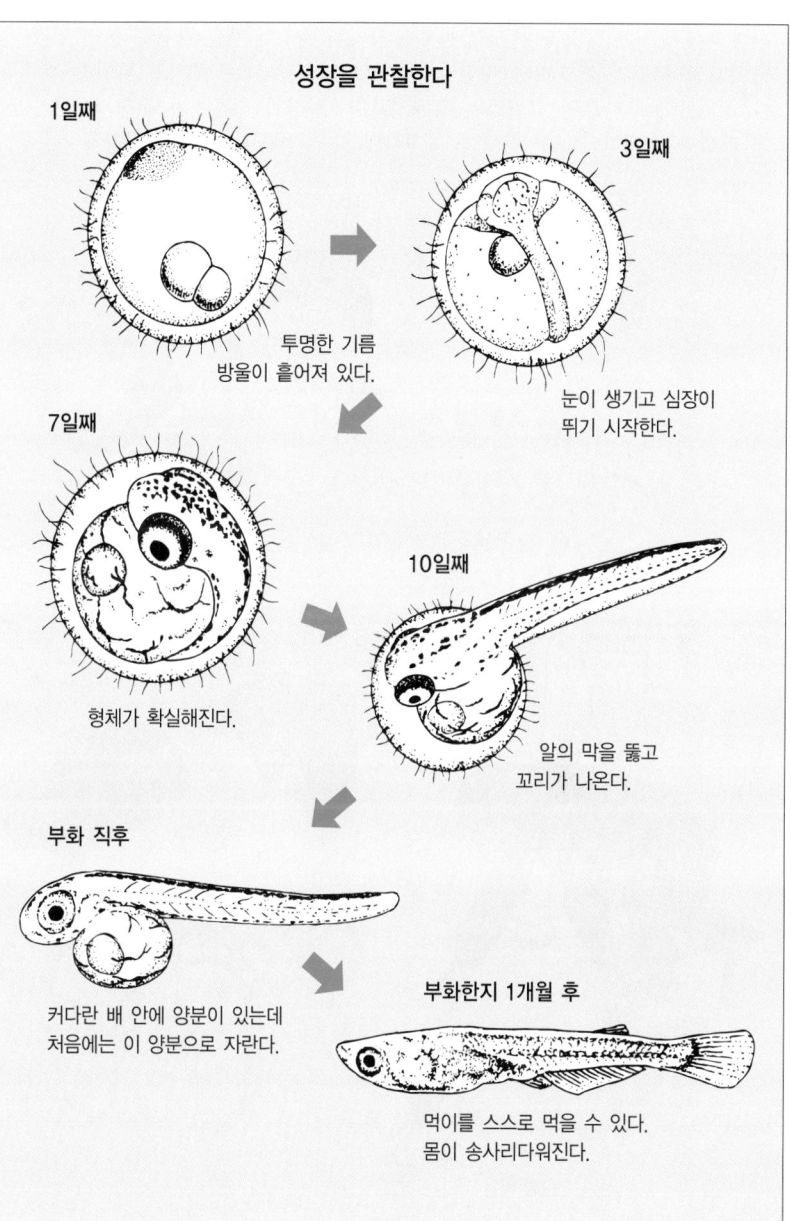

사람과 침팬지

사람과 침팬지는 닮았습니다. 침팬지는 사람과 가장 가까운 동물로 어떤 연구에서는 사람과 침팬지의 유전자가 1~2%만 다르다는 결과도 나왔습니다. 이 결과에 따르면 고릴라와 침팬지보다, 사람과 침팬지가 유전적으로 더 가깝다는 얘기입니다. 사람과 침팬지의 같은 점과 다른 점을 관찰해 봅

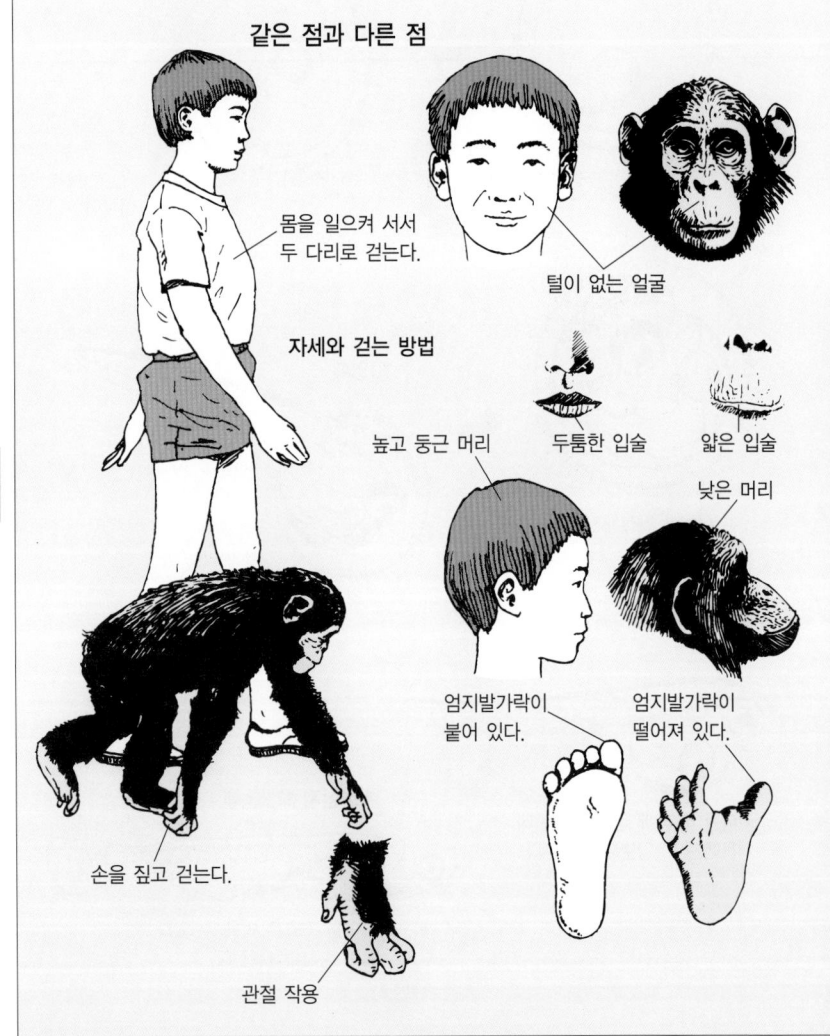

니다. 같은 조상에서 갈라진 것은 약 500만 년 전인데 침팬지는 숲에 남고, 인간의 조상은 넓게 펼쳐진 초원으로 걸어 나왔습니다. 이 500만 년이라는 시간이 차이를 만들었습니다. 동물원에 가서 침팬지를 관찰하면서 자신과 어떻게 다르며, 또 어디가 가장 비슷한지 비교해 보고 알게 된 것을 정리해 봅니다. 생활하는 방법이 다르다는 데 초점을 두고 관찰하는 것도 재미있습니다. 그림을 그리는 것이 어려우면 사진을 찍을 수도 있습니다.

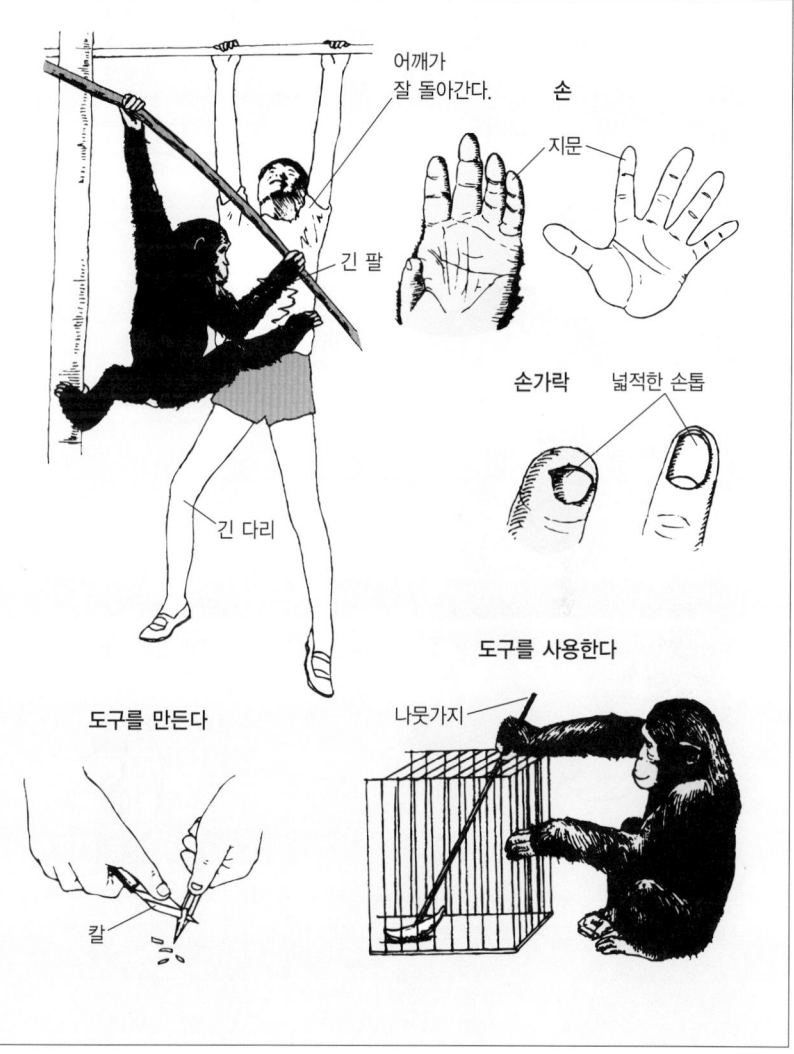

마이크로 세계를 스케치한다

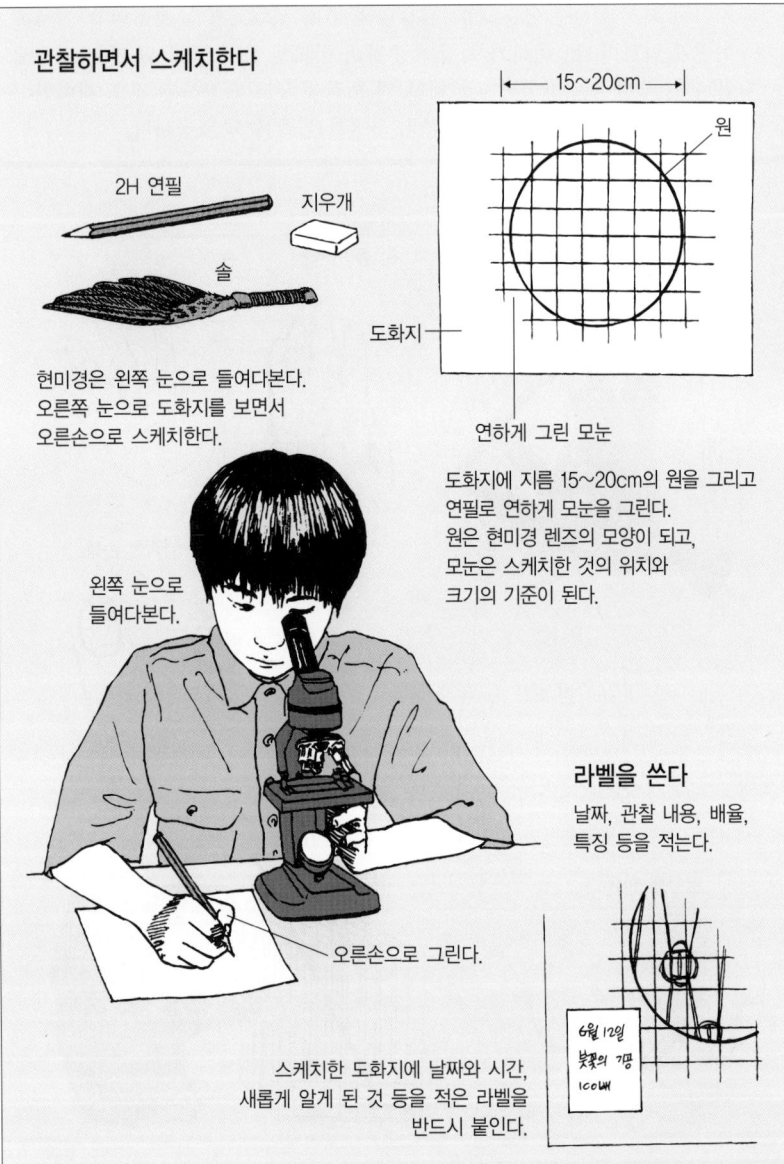

현미경으로 여러 가지를 관찰해 봅니다. 현미경으로 본 마이크로 세계를 스케치하고 정리하여 연구 결과로 완성시켜 봅니다.

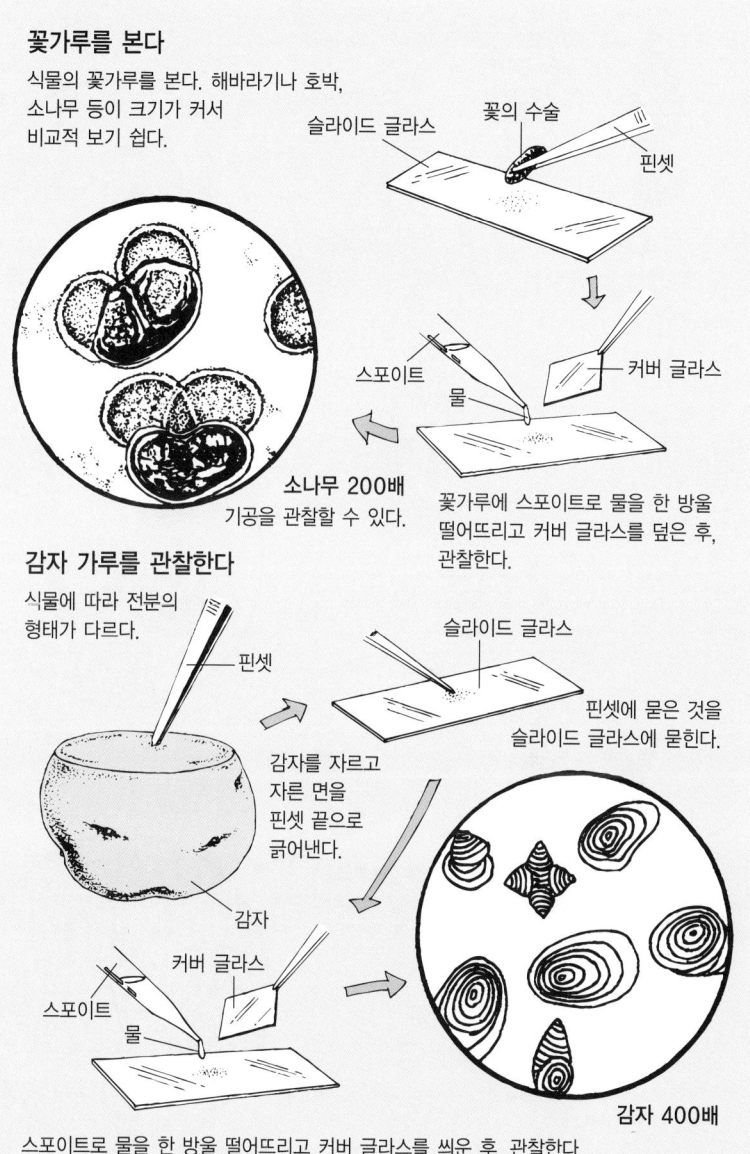

꽃가루를 본다

식물의 꽃가루를 본다. 해바라기나 호박, 소나무 등이 크기가 커서 비교적 보기 쉽다.

꽃가루에 스포이트로 물을 한 방울 떨어뜨리고 커버 글라스를 덮은 후, 관찰한다.

소나무 200배
기공을 관찰할 수 있다.

감자 가루를 관찰한다

식물에 따라 전분의 형태가 다르다.

감자를 자르고 자른 면을 핀셋 끝으로 긁어낸다.

핀셋에 묻은 것을 슬라이드 글라스에 묻힌다.

스포이트로 물을 한 방울 떨어뜨리고 커버 글라스를 씌운 후, 관찰한다.

감자 400배

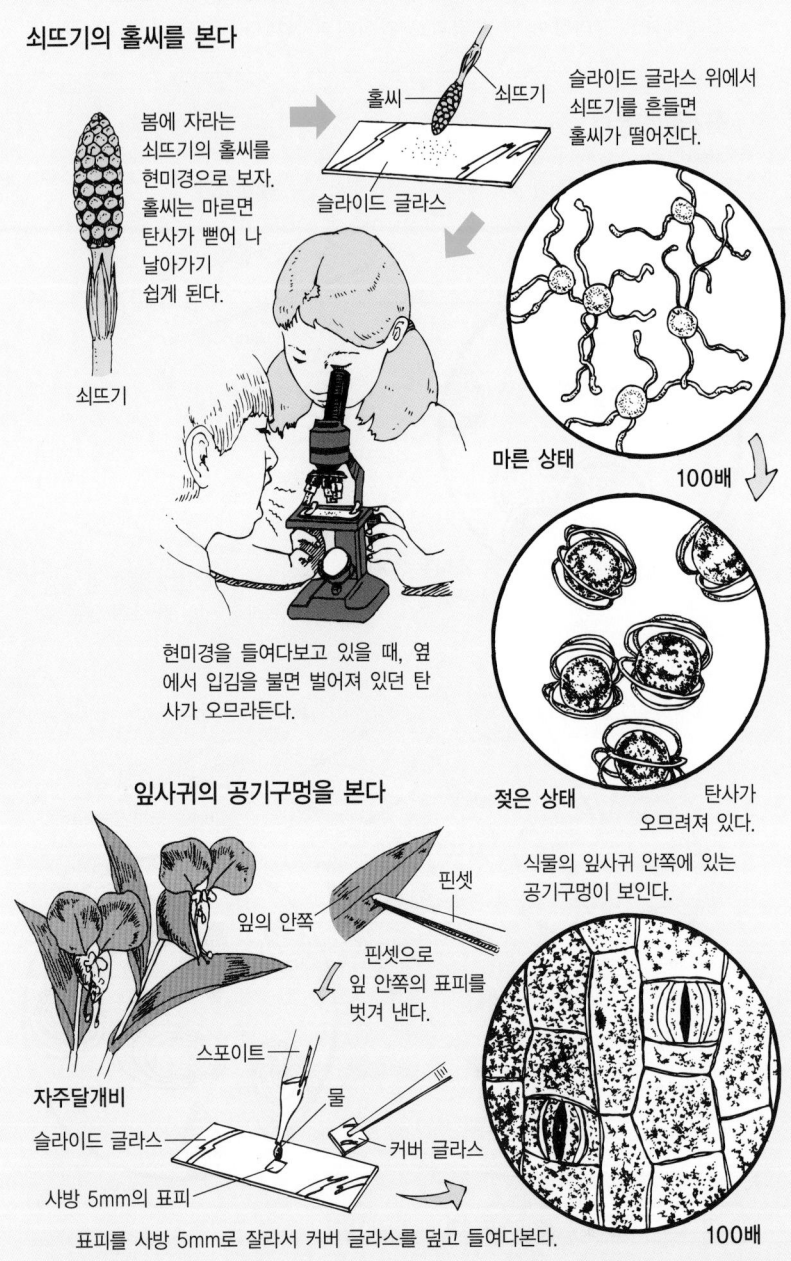

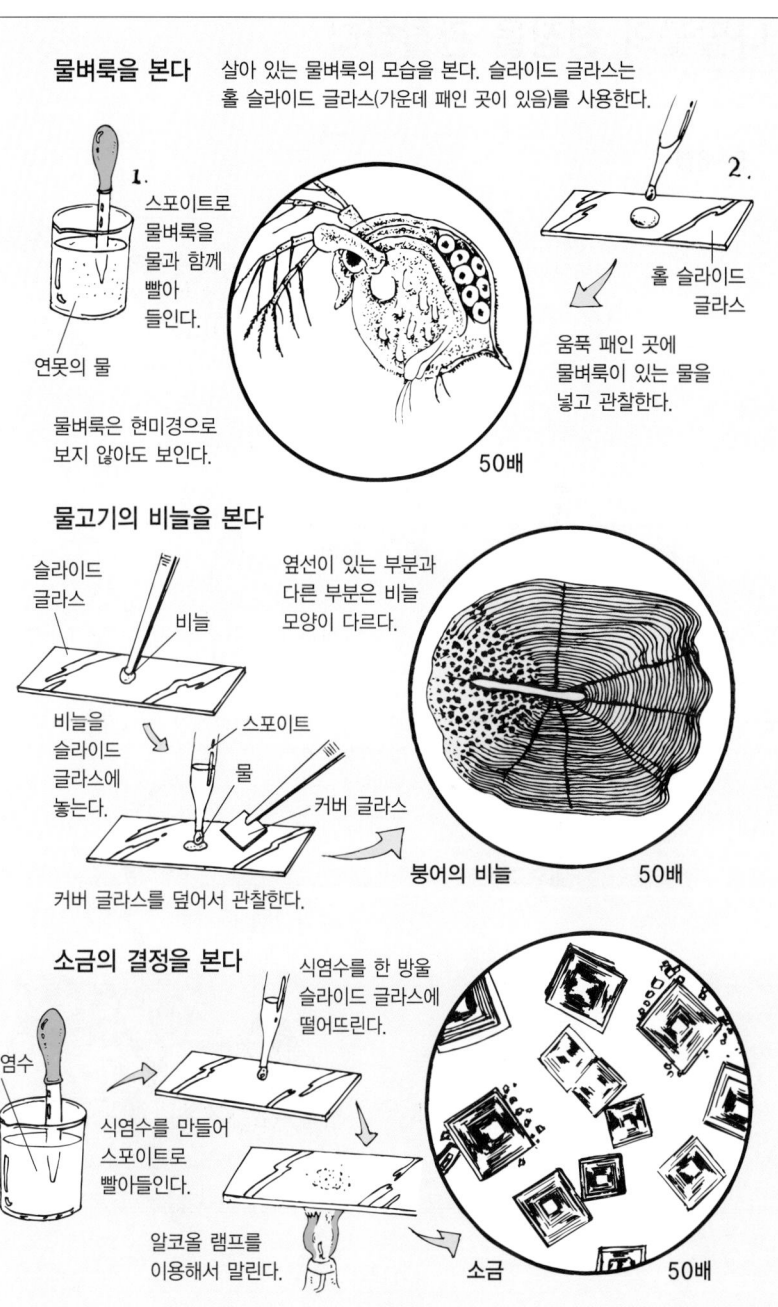

나팔꽃의 성장을 관찰한다

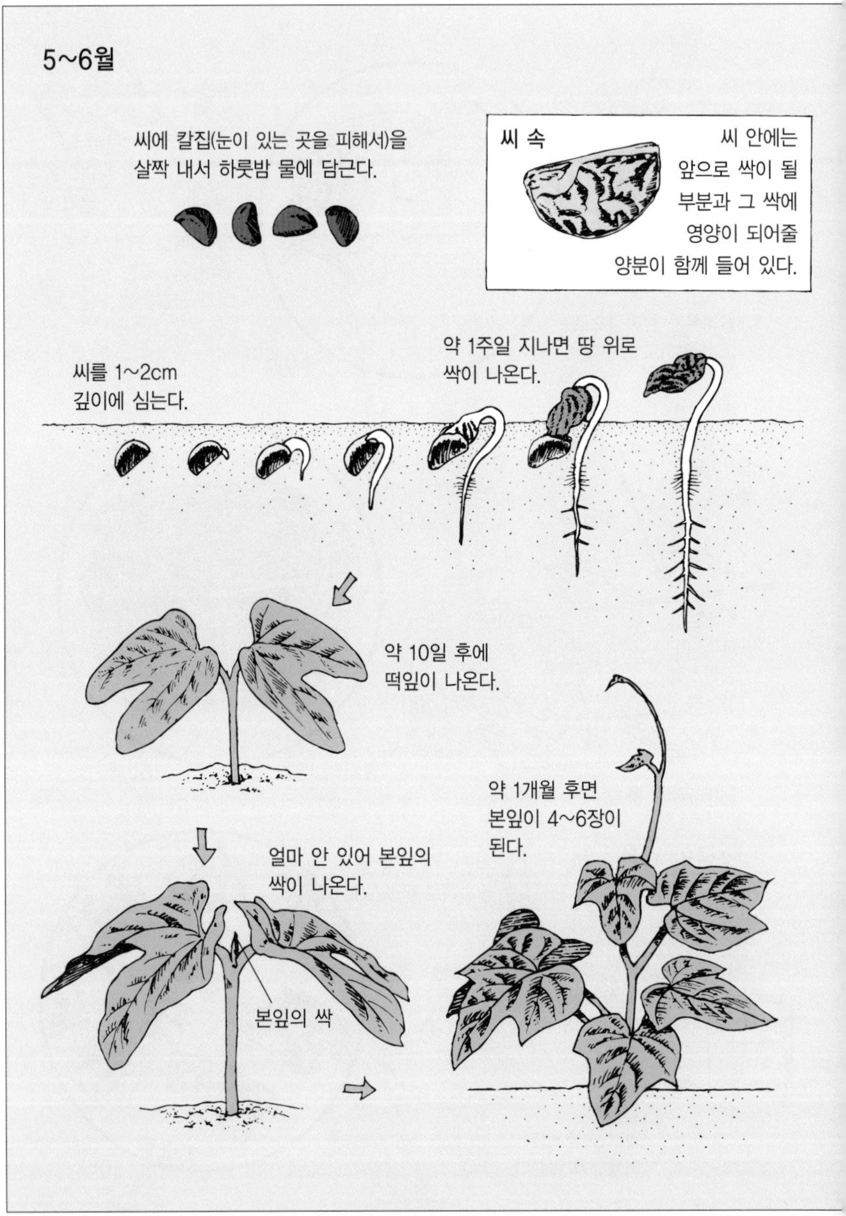

5~6월

씨에 칼집(눈이 있는 곳을 피해서)을 살짝 내서 하룻밤 물에 담근다.

씨 속
씨 안에는 앞으로 싹이 될 부분과 그 싹에 영양이 되어줄 양분이 함께 들어 있다.

씨를 1~2cm 깊이에 심는다.

약 1주일 지나면 땅 위로 싹이 나온다.

약 10일 후에 떡잎이 나온다.

얼마 안 있어 본잎의 싹이 나온다.

본잎의 싹

약 1개월 후면 본잎이 4~6장이 된다.

나팔꽃 씨를 심어 꽃이 피고 열매 맺기까지 그 성장 과정을 자세히 관찰하고 기록해 봅니다(나팔꽃 기르는 방법은 64쪽).

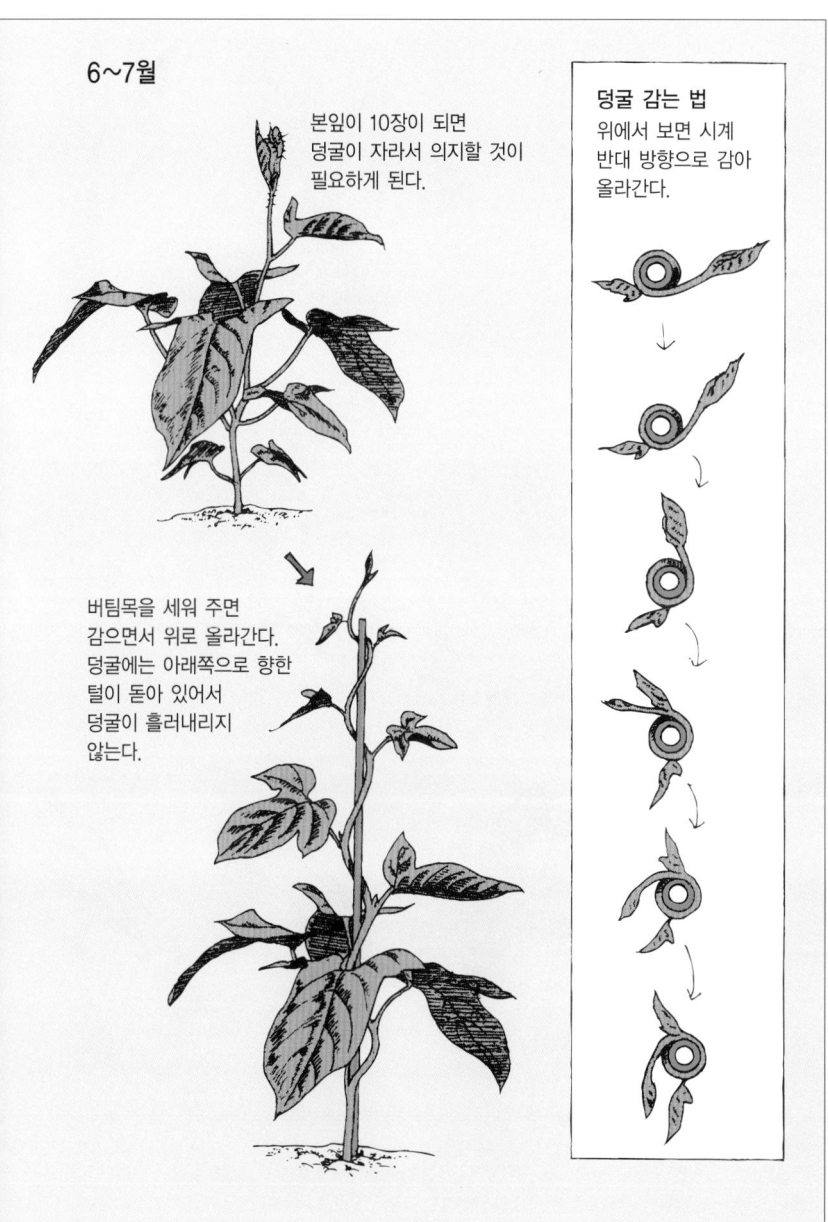

7~8월

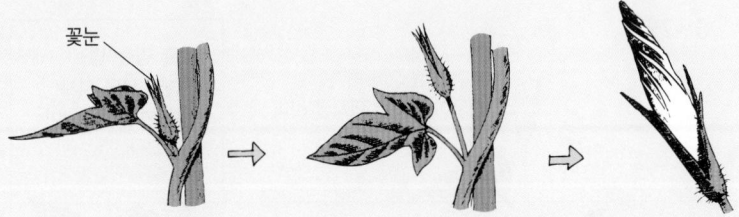

약 2개월 만에 잎이 붙어 있는 부분의 줄기에 꽃눈이 생긴다.

꽃눈이 볼록해진다.

이튿날 필 꽃봉오리다. 꽃봉오리는 시계 방향으로 감겨 있다.

꽃 피는 모습을 관찰한다. 자연 상태에서는 2시간 정도 걸리며, 새벽 3시경에 핀다.

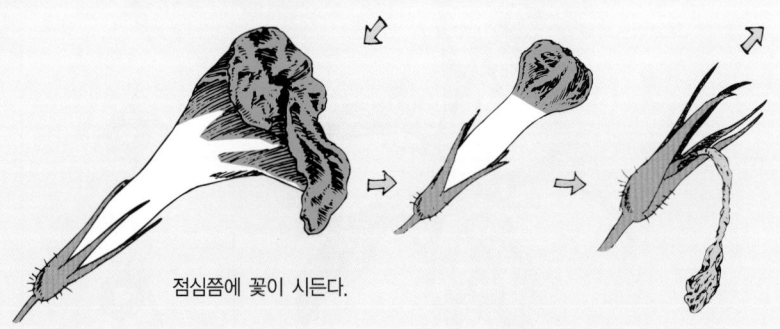

점심쯤에 꽃이 시든다.

8~10월

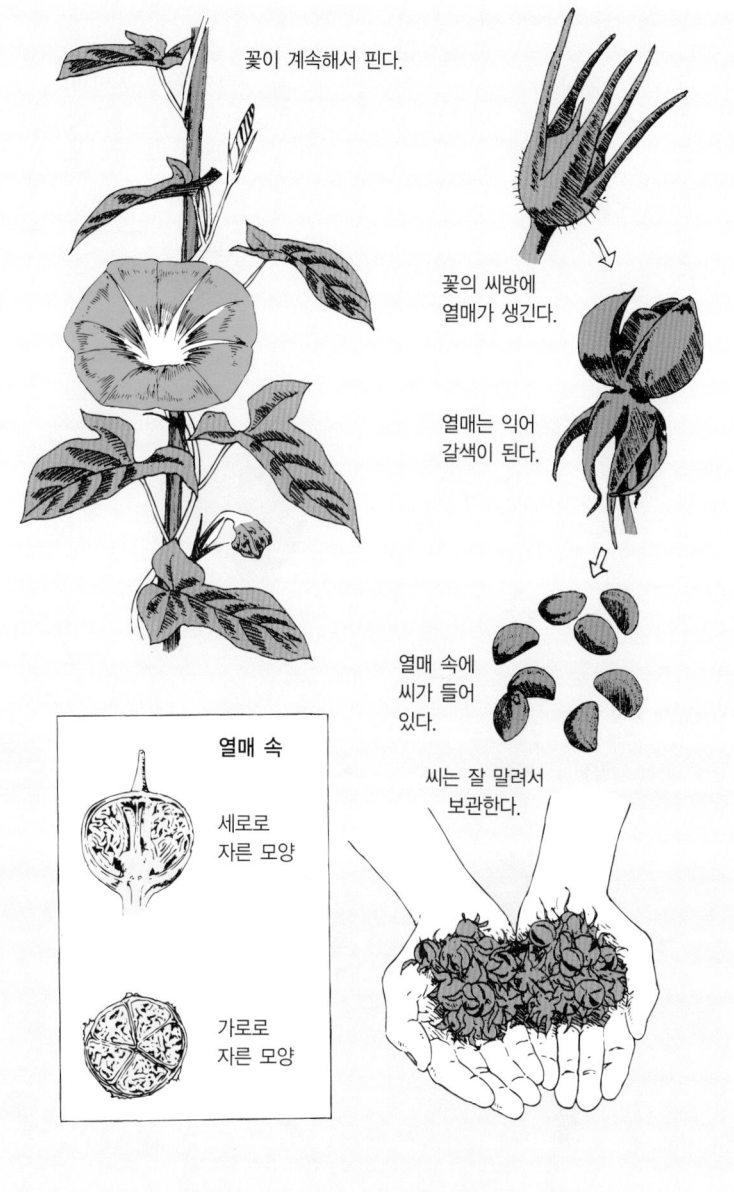

꽃이 계속해서 핀다.

꽃의 씨방에 열매가 생긴다.

열매는 익어 갈색이 된다.

열매 속에 씨가 들어 있다.

씨는 잘 말려서 보관한다.

열매 속

세로로 자른 모양

가로로 자른 모양

나팔꽃 줄기가 감기는 모습을 관찰한다

나팔꽃을 길러 본 적이 있나요?
아마 집에서 나팔꽃을 심어 길러본 사람이라고 해도 줄기가 어떻게 감겨 올라가는지를 따로 조사해 보거나 눈여겨 본 사람은 많지 않을 것입니다. 조금만 주의를 기울이면 어떻게 줄기가 감기는지 누구나 관찰할 수 있습니다.

줄기가 뻗어 나는 움직임을 관찰해 봅니다.
나팔꽃 줄기는 어느 방향으로 감기는지, 버팀목이 어느 정도 멀리 떨어지면 줄기를 감지 못하는지, 또 버팀목이 어느 정도 굵으면 감지 못하는지도 실험해 봅니다.
나팔꽃을 화분에 심고 30~40cm 정도 자라면 관찰하기 딱 좋습니다. 나팔꽃 화분은 되도록 많이 준비합니다(나팔꽃 기르는 방법은 64쪽).

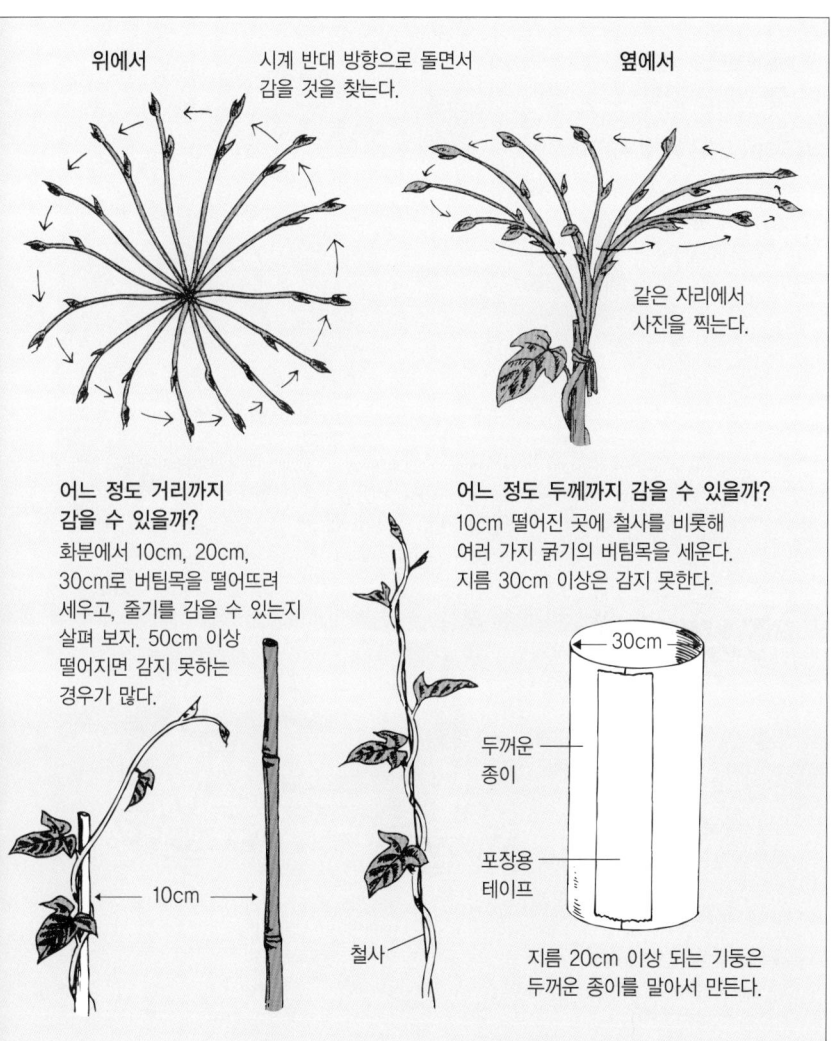

나팔꽃이 피는 모습을 관찰한다

나팔꽃이 피는 모습을 본 적 있나요? 나팔꽃은 이른 새벽에 피기 때문에 꽃 피는 모습을 제대로 관찰한 사람은 많지 않을 것입니다. 새벽 2시에 일어나서 나팔꽃이 언제 피는지 지켜봅니다. 나팔꽃은 날이 밝기 훨씬 전인 새벽 3~4시 즈음에 피기 시작합니다. 이것을 볼 때 아침 햇살을 느껴서 꽃잎을

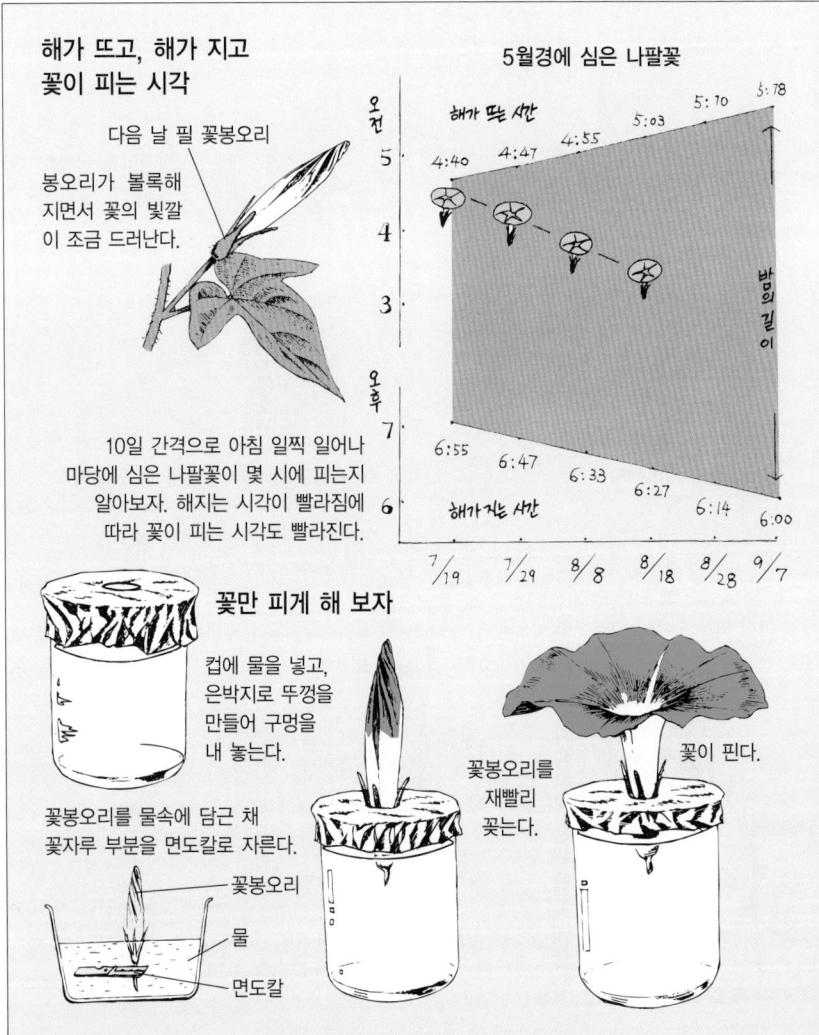

벌리는 것은 아닌 듯합니다. 나팔꽃은 밤의 길이를 느끼고 핍니다. 이러한 성질의 식물을 '단일 식물'이라고 합니다. 하지가 지나면 밤이 점점 길어집니다. 나팔꽃이 피는 것은 대개 7~9월로 따뜻할 때 꽃을 피우고 씨를 만들어 겨울을 납니다. 나팔꽃이 피는 시각을 알아봅니다. 어둠의 길이를 느끼므로 인공적으로 밤 길이를 바꿔 보면 꽃 피는 시각도 바뀔 것입니다. 화분째로 어둡게 하는 것이 어렵다면 꽃봉오리만 잘라서 실험할 수도 있습니다.

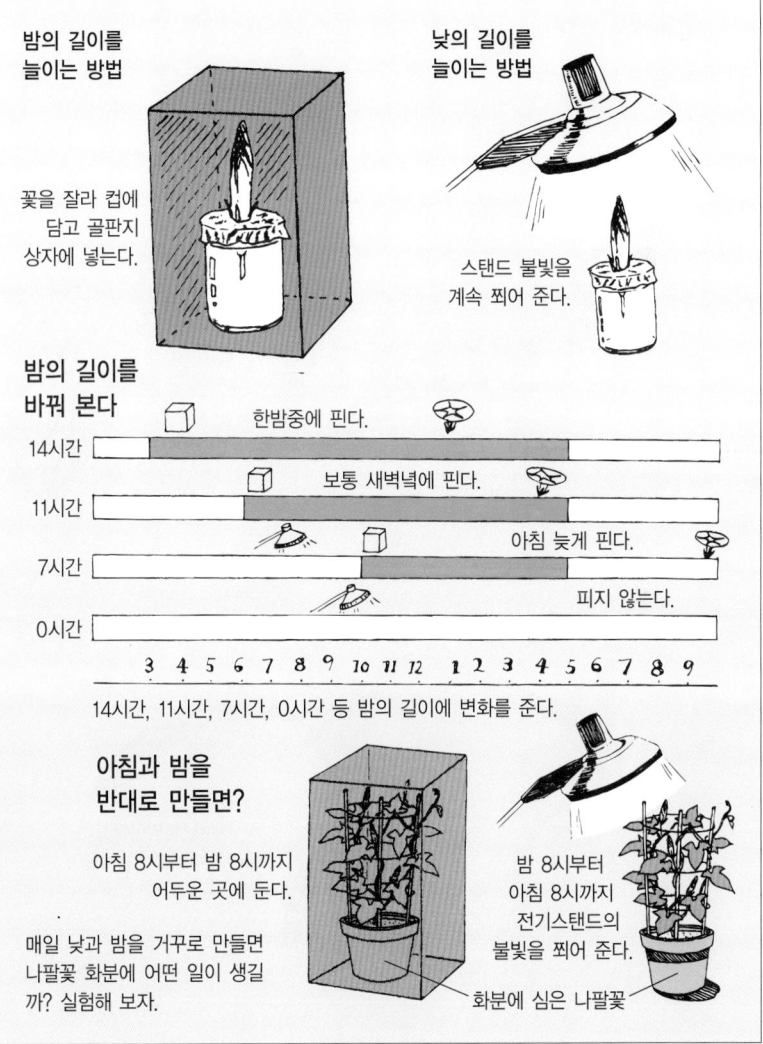

해바라기의 성장

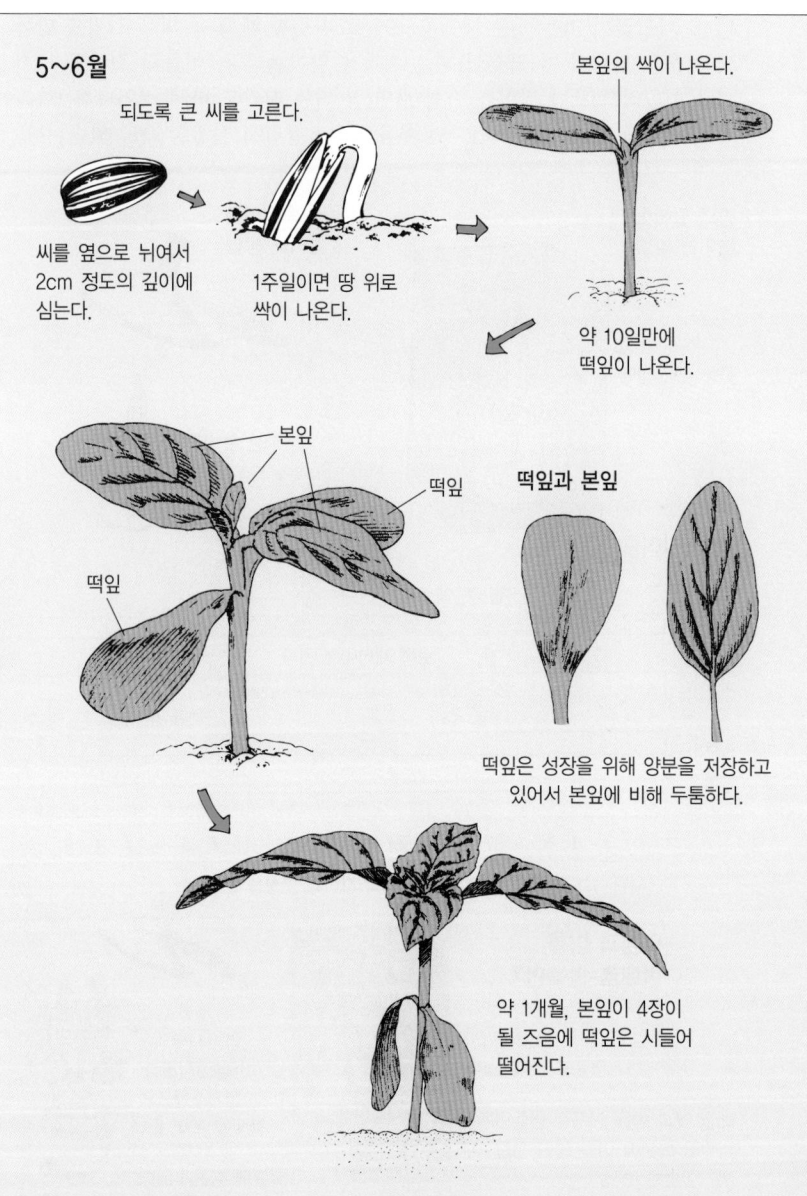

해바라기는 여름을 대표하는 꽃입니다. 씨가 자라 꽃이 피고 열매를 맺기까지, 그 성장 과정을 자세히 기록해 봅니다(해바라기 기르는 방법은 66쪽).

7~8월

약 2개월 반 정도 지나면 꽃봉오리가 크고 탐스러워진다.

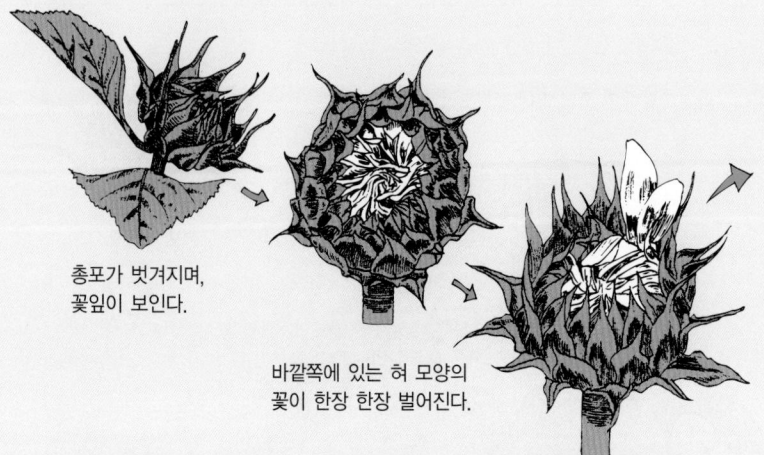

총포가 벗겨지며, 꽃잎이 보인다.

바깥쪽에 있는 혀 모양의 꽃이 한장 한장 벌어진다.

꽃의 단면도

해바라기는 많은 꽃이 모여서 하나를 이루고 있다. 꽃을 세로로 잘라 보면 두 종류의 꽃이 있는 것을 알 수 있다. 바깥쪽에 있는 꽃은 혀 모양의 꽃, 중심 쪽에 있는 꽃은 통 모양의 꽃이다.

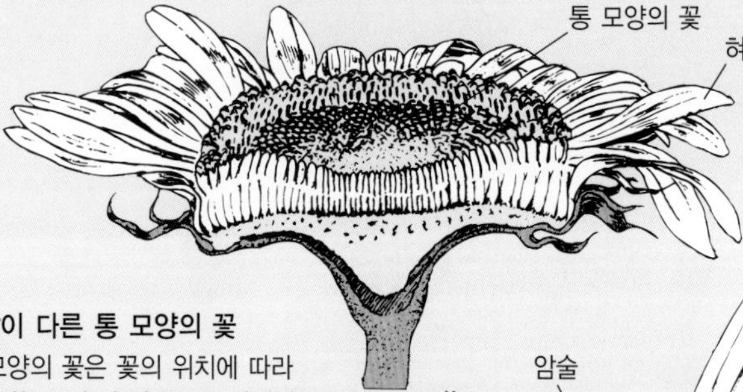

통 모양의 꽃
혀 모양의 꽃

성장이 다른 통 모양의 꽃

통 모양의 꽃은 꽃의 위치에 따라 성장하는 모습이 다르므로 자세히 관찰해 보자.

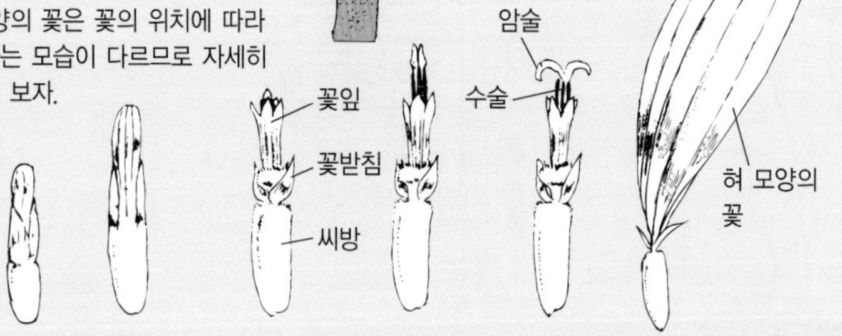

꽃잎
꽃받침
씨방
암술
수술
혀 모양의 꽃

← 중심 쪽   **성장이 다른 통 모양의 꽃**   바깥쪽 →

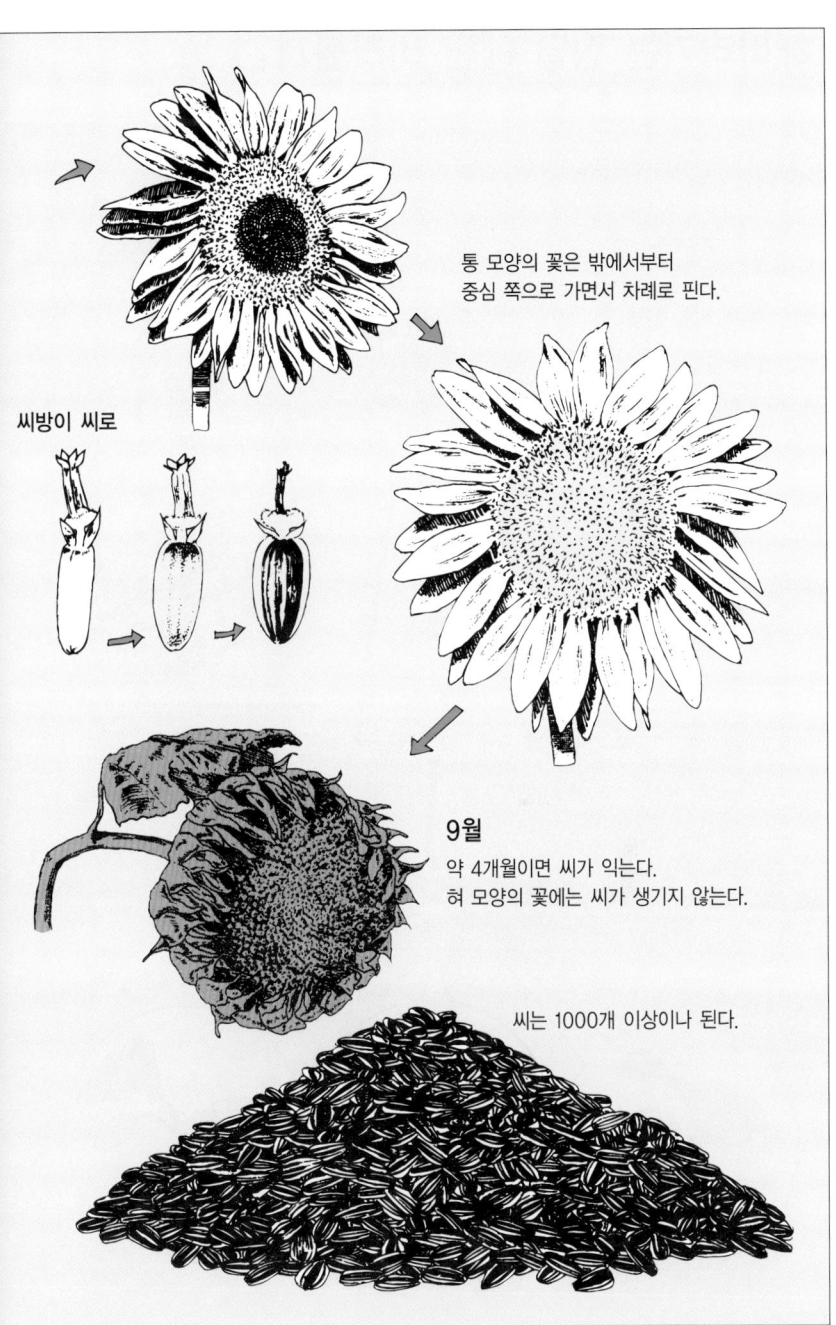

통 모양의 꽃은 밖에서부터 중심 쪽으로 가면서 차례로 핀다.

씨방이 씨로

9월

약 4개월이면 씨가 익는다.
혀 모양의 꽃에는 씨가 생기지 않는다.

씨는 1000개 이상이나 된다.

해바라기는 정말 해만 바라볼까?

'해바라기'라는 이름은 해를 바라보는 꽃, 즉 태양의 움직임에 따라 꽃의 방향이 바뀐다는 의미입니다.

그런데 정말 태양을 따라 움직이는 걸까요? 우선 본잎이 3장 정도 나온 어

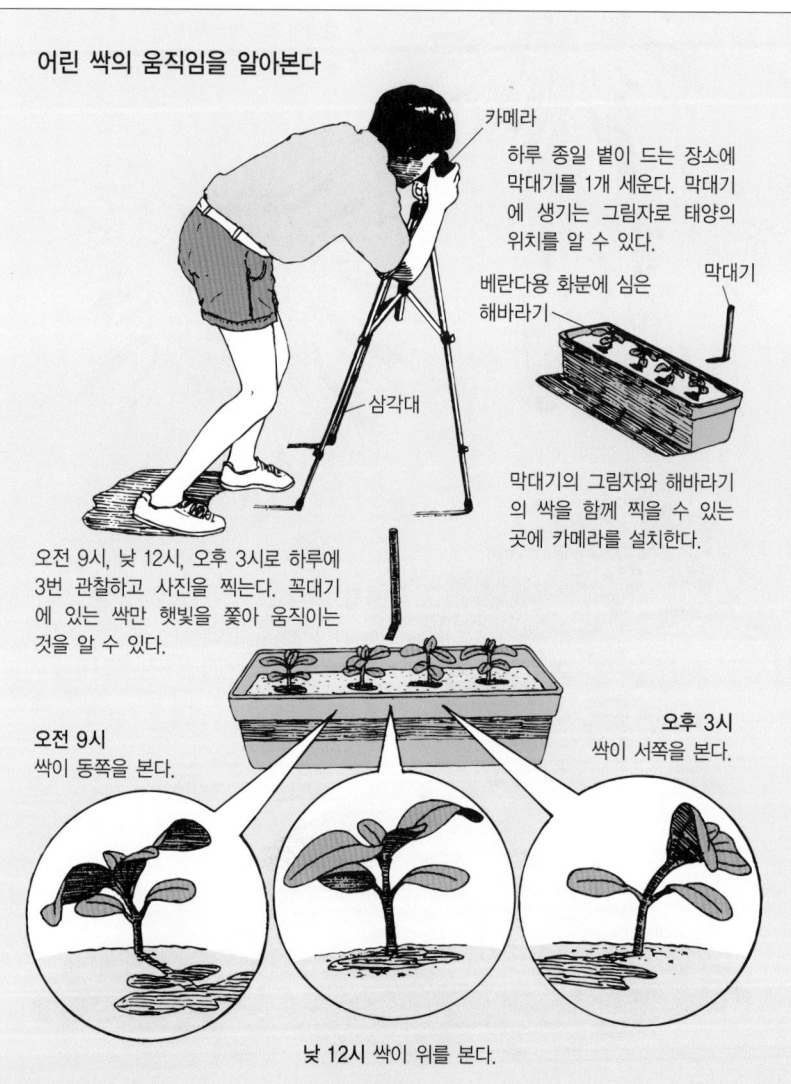

어린 싹의 움직임을 알아본다

카메라

하루 종일 볕이 드는 장소에 막대기를 1개 세운다. 막대기에 생기는 그림자로 태양의 위치를 알 수 있다.

베란다용 화분에 심은 해바라기

막대기

삼각대

막대기의 그림자와 해바라기의 싹을 함께 찍을 수 있는 곳에 카메라를 설치한다.

오전 9시, 낮 12시, 오후 3시로 하루에 3번 관찰하고 사진을 찍는다. 꼭대기에 있는 싹만 햇빛을 쫓아 움직이는 것을 알 수 있다.

오전 9시
싹이 동쪽을 본다.

오후 3시
싹이 서쪽을 본다.

낮 12시 싹이 위를 본다.

린 해바라기를 심은 화분을 해가 잘 드는 곳에 두고, 오전 9시, 낮 12시, 오후 3시에 관찰해 봅니다. 줄기는 움직이지 않고, 꼭대기의 싹만 햇빛을 좇아 움직이는 것을 알 수 있습니다. 그 다음에는 꽃봉오리가 나왔을 때 해바라기를 관찰해 봅니다. 꽃봉오리도 햇빛을 좇아 움직입니다. 그러면 밤에는 어디를 보고 있을까요? 또 꽃이 피고 난 뒤에도 역시 같을까요?

일정한 방향에서 빛을 들어오게 해 두면 싹이 어느 쪽을 보는지 실험해 보자.

창을 낸다.
골판지 상자
빛
싹
화분

꽃봉오리의 움직임을 알아본다

동쪽 서쪽

오전 9시
꽃봉오리는 동쪽을 보고 있다.

어린싹과 마찬가지로 하루에 3번 관찰하고 사진도 찍어 보자. 꽃봉오리 역시 햇빛을 따라간다.

밤 9시
잎이 약간 시든다. 꽃봉오리는 어느 쪽을 보고 있을까?

꽃이 피면 어떨까?

해바라기의 어린싹과 꽃봉오리는, 햇빛을 쫓아 움직인다. 그렇다면 꽃이 핀 후에도 역시 움직일까? 확인해 보자.

식물의 뿌리 · 줄기 · 잎의 성장을 알아본다

여러 가지 식물의 씨를 본 일이 있을 것입니다.
대부분의 씨는 손가락 끝에 올려놓을 수 있을 정도로 작습니다. 그래도 이 작은 씨가 놀랍도록 크게 자랍니다. 해바라기를 기르면서 식물의 성장을 관찰해 봅니다.

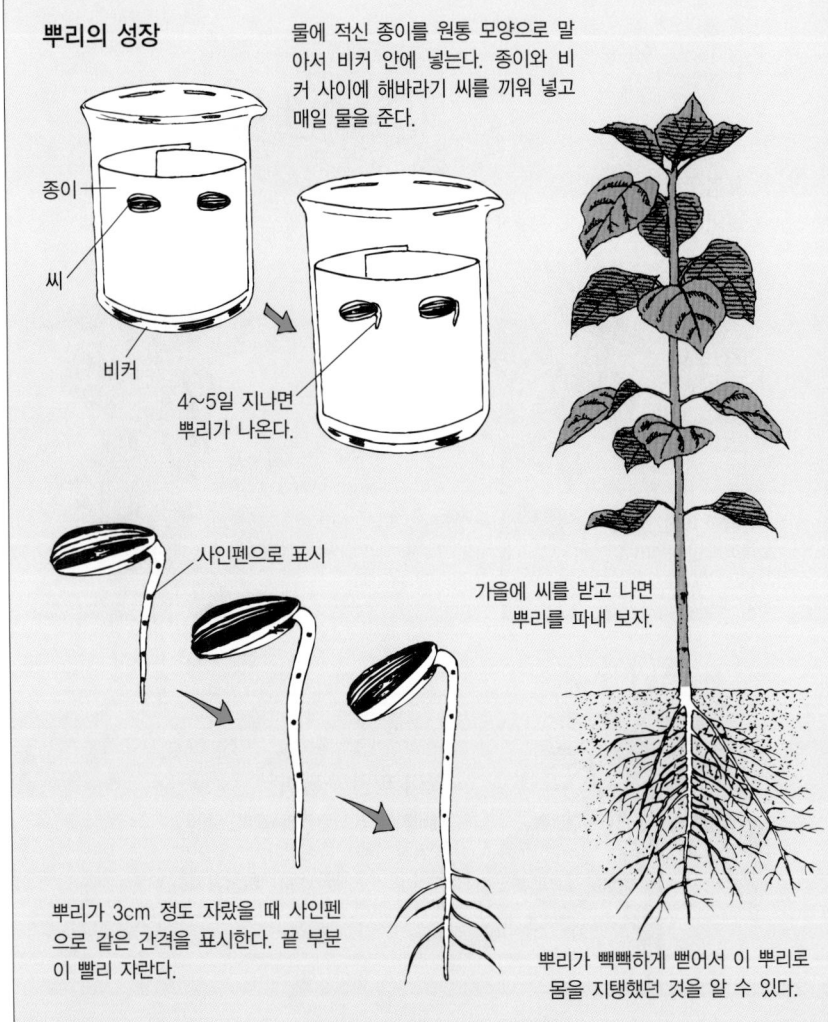

뿌리의 성장

물에 적신 종이를 원통 모양으로 말아서 비커 안에 넣는다. 종이와 비커 사이에 해바라기 씨를 끼워 넣고 매일 물을 준다.

종이
씨
비커

4~5일 지나면 뿌리가 나온다.

사인펜으로 표시

가을에 씨를 받고 나면 뿌리를 파내 보자.

뿌리가 3cm 정도 자랐을 때 사인펜으로 같은 간격을 표시한다. 끝 부분이 빨리 자란다.

뿌리가 빽빽하게 뻗어서 이 뿌리로 몸을 지탱했던 것을 알 수 있다.

해바라기의 씨는 나팔꽃과 비교하면 크지만 그래도 길이가 1cm밖에 안 되는데, 이 작은 씨가 자라면 키가 3m나 됩니다.
줄기의 높이를 기록해 보면 떡잎이 생기고 본잎이 나올 때까지는 아주 더디게 자라지만, 심고 나서 1개월 정도 지나면 쑥쑥 자랍니다. 줄기가 3~4일에 10cm 이상 자랄 때도 있습니다. 해바라기의 뿌리와 잎, 줄기의 어느 곳이 어떻게 자라는 것일까요(해바라기 기르는 법은 66쪽)?

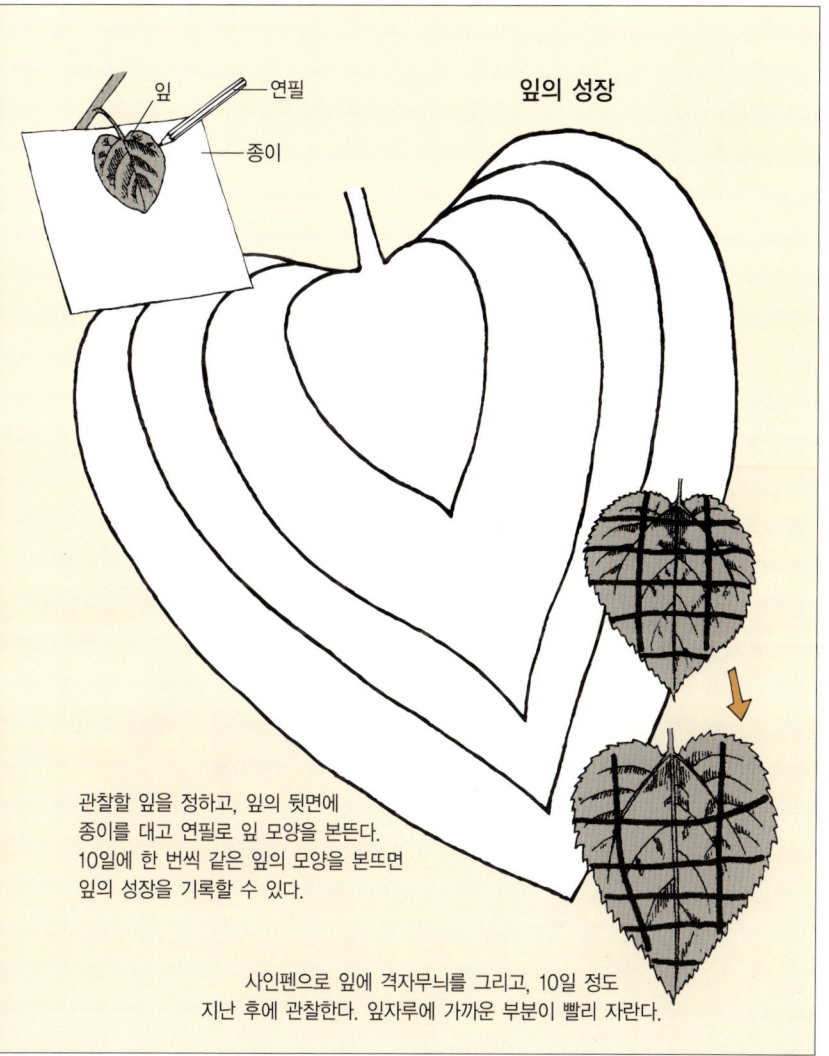

잎의 성장

관찰할 잎을 정하고, 잎의 뒷면에 종이를 대고 연필로 잎 모양을 본뜬다. 10일에 한 번씩 같은 잎의 모양을 본뜨면 잎의 성장을 기록할 수 있다.

사인펜으로 잎에 격자무늬를 그리고, 10일 정도 지난 후에 관찰한다. 잎자루에 가까운 부분이 빨리 자란다.

본잎의 수

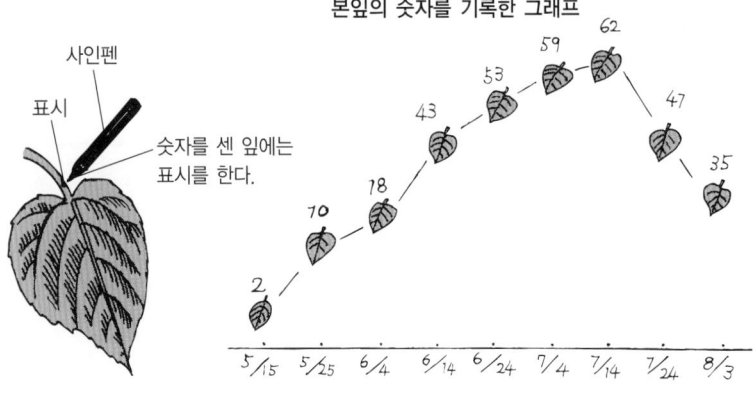

본잎의 숫자를 기록한 그래프

7~10일마다 본잎의 숫자를 조사해서 그래프로 정리해 보자. 그래프 밑에는 성장하는 모습을 적어 넣는다.

줄기의 성장

본잎이 4~5장 되었을 때, 뿌리와 같은 방법으로 줄기에 사인펜으로 표시를 한다. 10일 정도 지나면 줄기 역시 끝 부분이 성장한다는 것을 알 수 있다.

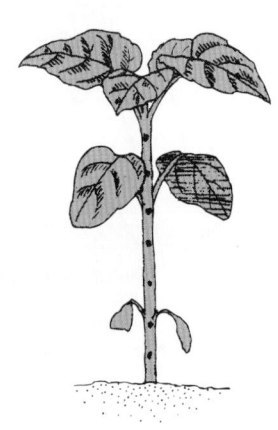
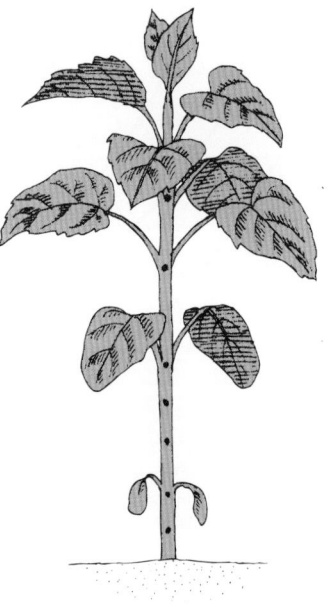

굵기를 재는 부분에 표시를 한다.

줄자

줄기의 굵기는 줄자로 잰다.
재는 부분은 사인펜으로 표시한다.

키의 변화를 기록한 그래프
해바라기의 키는 떡잎이 나왔을 때부터 7~10일에 한 번씩 줄자로 재어 그래프로 정리한다.

정원에 있는 잡초를 조사해 본다

정원은 그대로 두면 금방 잡초가 돋아납니다. 그런데 조금만 살펴보면 풀의 종류가 조금씩 바뀌는 것을 알 수 있습니다.
잡초는 재빨리 꽃을 피우고 씨를 만든 다음 시들어 버려 없어지는 듯 보여도 실제는 땅속에 씨와 뿌리가 살아 있어서 조금이라도 환경이 갖추어지면

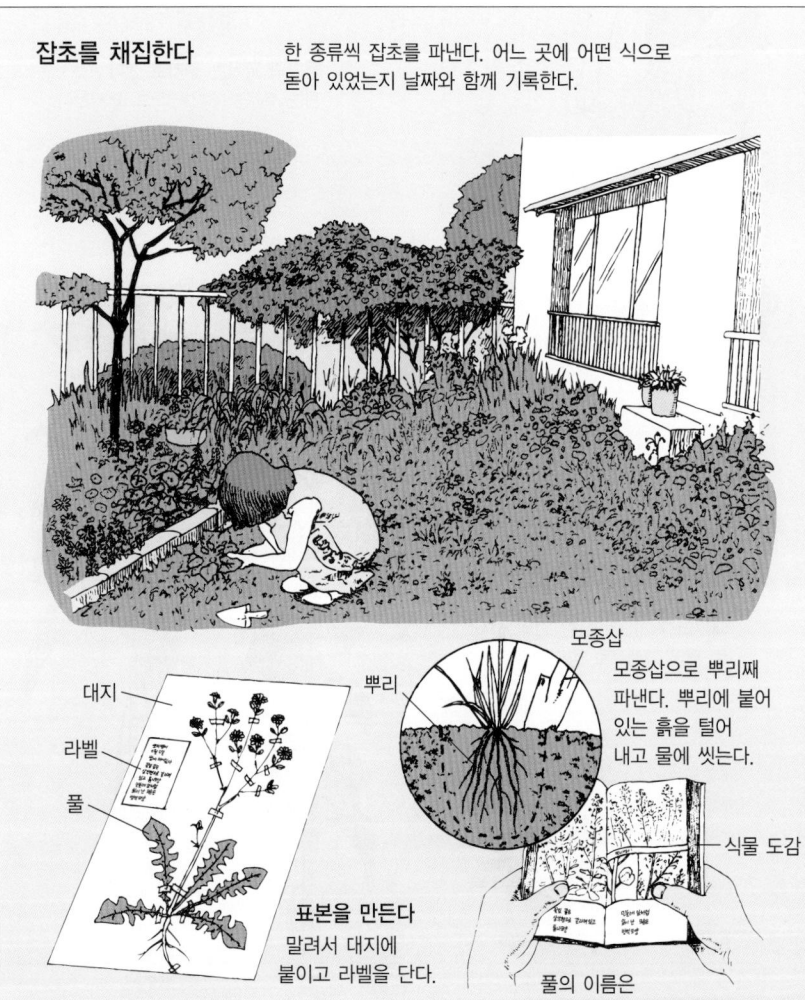

잡초를 채집한다
한 종류씩 잡초를 파낸다. 어느 곳에 어떤 식으로 돋아 있었는지 날짜와 함께 기록한다.

대지
라벨
풀

표본을 만든다
말려서 대지에 붙이고 라벨을 단다.

뿌리

모종삽
모종삽으로 뿌리째 파낸다. 뿌리에 붙어 있는 흙을 털어 내고 물에 씻는다.

식물 도감

풀의 이름은 식물 도감에서 찾는다.

또 돋아납니다.

'잡초 같은'이라는 말은 이렇게 생명력이 강하다는 뜻이죠! 정원에 있는 잡초를 모두 뽑아서 표본을 만들어 봅니다. 도감에서 이름과 특징 등을 조사해서 라벨에 써넣는 것이라면 하루면 끝낼 수 있는 연구 주제가 됩니다. 만일 오랜 시간 관찰할 생각이면 잡초가 계절에 따라 어떻게 변하는지 조사해 보는 것도 재미있습니다(식물 표본 102쪽).

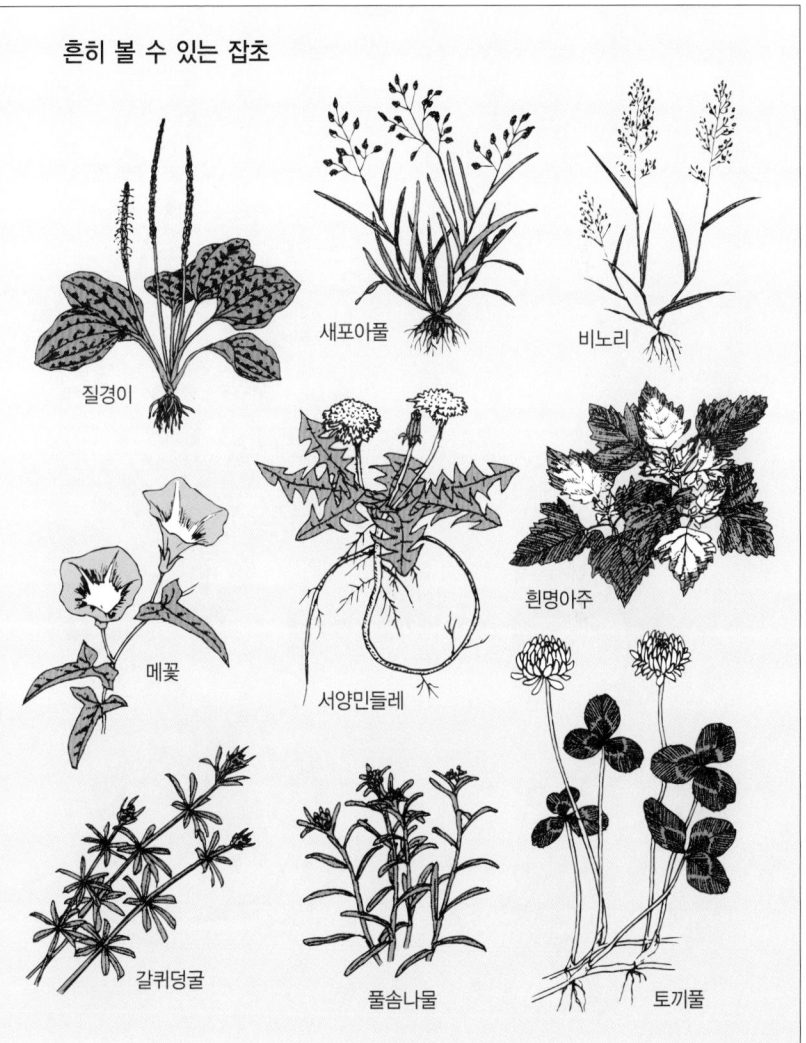

흔히 볼 수 있는 잡초

질경이 · 새포아풀 · 비노리 · 메꽃 · 서양민들레 · 흰명아주 · 갈퀴덩굴 · 풀솜나물 · 토끼풀

식물의 생명력을 조사한다 - ① 채소의 토막

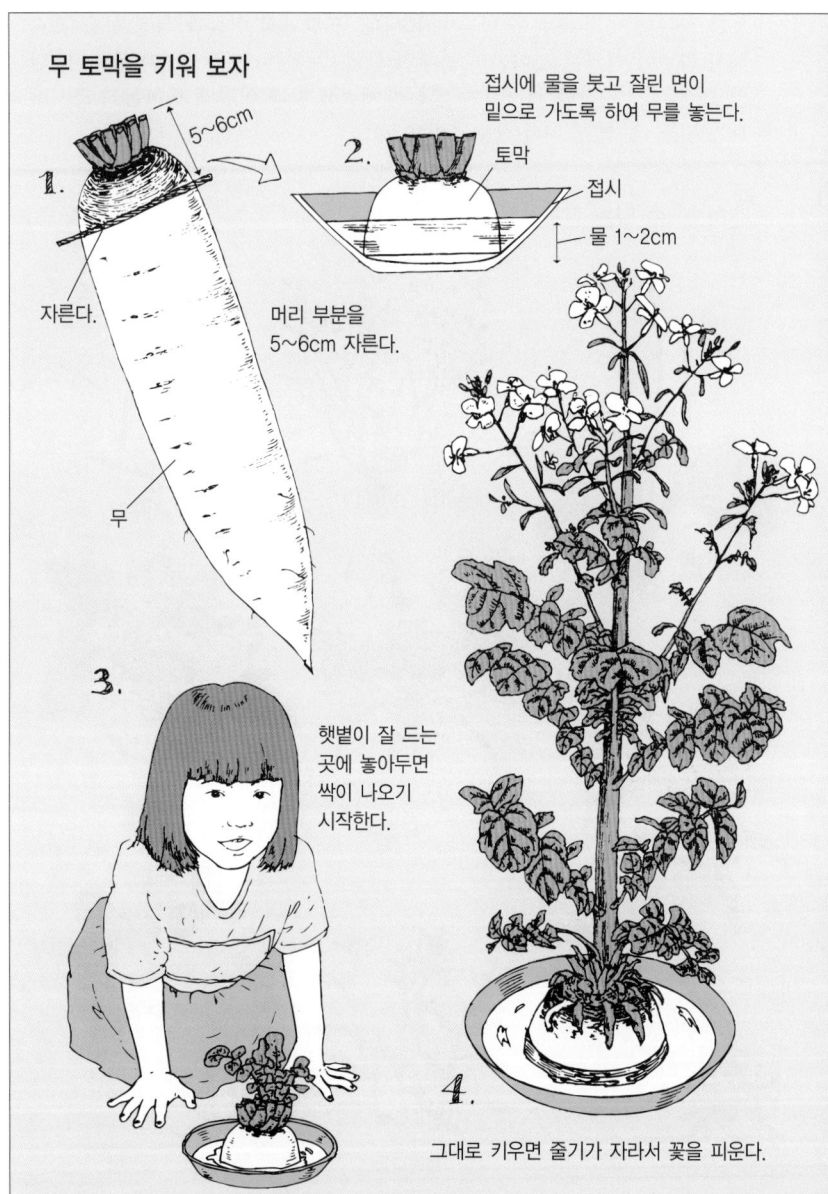

무 토막을 키워 보자

1. 머리 부분을 5~6cm 자른다. (자른다. / 무)
2. 접시에 물을 붓고 잘린 면이 밑으로 가도록 하여 무를 놓는다. (토막 / 접시 / 물 1~2cm)
3. 햇볕이 잘 드는 곳에 놓아두면 싹이 나오기 시작한다.
4. 그대로 키우면 줄기가 자라서 꽃을 피운다.

음식을 만들고 남은 채소의 토막을 물에 담가 두면 잎이 돋아납니다.
식물에는 이러한 힘이 있습니다. 어떻게 자라는지 그림으로 그려 봅니다.

식물의 생명력을 조사한다 - ② 여러 가지 식물

앞쪽에서는 채소의 토막을 키우는 방법을 소개했습니다. 식물은 토막이 나도 원래의 몸 크기로 자라는 힘을 갖고 있습니다.
해조류처럼 파도에 찢긴 일부가 땅에 닿으면 새롭게 번성하는 종류도 있습니다.

줄기와 가지를 키워 보자

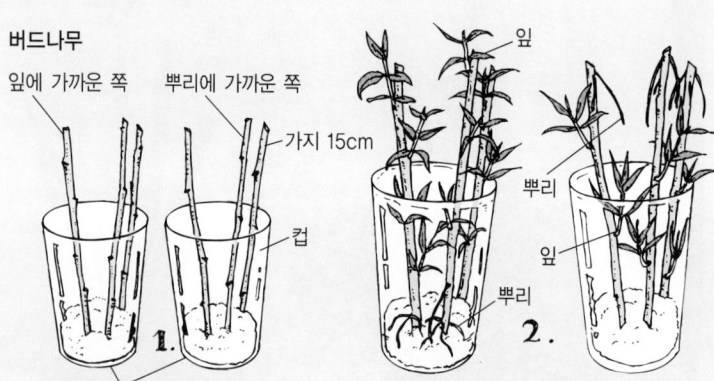

버드나무

어린 버드나무 가지를 15cm 정도로 자른다. 물에 흠뻑 적신 솜을 컵에 넣고 가지를 꽂는다. 다른 컵에는 가지를 거꾸로 꽂는다.

2주일 정도 지나면 잎에 가까운 쪽에서는 잎이, 뿌리에 가까운 쪽에서는 뿌리가 나온다. 거꾸로 해도 같은 결과가 나온다.

케이폭나무

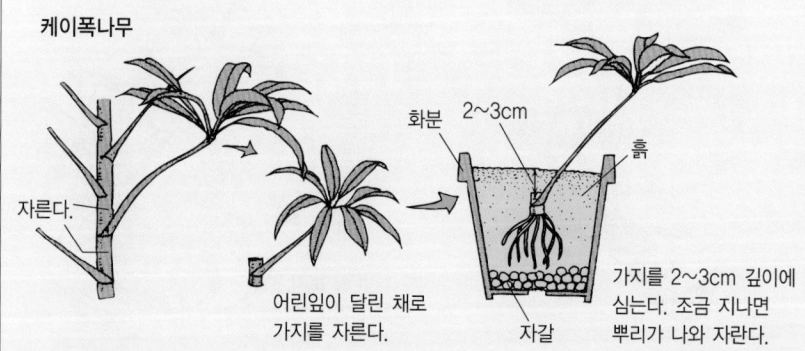

어린잎이 달린 채로 가지를 자른다.

가지를 2~3cm 깊이에 심는다. 조금 지나면 뿌리가 나와 자란다.

씨를 이용한 번식이 아닌 이런 번식 방법을 '영양 번식'이라고 합니다. 인간은 이런 식물의 힘을 알고 있기 때문에 꺾꽂이, 휘묻이 등의 방법으로 식물을 개량해 왔습니다. 최근에는 성장이 왕성한 세포를 이용해서 빨리 자라게 하는 방법도 개발되고 있습니다.

어떤 식물이 어느 부분에서 빨리 자라는지 여러 가지 실험을 통해서 성장 모습을 그림으로 그리고 사진도 찍어서 기록해 봅니다.

떡잎의 역할을 알아본다

식물의 씨를 뿌려서 맨 처음 나오는 떡잎은 씨 안에서 자라고 있는 씨눈이 만드는 것입니다. 보통 떡잎은 2장이라고 생각하지만, 떡잎이 1장인 식물(외떡잎식물)도 있고, 2장인 식물(쌍떡잎식물)도, 여러 장인 식물도 있습니다. 백합의 떡잎은 1장이며, 감나무는 2장, 그리고 소나무는 여러 장입니다. 떡

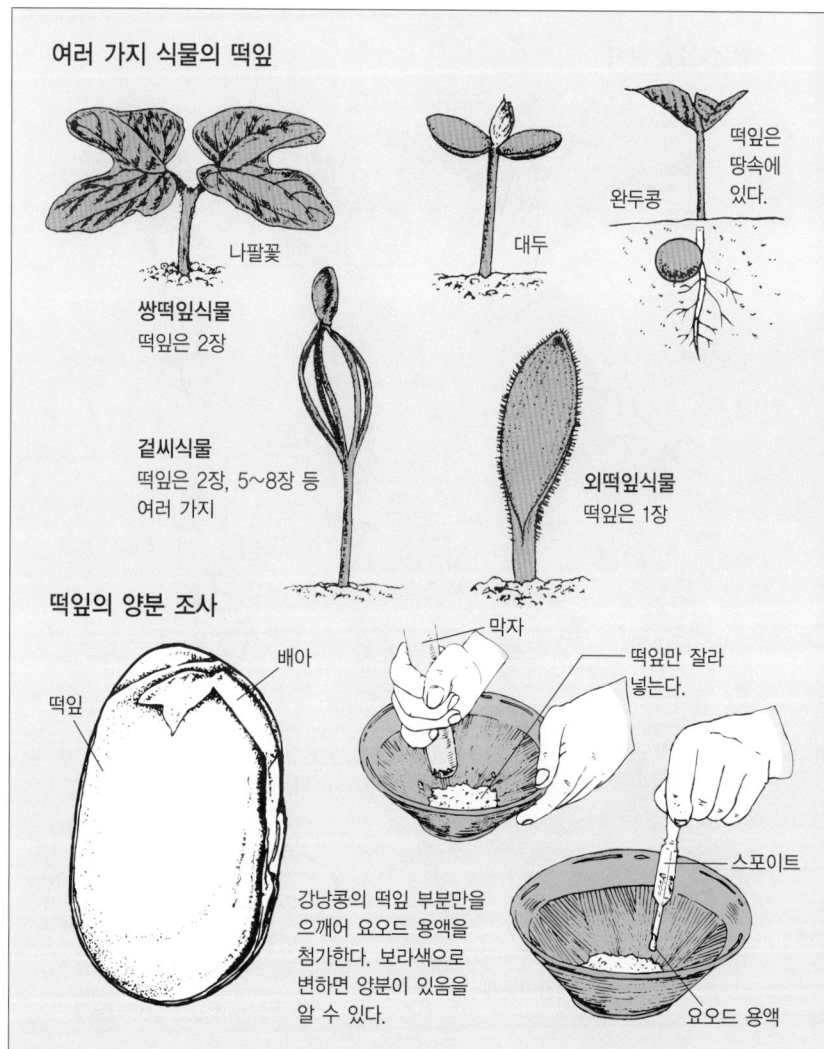

여러 가지 식물의 떡잎

쌍떡잎식물
떡잎은 2장
- 나팔꽃
- 대두
- 완두콩 (떡잎은 땅속에 있다.)

겉씨식물
떡잎은 2장, 5~8장 등 여러 가지

외떡잎식물
떡잎은 1장

떡잎의 양분 조사

- 떡잎
- 배아
- 막자
- 떡잎만 잘라 넣는다.
- 스포이트
- 요오드 용액

강낭콩의 떡잎 부분만을 으깨어 요오드 용액을 첨가한다. 보라색으로 변하면 양분이 있음을 알 수 있다.

잎은 줄기와 뿌리를 자라게 하고 양분을 저장하며, 본잎이 나오기까지 광합성을 하여 양분을 만들기도 합니다. 콩을 화분에 심어 기르면서 떡잎이 나온 그대로의 것, 나온 떡잎 1장을 자른 것, 2장 모두 자른 것이 각각 어떻게 다르게 성장하는지 조사해서 떡잎의 역할을 확인해 봅니다. 또 나팔꽃을 화분에 심어 기르면서 떡잎을 검은 종이로 씌운 것과 그렇지 않은 것이 각각 어떻게 다른지 알아보고, 잎의 광합성이 식물에 미치는 영향을 알아봅니다.

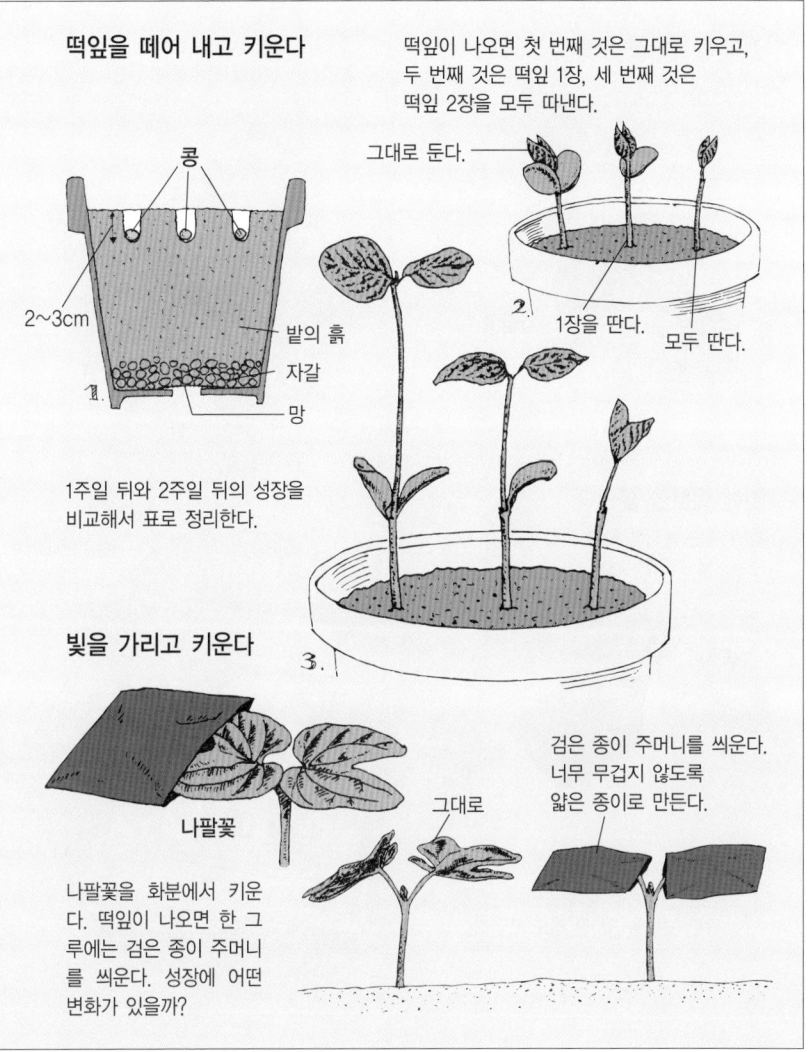

떡잎을 떼어 내고 키운다

떡잎이 나오면 첫 번째 것은 그대로 키우고, 두 번째 것은 떡잎 1장, 세 번째 것은 떡잎 2장을 모두 따낸다.

그대로 둔다.

1장을 딴다.

모두 딴다.

콩
2~3cm
밭의 흙
자갈
망

1주일 뒤와 2주일 뒤의 성장을 비교해서 표로 정리한다.

빛을 가리고 키운다

나팔꽃

나팔꽃을 화분에서 키운다. 떡잎이 나오면 한 그루에는 검은 종이 주머니를 씌운다. 성장에 어떤 변화가 있을까?

그대로

검은 종이 주머니를 씌운다. 너무 무겁지 않도록 얇은 종이로 만든다.

식물의 잎에 사진을 인화해 보자

식물은 햇볕을 되도록 많이 쬐기 위해 잎을 최대한으로 벌리고 있습니다. 식물의 잎은 빛 에너지를 이용하여 물과 이산화탄소로부터 탄수화물이라고 하는 양분을 만듭니다. 이것을 실험으로 확인해 봅니다.
잎에 현상된 흑백 네거티브 필름을 붙입니다. 필름의 검은 부분(사진으로 인

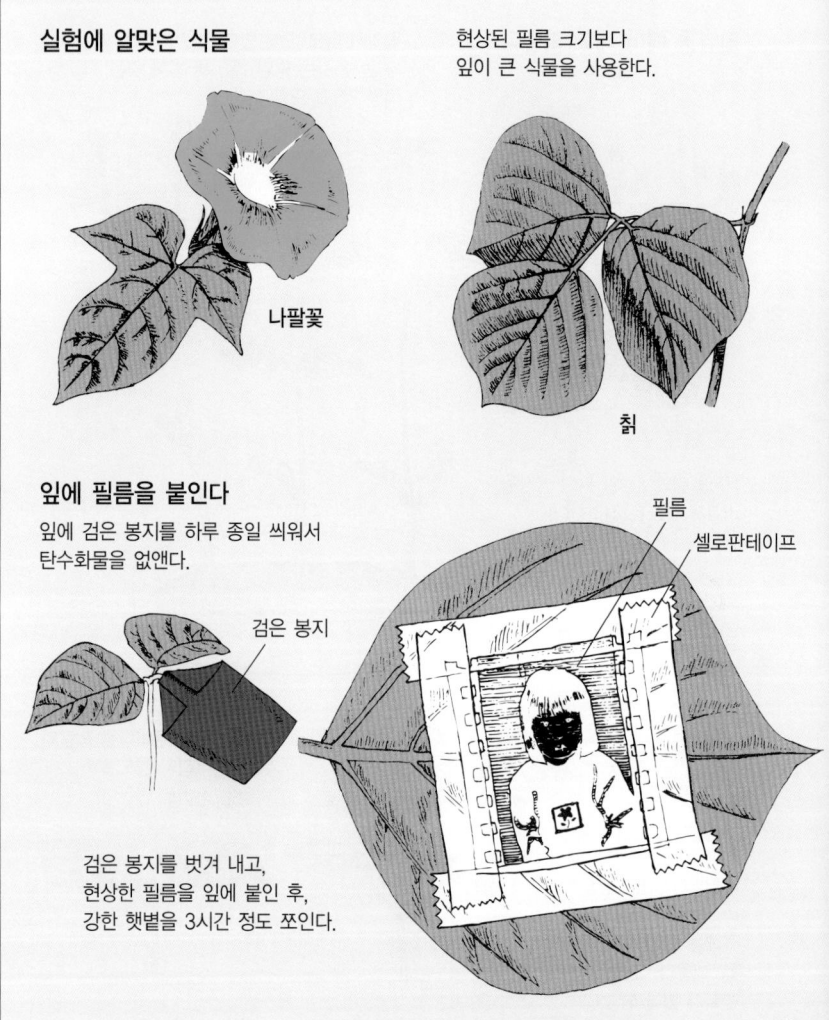

실험에 알맞은 식물

현상된 필름 크기보다 잎이 큰 식물을 사용한다.

나팔꽃

칡

잎에 필름을 붙인다

잎에 검은 봉지를 하루 종일 씌워서 탄수화물을 없앤다.

검은 봉지

필름
셀로판테이프

검은 봉지를 벗겨 내고, 현상한 필름을 잎에 붙인 후, 강한 햇볕을 3시간 정도 쪼인다.

화했을 때 희게 나타나는 부분)에서는 빛이 차단되어 탄수화물이 많이 생기지 않고, 필름의 흰 부분(사진에서 검게 나타나는 부분)에서는 빛이 통과하기 때문에 탄수화물이 많이 생깁니다. 탄수화물은 요오드에 의해 보라색으로 변하기 때문에, 잎을 요오드로 칠하면 탄수화물의 농도에 따라 물이 들면서 사진이 잎에 인화됩니다. 실험하는 과정을 스케치하거나 사진을 찍은 후 완성된 작품을 붙여서 정리해 봅니다.

감자는 뿌리일까, 줄기일까?

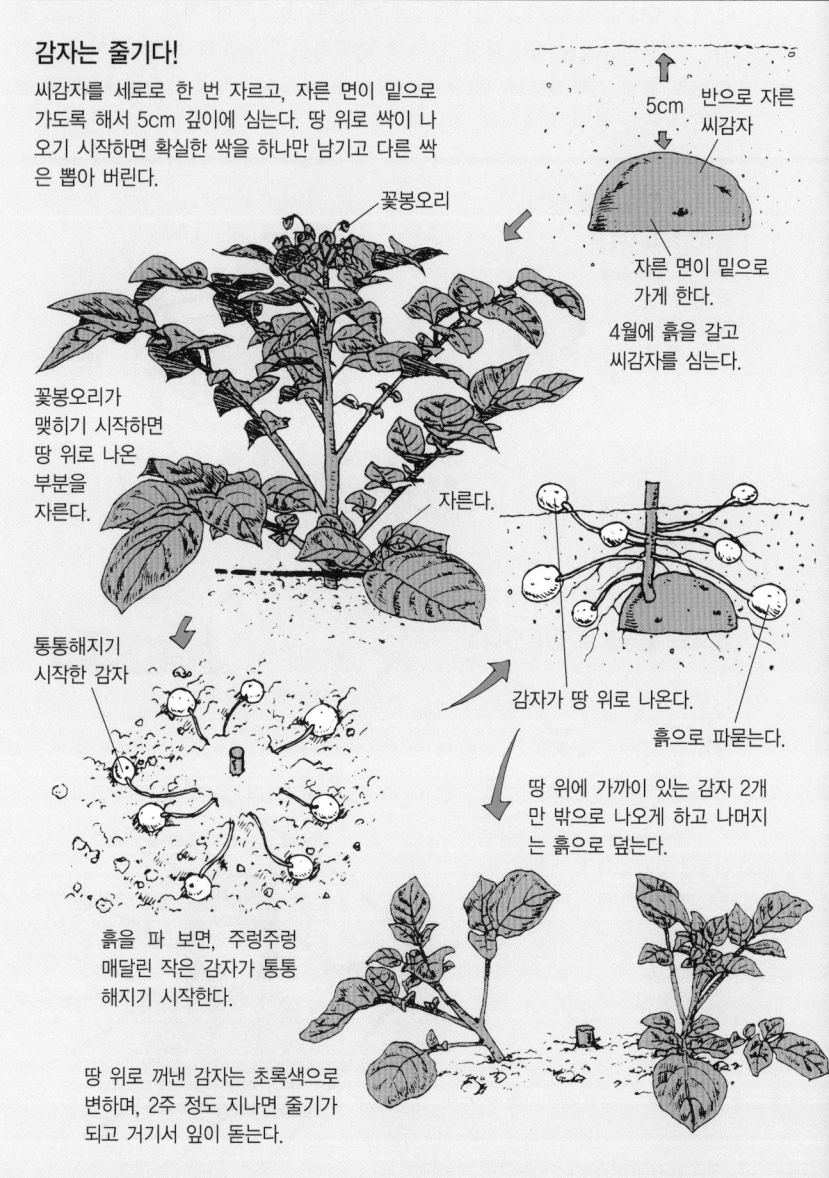

감자는 줄기다!

씨감자를 세로로 한 번 자르고, 자른 면이 밑으로 가도록 해서 5cm 깊이에 심는다. 땅 위로 싹이 나오기 시작하면 확실한 싹을 하나만 남기고 다른 싹은 뽑아 버린다.

5cm 반으로 자른 씨감자

자른 면이 밑으로 가게 한다.

4월에 흙을 갈고 씨감자를 심는다.

꽃봉오리

꽃봉오리가 맺히기 시작하면 땅 위로 나온 부분을 자른다.

자른다.

감자가 땅 위로 나온다.

흙으로 파묻는다.

땅 위에 가까이 있는 감자 2개만 밖으로 나오게 하고 나머지는 흙으로 덮는다.

통통해지기 시작한 감자

흙을 파 보면, 주렁주렁 매달린 작은 감자가 통통해지기 시작한다.

땅 위로 꺼낸 감자는 초록색으로 변하며, 2주 정도 지나면 줄기가 되고 거기서 잎이 돋는다.

감자는 뿌리가 아니라 줄기가 변형된 것이라는 사실을 알고 있나요? 이것을 실험을 통해 확인하고, 실험하는 과정을 그림과 사진으로 정리해 봅니다.

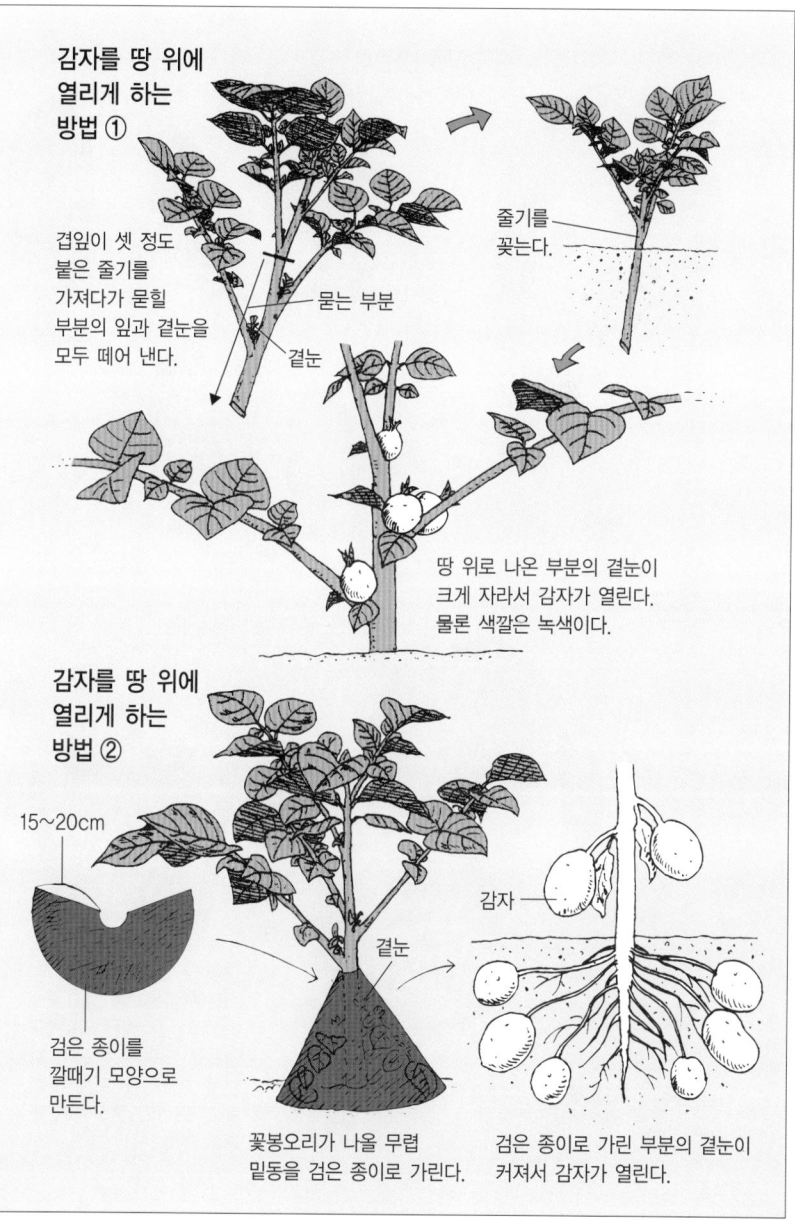

도토리를 키워 보자

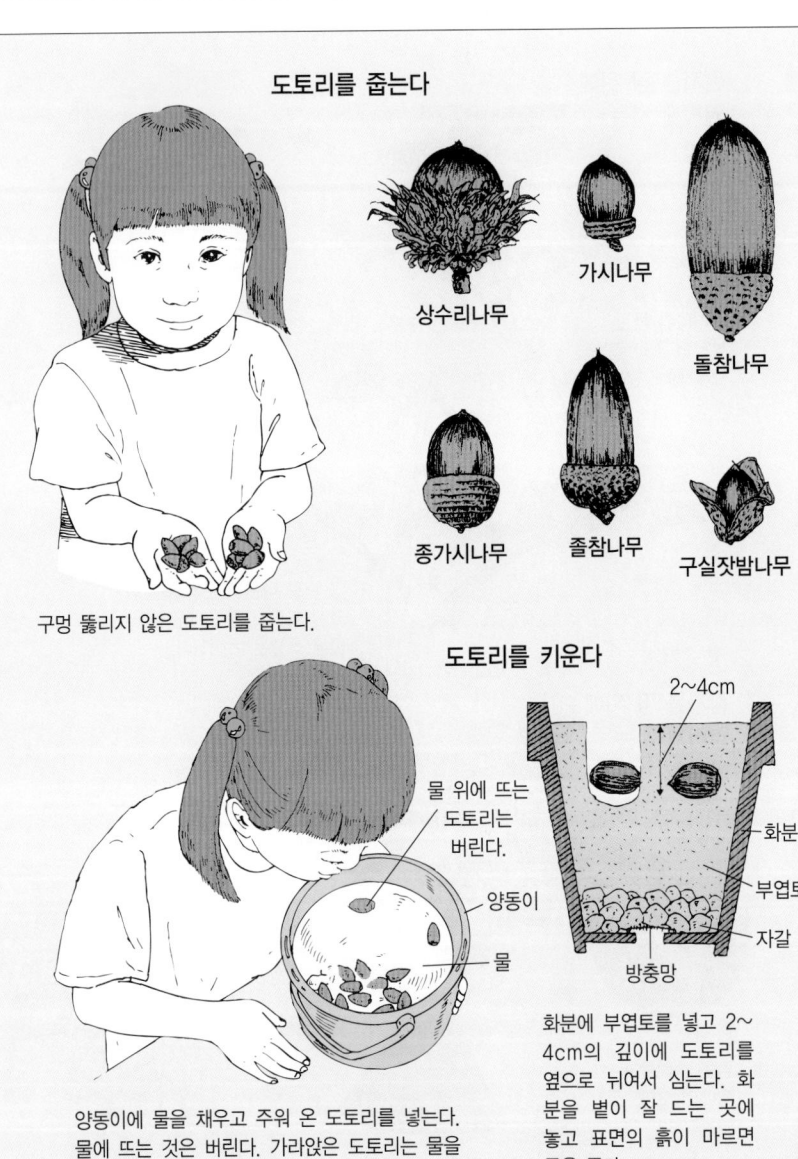

도토리를 줍는다

상수리나무, 가시나무, 돌참나무, 종가시나무, 졸참나무, 구실잣밤나무

구멍 뚫리지 않은 도토리를 줍는다.

도토리를 키운다

양동이에 물을 채우고 주워 온 도토리를 넣는다. 물에 뜨는 것은 버린다. 가라앉은 도토리는 물을 갈아 주면서 2~3일 물에 담가 둔다.

물 위에 뜨는 도토리는 버린다.
양동이
물

2~4cm
화분
부엽토
자갈
방충망

화분에 부엽토를 넣고 2~4cm의 깊이에 도토리를 옆으로 뉘여서 심는다. 화분을 볕이 잘 드는 곳에 놓고 표면의 흙이 마르면 물을 준다.

가을에는 졸참나무, 상수리나무, 종가시나무, 가시나무 등에 도토리가 많이 열립니다. 도토리를 키워서 그 성장을 관찰하고 기록해 봅시다.

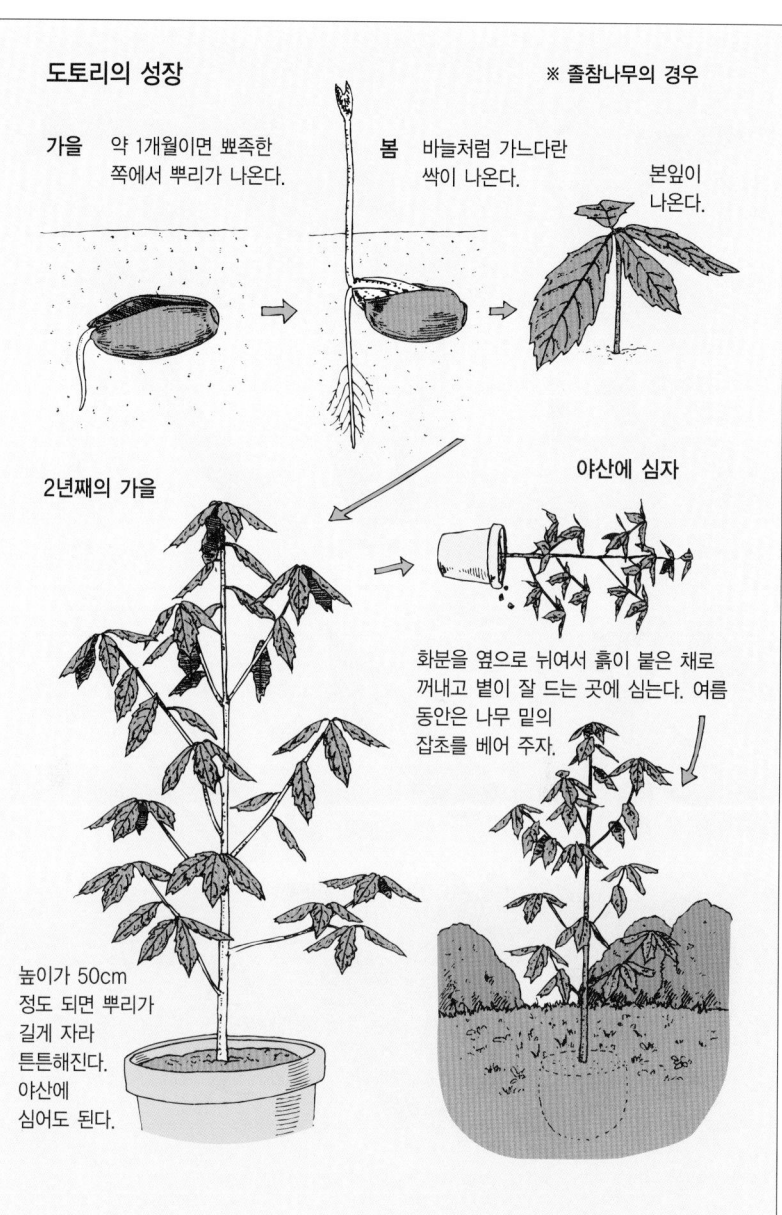

채소는 식물의 어느 부분일까?

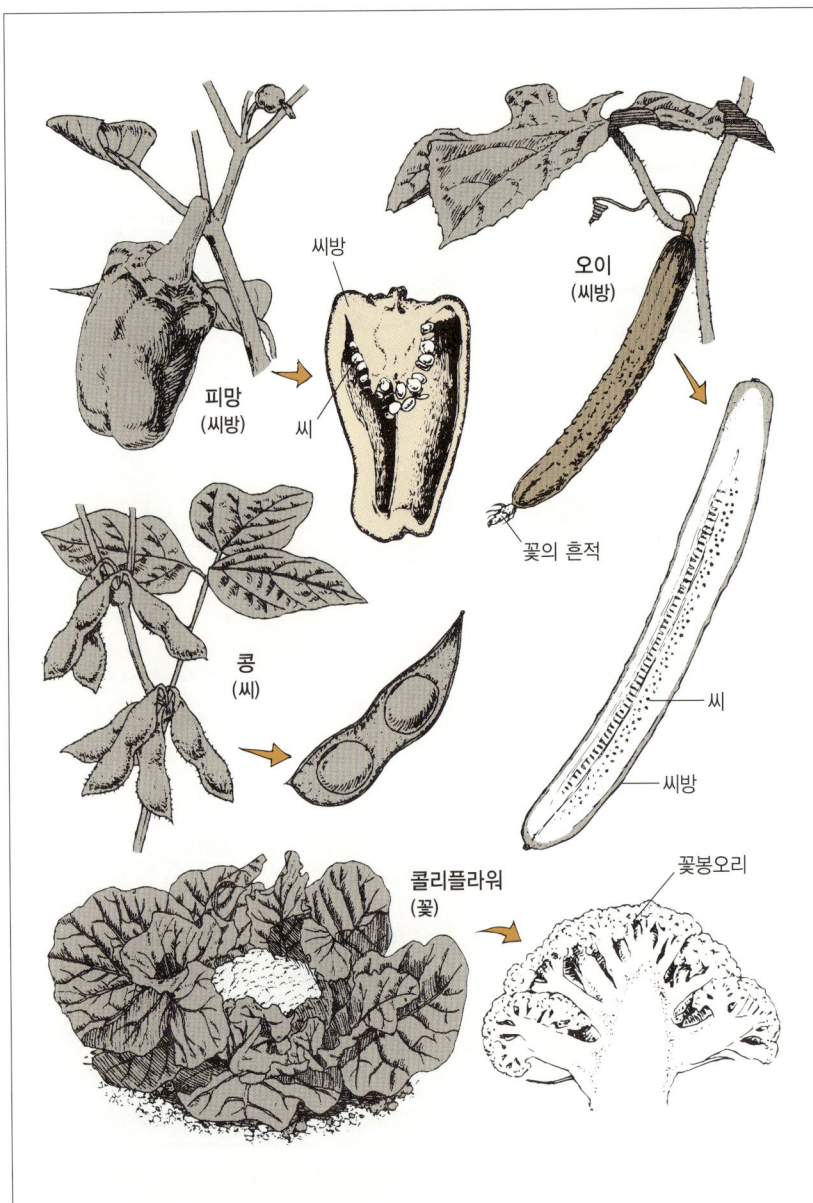

채소에는 종류가 많습니다. 여러 가지 채소를 세로로 자르거나 뜯거나 해부하여 각각 식물의 어느 부분인지 확인하고 스케치해 봅니다.

과일과 채소 씨를 모은다

사진으로 찍어 둔다

피망

수박

먹기 전에 과일과 채소의 사진을 찍어 둔다.

먹고 나서 씨를 모은다

과일이나 채소를 먹고 나서 또는 음식을 만들고 나서 그 씨를 모은다.

접시

씨를 접시에 모은다.

과일이나 요리에 사용하는 채소의 씨를 모아서 씨 도감을 만들어 봅니다.
씨가 여물지 않은 것은 집 마당에서 길러서 완전한 씨를 채취합니다.

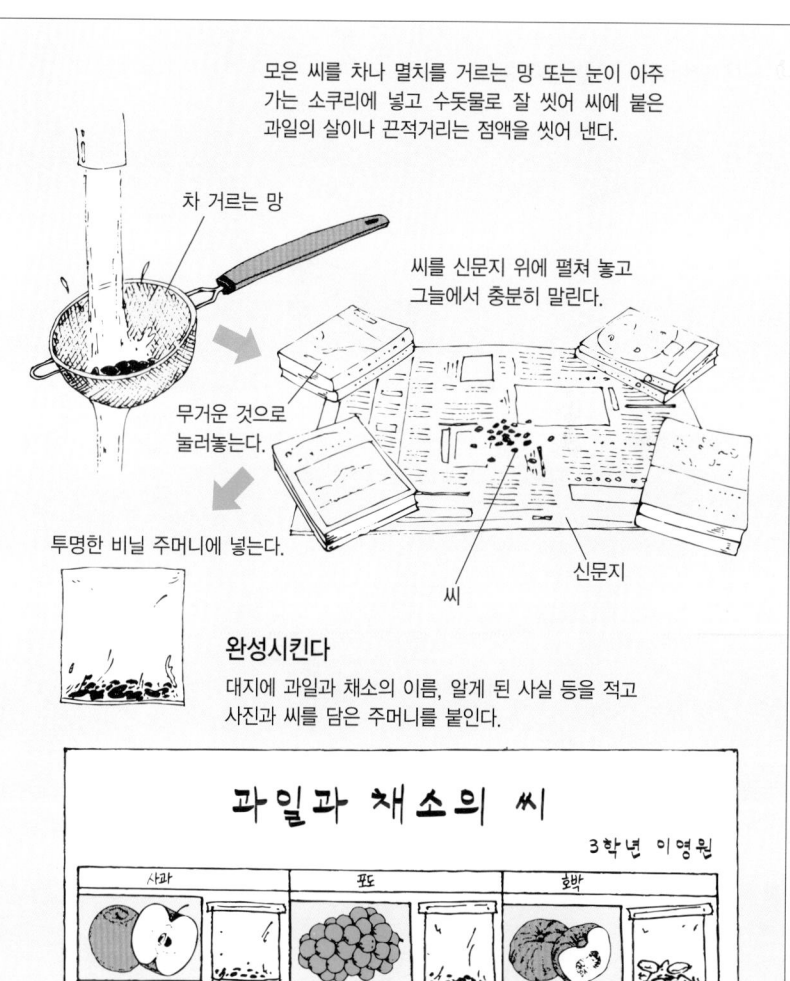

씨는 어떻게 먼 곳으로 퍼져 나갈까?

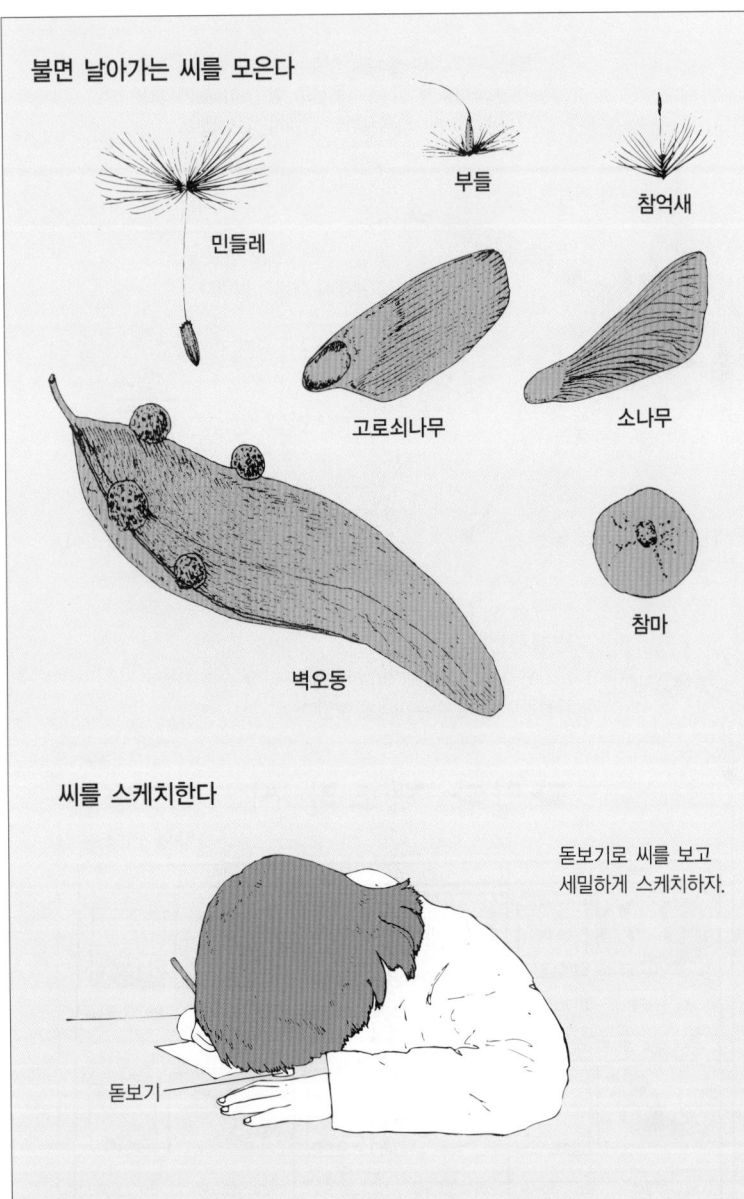

불면 날아가는 씨를 모은다

민들레, 부들, 참억새, 고로쇠나무, 소나무, 벽오동, 참마

씨를 스케치한다

돋보기로 씨를 보고 세밀하게 스케치하자.

돋보기

날아서 전파되는 씨는 날개를 달고 있습니다. 일정한 높이에서 떨어지는데 걸리는 시간을 재고, 또 떨어질 때의 모습을 관찰해 봅니다.

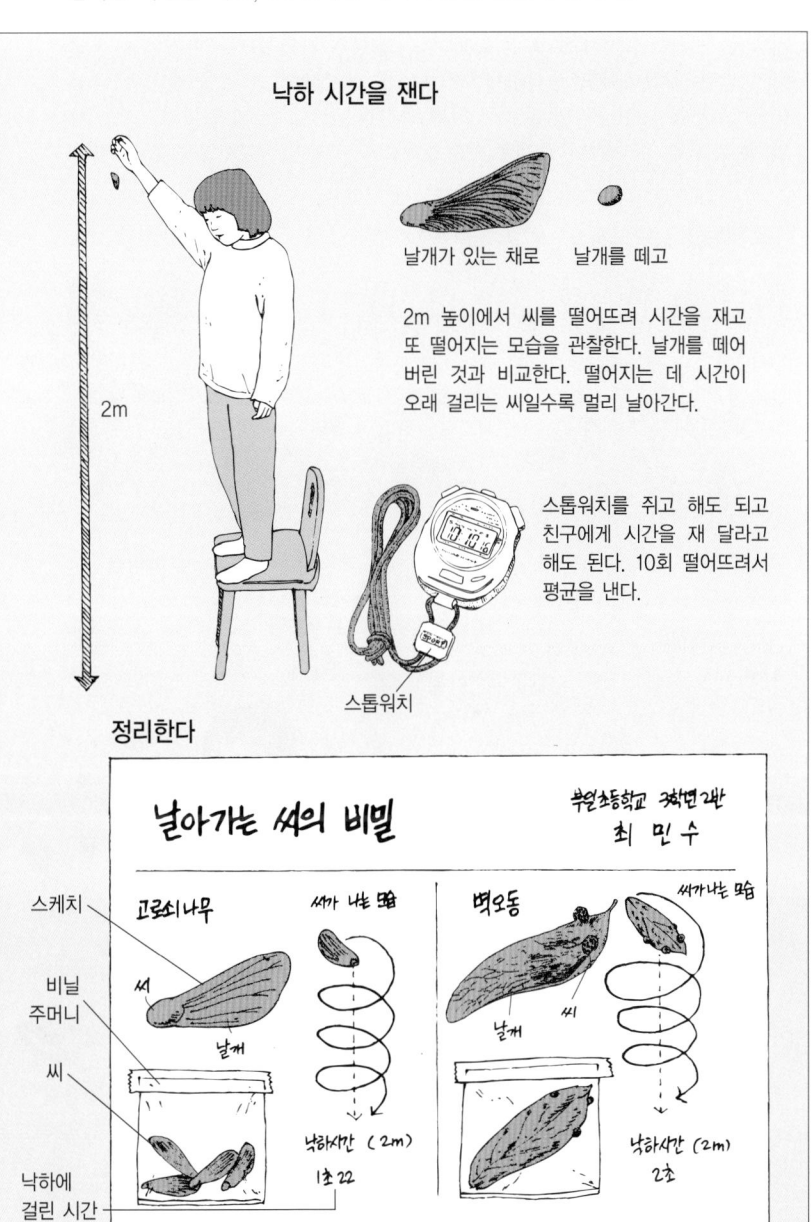

식물의 겨울 모습을 관찰한다

겨울은 곤충도 보이지 않고, 식물도 모두 말라서 자연을 연구하기에는 적당하지 않은 계절이라고 생각하나요? 주위를 잘 살펴보면 겨울엔 곤충도 식물도 모두 봄을 기다리며 준비를 하면서 산다는 것을 알게 됩니다. 그중 제일 특징 있는 식물이이 로제트(둥근 방석같이 된 잎)입니다. 잎을 힘껏 펼쳐

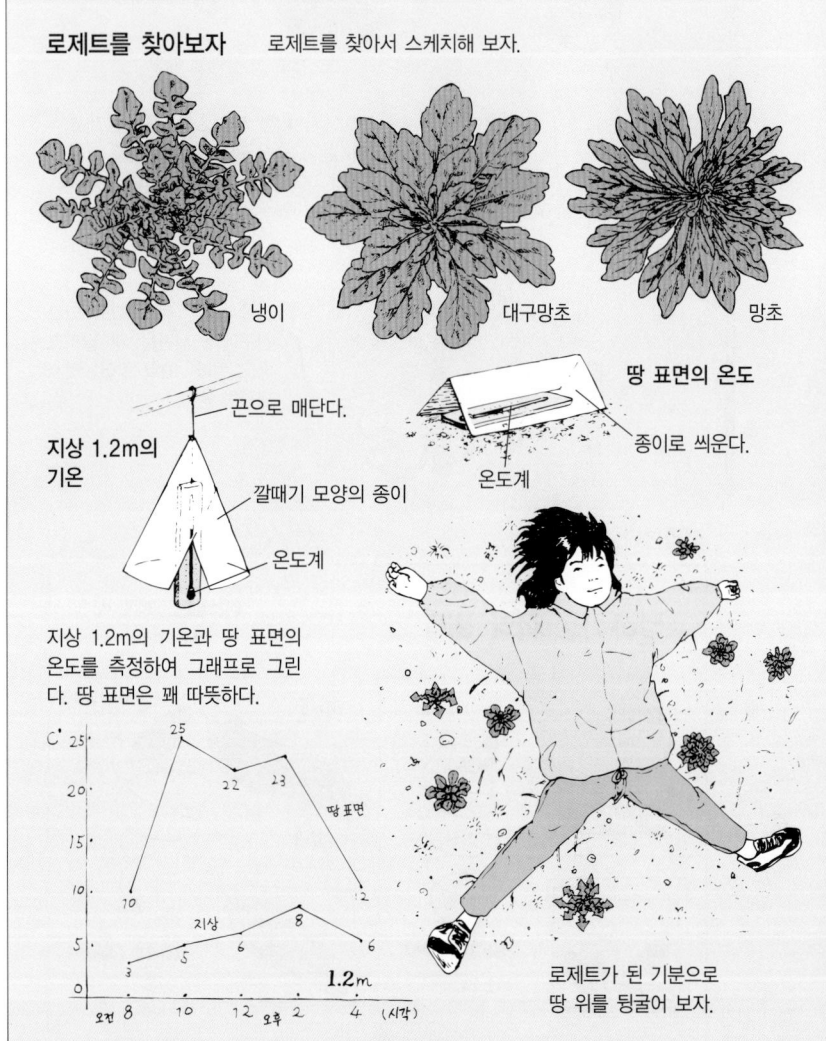

햇볕을 잔뜩 쬐고, 찬바람을 맞지 않으려고 납작하게 땅에 붙어 있습니다. 이렇게 하면 얼마나 추위를 이길 수 있을까요? 실제로 땅 표면의 온도와 기온을 비교해 봅니다. 또 로제트가 된 기분으로 땅 위를 뒹굴어 봅니다. 겨울에 관찰하기 좋은 것으로 나무들의 겨울눈이 있습니다. 겨울눈을 해부해 봅니다. 식물은 봄이 오자마자 잎과 꽃눈을 뻗기 위해 준비를 합니다. 꽃눈이 얼지 않고 마르지 않게 하려고 머리를 쓰는 모습을 발견할 수 있습니다.

나무의 눈을 관찰해 보자

여러 가지 나무의 겨울눈을 스케치해서, 그들이 어떻게 겨울을 이기는지 관찰해 보자.

상수리나무 — 비늘잎으로 감싸고 있다.

목련 — 털로 감싸고 있다.

칠엽수 — 끈끈한 액체로 보호하고 있다.

나무의 눈을 해부해 보자

잎눈

꽃눈

꽃눈의 단면도 — 크고 둥글다. 꽃봉오리를 잘 보호하고 있다.

잎눈의 단면도

벚나무 잎눈의 비늘잎을 한장 한장 떼어 내며 세어 보자. 30장이 넘는다. 옷을 껴입으면 따뜻한 것과 같은 원리다.

아무것도 없는 땅에서 뭔가 돋아난다

겨울 동안 마당과 공터는 쓸쓸해 보이기만 합니다. 겨울 흙 속에는 과연 생명체가 남아 있을까요? 흙을 화분에 넣고 물을 줍니다.

양지 바른 곳에서 키운다

화분을 햇볕이 잘 비추는 따뜻한 창가에 둔다.

표면이 마르면 분무기로 물을 준다.

식물의 싹이 나온다. 아무것도 없는 것처럼 보이는 흙에도 식물의 씨가 겨울을 보내고 있다는 사실을 알 수 있다. 그대로 계속 키워서 어떤 식물인지 확인해 보자.

세제가 미치는 영향을 조사한다

집에 있는 세제를 모아 봅니다. 얼굴과 손을 씻는 세숫비누, 머리를 감는 샴푸, 설거지에 쓰는 중성 세제 등 여러 종류가 있습니다.

그런데 편리해서 별 생각없이 사용하는 세제, 하수구로 계속 흘려 보내도 괜찮을까요? 특히 하수 시설이 제대로 되어 있지 않은 경우, 세제를 사용한

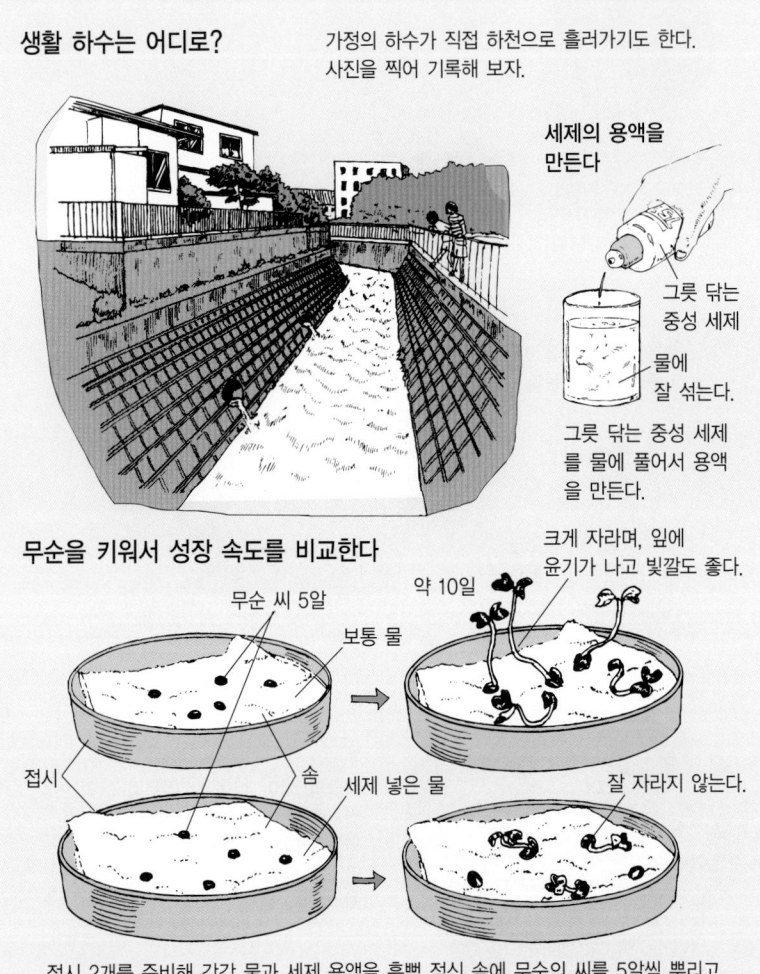

물이 직접 하천이나 강으로 흘러들어 가기도 합니다.
세제가 식물에 어떤 영향을 주는지, 중성 세제를 푼 물에 무순을 키워서 확인해 봅니다. 또 석유를 정제해서 만든 세탁용 합성 세제와 자연에 가깝다고 하는 천연 세제가 무순의 성장에 미치는 영향이 어떻게 다른지 확인하여 정리해 봅니다. 이러한 실험을 통해서 가정의 하수가 환경에 어떤 영향을 주는지 알 수 있습니다.

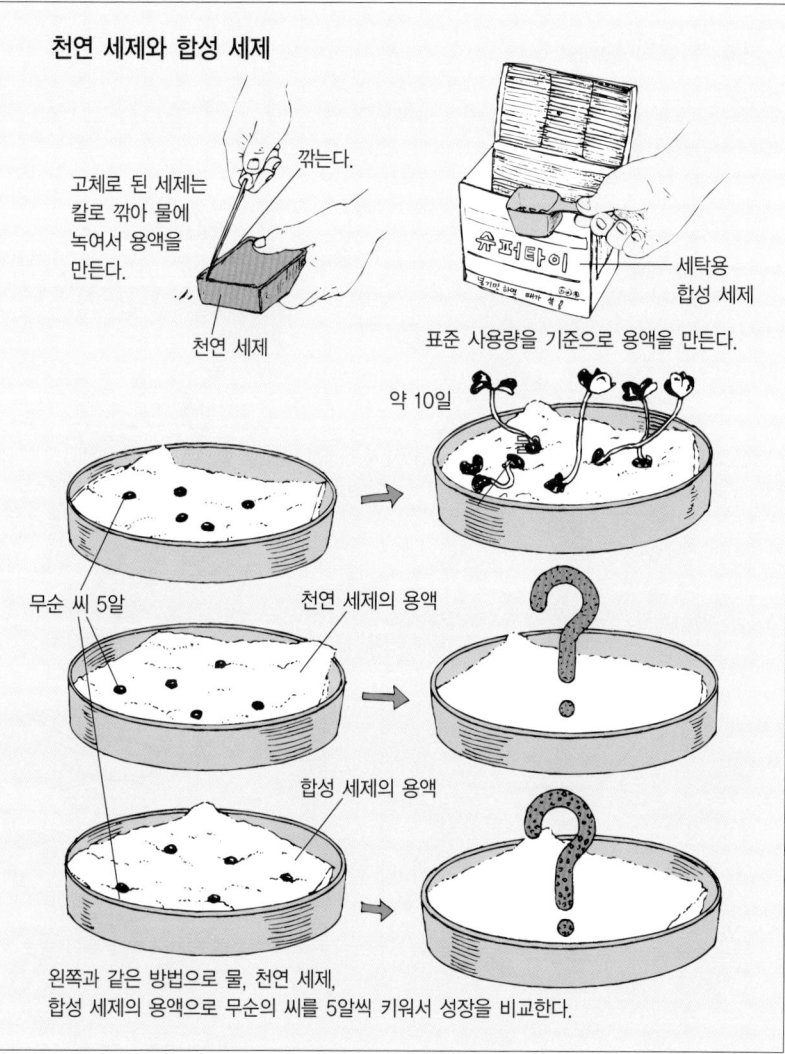

리트머스 시험지 만들기

수용액의 산성과 알칼리성을 조사하는 데 사용되는 리트머스 시험지를 만들어 봅니다.
나팔꽃, 보라색 양배추, 가지 껍질, 포도 껍질 등을 끓여서 우러난 물로 흡수 종이를 물들이면 시험지가 완성됩니다. 중요한 포인트는 표준을 만드는

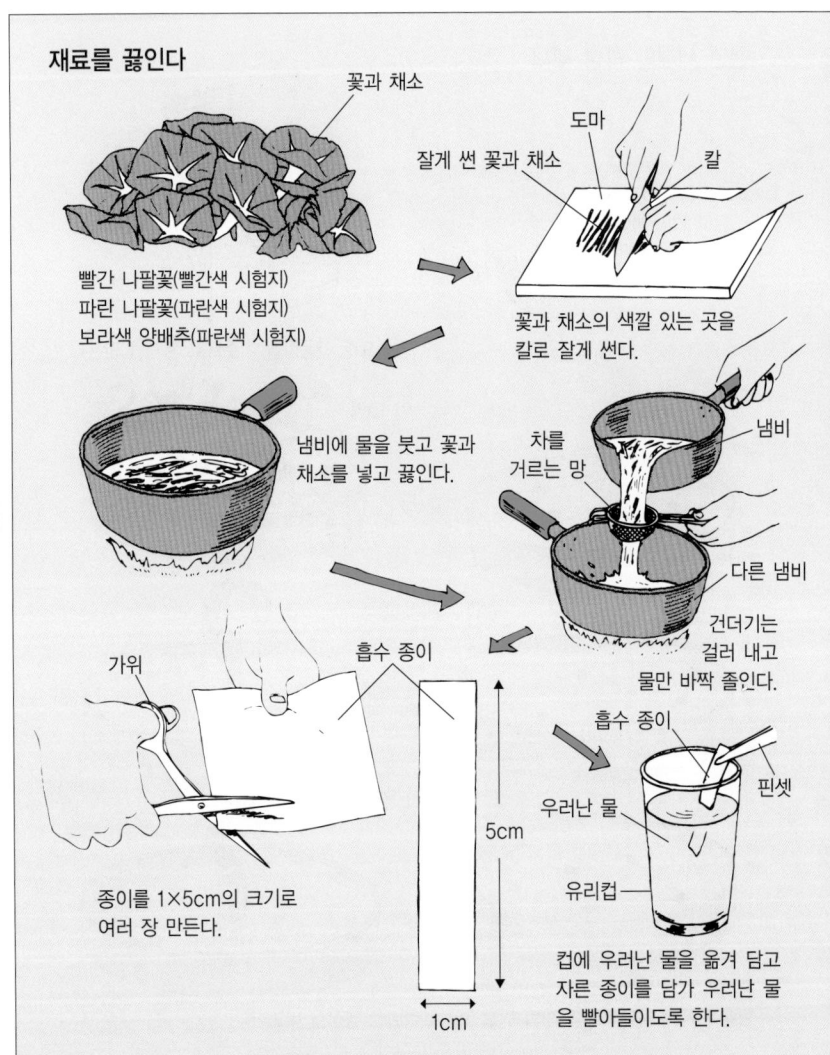

재료를 끓인다

꽃과 채소
- 빨간 나팔꽃(빨간색 시험지)
- 파란 나팔꽃(파란색 시험지)
- 보라색 양배추(파란색 시험지)

꽃과 채소의 색깔 있는 곳을 칼로 잘게 썬다.

냄비에 물을 붓고 꽃과 채소를 넣고 끓인다.

건더기는 걸러 내고 물만 바짝 졸인다.

종이를 1×5cm의 크기로 여러 장 만든다.

컵에 우러난 물을 옮겨 담고 자른 종이를 담가 우러난 물을 빨아들이도록 한다.

일! 집에 있는 강한 산성인 화장실용 세정액이나 약한 산성인 식초 등에 완성된 시험지를 담가서 어떤 색으로 변하는지 기록합니다.
이렇게 표준 식별표를 만들어 두면 어떤 성질인지 알 수 없는 것을 알아볼 때 비교해서 산성인지 알칼리성인지를 알 수 있습니다. 시험지를 만드는 과정을 사진으로 찍고 스케치합니다. 그리고 완성된 리트머스 시험지로 여러 가지 것의 산성과 알칼리성을 조사하여 정리해 봅니다.

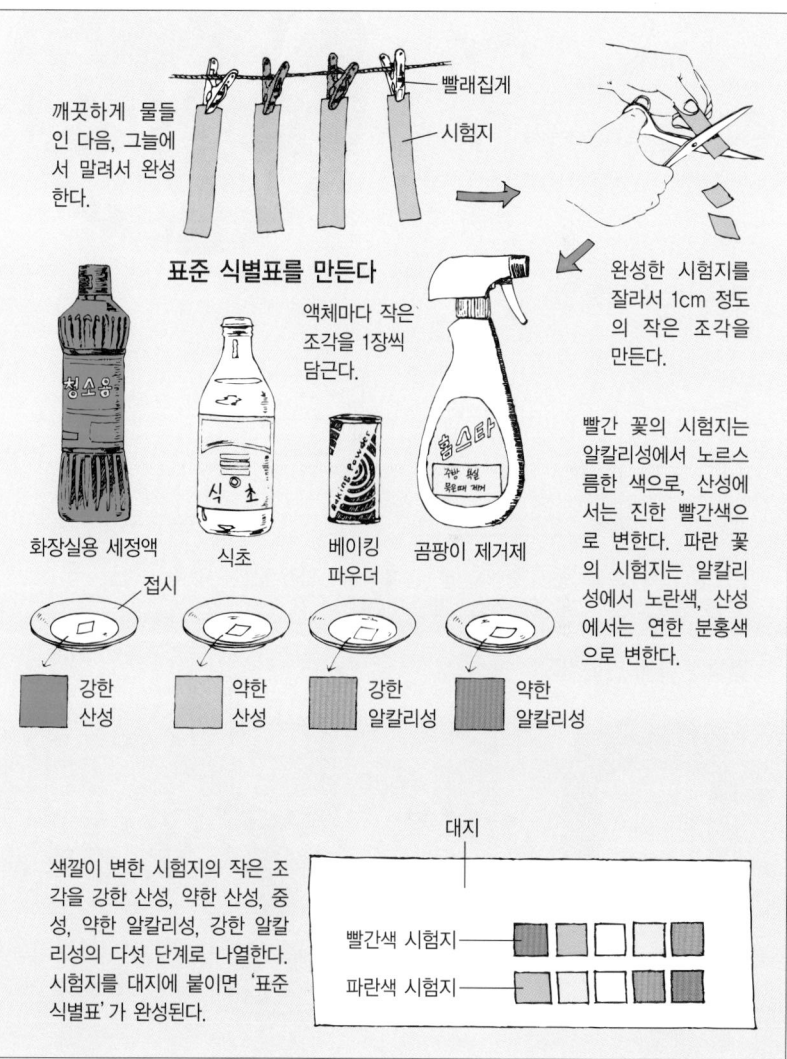

소금의 결정을 만든다

돋보기로 결정체를 관찰한다

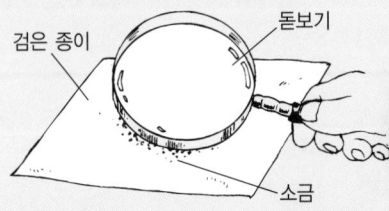
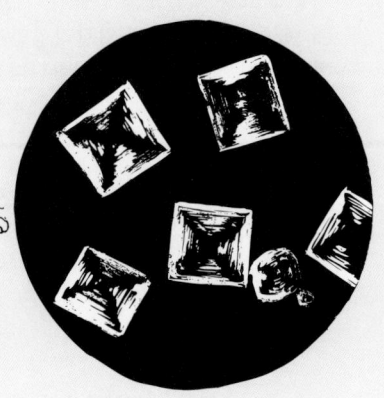

소금(정제된 깨끗한 것)을 검은 종이 위에 놓고 돋보기로 보면 소금은 정육면체의 깨끗한 모양을 하고 있다.

진한 식염수 만들기

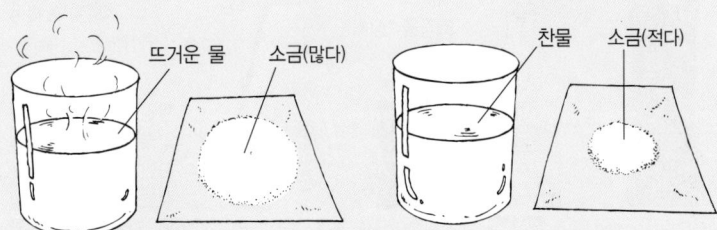

같은 양의 뜨거운 물과 찬물 중에서 어느 쪽에 소금이 많이 녹는지 시험해 보자.
뜨거운 물에 소금이 많이 녹아 진한 식염수가 된다.

결정체 크게 만들기

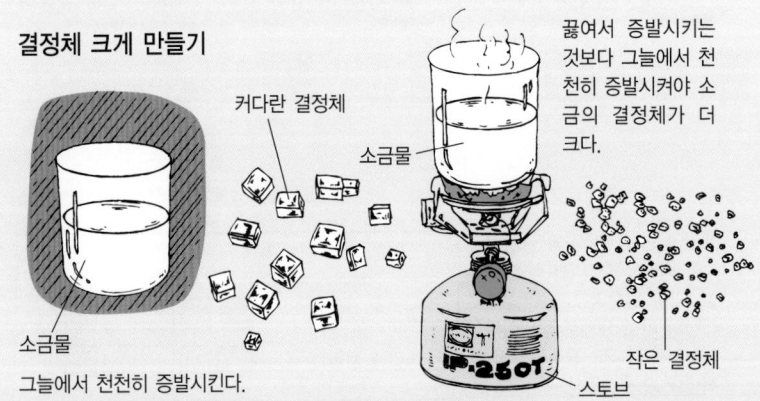

그늘에서 천천히 증발시킨다.

끓여서 증발시키는 것보다 그늘에서 천천히 증발시켜야 소금의 결정체가 더 크다.

커다란 소금 결정체를 만들어 봅니다. 만드는 과정을 스케치하고 결정체를 결과물로 제출할 수 있습니다.

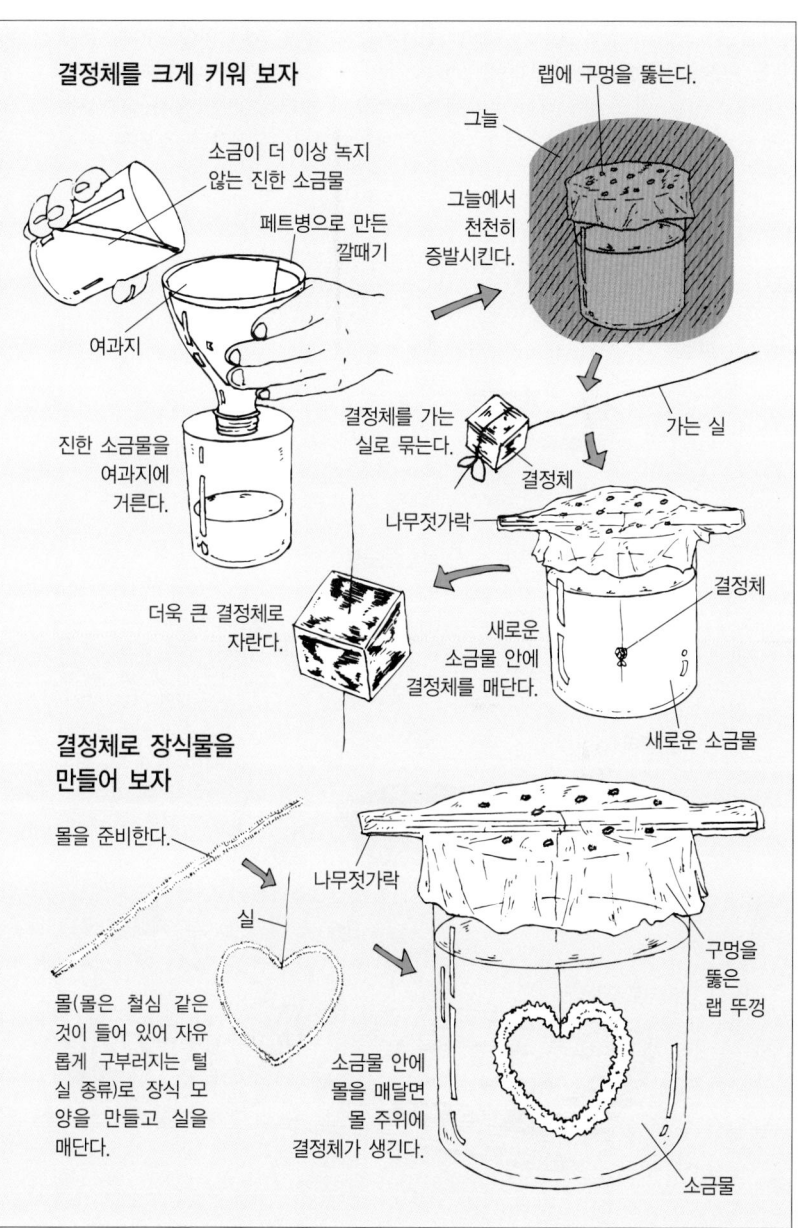

손이 얼마나 더러운지 조사한다

사람 눈에는 보이지 않아도, 곳곳에 세균과 곰팡이 등의 미생물이 있습니다. 미생물 중에는 사람에게 유용하게 쓰이는 것도 있지만 식중독 같은 병을 일으키는 것도 많습니다. '밖에서 돌아오면 반드시 손을 씻자.'고 하는 것은 보이지 않는 세균을 씻어 내기 위해서입니다. 실제로 평소에는 손이

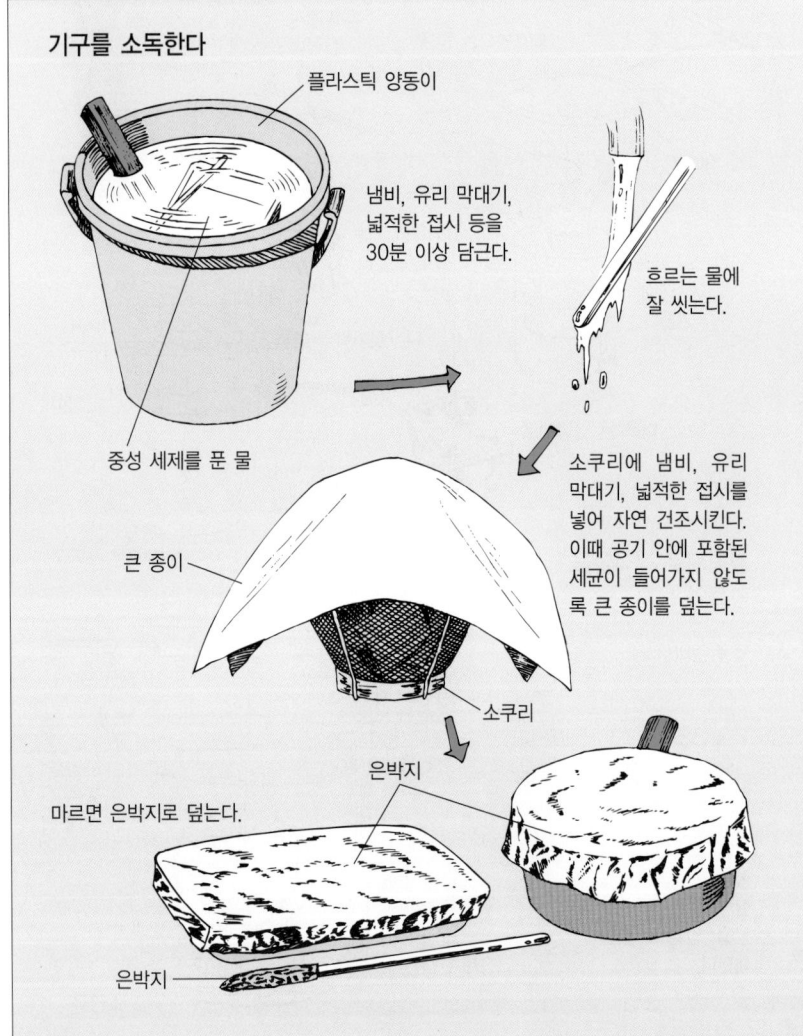

얼마나 더러울까요? 보통 보이지 않는 세균도 많이 늘어나면 세균 덩어리를 만들어 눈으로 볼 수 있게 됩니다. 한천을 사용하여 콜로니(세균 덩어리)를 만들고, 손이 얼마나 더러운가 조사해 봅니다. 비누로 손을 씻기 전과 후를 비교해 보면 손 씻기의 효과를 알 수 있습니다. 또 더러워진 그릇 2개 중 하나는 냉장고에 넣어 둡니다. 낮은 온도에서는 균이 잘 늘어나지 않습니다. 왜 더운 여름날 식중독 피해가 많은지 이것으로 알 수 있습니다.

한천을 녹인다

※ 한천은 우뭇가사리 같은 홍조류를 끓여 만든 끈끈한 물질이다.

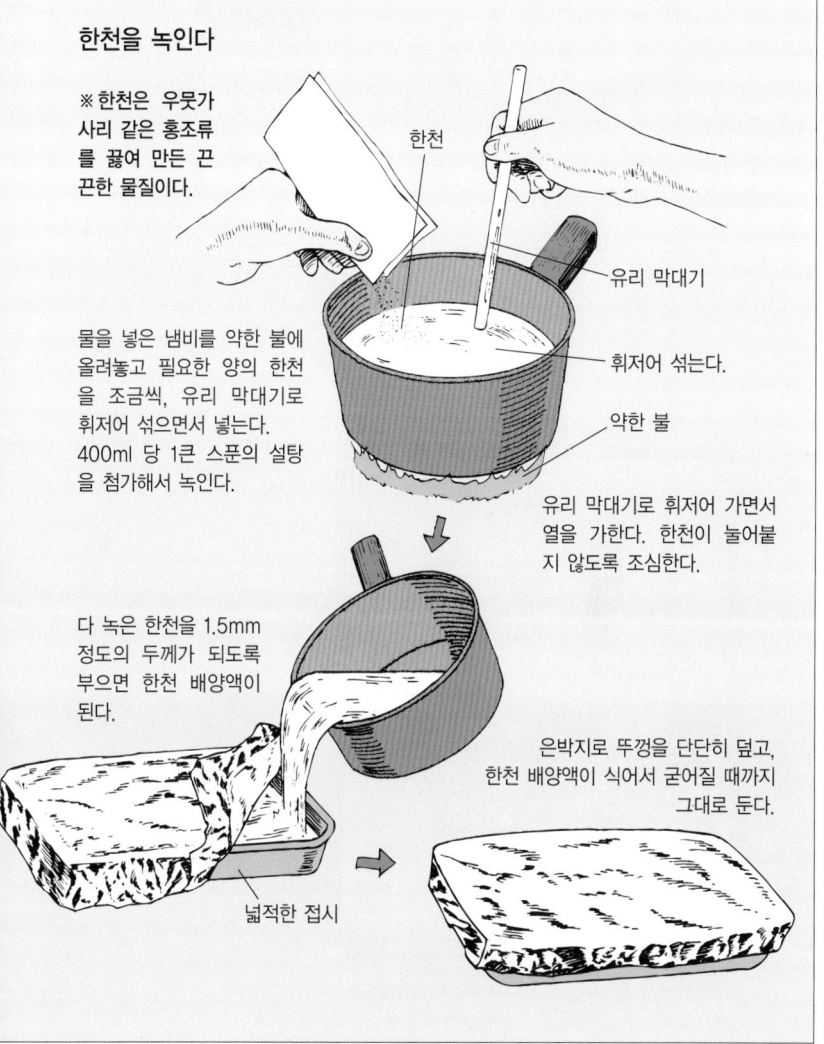

한천

물을 넣은 냄비를 약한 불에 올려놓고 필요한 양의 한천을 조금씩, 유리 막대기로 휘저어 섞으면서 넣는다. 400ml 당 1큰 스푼의 설탕을 첨가해서 녹인다.

유리 막대기

휘저어 섞는다.

약한 불

유리 막대기로 휘저어 가면서 열을 가한다. 한천이 눌어붙지 않도록 조심한다.

다 녹은 한천을 1.5mm 정도의 두께가 되도록 부으면 한천 배양액이 된다.

은박지로 뚜껑을 단단히 덮고, 한천 배양액이 식어서 굳어질 때까지 그대로 둔다.

넓적한 접시

손이 얼마나 더러운지 조사해 보자

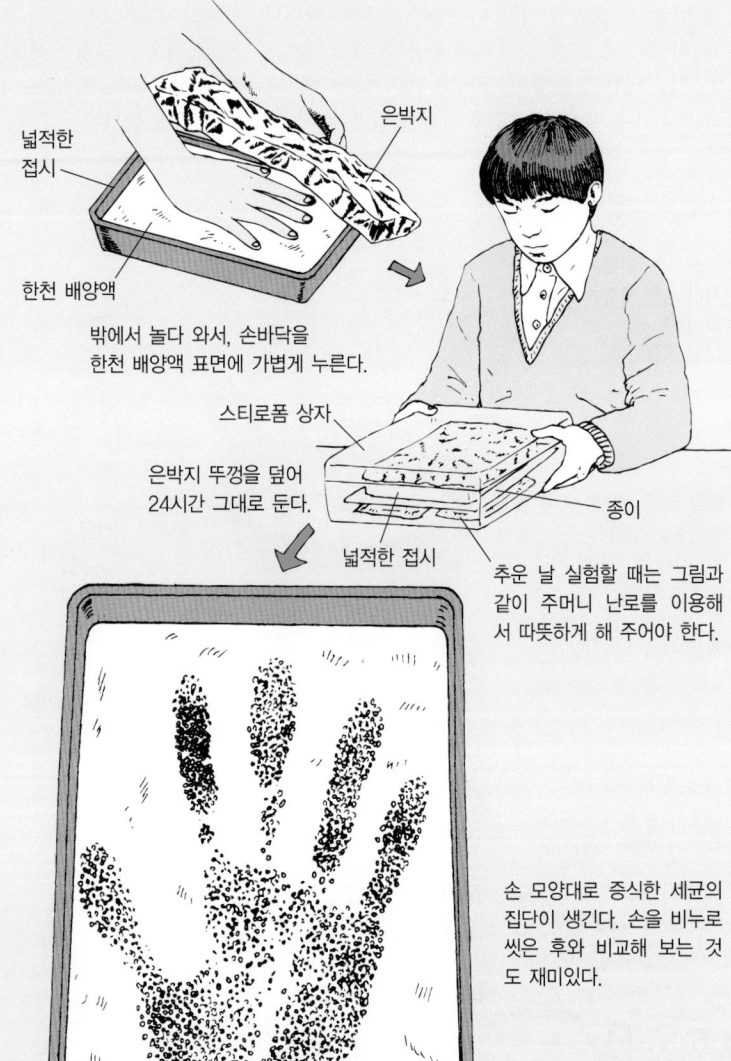

넓적한 접시
은박지
한천 배양액

밖에서 놀다 와서, 손바닥을 한천 배양액 표면에 가볍게 누른다.

스티로폼 상자

은박지 뚜껑을 덮어 24시간 그대로 둔다.

넓적한 접시
종이

추운 날 실험할 때는 그림과 같이 주머니 난로를 이용해서 따뜻하게 해 주어야 한다.

손 모양대로 증식한 세균의 집단이 생긴다. 손을 비누로 씻은 후와 비교해 보는 것도 재미있다.

생활용품이 얼마나 더러운지 조사해 보자

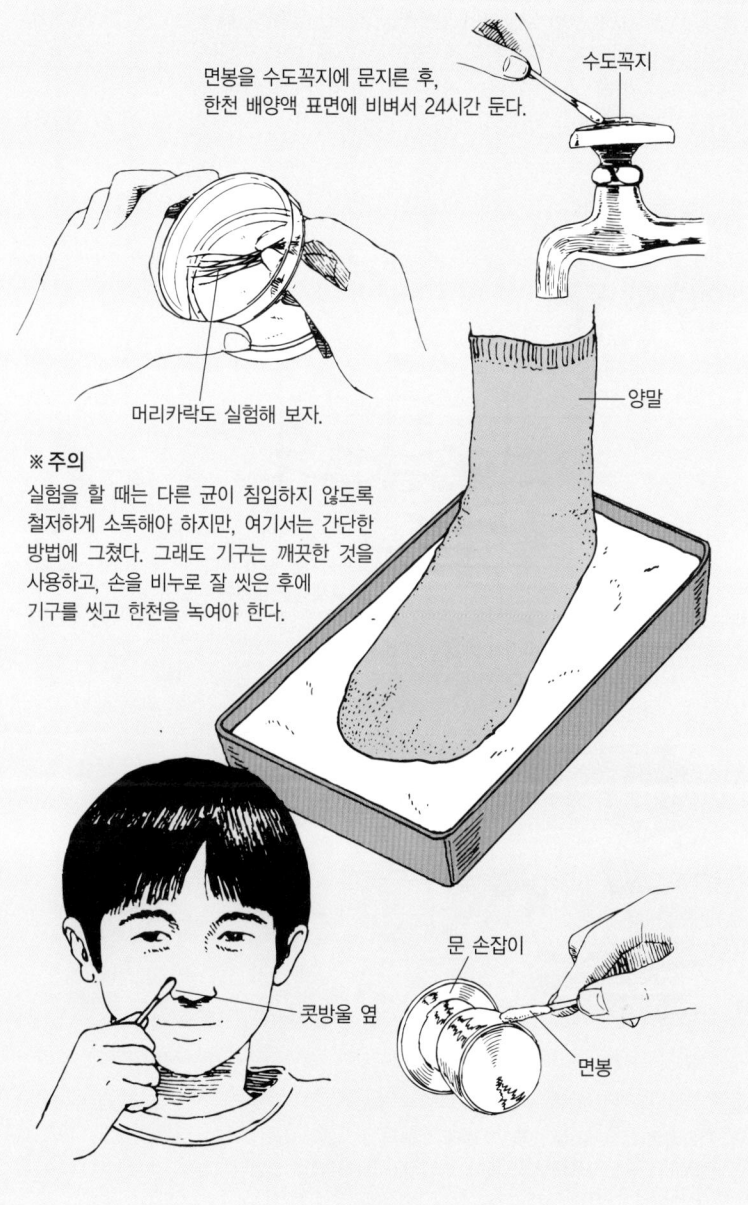

면봉을 수도꼭지에 문지른 후, 한천 배양액 표면에 비벼서 24시간 둔다.

수도꼭지

머리카락도 실험해 보자.

※ 주의
실험을 할 때는 다른 균이 침입하지 않도록 철저하게 소독해야 하지만, 여기서는 간단한 방법에 그쳤다. 그래도 기구는 깨끗한 것을 사용하고, 손을 비누로 잘 씻은 후에 기구를 씻고 한천을 녹여야 한다.

양말

콧방울 옆

문 손잡이

면봉

산성비가 우리 생활에 끼치는 영향에 대하여

산에 가면 가지 끝의 잎이 다 떨어져, 줄기가 드러난 나무를 발견할 때가 있습니다. 또 마당에 있는 나팔꽃 잎이 누렇게 변하고 너덜너덜하게 된 것도 있습니다. 여러 가지 원인이 있을 수 있지만, 산성비의 영향도 많습니다. 공장 굴뚝의 연기와 자동차 배기가스 안의 물질이 비에 섞이면 비의 성질이

식물을 조사한다

집 주변이나 야산에서 가지 끝이 마른 나무와 너덜너덜하게 된 나뭇잎을 조사해 본다.

빗물을 조사한다

빗물을 받아서 리트머스 시험지를 담가 본다. 분홍색으로 변하면 산성비다.

홈통
접시
리트머스 시험지
컵

자동차의 배기가스를 조사한다

비닐 주머니
자동차의 배기 장치
배기가스
물을 넣어서 힘껏 흔든다.

자동차의 배기가스를 모은 뒤 물에 섞어서 리트머스 시험지로 조사해 본다. 시험지가 분홍색으로 변한다.

산성이 되어 식물, 물에 사는 생물, 건물에 피해를 줍니다.
산성비는 직접적으로 식물의 꽃과 잎사귀를 상하게 할 뿐만 아니라 흙 속의 양분을 빼앗아 식물이 제대로 자라지 못하게 합니다. 산성비가 식물에게 얼마나 나쁜 영향을 주는지 실험하면서 관찰해 봅니다. 실험 방법과 결과를 스케치하고 사진을 찍어 정리합니다. 단, 배기가스를 모으는 일과 같은 것은 부모님께 부탁해 봅니다.

산성비는 식물의 성장에 어떤 영향을 줄까?

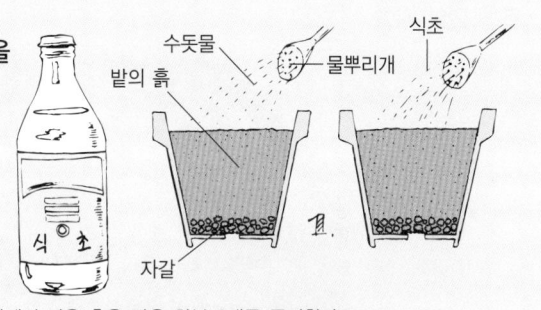

바닥에 자갈을 깔고, 밭에서 떠온 흙을 담은 화분 2개를 준비한다.
하나에는 식초(산성), 다른 하나에는 수돗물을 각각 10회 정도 반복해서 준 뒤 물로 깨끗하게 씻어 내린다.

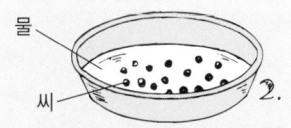

무씨(빨리 자라는 품종을 선택)를 하룻밤 물에 담아 둔다.

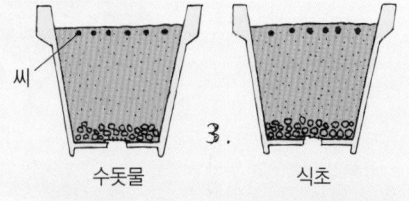

씨를 화분에 각각 5~6개씩 심은 뒤, 화분을 볕이 잘 드는 곳에 두고, 매일 물을 준다. 떡잎이 나오면 스케치하고 사진을 찍는다.

식초로 처리한 화분의 성장이 느리다. 2주일 정도 지나면, 성장이 전혀 다른 것을 알게 된다.

줄기의 높이와 전체의 무게를 재고, 표나 그래프로 정리하면 성장의 차이를 알 수 있다.

달의 모습을 그려 보자

달은 지구에서 가장 가깝고 관측하기 쉬운 천체입니다. 쌍안경으로 달을 관찰하면서 초승달에서 보름달까지 달이 기울고 차는 모습을 스케치해 봅니다. 언제나 같은 면이 관찰됨을 확인할 수 있습니다. 달이 스스로 한 바퀴 도는 자전과 지구 주위를 한 바퀴 도는 공전의 주기가 일치하기 때문입니

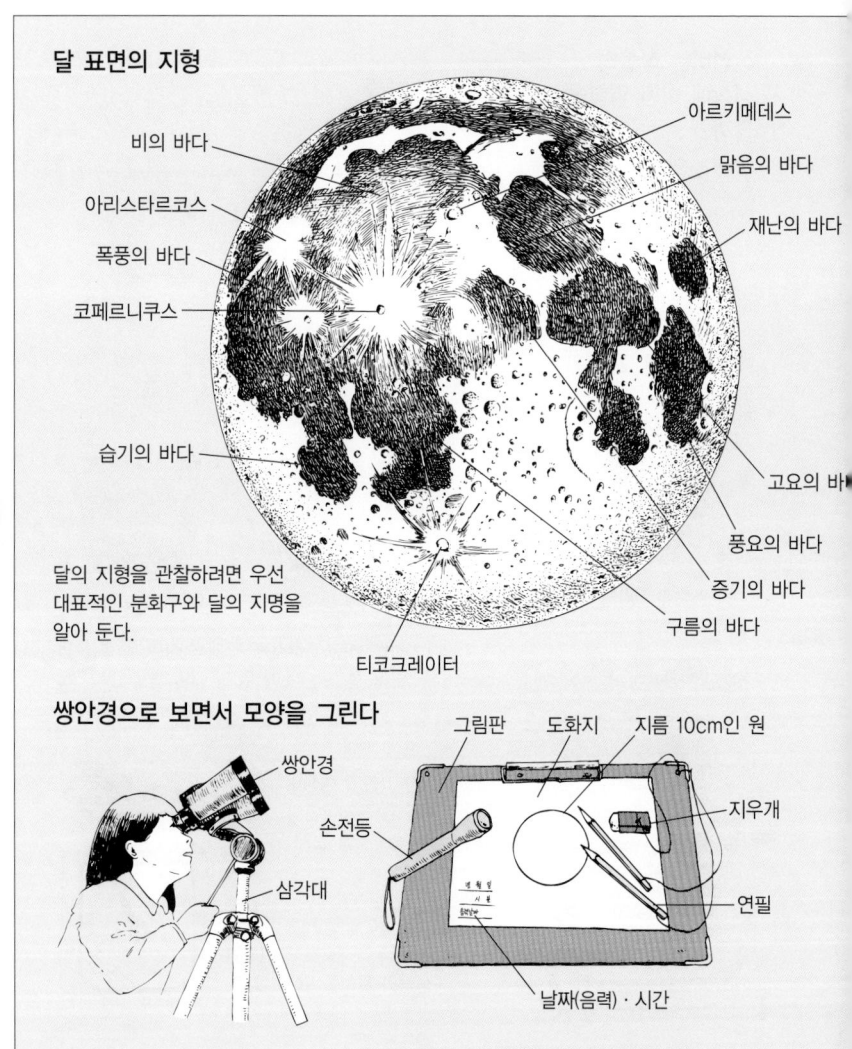

달 표면의 지형

- 아르키메데스
- 비의 바다
- 맑음의 바다
- 아리스타르코스
- 재난의 바다
- 폭풍의 바다
- 코페르니쿠스
- 습기의 바다
- 고요의 바다
- 풍요의 바다
- 증기의 바다
- 구름의 바다
- 티코크레이터

달의 지형을 관찰하려면 우선 대표적인 분화구와 달의 지명을 알아 둔다.

쌍안경으로 보면서 모양을 그린다

- 쌍안경
- 손전등
- 삼각대
- 그림판
- 도화지
- 지름 10cm인 원
- 지우개
- 연필
- 날짜(음력)·시간

다. 그러나 달이 늘 같은 면을 보여준다 해도 볼 때마다 조금씩 차이가 생기는데, 그것은 회전과 운동에 따른 약간의 흔들림 때문입니다. 그래서 지구에서는 달 표면의 약 60%를 관측할 수 있습니다. 이것도 스케치해서 확인해 봅니다. 만일 배율이 60배 이상 되는 망원경이 있으면 분화구와 산맥 등의 지형을 스케치하는 것도 가능합니다. 같은 지형이라도 보름달일 때와 초승달일 때는 그 느낌이 다르다는 사실을 알게 될 것입니다.

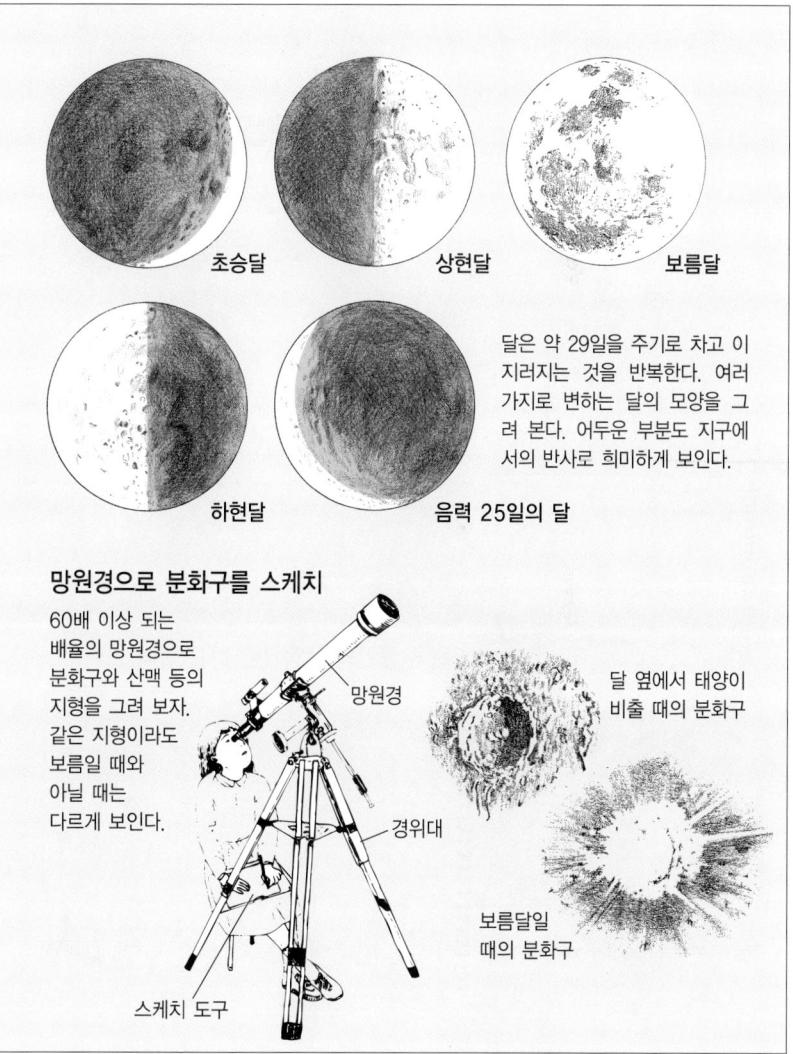

초승달 상현달 보름달

하현달 음력 25일의 달

달은 약 29일을 주기로 차고 이지러지는 것을 반복한다. 여러 가지로 변하는 달의 모양을 그려 본다. 어두운 부분도 지구에서의 반사로 희미하게 보인다.

망원경으로 분화구를 스케치

60배 이상 되는 배율의 망원경으로 분화구와 산맥 등의 지형을 그려 보자. 같은 지형이라도 보름일 때와 아닐 때는 다르게 보인다.

망원경

경위대

스케치 도구

달 옆에서 태양이 비출 때의 분화구

보름달일 때의 분화구

달의 움직임을 관찰한다

달은 항상 같은 하늘, 같은 장소에 있는 것이 아니라 끊임없이 움직입니다. 스케치북에 풍경을 그리고 달의 위치를 그려 넣어 봅니다. 달 관찰에는 지구 자전에 의한 하루 동안의 달 모양 변화 관찰, 지구 주위를 공전함에 따른 한 달 동안의 달 모양 변화 관찰로 크게 나뉩니다. 달의 움직임은 음력으로

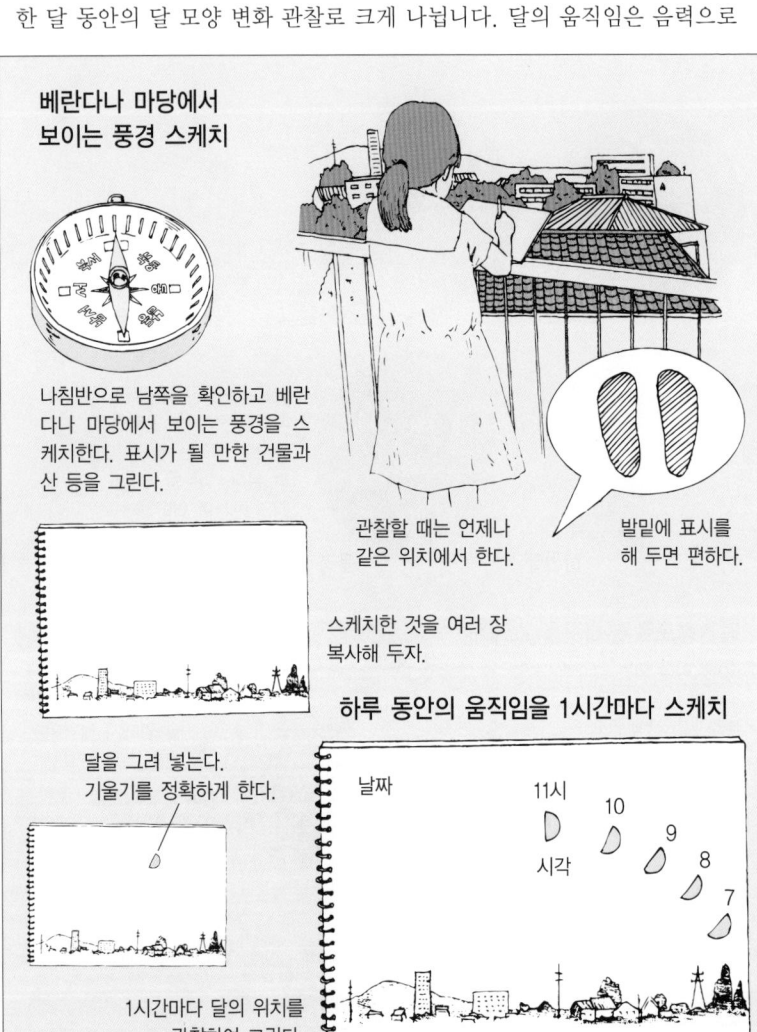

7~15일 즈음 달이 높이 떠올라 있을 때 관찰하는 것이 제일 좋습니다. 1시간마다 달의 위치를 스케치북에 그려 보면 달이 동쪽에서 서쪽으로 움직여 가는 것을 알 수 있습니다. 또 달의 공전에 따른 움직임은 초승달에서 시작하여 10~14일 동안 매일 같은 시각에 달의 위치를 그려 넣으면 서쪽에서 동쪽으로 움직이고 있음을 알 수 있습니다. 그림에는 멀리 있는 건물도 자세하게 그리고 관찰할 때마다 같은 장소와 위치에서 관찰해야 성공합니다.

10~14일간 매일 같은 시간에 관찰

달력에 나온 음력 날짜를 확인한다.
음력 3일(초승달)부터 관찰하기 시작한다.

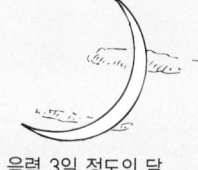

음력 3일 정도의 달

※ 정확한 월령(달의 날짜)은 음력과는 약간의 차이가 있지만 월령을 확인하기가 어려우므로 단순히 관찰만 하는 경우에는 음력을 참고한다.

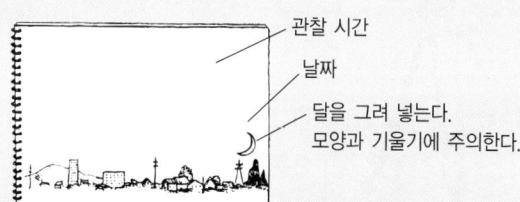

관찰 시간
날짜
달을 그려 넣는다.
모양과 기울기에 주의한다.

오후 7시나 오후 8시 등 매일 일정한 시간에 관찰한다.

오랫동안 관찰해야 하므로 비가 오거나 흐린 날도 있겠지만 끈기 있게 계속해 보자.

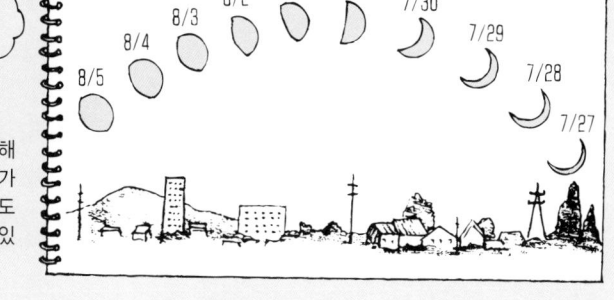

행성을 관찰하고 스케치한다

금성, 화성, 목성 등은 지구와 같은 태양계에 속해 있습니다. 구경이 8cm 이상인 망원경이 있으면 행성의 모양을 관찰하고 스케치해 봅니다. 행성 중에서 화성, 목성, 토성이 찾기 쉬워서 관찰하기 알맞습니다. 그중 가장 관찰하기 쉬운 것이 목성인데, 쌍안경만으로도 '갈릴레오 위성'이라는 4개의

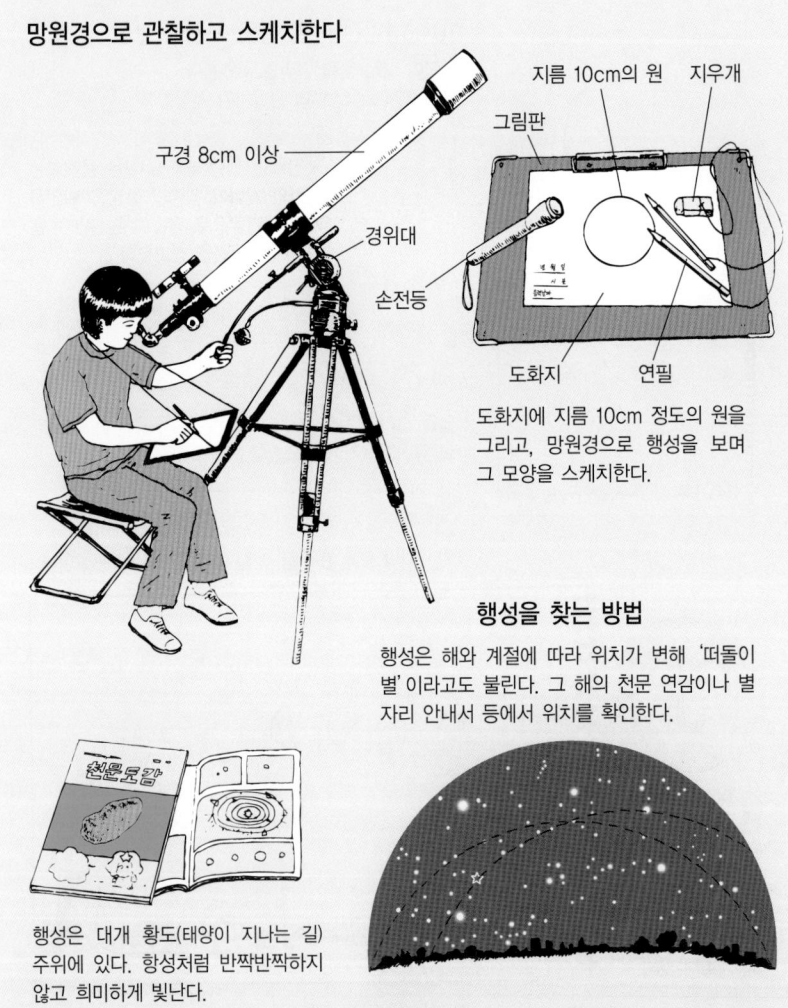

망원경으로 관찰하고 스케치한다

- 구경 8cm 이상
- 경위대
- 손전등
- 그림판
- 지름 10cm의 원
- 지우개
- 도화지
- 연필

도화지에 지름 10cm 정도의 원을 그리고, 망원경으로 행성을 보며 그 모양을 스케치한다.

행성을 찾는 방법

행성은 해와 계절에 따라 위치가 변해 '떠돌이별'이라고도 불린다. 그 해의 천문 연감이나 별자리 안내서 등에서 위치를 확인한다.

행성은 대개 황도(태양이 지나는 길) 주위에 있다. 항성처럼 반짝반짝하지 않고 희미하게 빛난다.

위성을 볼 수 있습니다. 위성은 시간이 지남에 따라 위치가 변합니다. 관찰하는 날을 바꾸어 스케치해 봅니다. 또 목성은 자전 주기가 약 9시간 55분이므로 시간이 지나면 표면의 모양이 바뀌어 있습니다. 화성은 2년 2개월마다 지구에 접근합니다. 또 15년이나 17년에 한 번 지구에 아주 가까이 접근하기 때문에 극에 있는 하얀 얼음을 관찰할 수 있습니다. 토성은 겉에 두른 둥근 띠가 특징이며, 그 띠의 경사가 매년 변하는 것이 재미있습니다.

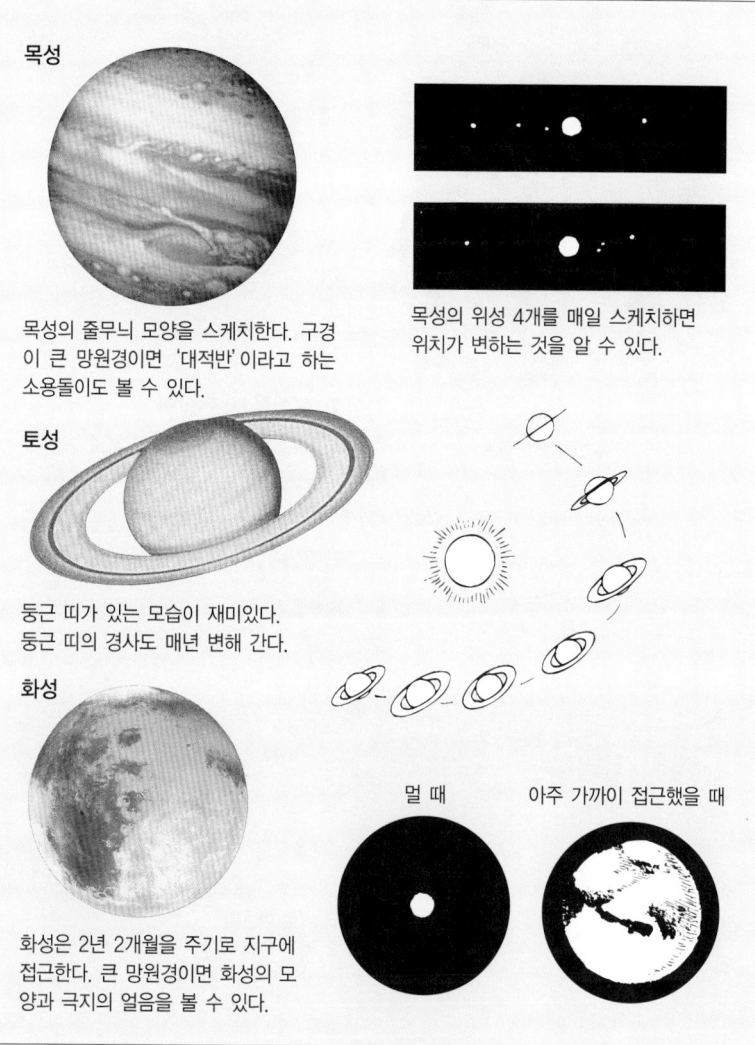

목성

목성의 줄무늬 모양을 스케치한다. 구경이 큰 망원경이면 '대적반'이라고 하는 소용돌이도 볼 수 있다.

목성의 위성 4개를 매일 스케치하면 위치가 변하는 것을 알 수 있다.

토성

둥근 띠가 있는 모습이 재미있다. 둥근 띠의 경사도 매년 변해 간다.

화성

화성은 2년 2개월을 주기로 지구에 접근한다. 큰 망원경이면 화성의 모양과 극지의 얼음을 볼 수 있다.

멀 때   아주 가까이 접근했을 때

지진의 액상화 현상에 대해 알아본다

대지진이 일어나 흙탕물을 내뿜은 뒤의 모습이다.

신문과 인터넷, 책에서 조사한다

신문과 인터넷, 지진에 대한 책을 보고 액상화 현상에 대해 조사한다.

지진으로 쓰러진 아파트

액상화 현상을 재현한다

컵에 모래를 넣고 가만히 전체에 물을 붓는다. 20분 정도 있다가 컵을 들어 올려 콩콩 찧는다.

책상 위에서 컵을 약 1cm 들어 올렸다가 몇 차례 찧듯이 떨어뜨린다.

500ml 플라스틱 컵
모래 4/5
물은 모래의 1/4~1/3 분량
1cm
책상
흙탕물

흙탕물이 모래 위로 나온다. 물이 많을수록 쉽게 된다.

지진이 나면 지면에서 흙탕물이 뿜어 나오고, 건물이 가라앉듯 쓰러집니다. 이것을 '액상화 현상' 이라고 하는데 간단하게 책상 위에서 재현해 봅니다.

건물을 얹어서 실험

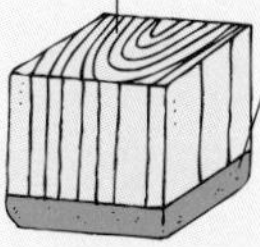

나무 조각을 건물이라 생각하고 찰흙을 나무 조각 바닥에 붙인다.

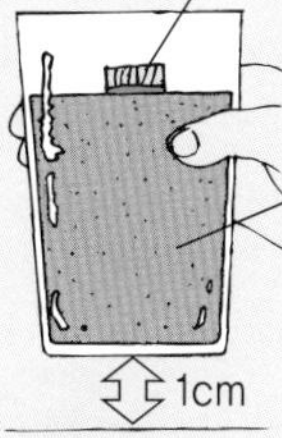

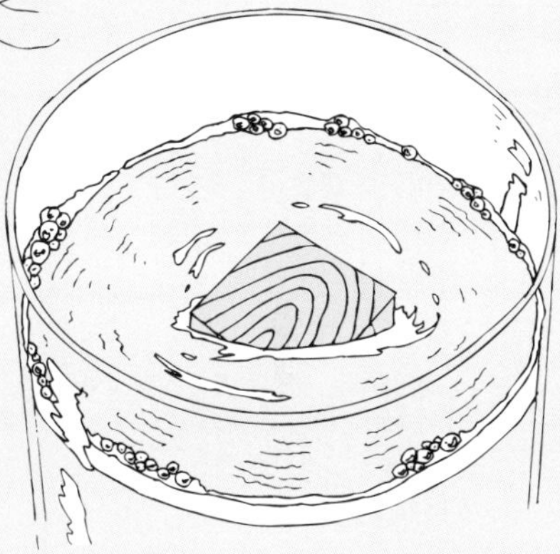

나무 조각을 모래 위에 놓고 왼쪽과 똑같이 실험한다. 나무 조각이 가라앉기도 하고 기울기도 한다.

지반이 약한 곳의 고층 건물

지반이 약한 곳에 고층 건물을 세울 때 말뚝으로 건물과 암반을 이어주면 지진이 일어나도 안전하다.

막대기를 나무 조각에 본드로 붙인다. 컵 밑바닥에는 암반 대신 찰흙을 깐다.

찰흙에 막대기를 꽂아 세우고, 모래를 나무 조각의 밑바닥에 닿도록 넣는다. 가만히 물을 붓고 20분 정도 기다린다.

같은 식으로 위에서 몇 번 떨어뜨린다. 액상화는 일어나지만 건물은 무사하다.

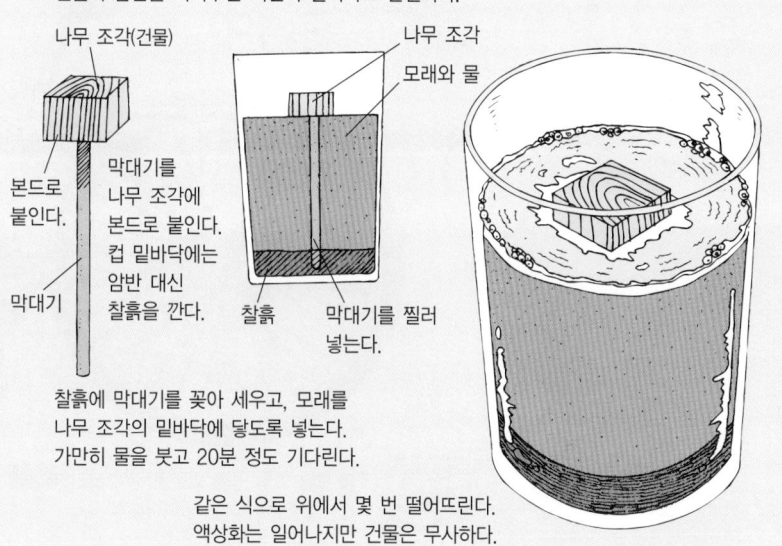

자전거의 과학을 알아본다

자전거는 비교적 간단한 기계지만 과학의 원리를 잘 적용시켜 타기 좋고 쉽게 운전할 수 있도록 고안되어 있습니다.

핸들이 윤축(축에 바퀴를 고정시켜 축과 바퀴를 동시에 회전시키는 장치)으로 되어 있어서 작은 힘으로 쉽게 돌아가고, 브레이크에는 고무를 사용하였기 때

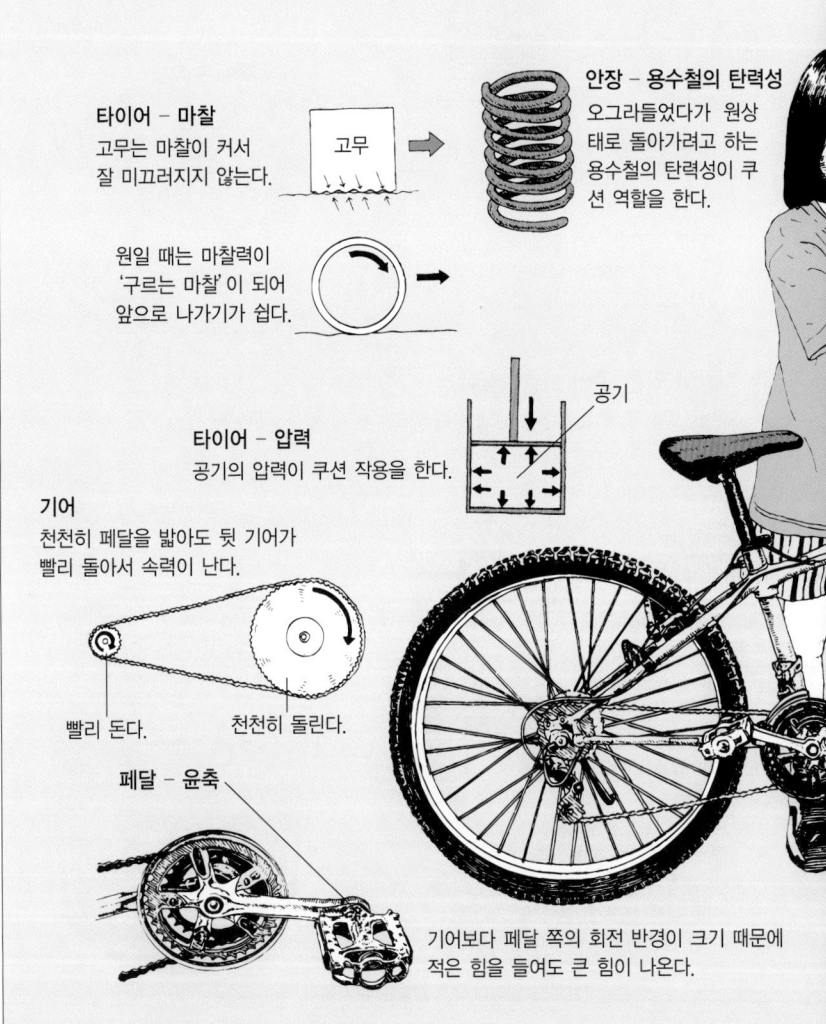

타이어 - 마찰
고무는 마찰이 커서 잘 미끄러지지 않는다.

원일 때는 마찰력이 '구르는 마찰'이 되어 앞으로 나가기가 쉽다.

안장 - 용수철의 탄력성
오그라들었다가 원상태로 돌아가려고 하는 용수철의 탄력성이 쿠션 역할을 한다.

타이어 - 압력
공기의 압력이 쿠션 작용을 한다.

기어
천천히 페달을 밟아도 뒷 기어가 빨리 돌아서 속력이 난다.

빨리 돈다.   천천히 돌린다.

페달 - 윤축
기어보다 페달 쪽의 회전 반경이 크기 때문에 적은 힘을 들여도 큰 힘이 나온다.

문에 큰 마찰이 일어나지 않습니다.

자전거를 세밀하게 조사하여 어떤 과학의 원리와 힘을 응용했는지 부분별로 조사해서 커다란 종이에 정리해 봅니다.

자전거뿐만 아니라, 생활 주변에는 학교에서 배운 과학을 응용한 것이 많이 있습니다. 그것이 어떤 원리로 어떻게 우리에게 도움을 주고 있는지 알아보는 것도 재미있습니다.

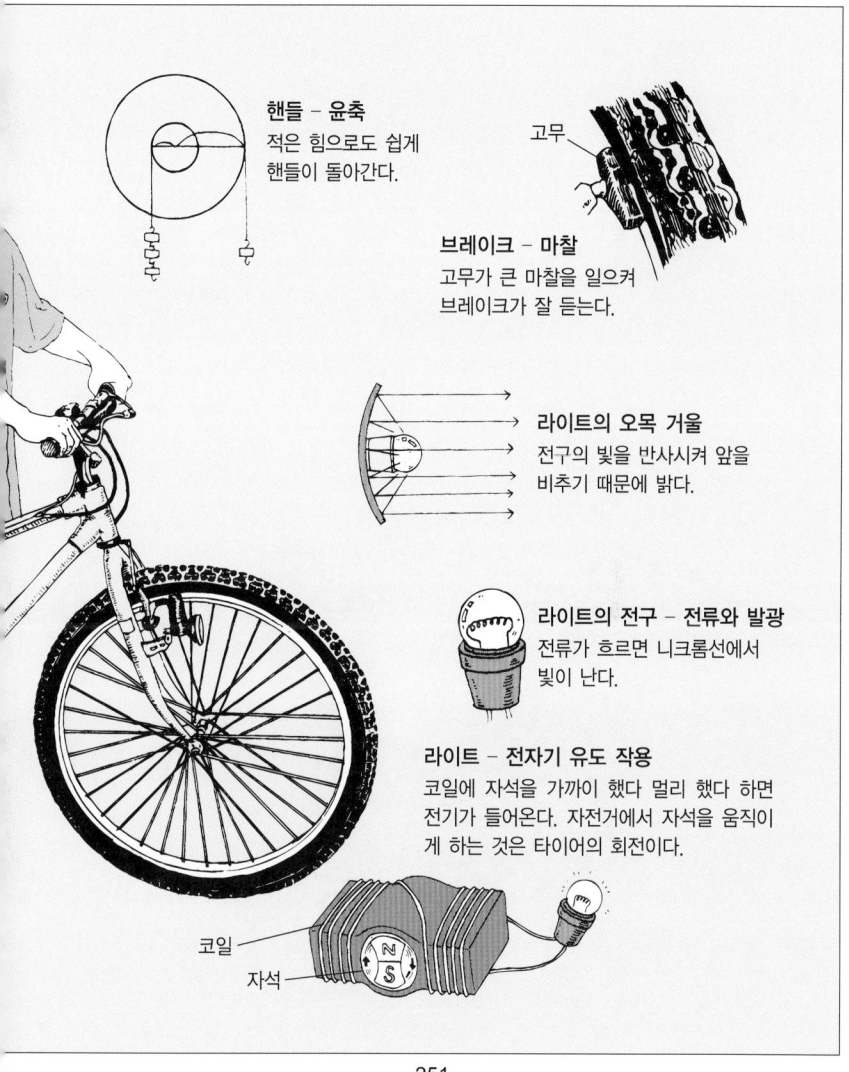

핸들 - 윤축
적은 힘으로도 쉽게 핸들이 돌아간다.

브레이크 - 마찰
고무가 큰 마찰을 일으켜 브레이크가 잘 듣는다.

라이트의 오목 거울
전구의 빛을 반사시켜 앞을 비추기 때문에 밝다.

라이트의 전구 - 전류와 발광
전류가 흐르면 니크롬선에서 빛이 난다.

라이트 - 전자기 유도 작용
코일에 자석을 가까이 했다 멀리 했다 하면 전기가 들어온다. 자전거에서 자석을 움직이게 하는 것은 타이어의 회전이다.

소리의 높이에 대해 알아본다

집에 있는 것을 모은다
컵, 주전자, 냄비 등
여러 가지 물건을 모아 온다.

두들겨서 소리를 내 본다
젓가락 등으로 두들겨 소리를 내고,
소리의 높이를 듣는다.

물건을 두들기면 그 진동으로 반드시 소리가 나는데, 소리의 높이는 물건에 따라 일정합니다. 여러 가지 물건을 두들겨서 소리의 높이를 조사해 봅니다.

소리의 높이를 확인한다

멜로디언, 기타, 피아노 등으로 소리의 높이를 조사한다. 음색이 다르기 때문에 처음에는 구별하기 어렵지만, 몇 번 시험해 보는 사이에 소리의 높이를 알게 된다.

기록한다

그 물건의 사진이나 그림과 함께 소리의 높이를 기록하여 정리한다.

월동 중인 알과 번데기의 보존

곤충은 종류에 따라 어른벌레로 겨울을 나는 것, 알 상태로 겨울을 나는 것, 번데기로 월동을 하는 것 등 여러 가지로 나뉩니다. 만일 월동 중인 알이나 번데기가 붙은 나뭇가지가 눈에 보이면 가지째 잘라서 집으로 가져옵니다. 봄이 되면 부화하거나 날개돋이하는 것을 관찰하는 좋은 기회가 될 것입니다. 그런데 주위가 밝거나 따뜻하거나 습한 실내에 놓아두면 부화하거나 날개돋이하는 시기가 빨라집니다. 그래서 부화나 날개돋이가 끝난 곤충을 밖에 내보내도 먹이가 없어서 죽게 됩니다.

채집해 온 알이나 번데기가 붙은 가지를 흙이 담긴 화분에 꽂아 베란다에 내놓으면, 봄이 와서 자연의 조건이 갖춰질 때 부화하거나 날개돋이하기 시작합니다. 번데기를 더 확실하게 관찰하려면 접시에 화장지를 깔고 물을 뿌린 후, 그 위에 번데기를 얹어서 냉장고의 채소 보관칸에 두었다가 따뜻해지면 사육 상자에 옮겨 관찰합니다.

관찰한 뒤에는 애벌레나 어른벌레를 밖에 놓아줍니다. 단, 나비나 나방의 애벌레가 굶어 죽지 않게 하려면 그 종류의 애벌레가 어떤 나무에서 사는지 알아보고 맞는 나뭇가지에 놓아주어야 합니다.

사회 주제

생활 속에서 연구 과제를 찾는다

일하는 사람의 복장과 도구

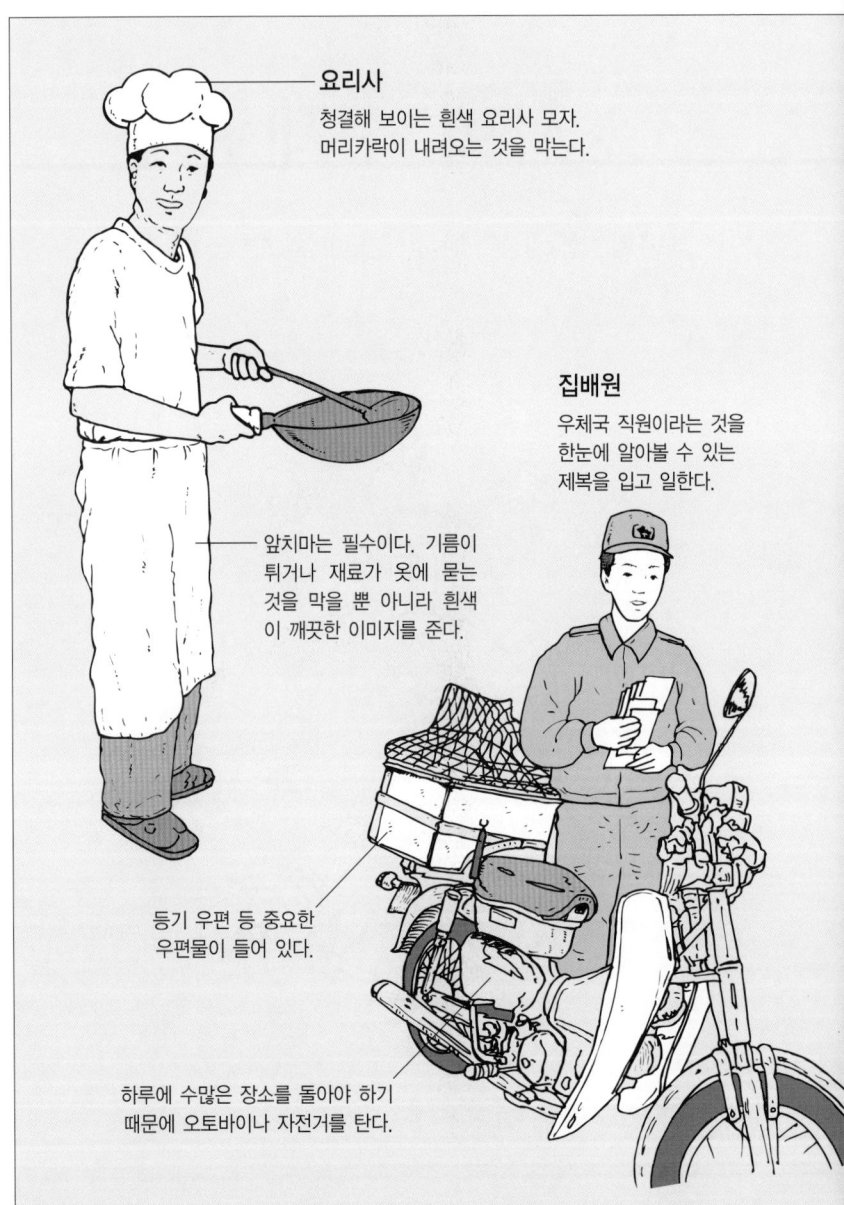

직업 가운데는 독특한 도구를 필요로 하는 일도 있습니다. 직업에 따른 복장과 도구를 조사해 봅니다.

거리의 동물 지도를 만들어 보자

백작 부인
고양이, 9살 암컷
안기는 것을 싫어한다. 매우 깔끔하며 고고한 자태가 매력 포인트이다. 부를 때는 '나비야'로 통하고 별명은 백작 부인이다.

똥
개, 6살 수컷
온순한 성격으로 틈만 나면 잠을 잔다.

토토
토끼, 2살 수컷
공놀이를 좋아한다.
이 집의 막내둥이다.

이름 모를 고양이
고양이, 10개월 수컷
길 고양이 출신으로 가끔씩 이 집에 들락거린다.

집 근처에서 자주 보는 동물을 그려서 동물 지도를 만들어 봅니다. 기르게 된 이유와 성격을 주인에게 질문해 써넣으면 독특한 동물 지도가 됩니다.

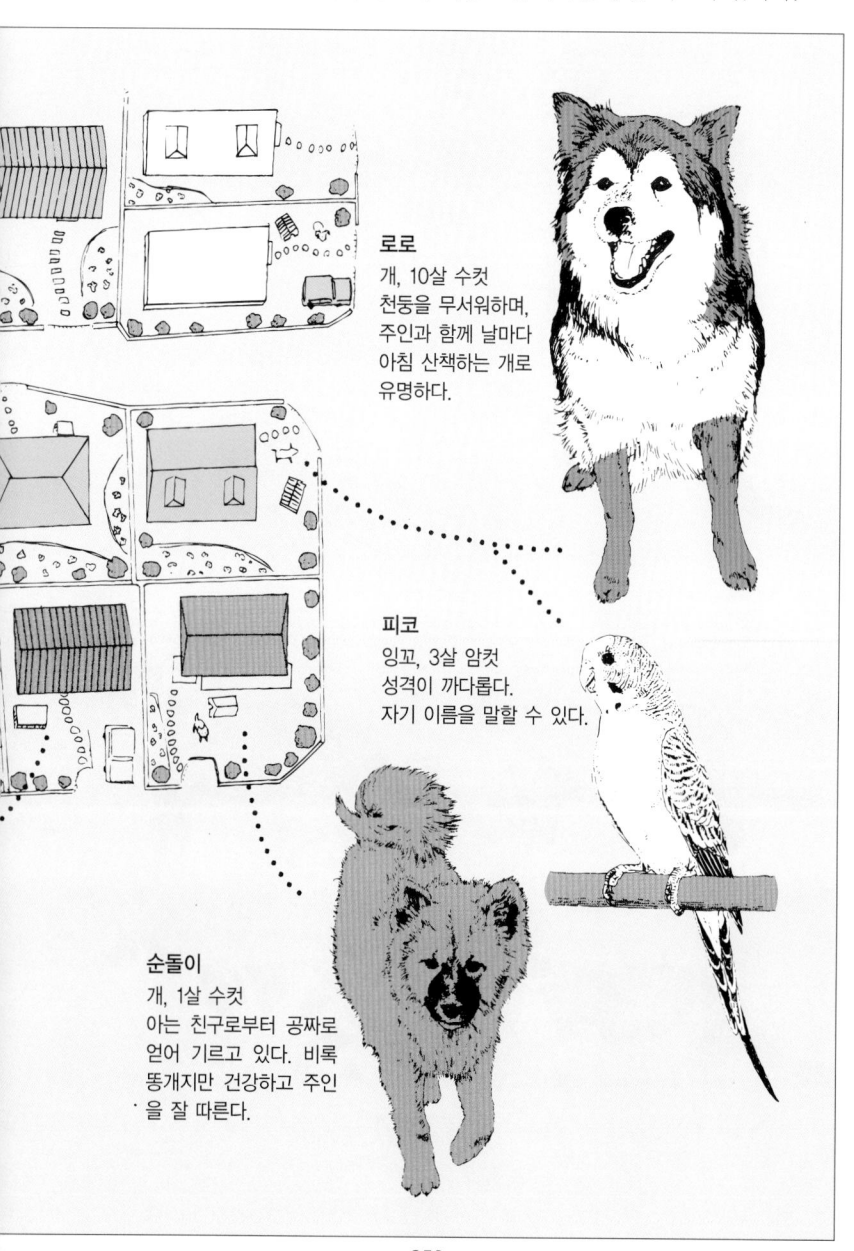

로로
개, 10살 수컷
천둥을 무서워하며, 주인과 함께 날마다 아침 산책하는 개로 유명하다.

피코
잉꼬, 3살 암컷
성격이 까다롭다.
자기 이름을 말할 수 있다.

순돌이
개, 1살 수컷
아는 친구로부터 공짜로 얻어 기르고 있다. 비록 똥개지만 건강하고 주인을 잘 따른다.

고양이의 여러 가지 모습을 그려 보자

거리에서 마주치는 여러 고양이의 모습을 그려 봅니다. 고양이는 배나 발끝이 하얀 종류가 많다는 재미있는 사실을 알게 됩니다.

그림 글자와 마크에 대한 연구

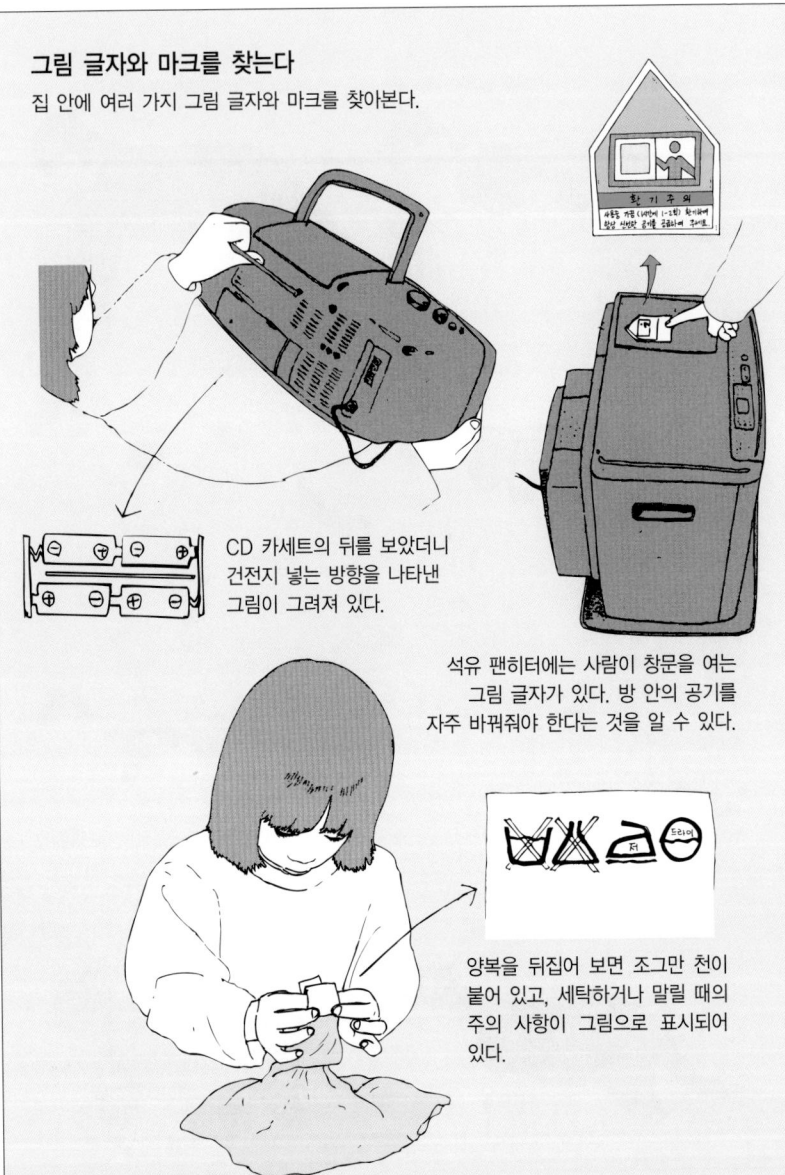

그림 글자와 마크를 찾는다
집 안에 여러 가지 그림 글자와 마크를 찾아본다.

CD 카세트의 뒤를 보았더니 건전지 넣는 방향을 나타낸 그림이 그려져 있다.

석유 팬히터에는 사람이 창문을 여는 그림 글자가 있다. 방 안의 공기를 자주 바꿔줘야 한다는 것을 알 수 있다.

양복을 뒤집어 보면 조그만 천이 붙어 있고, 세탁하거나 말릴 때의 주의 사항이 그림으로 표시되어 있다.

전기 제품이나 양복에는 취급 방법과 주의할 점이 그림 글자와 마크로 표시되어 있습니다. 말로 설명하는 것과 어떻게 다른지 생각해 봅니다.

뜻을 생각해 보자

그림 글자는 그 물건의 모양을 본떠서 만드는 경우가 많아서 글자를 몰라도 단번에 뜻을 알 수 있다. 그림 글자를 보고 알게 된 뜻과 책에서 조사한 뜻을 비교해 보면 재미있다.

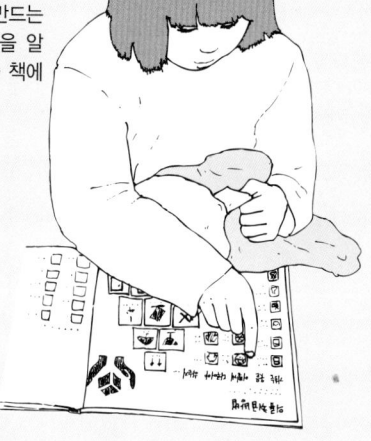

양복의 그림 글자

그림 글자와 마크의 장점은 무엇일까

2m 떨어져 있을 때

잘 보인다.　　잘 보인다.

그림 글자와 마크를 보면 그 뜻을 한눈에 알아볼 수 있다. 그림 글자와 보통 글자로 쓴 것 중 어느 것이 멀리서도 잘 보이는지 비교해 보자.

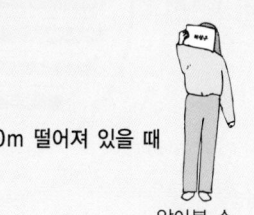

10m 떨어져 있을 때

알아볼 수 있다.　　알아볼 수 없다.

그림 글자의 좋은 점 (비상구 마크)

① 글자를 몰라도 알 수 있다.
② 멀리서도 잘 보인다.

사람 얼굴 닮은 물건을 조사해 보자

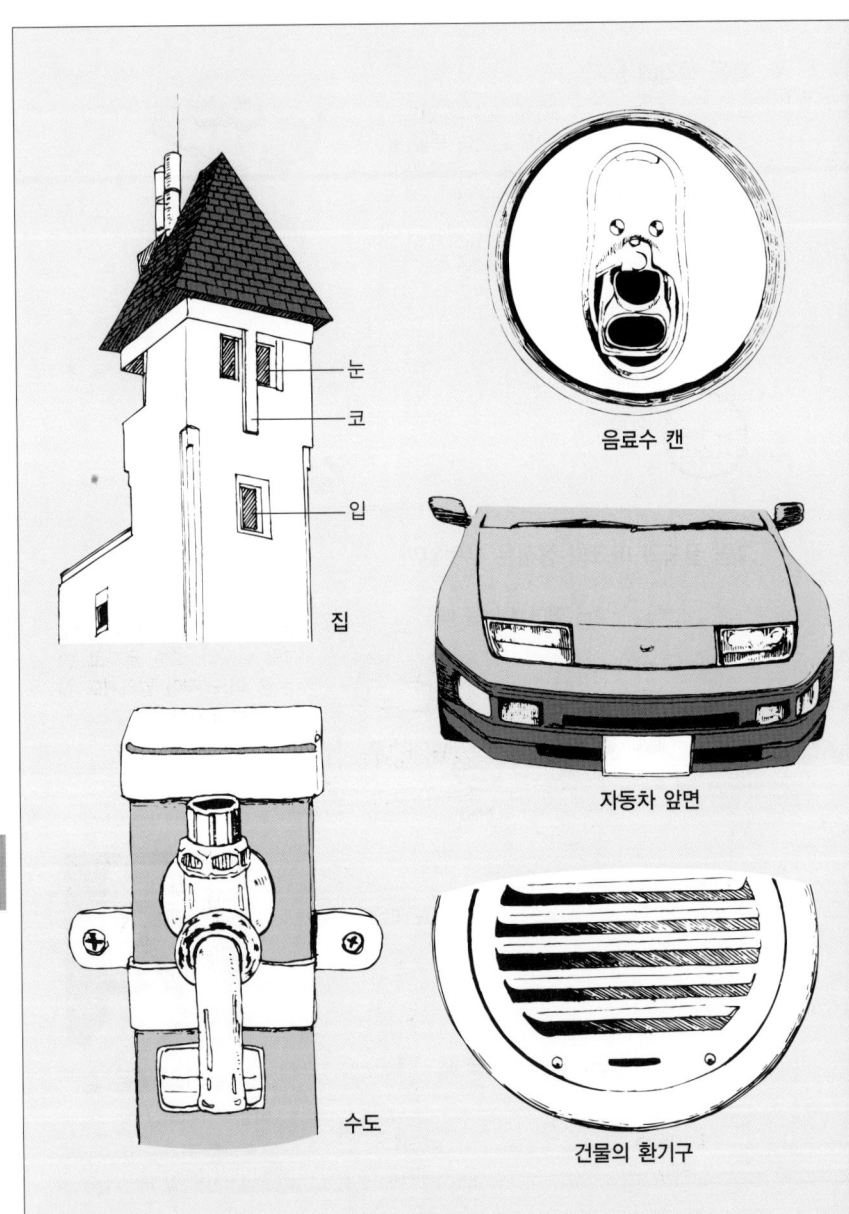

사람 얼굴을 닮은 것을 사진으로 찍어 봅니다. 이를 다른 말로는 '페이스 헌팅'이라 하는데, 세밀한 관찰력이 있어야 찾을 수 있습니다.

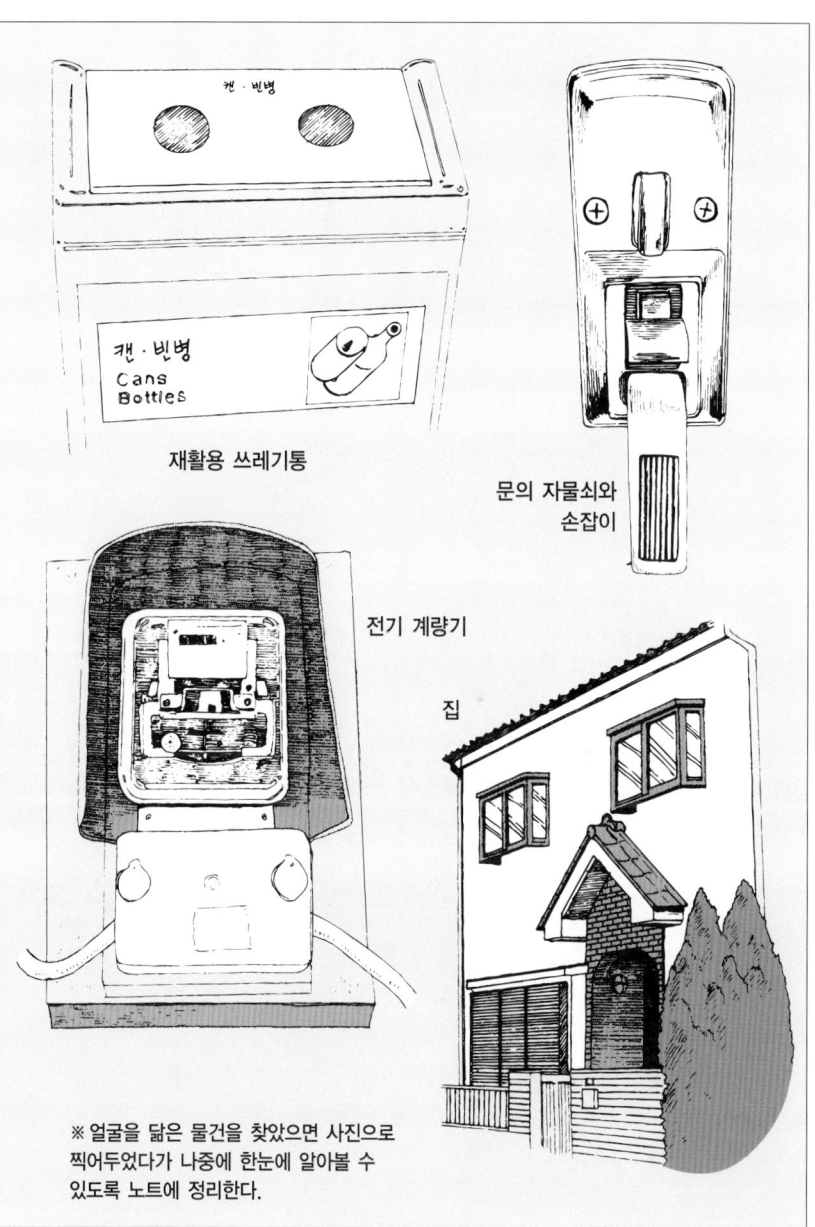

재활용 쓰레기통

문의 자물쇠와 손잡이

전기 계량기

집

※ 얼굴을 닮은 물건을 찾았으면 사진으로 찍어두었다가 나중에 한눈에 알아볼 수 있도록 노트에 정리한다.

도로의 기호를 조사한다

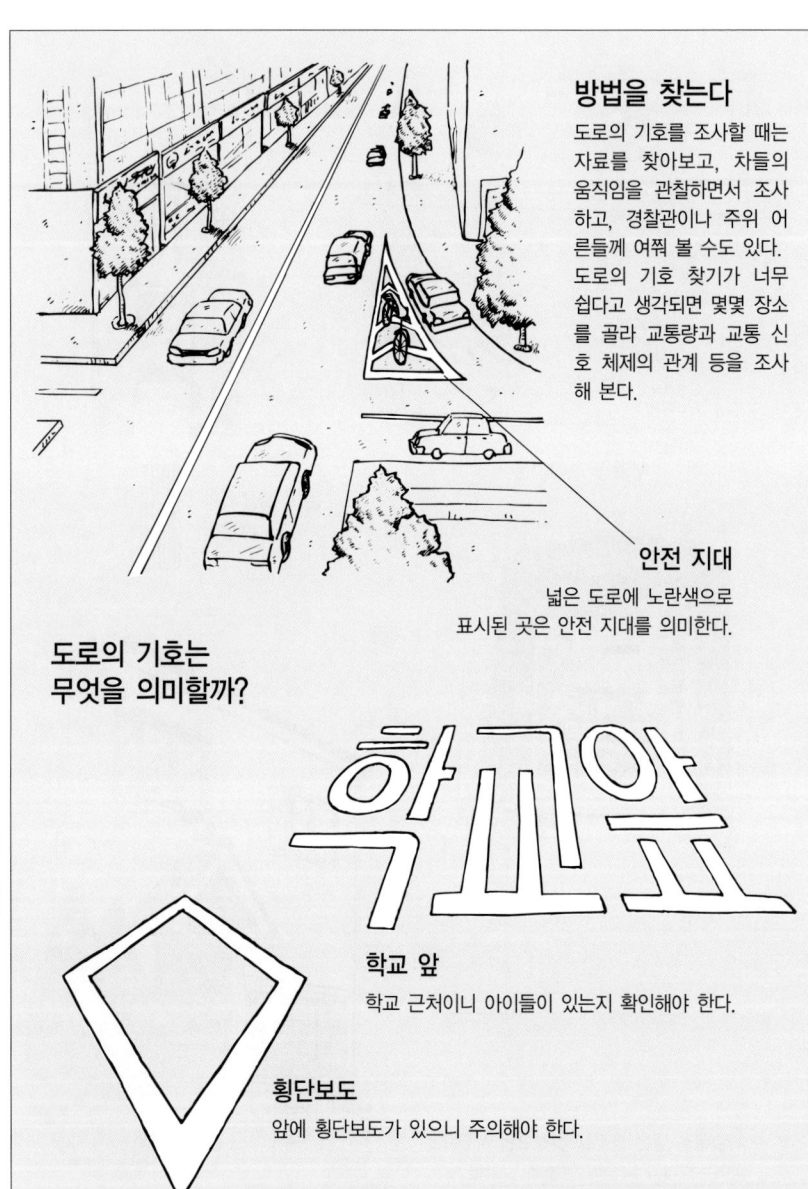

방법을 찾는다

도로의 기호를 조사할 때는 자료를 찾아보고, 차들의 움직임을 관찰하면서 조사하고, 경찰관이나 주위 어른들께 여쭤 볼 수도 있다. 도로의 기호 찾기가 너무 쉽다고 생각되면 몇몇 장소를 골라 교통량과 교통 신호 체제의 관계 등을 조사해 본다.

안전 지대
넓은 도로에 노란색으로 표시된 곳은 안전 지대를 의미한다.

도로의 기호는 무엇을 의미할까?

학교 앞
학교 근처이니 아이들이 있는지 확인해야 한다.

횡단보도
앞에 횡단보도가 있으니 주의해야 한다.

도로에 나가서 바닥에 있는 마크 사진을 찍고 그 마크가 의미하는 것이 무엇인지 조사해 봅니다.

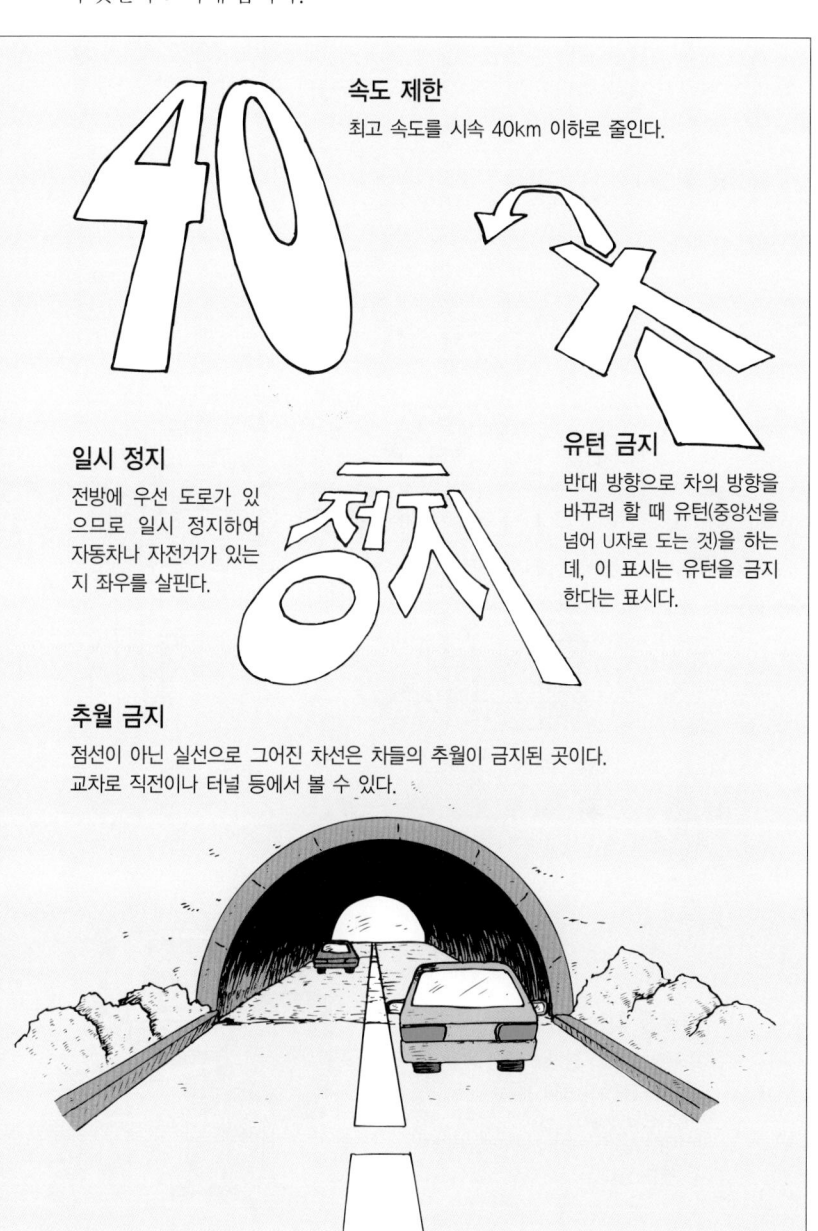

속도 제한
최고 속도를 시속 40km 이하로 줄인다.

유턴 금지
반대 방향으로 차의 방향을 바꾸려 할 때 유턴(중앙선을 넘어 U자로 도는 것)을 하는데, 이 표시는 유턴을 금지한다는 표시다.

일시 정지
전방에 우선 도로가 있으므로 일시 정지하여 자동차나 자전거가 있는지 좌우를 살핀다.

추월 금지
점선이 아닌 실선으로 그어진 차선은 차들의 추월이 금지된 곳이다. 교차로 직전이나 터널 등에서 볼 수 있다.

특징 있는 간판을 조사해 본다

간판의 종류가 어떤 것이 있는지 연구해 봅니다. 영어 간판도 있고 한 번 들으면 잊혀지지 않을 특이한 이름의 간판도 있습니다. 거리에 세워진 간판부

사진을 찍는다

거리에서 흔히 볼 수 있는 간판 사진을 찍고, 연구하고자 하는 주제에 맞는 간판 사진도 찍는다. 보통은 그냥 찍어도 괜찮지만 주인이 나와 있거나, 포장마차같이 드러나 보이는 간판을 찍으려는 경우에는 주인에게 미리 양해를 구하는 것이 좋다.

자료를 찾는다

도서관에 가서 간판에 대한 논문이나 참고 자료를 찾아본다. 외국이나 다른 도시의 간판에 대한 자료가 있으면 복사하고, 조사하는 거리의 간판과 비교해 보는 것도 좋다.

터 건물에 붙어 있는 간판, 그리고 건물에 매달려 있는 간판까지 다양합니다. 거리의 간판을 연구할 때는 집과 가까운 한두 군데 거리로 한정시키는 것이 좋습니다. 너무 범위가 넓으면 조사 단계에서부터 지칠 수가 있으니까요. 자기만의 특징 있는 주제를 정해서 간판을 연구해 봅니다.

특이한 간판을 뽑아 본다

이름이 특이한 경우도 있고, 간판의 재질이나 아이디어가 독특해서 눈에 띄는 간판도 있다. 눈에 잘 띄는 간판을 사진으로 찍어 스크랩해 보자.

이름이 특이하다.
간판 재질이 특이하다.
현대적인 느낌의 간판
영어 간판

지도를 만든다

조사한 거리의 지도를 만들어서 가장 개성 있는 간판, 주위 환경을 해치는 간판 등을 선정해 보는 것도 재미있다.

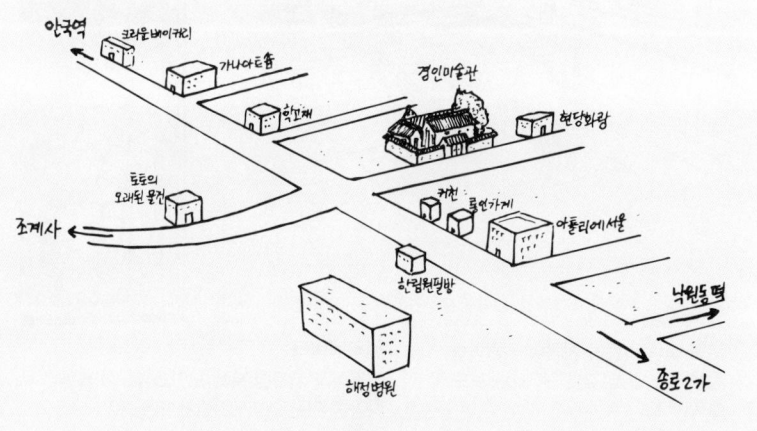

우리 동네의 장애인 이용 시설 - ① 공공시설 등

신체 장애인이 길을 걷거나 공공시설을 이용할 때, 계단과 높은 턱이 있으면 어려움을 겪습니다. 이런 불편을 없애려는 생각은 우리 사회를 좀더 살기 좋은 곳으로 만드는 원동력이 됩니다. 우리 주변에도 지하철이나 병원, 계단 등에 장애인을 위한 시설이 있어서 옛날과는 많이 달라졌지만 과연 만

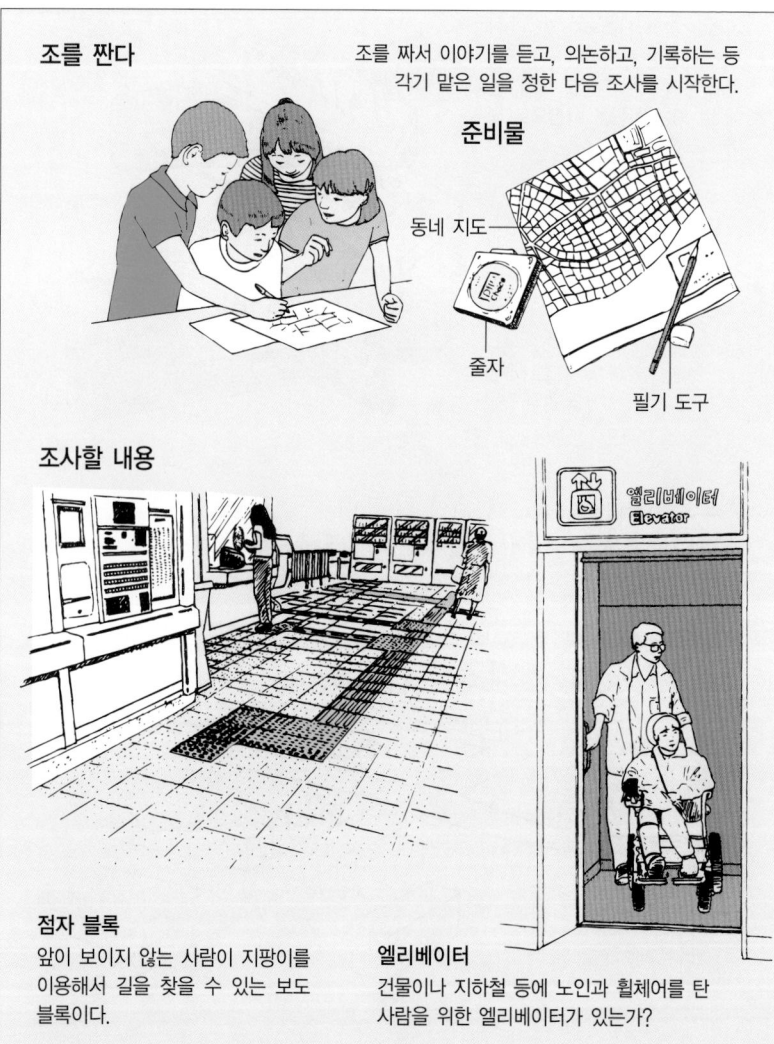

조를 짠다

조를 짜서 이야기를 듣고, 의논하고, 기록하는 등 각기 맡은 일을 정한 다음 조사를 시작한다.

준비물
- 동네 지도
- 줄자
- 필기 도구

조사할 내용

점자 블록
앞이 보이지 않는 사람이 지팡이를 이용해서 길을 찾을 수 있는 보도 블록이다.

엘리베이터
건물이나 지하철 등에 노인과 휠체어를 탄 사람을 위한 엘리베이터가 있는가?

족할 만한 상태일까요? 실제로 우리 동네는 어떨까요? 한꺼번에 여러 곳을 조사하기 어려우므로 공원이나 역 주변으로 장소를 좁히고, 내용도 몇 가지로 정해서 조사합니다. 시각 장애인을 위한 시설에는 어떤 것이 있는지, 휠체어 탄 사람을 위한 시설이 있는지, 보도에 턱이 있는지, 주민들의 태도는 어떤지, 전화나 자동판매기, 공원 화장실은 쓰기 편한지 등을 조사해 봅니다. 친구와 조를 짜서 하루 동안 장애인 체험을 해 보는 것도 좋습니다.

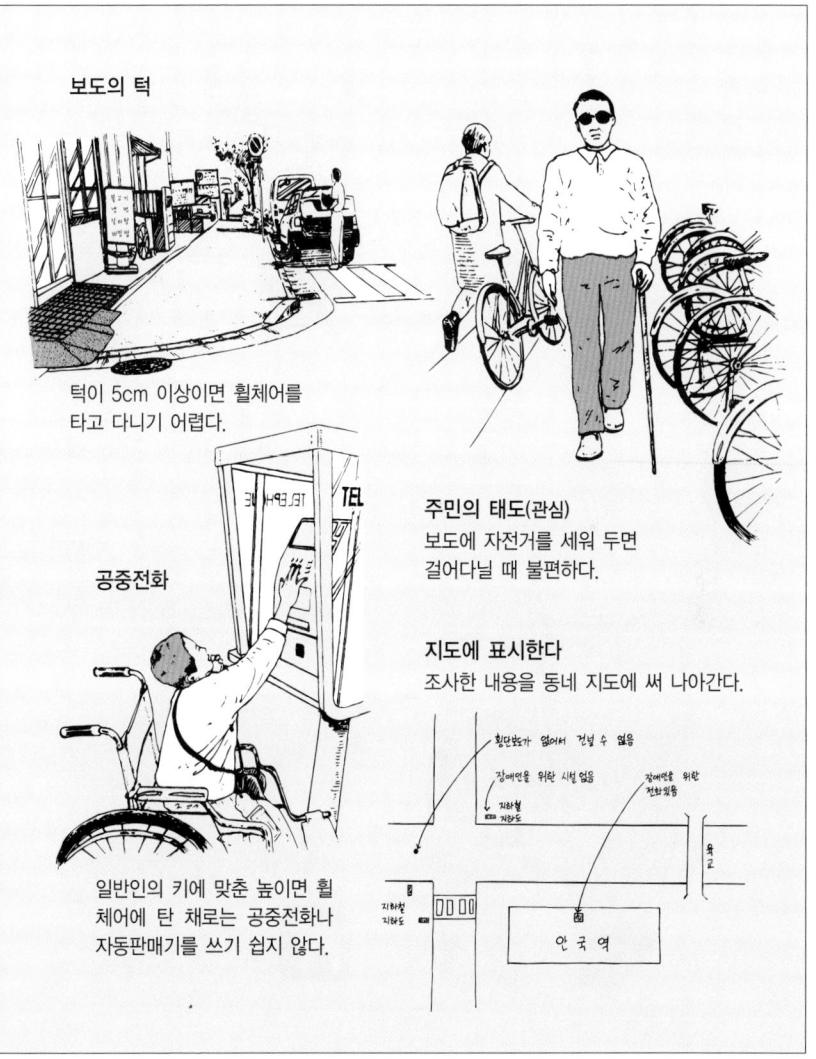

보도의 턱
턱이 5cm 이상이면 휠체어를 타고 다니기 어렵다.

공중전화
일반인의 키에 맞춘 높이면 휠체어에 탄 채로는 공중전화나 자동판매기를 쓰기 쉽지 않다.

주민의 태도(관심)
보도에 자전거를 세워 두면 걸어다닐 때 불편하다.

지도에 표시한다
조사한 내용을 동네 지도에 써 나아간다.

우리 동네의 장애인 이용 시설 - ② 가게

장애인들도 당연히 일반 사람들과 똑같이 가게에 가서 물건을 사고 식사를 해야 합니다. 공공시설을 조사했으면 이번에는 우리 동네의 가게들을 조사해 봅니다. 이것 역시 조를 짜서 이야기를 듣고, 의논하고, 기록하는 등 할 일을 정해 조사합니다.

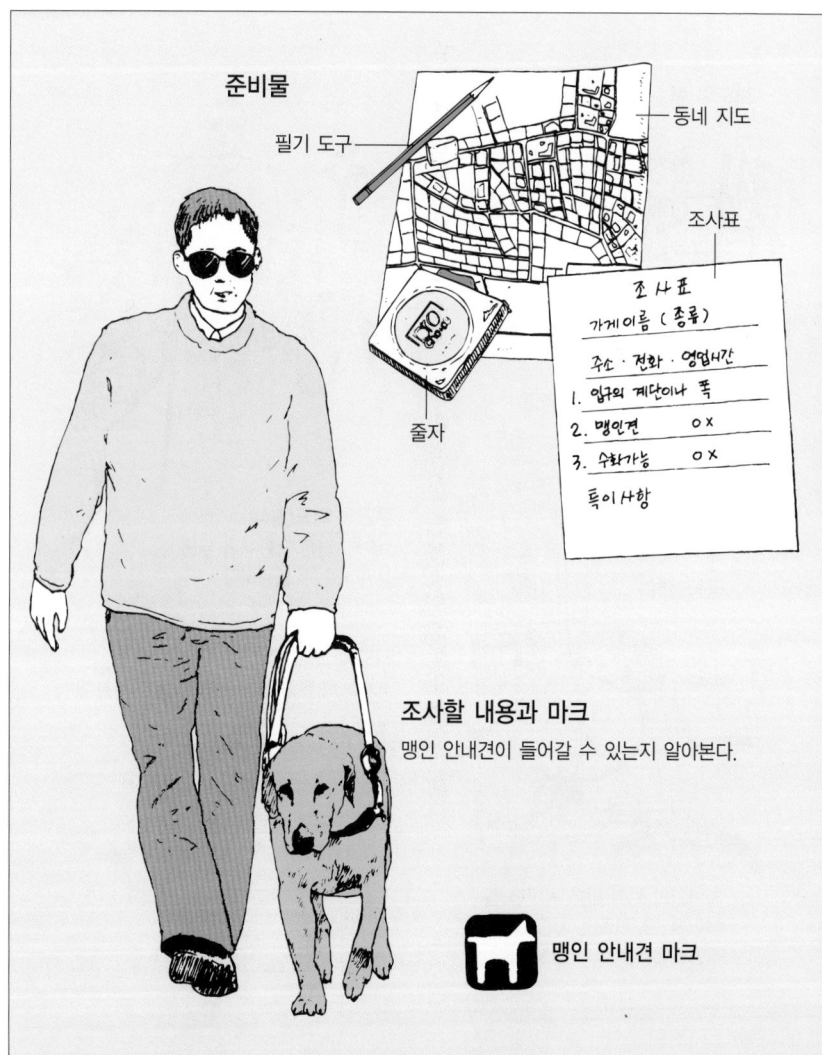

줄자와 지도, 필기 도구 외에 질문할 내용을 적은 조사표를 준비합니다. 조사할 내용은 많지만 맹인 안내견이 들어갈 수 있는지, 입구의 폭과 턱의 높이, 가게에서 여러 가지 도움을 받을 수 있는지의 세 가지만 조사해 봅니다. 질문을 하거나 가게를 둘러 볼 때는 반드시 미리 양해를 구해야 합니다. 혹시 거절당할지 모르므로 가기 전에 선생님이나 부모님에게 주인의 허락을 받아 달라고 부탁하는 것이 좋습니다.

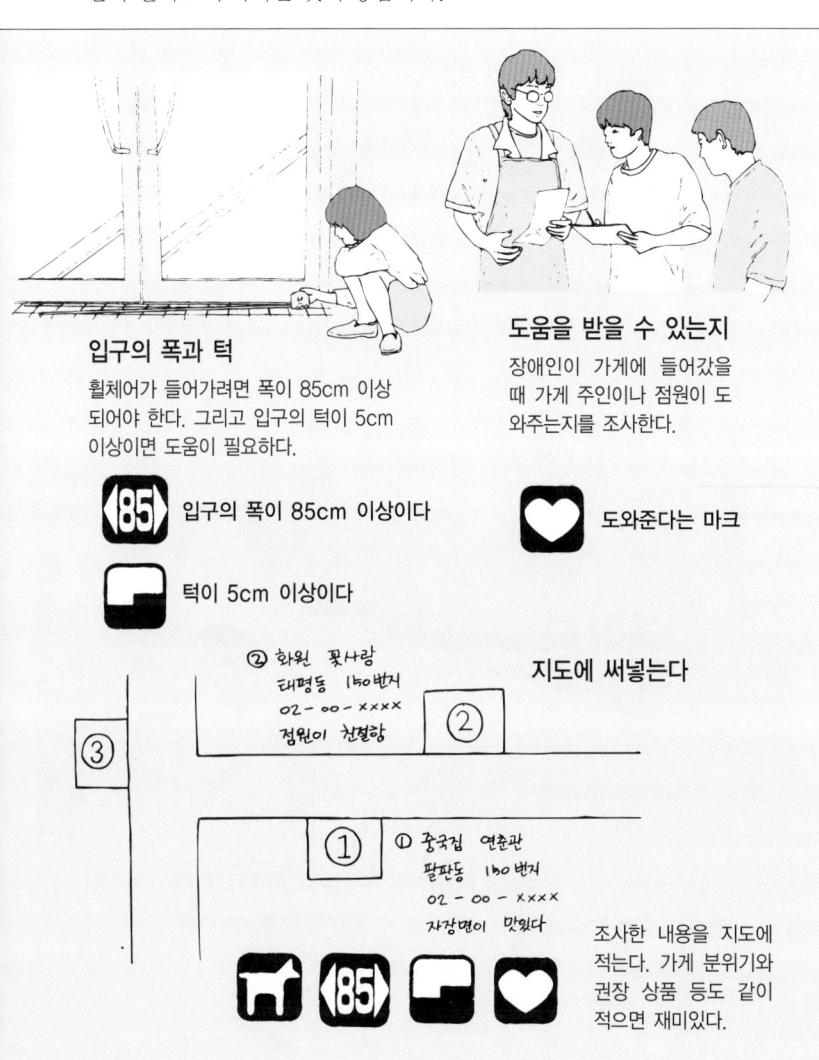

가로수의 역할을 조사한다

거리를 지나며 무심코 지나치는 가로수. 그러나 도시에 사는 사람들에게 푸른 가로수가 주는 혜택은 이만저만이 아닙니다. 가로수로 사용되는 나무는 서울만 해도 45종 이상인데, 그 지방의 기후라든지 환경에 따라 종류가 정해집니다. 우리 동네의 가로수는 어떤 나무이고 얼마만큼의 간격으로 심어

나무의 종류를 조사한다

낙엽 활엽수

느티나무

여름에 시원하고 겨울에는 잎이 떨어지므로 도로가 어둡지 않다.

침엽수

개잎갈나무

떨어지는 잎이 적어서 도로가 지저분하지 않다.

나무와 나무 사이 간격은?

노끈(비닐 끈)에 눈금을 표시해서 나무의 간격을 조사한다.

가로수 지도를 만든다

동네 지도에 어떤 나무가 어느 정도의 간격으로 심어져 있는지 적어 넣는다.

져 있는지 조사해서 가로수 지도를 만들어 봅니다. 옛날에 길 따라 늘어서 있던 나무들은 나그네들이 쉬어 가는 곳이었고 길을 알려 주는 길잡이 역할도 했지만, 지금의 가로수는 어떤 역할을 하고 있는지 생각해 봅니다. 자동차가 많은 오늘날에는 가로수가 배기가스를 빨아들이고 소음을 줄여 주는 등 옛날과는 다른 역할을 하고 있습니다. 또 가로수 관리는 어떻게 하고 있는지 구청이나 시청에 문의해 봅니다.

역할을 생각한다

낙엽수는 여름에 잎이 무성해진다. 여름에 나무로 그늘진 곳과 볕이 잘 드는 곳의 온도를 비교해 보면 5℃ 이상 차이가 난다. 겨울에는 잎이 떨어져 거리가 밝아진다.

자동차 사고로부터 보행자를 보호해 준다. 또 배기가스를 빨아들이고 소음을 줄여 준다.

꽃이 피면 보는 사람이 즐겁다.

나무를 심는 것은 물론이고 정기적으로 비료를 주고 거적을 씌우는 등 관리를 한다.

가로수를 가꾸는 사람

수화로 인사하는 법을 배운다

수화는 듣지 못하고 말하지 못하는 장애인들이 손으로 의사를 표현하는 수단입니다. 듣지 못하는 사람은 보통 말하지도 못하는데, 청각 장애인들은 그래서 손으로 자신의 의사를 표현합니다.

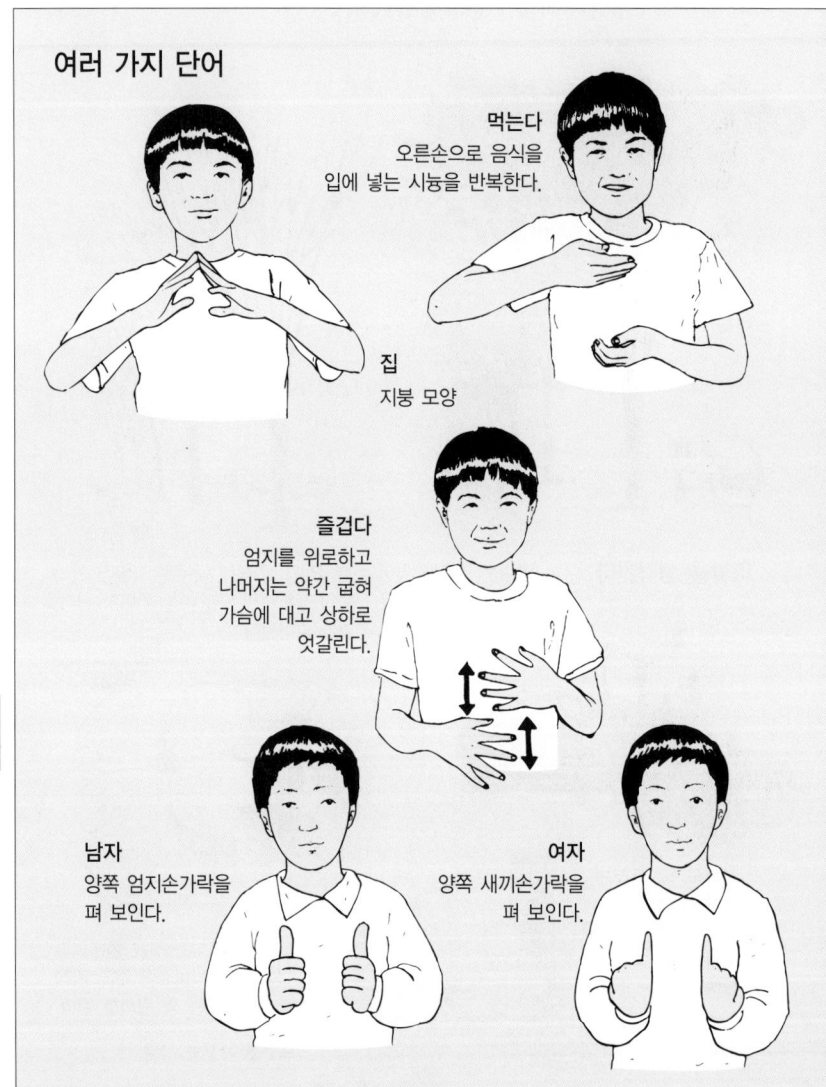

여러 가지 단어

먹는다
오른손으로 음식을 입에 넣는 시늉을 반복한다.

집
지붕 모양

즐겁다
엄지를 위로하고 나머지는 약간 굽혀 가슴에 대고 상하로 엇갈린다.

남자
양쪽 엄지손가락을 펴 보인다.

여자
양쪽 새끼손가락을 펴 보인다.

손으로 하는 언어로 얼마나 다양하고 많은 표현이 가능한지 알아봅니다. 도서관에 있는 수화 책이나 인터넷의 수화 관련 사이트를 살펴서, 어떤 단어를 어떻게 표현하는지 조사해 보고, 실제로 수화를 사용해 봅니다. 처음에는 인사나 숫자, 간단한 단어부터 알아봅니다. 수화를 배울 때는 장애인을 이해하려는 마음가짐이 우선되어야 합니다.

미안합니다
오른손 엄지와 검지를 동그랗게 말아서
이마에 댄 후, 왼손 손등에 손을 펴면서 내린다.

감사합니다
오른손을 세워 왼손 손등을
2~3번 두드린다.

숫자

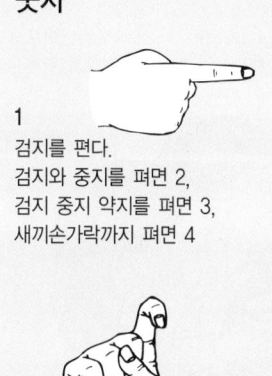

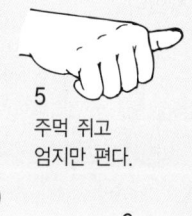

1
검지를 편다.
검지와 중지를 펴면 2,
검지 중지 약지를 펴면 3,
새끼손가락까지 펴면 4

5
주먹 쥐고
엄지만 편다.

6
엄지와 검지를 펴서 옆으로
가위 모양을 만든다.
엄지 검지 중지를 펴면 7,
약지를 더 펴면 8,
새끼손가락까지 펴면 9

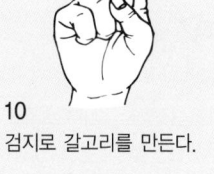

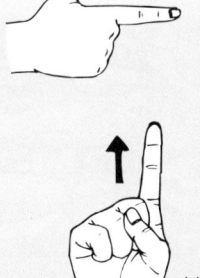

10
검지로 갈고리를 만든다.

11
갈고리 상태에서 검지를 편다.

식사 예절을 조사한다

식사할 때 젓가락을 쓰는 나라는 우리나라를 비롯해서 중국, 일본 그리고 동남아시아 몇몇 나라입니다. 서양 사람들은 젓가락 대신 포크를 사용하고, 인도 사람은 아예 도구 없이 손으로 먹습니다. 그렇다고 식사법의 차이가 그 나라 문화의 높고 낮음을 나타내는 것은 물론 아닙니다. 젓가락은 동아

식사 예절에 관계된 내용이 있는 책을 찾는다
식사 예절이나 에티켓 책 등을 조사한다.

우리의 전통적인 식사 예절을 조사한다

숟가락 젓가락을 함께 들고 먹으면 안 된다.

음식이 입속에 있을 때는 말하지 않는다.

식사가 끝났어도 기다렸다가 함께 일어난다.

시아 문명의 상징이라고 할 수 있습니다.

우리나라는 예로부터 '동방예의지국'이라 하여 모든 부분에서 예의를 중요하게 생각해 왔습니다. 그래서 식사할 때도 지켜야 할 예절이 있습니다. 우리가 실생활에서 지켜야 하는 식사 예절과 외국의 식사 예절을 함께 비교해 보고, 또한 젓가락 사용법과 그 실태를 조사해 보는 것도 재미있는 연구 과제가 될 것입니다.

가족들의 나쁜 식사 습관을 조사
-1주일간-

이름	식사 습관
아빠	소리를 내며 드신다. 쩝쩝, 후루룩…(5번), 드시면서 말씀하셔서 음식이 튄다.
엄마	음식을 골고루 드시지 않는다.
영도	반찬을 뒤적인다(10번), 좋아하는 것만 먹는다(매번)
아롬	아버지가 수저를 들기 전에 먹는다(2번), 음식을 흘린다(4번), 젓가락을 이리저리 흔든다(5번)

※ 여러 명의 친구들과 함께하면 나이별로 남녀별로
식사 습관을 통계낼 수도 있다.

다른 나라의 식사 예절도 조사해 본다

식사 습관은 그 나라의 대표적인 문화이다. 이번 기회에 그동안 궁금했던 여러 나라의 식습관을 알아보자. 레스토랑에서의 예절을 조사하는 것도 좋고, 우리와 비슷할 것 같은 일본의 예를 조사해서 비교해 보는 것도 재미있다.

국제 자매 도시를 조사한다

우리나라의 각 도시는 대도시를 중심으로 외국 여러 도시와 국제 자매 결연 관계를 맺고 있습니다. 내가 살고 있는 도시는 세계 어느 나라의 어느 도시와 자매 결연을 맺고 있는지 조사해 봅니다.

세계 지도에 표시한다 국제 자매 도시의 위치를 지도에 표시해 본다.

각 도시의 인구나 면적, 주력 산업 등을 조사한다

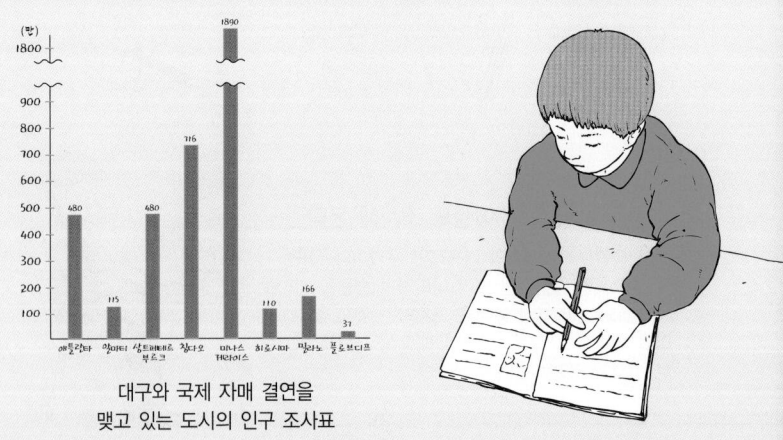

대구와 국제 자매 결연을
맺고 있는 도시의 인구 조사표

국제적인 관계를 맺는다는 것은 경제, 문화, 역사 등 다방면에서 영향을 주고 받는다는 것을 의미합니다.

언제, 왜 맺어졌고, 어떻게 결연 관계가 유지되고 있는지, 그리고 각 도시들은 어떤 문화를 갖고 있으며, 어느 정도의 경제적 위치에 놓여 있는지 조사해 봅니다. 여기서는 대구의 경우를 예로 들었습니다.

교류는 어떤 형태로 이루어질까?

자매결연을 맺는 것은 도시간에 서로 도움을 주고받자는 데 뜻이 있다. 단순히 경제적인 교류뿐 아니라, 민간 단체나 순수한 스포츠 교류 등을 통해 자연스럽게 교류가 이어지기 마련이다. 현재 어떤 식으로 교류가 이루어지는지 알아본다.

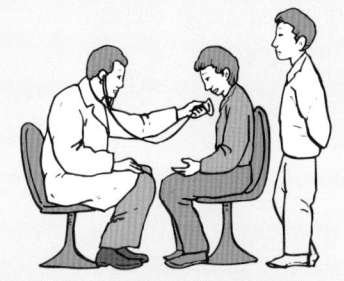

1993년부터 대구의 계명대학교 동산의료원에서 매년 카자흐스탄 현지에 의료봉사 활동을 펴고 있다.

각 도시의 특징적인 역사 배경을 조사한다

히로시마는 1945년 제2차 세계 대전 당시, 원자폭탄이 투하되었던 도시로 유명하다.

쓰레기가 얼마나 버려져 있을까?

휴지를 아무 곳에나 버린 적은 없나요? 집 주변에 쓰레기가 아무렇게 버려져 있지는 않나요?

집에서 학교까지 가는 동안 어느 정도의 쓰레기가 버려져 있는지 조사해 봅니다. 쓰레기를 주워 가며 일일이 확인해 보면 얼마나 많은 사람들이 무심

열 걸음의 길이를 잰다
자신의 걸음 폭(보폭) 열 걸음이 몇 m 되는지 줄자로 잰다. 5번 정도 재서 평균을 낸다.

지도를 만들자
조사할 길의 거리를 재고, 그 길의 지도를 만든다. 주위에 무엇이 있는지도 적는다.

자동판매기
담배와 음료수 자동판매기가 있다. 이 근처에는 빈 깡통과 담배꽁초가 많다.

차를 조심한다.

비닐 주머니

집게

코 쓰레기를 버리고 있는지 알게 됩니다. 쓰레기를 모아 보면 작은 것에서부터 큰 것에 이르기까지 매우 다양하다는 것을 알 수 있습니다.

모은 쓰레기를 종류별로 조사하고, 버린 사람이 어른인지 어린이인지 구분해서 원그래프로 정리합니다. 가장 많은 것이 담배꽁초, 콜라 같은 음료수 캔 종류입니다. 거리에 따라서도 쓰레기 종류가 다른데, 왜 그런지 거리 모습과 연관지어 관찰하고 추측해 봅니다.

약 500m 사이에 버려진 쓰레기가 이만큼이다.

공원에는 휴지통이 있는데도 과자 봉지와 음료수 캔이 많이 버려져 있었다.

쓰레기를 분류한다

쓰레기 수를 세어 종류별로 분류해 보니 담배꽁초와 과자 봉지가 많다는 것을 알 수 있다. 버린 사람별로 나누어 원그래프로 만든다.

우유팩으로 재생 종이를 만든다

우유팩으로 재생 종이를 만들어 봅니다. 만드는 과정은 규모가 작을 뿐 공장에서 재생 종이를 만드는 공정과 거의 같습니다. 종이는 나무로 만드는데 쓰고 버린 종이도 재생해서 쓸 수가 있습니다. 우리가 재생 종이를 많이 쓰면 쓸수록 우리 지구는 더 살기 좋아집니다.

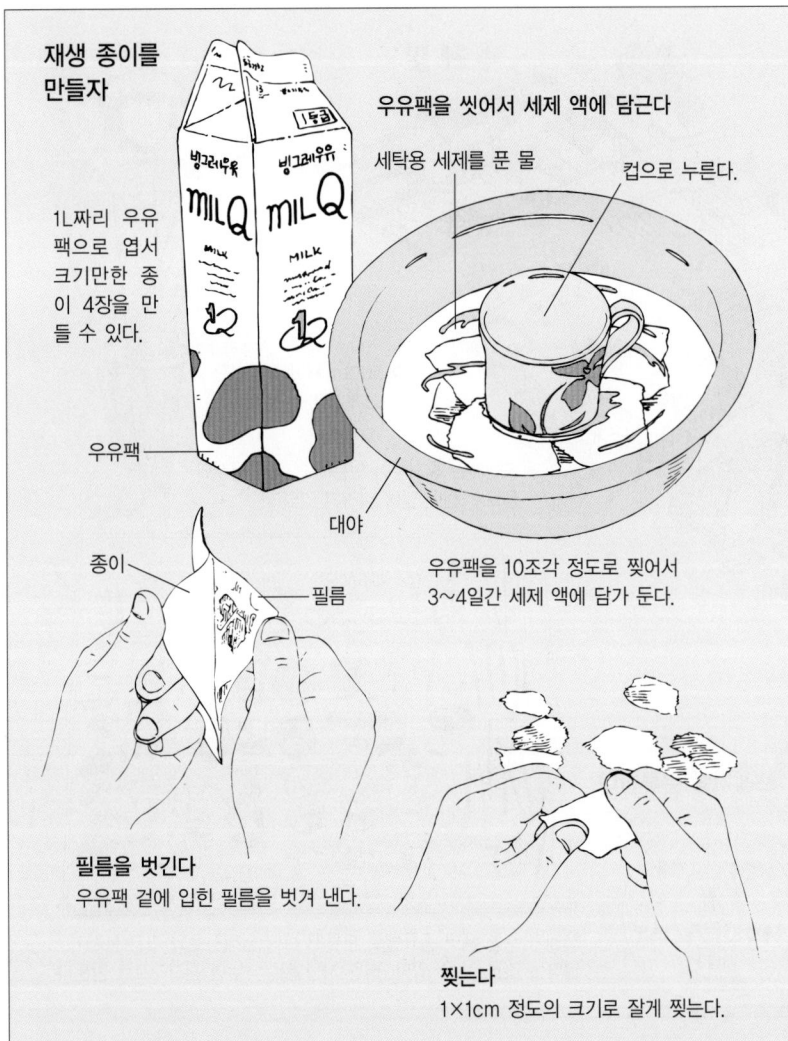

폐지 값이 너무 많이 떨어지면 종이를 모으는 비용보다도 싸게 팔리게 되고 재생 종이 사업에 어려움을 겪게 됩니다. 이것은 재생 종이를 잘 쓰지 않는 데 그 원인이 있습니다.

주변에서 재생 종이로 만든 제품을 찾아서 일반 종이와 품질을 비교해 봅니다. 우유팩으로 재생 종이를 만들어 보고 주변에서 쉽게 찾을 수 있는 재생 종이 제품에는 무엇이 있는지 정리해 봅니다.

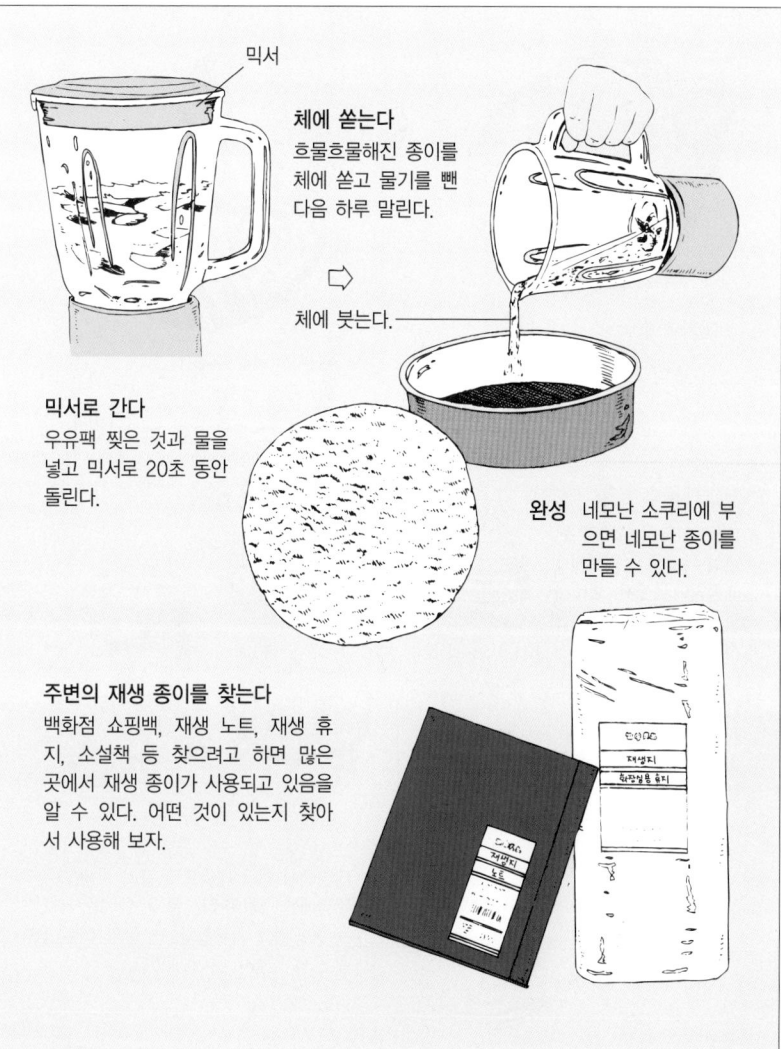

믹서

체에 쏟는다
흐물흐물해진 종이를 체에 쏟고 물기를 뺀 다음 하루 말린다.

체에 붓는다.

믹서로 간다
우유팩 찢은 것과 물을 넣고 믹서로 20초 동안 돌린다.

완성 네모난 소쿠리에 부으면 네모난 종이를 만들 수 있다.

주변의 재생 종이를 찾는다
백화점 쇼핑백, 재생 노트, 재생 휴지, 소설책 등 찾으려고 하면 많은 곳에서 재생 종이가 사용되고 있음을 알 수 있다. 어떤 것이 있는지 찾아서 사용해 보자.

표류물을 모아 보자

모래밭을 따라 바닷가를 걸어 봅니다. 여러 가지 물건들이 눈에 띕니다. 그 가운데는 사람이 버린 쓰레기도 있지만 파도를 타고 먼 곳에서 떠내려온 것도 있습니다. 이것을 표류물이라고 하는데 어디에서 떠내려 왔을지 생각해 봅니다. 어떤 사람이 쓰던 물건일까, 상상해 보면 표류물이 특별해 보입니

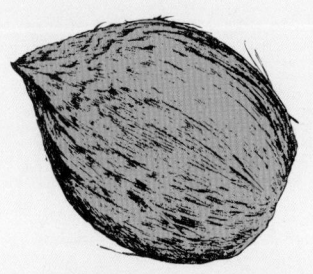

야자열매
야자열매는 해류를 따라 먼 나라로 떠내려가서 싹을 틔우기도 한다.

앵무조개의 껍데기
필리핀과 호주에 사는 조개로 멸종한 암모나이트의 한 종류이다.

메시지를 넣은 병
1986년 당시 11세의 소년이 유조선 선원에게 태평양에서 흘려 보내 달라고 부탁했던 메시지를 넣은 병. 5년 동안이나 표류하다가 마침내 사람 눈에 띄어 화제가 되기도 했다.

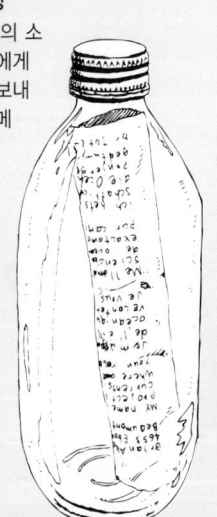

표류시킨 물건들

대만에서 중국 대륙으로 흘려 보낸 그릇. 뚜껑에는 '福'이라는 글자, 안에는 '대만은 풍요롭고 자유롭다.'는 글과 비누, 양말 등의 선물이 들어 있었다.

다. 표류물을 모으고 떠오르는 생각들을 정리해 봅니다. 그 가운데서 관심을 끄는 것이 플라스틱 종류입니다. 플라스틱은 분해되지 않고 한없이 바다를 떠다니다가 우리나라 해안에 중국, 대만, 일본 등의 장난감과 라이터가 떠내려오기도 합니다. 때로는 먼 남쪽 나라에 사는 앵무조개의 껍데기, 야자열매 등이 떠내려오는 일도 있겠죠? 바다를 통해서 우리나라와 다른 나라가 이어져 있다는 것을 실감할 수 있습니다.

라이터

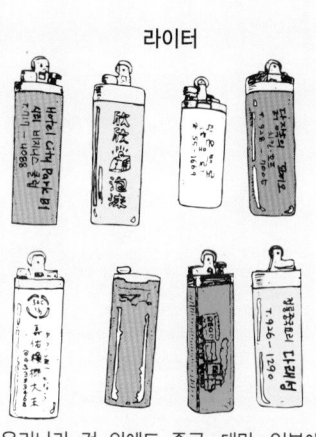

우리나라 것 외에도 중국, 대만, 일본에서 떠내려오는 것도 있다. 외국어를 아는 사람이 있으면 글자를 읽어 달라고 하자.

운동화와 슬리퍼

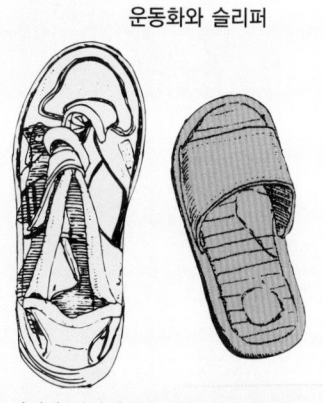

아이가 바다에서 놀다가 빠뜨린 것일까, 아니면 버려진 것일까?

플라스틱 그릇들

농약과 주스를 넣었던 플라스틱 그릇은 분해되지 않는다. 바다 생물이 먹고 죽는 일도 있다.

부표

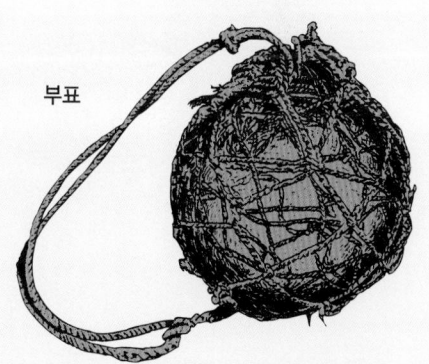

고기잡이에 쓰는 부표에는 유리로 된 것, 플라스틱으로 된 것, 나무로 된 것 등 여러 가지가 있다. 유리로 된 것은 인테리어 소품으로도 쓸 수 있다.

우리집 1년 행사를 알아본다

설
음력 1월 1일. 설날에는 떡국과 만두를 만들어 먹고 큰집에 가서 제사를 지낸다. 웃어른들께 세배를 드리고 윷놀이를 하거나 가족과 함께 텔레비전을 시청한다.

대보름
음력 1월 15일. 음식이 특이한 날이다. 아침에는 좋은 얘기 많이 들으라는 의미로 귀밝이술을 먹고, 밤, 호두, 땅콩 등 딱딱한 견과류를 깨물어 먹으며 각종 나물과 오곡밥도 먹는다. 달이 밝으므로 가족과 함께 달맞이를 한다.

한식
동지가 지난 후 105일째 되는 날. 한식을 즈음해서 조상들 산소를 찾아 벌초한다.

1년은 365일, 날마다 똑같아 보이지만 계절에 따라 즐거운 행사가 있습니다.
1년 동안 일어나는 가족 행사를 관찰하고 연구해 봅니다.

부처님 오신 날
음력 4월 8일. '석가탄신일'이라고도 불린다.
가족과 함께 절에 가서 연등제에 참여한다.

한가위
음력 8월 15일. '추석' 또는 '중추절'이라고도 불린다. 조상님께 풍요로움을 감사드리는 의미로 송편 등 각종 떡과 푸짐한 음식으로 차례를 지낸다.

동지
음력 11월 15일. 팥죽을 쑤어 이웃과 함께 나누어 먹는다. 팥죽은 액운을 막는다는 뜻이 있다.

김장 담기
11월 말이나 12월 초에 김장을 담근다.
겨우내 먹을 김치를 담아 장독에 넣어 땅속에 묻는다.

옷감 무늬의 이름을 조사한다

옷장 속에서 찾는다

옷장을 열어서 어떤 무늬의 옷이 있는지 조사한다.

여러 가지 무늬의 옷을 펼쳐 놓는다.

무늬를 그려 본다

옷의 무늬를 스케치한다.

여러분은 어떤 무늬의 옷을 좋아하나요? 섬유 사전 등에서 무늬의 이름을 알아봅니다. 흔히 보던 무늬에도 이름이 있습니다.

무늬의 이름을 조사한다

스케치한 무늬의 이름을 의류 관련 책에서 찾는다.

타탄 체크

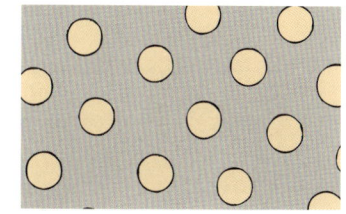

물방울

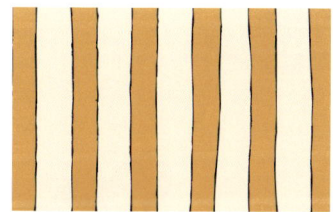

펜실 스트라이프

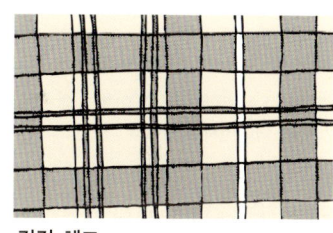

깅검 체크

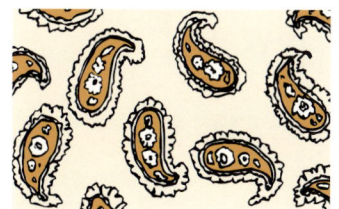

페이즐리

이탈리안 스트라이프

부모님의 고향을 연구한다

여러 가지 자료를 조사한다

※충청남도 육곡리의 경우

주변 관광지를 조사한다

행림서원

고적이나 유명한 장소, 특이한 인물 등 사진을 찍으면서 조사한다.

그 고장의 전설을 듣는다

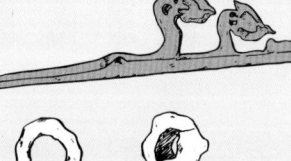

백제 고분에서 출토된 유물

아직 고향에 남아 계시는 친척 어른이 있으면 찾아가 이야기를 들어 본다. 전해 오는 이야기를 들으면서 고장 특유의 사투리도 함께 조사한다.

부모님의 고향은 알게 모르게 우리 생활에 영향을 주고 있습니다. 방학을 이용해서 부모님의 고향을 찾아가 보고 그 고장의 특징을 조사해 봅니다.

풍습을 조사한다

풍습이 생겨난 유래와 사라진 풍습 등을 조사해 본다.

환갑날이 되면 화장실 앞에서 제사를 지내는 특이한 풍습이 있었다.

조사한 자료를 정리한다

그 고장과 관련된 각종 사진과 지도, 기념품 등을 모아 주제별로 정리해 본다.

신문에서 정보를 얻는다

사회나 생활과 관련된 연구 주제를 찾으려고 할 때 집, 학교, 놀이터 등 주변에서 스스로 주제를 찾을 수 있다면 정말 좋겠지만 주제를 찾는다는 것이 생각만큼 쉬운 일은 아닙니다. 무엇을 할 것인지 생각나지 않을 때는 신문을 이용해서 주제를 찾아봅니다.

신문은 사회 일반에 대해 다루고 있는 가장 가깝고도 손쉬운 재료입니다. 신문의 기사 내용은 요즘 사회적으로 관심사가 되는 것을 다루고 있으므로 신문에서 적당한 주제를 찾는다면 나 아닌 다른 사람에게도 관심을 끌 만한 주제가 될 수 있습니다.

예를 들어 '황소개구리를 죽이는 물두꺼비' 기사를 보고 우리는 생태계나 천적에 대한 조사를 해 볼 수 있고, '텔레비전이 어린이 과소비를 부른다'는 기사를 보고 정말 그런지 반 친구들의 경우를 통계낼 수도 있습니다. 또 신문에 나오는 여러 가지 '광고'를 이용해서 재미있는 연구 과제를 생각해 낼 수도 있습니다.

신문은 정보를 찾을 때 필요한 중요한 자료일 뿐만 아니라, 이처럼 연구 주제를 선정하는 단계에서도 아이디어를 제공하는 소재가 될 수 있습니다.

연구 기술

도움이 되는 여러 가지 기술

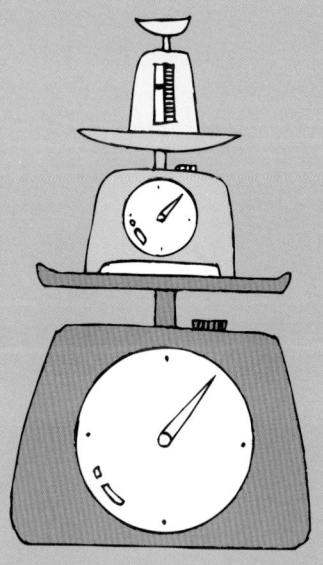

삽화와 그림 그리는 법

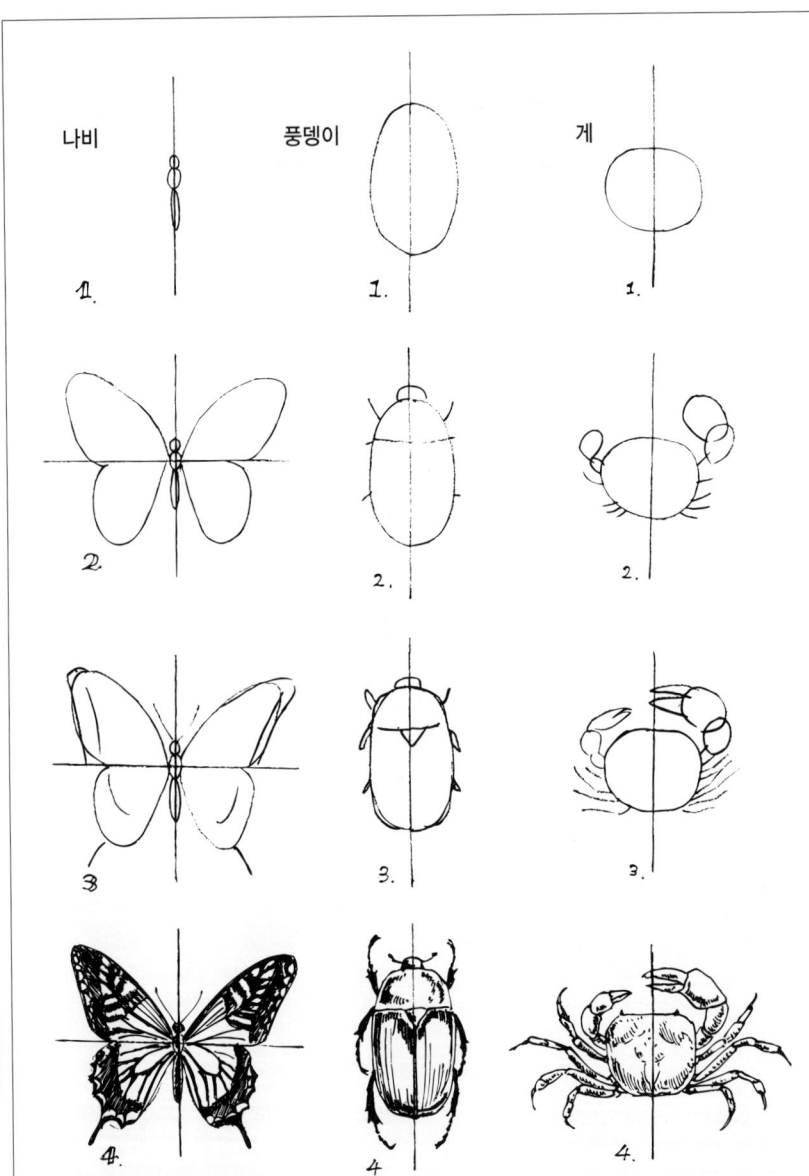

삽화나 그림은 그리기 전에 연필로 대충 윤곽을 정하고 나서 시작하면 전체가 그럴듯하게 정리됩니다. 색칠은 마지막에 합니다.

잎

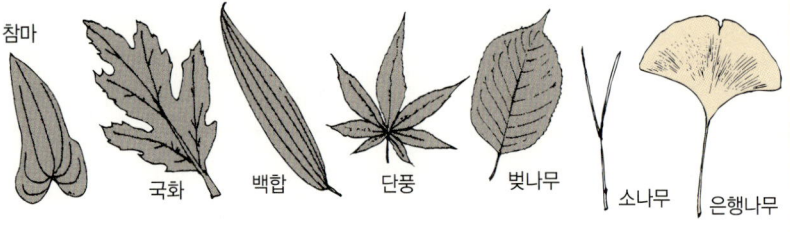

꽃

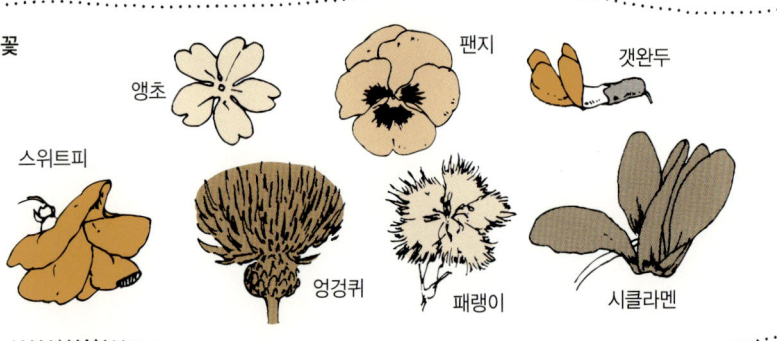

나무 전체의 모습

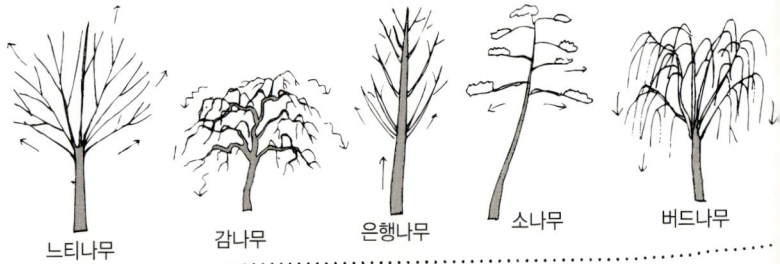

잎이 나는 모양

1 어긋나기
2 마주나기
3 돌려나기
4 모여나기

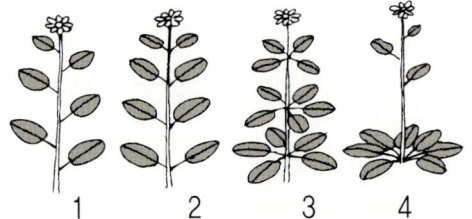

그림이나 삽화를 그릴 때는 특징을 파악해서 스케치한다. 시기를 생각한다.

그림 그리기 연습은 자기가 좋아하는 것부터 그리기 시작해야 솜씨가 는다.

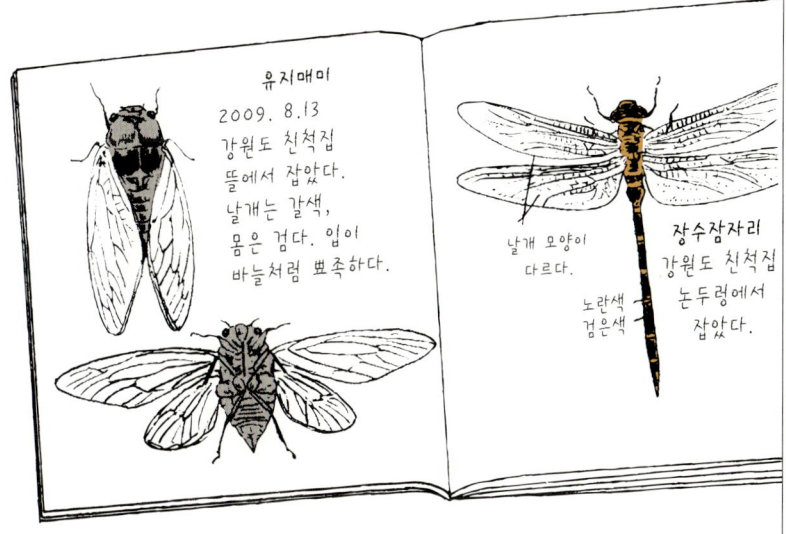

사진 찍는 법

카메라의 종류와 기본 사용법

자동 콤팩트 카메라
초점, 조리개가 자동인 소형 카메라로 카메라의 기초 지식만 있어도 좋은 사진을 찍을 수 있다.

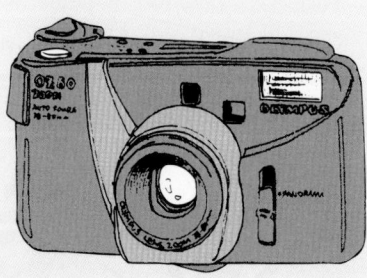

일안반사식 카메라
촬영 중 렌즈 교환이 가능하고 초근접 촬영부터 먼 거리 촬영까지 원하는 사진을 마음대로 연출할 수 있다. 보통 '수동 카메라'로 통한다.

일회용 카메라
깜박 잊고 카메라를 가지고 나오지 않았을 때 이용할 수 있다. 플래시가 달린 것과 안 달린 것이 있다.

디지털 카메라
기존의 사진 개념을 완전히 바꾸어 놓은 카메라. 필름 대신 카메라에 내장되어 있는 메모리 카드에 디지털 데이터로 보관한다. 컴퓨터에 직접 연결하여 프린트할 수 있다.

사진은 연구를 완성시키는 데 즐거움을 주고 또 없어서는 안될 도구입니다.
그림이 서투른 사람도 사진을 찍을 줄 알면 연구하는 것이 즐거워집니다.

자동 콤팩트 카메라와 일회용 카메라의 한계

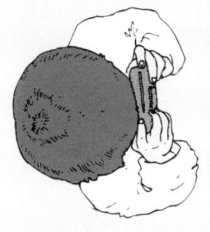

80cm~1m

자동 콤팩트 카메라와 일회용 카메라는 너무 가까이에서 찍으면 초점이 흐려진다. 일회용 카메라는 80cm~1m, 자동 콤팩트 카메라는 2~3m 거리에서 찍어야 잘 나온다.

카메라 잡는 법

어깨끈

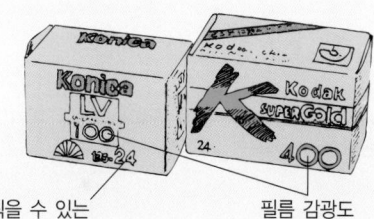

찍을 수 있는 사진 컷 수

필름 감광도

필름

컬러 필름으로 ISO(필름 감광도)는 100, 200, 400 정도가 사용하기 좋다.

카메라는 목에 걸었을 때 가슴 정도에 오도록 어깨끈을 조정하자.

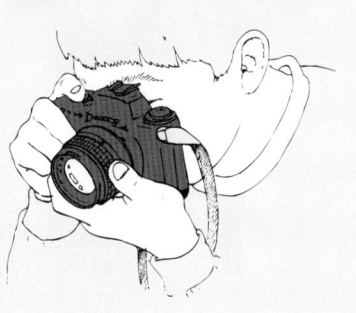

찍을 때 흔들리지 않게 주의

사진이 잘 안 나오는 원인 중 하나가 셔터를 누를 때 흔들리기 때문이다. 두 팔꿈치를 겨드랑이에 꼭 붙인다.

사진 찍는 법을 연구하자

조금만 생각하면 좋은 사진을 만들 수 있다.

조리개를 닫았을 때

조리개를 열었을 때

구석구석까지 초점이 잘 맞게 사진을 찍는다

실험이나 관찰 기록 사진은 구석까지 초점이 맞은 사진이 좋다. 그러려면 조리개를 될 수 있는 한 닫고 찍어야 한다. 단, 조리개를 많이 닫으면 셔터 스피드를 늦춰야 하므로, 흔들리지 않도록 주의해야 한다.

관찰 노트로 광선을 조절한다

촬영하려는 것에 강한 광선이 비치고 있으면 반대쪽에 그늘이 져서 현상을 해보면 그 부분이 까맣게 나온다. 관찰 노트 등으로 광선을 반사시켜서 찍으면 이런 일이 없다.

플래시로 역광 피사체를 찍는다

빛을 마주 본 상태(역광)에서 사진을 찍으면 찍으려던 물체가 검게 나온다. 이때는 플래시를 터뜨려서 찍는다.

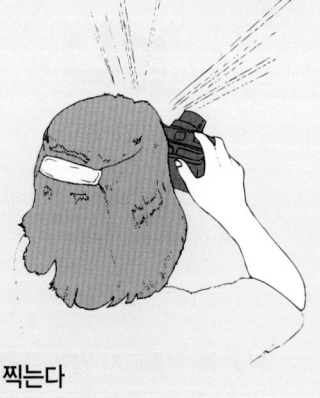

크기를 알 수 있는 사진

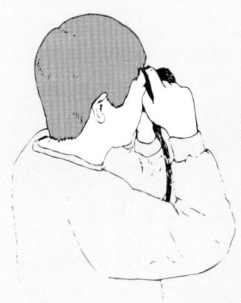
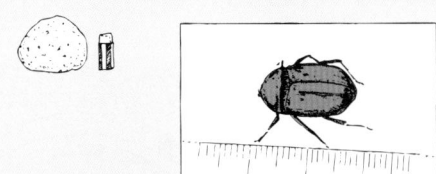

자

물건이나 자 같은 크기를 알 수 있는 물건과 함께 찍으면 사진만으로도 물체의 크기를 짐작할 수 있다.

피사체를 크게 확대해서 찍는다

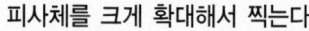

일안반사식 카메라
매크로 기능이 있는 렌즈를 쓰거나 접사 렌즈나 접사 링을 사용하면 작은 곤충도 크게 찍을 수 있다.

(단, 일회용 카메라로는 안 된다)

줌 기능이 있는 자동 콤팩트 카메라
망원 상태에서 60cm~1m 정도 떨어져서 찍는다 (카메라의 성능에 따라 다르다).

초점을 고정하고 몸을 움직인다

접사 사진을 찍을 때는 피사체에 초점을 고정해 놓고 몸을 앞뒤로 움직여서 초점이 맞는 위치를 찾아낸다.

돋보기 사용법

돋보기의 종류

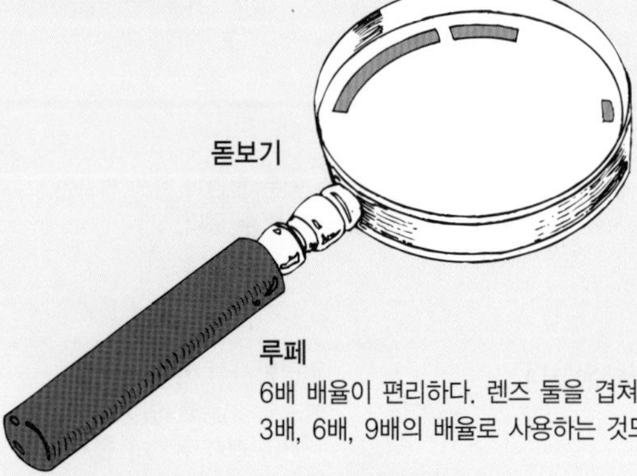

돋보기

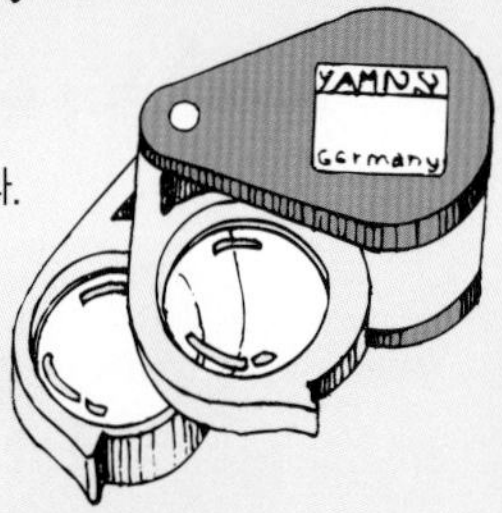

루페
6배 배율이 편리하다. 렌즈 둘을 겹쳐서 3배, 6배, 9배의 배율로 사용하는 것도 있다.

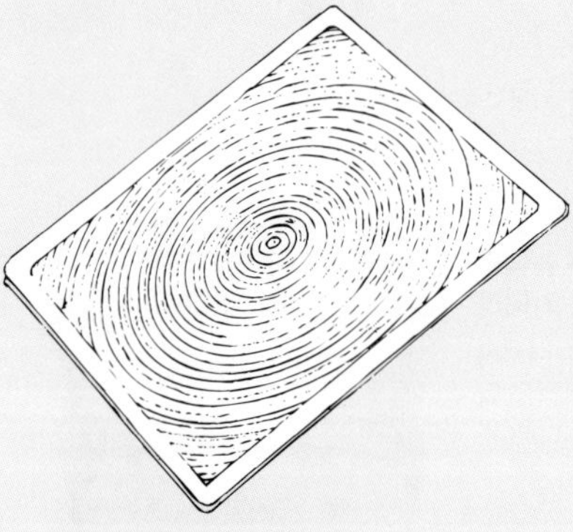

평평한 시트형 돋보기
두께가 얇아서 관찰 노트에 끼워 다니기 좋다.

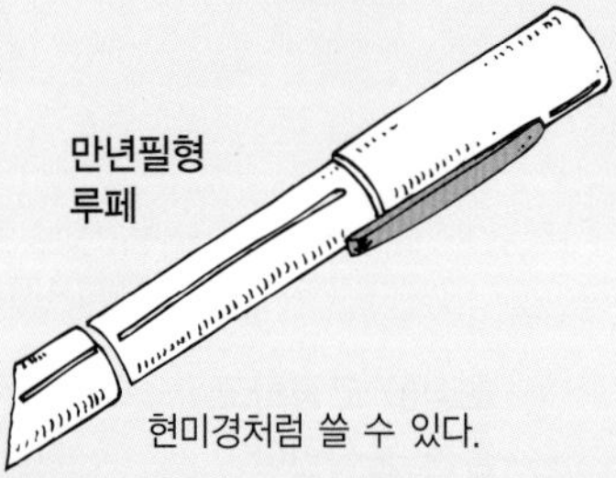

만년필형 루페
현미경처럼 쓸 수 있다.

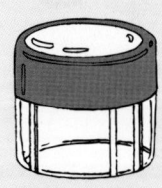

사진용 루페

돋보기를 이용해서 곤충이나 꽃, 돌 표면 등을 자세히 관찰해 봅니다.
평소에 알지 못했던 재미있는 사실들을 발견하게 됩니다.

돋보기의 사용법

돋보기는 눈 가까이 댄 후 고정시키고, 관찰할 대상을 움직여서 초점을 맞춘다.

관찰할 대상이 움직일 수 없다면 자기 몸을 움직여서 초점을 맞춘다.

관찰할 대상을 손에 들 수 있으면 쥔 손을 앞뒤로 움직여서 초점을 맞춘다.

사진용 루페를 사용한다

쌍안경을 이용한다

쌍안경을 거꾸로 쥐고 보면 현미경처럼 쓸 수가 있다.

사진용 루페는 렌즈 앞에 아크릴 통이 달려 있다. 이 속에 작은 곤충을 넣고 관찰하면 달아나지 못하므로 시간을 갖고 관찰할 수 있다.

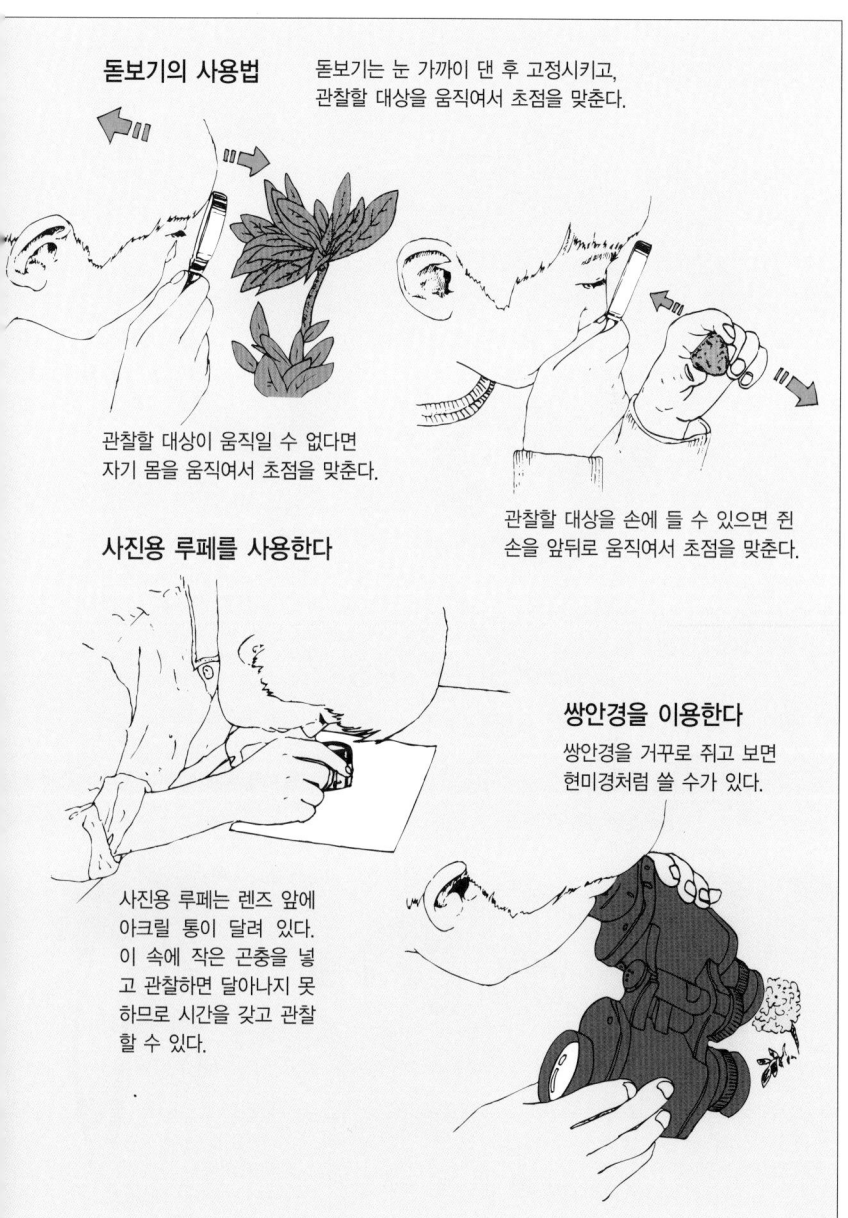

쌍안경 사용법

야외 관찰에 좋은 쌍안경

쌍안경을 새로 살 때는 배율이 7~10배, 대물렌즈의 지름이 40mm 이상인 것이 야외 관찰용으로 가장 좋다.

배율
배율이 높으면 크게 보이지만 너무 높으면 손이 조금만 흔들려도 시야에서 관찰물이 쉽게 벗어나 버린다.

구경
구경(렌즈 지름)이 큰 것일수록 영상이 밝아서 좋다. 특히 별자리 관찰은 50mm 이상이어야 좋다.

7×50 EXPS
FIELD 5.6°

실시계
쌍안경을 고정시키고 볼 수 있는 범위이며 이 수치가 클수록 넓게 보인다.

쌍안경 사용법

어깨끈을 조절한다
쌍안경이 가슴에 오게 한다.

삼각대에 고정한다
흔들리지 않아서 좋다.

팔꿈치를 고정시킨다

흔들림을 어느 정도 막을 수 있다.

새를 관찰하거나 달과 별을 볼 때 쌍안경은 꼭 있어야 합니다.
어떤 쌍안경이라도 괜찮지만 사용법을 잘 알아 둡니다.

사용법을 익혀 보자

먼저 먼 곳의 움직이지 않는 대상을 눈으로 찾은 다음, 쌍안경으로 보면서 시계에 들어오게 만드는 연습을 한다.

작은 목표물을 잡는 요령

처음부터 쌍안경으로 작은 목표물을 보기란 쉽지 않다. 이럴 때는 가까이 있는 뚜렷한 물체를 선정해서 쌍안경 시계 안에 들어오게 한 다음, 목표물에 이르는 방법을 쓴다.

별자리는 누워서 관찰한다

밤하늘을 오래 쳐다보고 있으면 목이 아프다. 자리를 깔고 누워서 관찰한다.

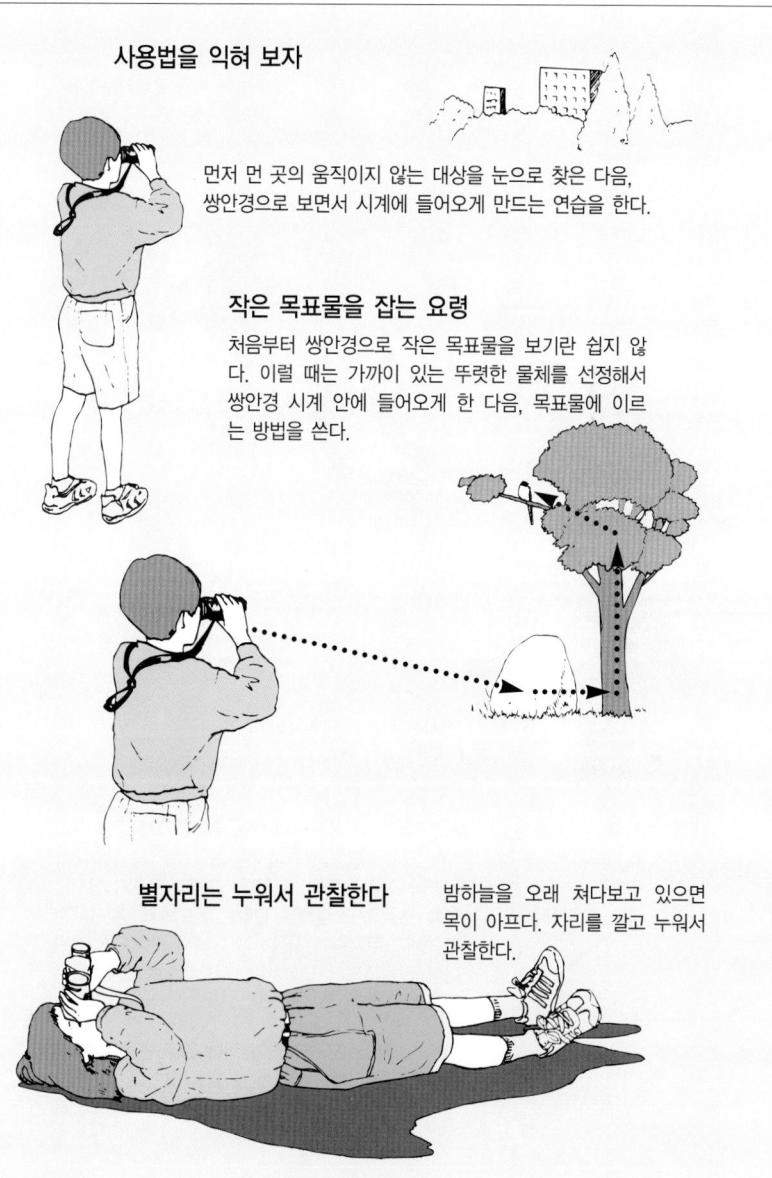

천체 망원경 사용법

굴절 망원경
다루기 쉬운 초보자용이다.
렌즈 지름은 6~10cm로
영상이 아래위가 뒤집혀 보인다.

백화점이나 전문 상점에서 구경하자
천체 망원경을 사고 싶으면 전문점에 가서 실제로 구경한다. 그리고 모르는 점은 전문가에게 물어보자.

반사 망원경
약간 다루기가 힘들다. 렌즈 지름이 큰 데 비해서 값이 싸다.

반사굴절 망원경
굴절식과 반사식을 합한 망원경이며 통이 짧고 운반하기가 쉽다.

장치대에 대해서
장치대는 경통을 다리와 연결해 주고 흔들리지 않게 경통을 고정하는 장치로, 경위대식과 적도의식이 있다. '경위대식 장치대'는 카메라의 삼각대와 비슷한데 미동 손잡이가 있어 조금씩 돌릴 수 있다. 가볍고 다루기 쉽지만 계속 핸들을 조절해야 한다. '적도의식 장치대'는 복잡하고 무거워서 사용하기 어려워 보이지만 경위대식 장치대보다 편리하다. 자동적으로 별을 찾는 적도의도 있다.

별은 지구 자전에 의한 일주 운동을 한다. 적도의는 그에 맞춰 별을 찾는다. 지구 자전축과 평행한 적도의의 극축을 하늘의 북극에 맞추는 극축 맞춤이 중요하다.

달의 표면, 목성의 무늬나 위성의 움직임, 토성의 고리 등을 관찰할 때는 천체 망원경이 있어야 합니다.

북극성을 찾는 법

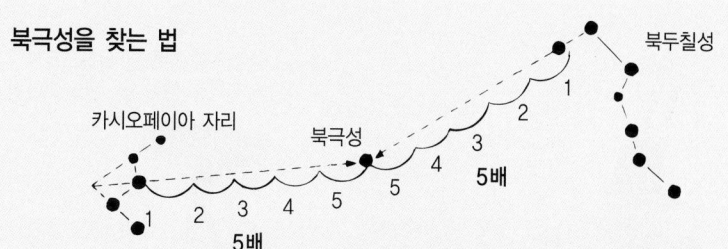

적도의의 극축을 북극성 방향으로 고정시킨다. 위 그림에서처럼 북극성은 북두칠성이나 카시오페이아 자리의 연장선에 있다.

망원경 구경 크기에 따른 관찰 내용

	50~60mm	100mm 이상
목성	무늬와 4대 위성이 보인다.	무늬와 대적판을 알 수 있다.
화성	대근접 때 극관과 무늬가 보인다.	무늬가 자세히 보인다.
토성	고리가 보인다.	고리가 자세히 보인다.
달	지형이 잘 보인다.	지형이 세밀하게 보인다.

구경과 배율

천체 망원경의 성능은 배율이 아닌 구경의 차이로 판단한다. 구경이 클수록 밝게 보인다. 그 망원경의 가장 잘 보이는 배율은 구경을 mm로 나타낸 숫자로, 배율을 올리려면 구경의 2배 정도까지만 올린다. 그 이상되면 어두워서 영상이 흐려진다.

파인더로 별을 찾는다

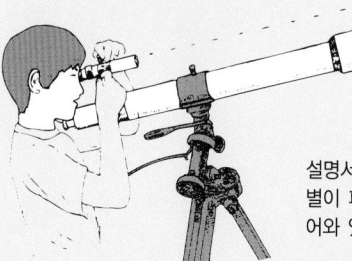

설명서에 쓰인 대로 조정하고 달과 행성을 보자. 별이 파인더의 시야에 들어오면 렌즈에도 별이 들어와 있다. 초점을 맞추고 관측해 보자.

현미경 사용법

여러 가지 현미경

현미경을 살 때는 광학기기 상점에 가서 실제로 물건을 본다. 일반적으로 배율이 바뀌는 현미경 외에도 배율은 낮지만 접안부가 2개라서 입체적으로 보이는 쌍안실체 현미경 등이 있다.

현미경
회전판을 돌려서 배율을 바꿀 수 있다.

렌즈에 부착된 필름으로 사진을 찍을 수 있는 현미경

필름을 접안부에 부착해서 간단히 현미경 사진을 찍을 수 있다.

쌍안실체 현미경

입체적으로 보여서 곤충 관찰 등에 편리하다. 배율은 10~60배 전후이다.

야외에서 쓸 수 있는 실체 현미경

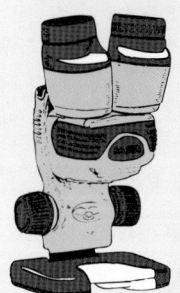

쌍안경처럼 목에 걸고 다닐 수 있다.

관찰 내용을 기록

현미경은 왼쪽 눈으로 들여다보며 오른쪽 눈을 뜨고 그리거나 기록한다.

꽃가루, 결정, 작은 곤충 등을 관찰할 때 현미경을 사용합니다. 보통 현미경 말고 입체적으로 보이는 쌍안실체 현미경 등 여러 가지가 있습니다.

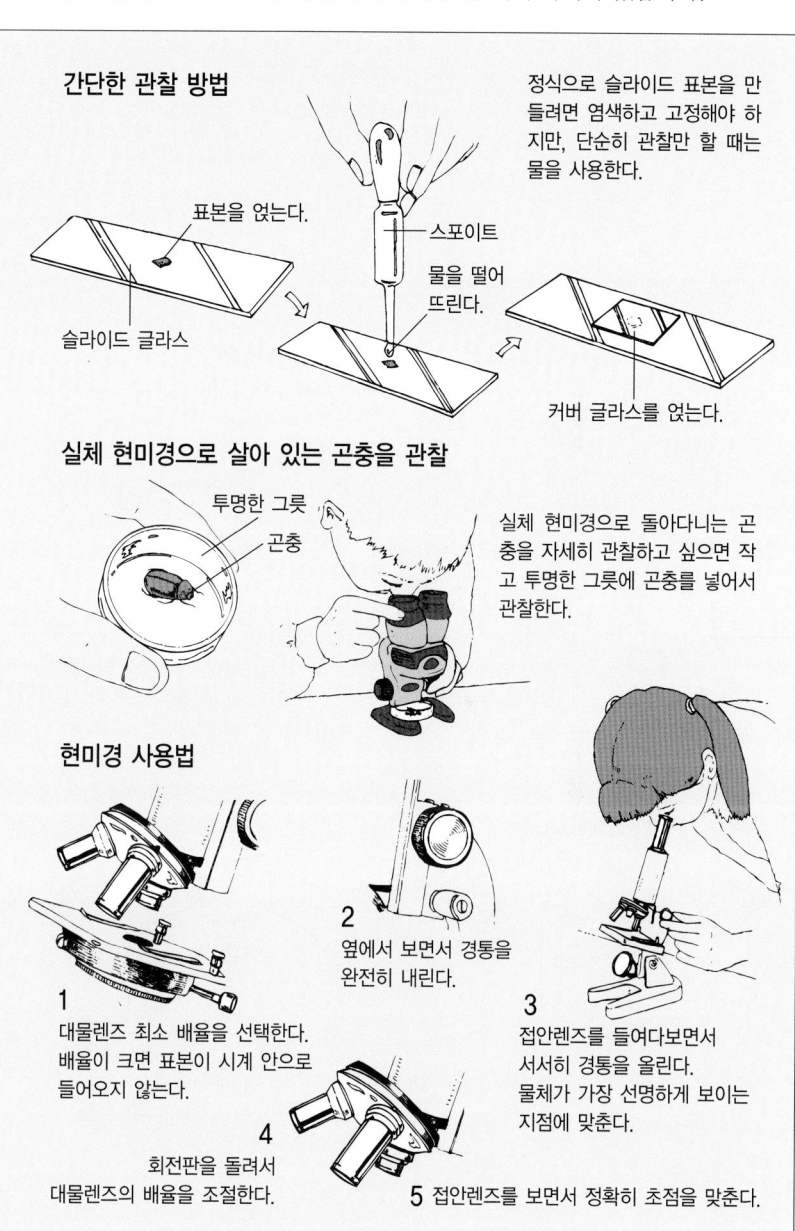

기구와 용구 사용법

배트(넓적한 접시) 살아 있는 곤충을 넣고 관찰하거나 해부 접시로 사용한다. 또는 손이 얼마나 더러운지 알아볼 때에 한천을 굳히는 접시로도 사용한다.

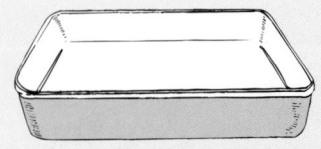

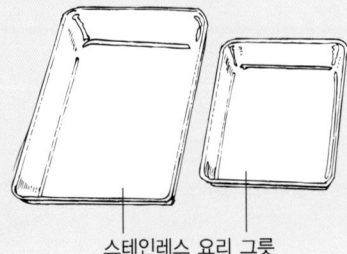

스테인레스 요리 그릇

비커(화학 실험에 쓰는 원통형 유리 그릇)

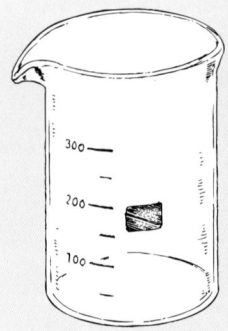

살아 있는 생물을 관찰하거나, 약의 분량을 알아보거나 녹이는 데 쓴다. 50~100ml 크기의 것이 보통이다. 유리 제품보다 플라스틱 제품이 더 싸다.

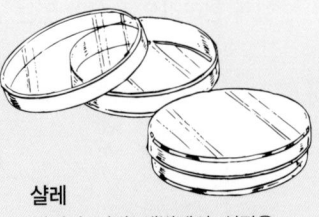

샬레
나비나 나방 애벌레의 성장을 관찰할 때, 식물의 씨를 싹 틔울 때, 곰팡이가 번식하는 모습 등을 관찰할 때 쓴다.

계량컵 플라스틱 제품으로 손잡이가 달린 것이 편리하다. 요리용 계량컵을 사용해도 된다.

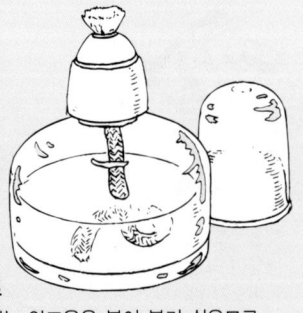

알코올램프
연료로 쓰이는 알코올은 불이 붙기 쉬우므로 다룰 때 특히 조심해야 한다.

기구나 용구는 집에 있는 것을 대신 사용해도 됩니다. 만일 전용 기구가 필요할 때는 과학 담당 선생님께 여쭤 봅니다.

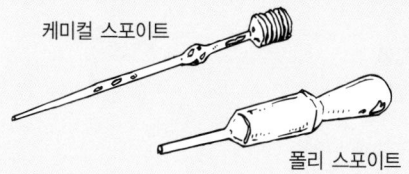

스포이트
유리로 된 것과 폴리에틸렌으로 된 것이 있다.

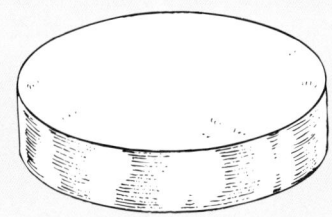

거름종이(여과지)
구정물을 거를 때 사용한다.
지름 55~240mm인 것이 있다.
없으면 커피 필터를 사용해도 된다.

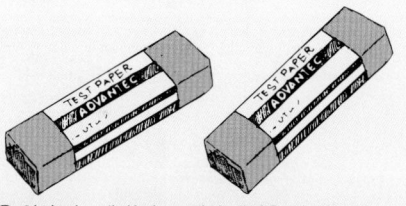

리트머스 시험지
액체의 산성, 알칼리성을 알아보는 데 쓴다. 고체의 액성을 알아볼 때는 리트머스 시험지에 물을 묻힌 뒤, 고체에 붙여 결과를 본다.

솜(탈지면)
표본을 정리하거나 독을 묻혀 곤충을 죽일 때 사용한다.

약품 사용법

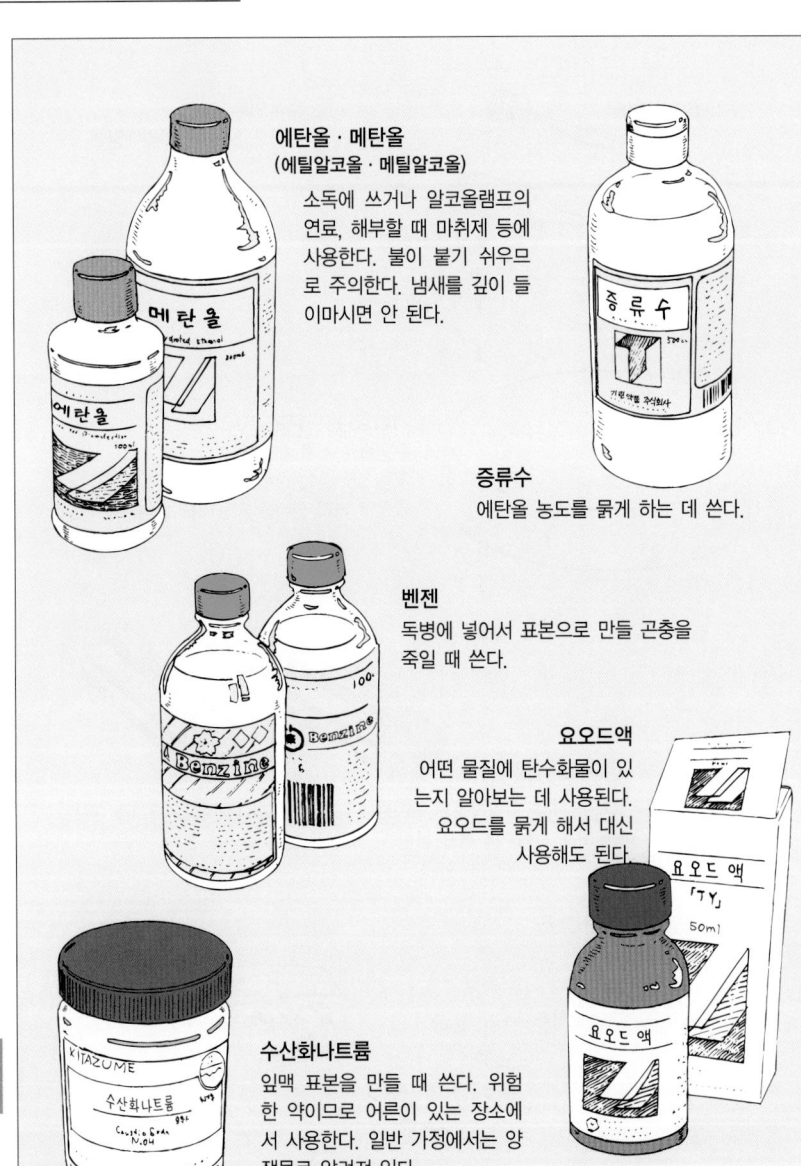

에탄올 · 메탄올
(에틸알코올 · 메틸알코올)

소독에 쓰거나 알코올램프의 연료, 해부할 때 마취제 등에 사용한다. 불이 붙기 쉬우므로 주의한다. 냄새를 깊이 들이마시면 안 된다.

증류수
에탄올 농도를 묽게 하는 데 쓴다.

벤젠
독병에 넣어서 표본으로 만들 곤충을 죽일 때 쓴다.

요오드액
어떤 물질에 탄수화물이 있는지 알아보는 데 사용된다. 요오드를 묽게 해서 대신 사용해도 된다.

수산화나트륨
잎맥 표본을 만들 때 쓴다. 위험한 약이므로 어른이 있는 장소에서 사용한다. 일반 가정에서는 양잿물로 알려져 있다.

여기에 소개한 약품들 대부분은 약국에서 살 수 있는 것입니다. 그러나 대부분은 위험한 약품이므로 맛을 보거나 마시면 절대 안 됩니다.

나프탈렌, 피레스로이드 계열 제품
곤충 표본, 식물 표본 등을 만들 때 방충제로 사용한다.

※ **주의**
실험을 위해서 약품이 꼭 필요할 때는 부모님이나 선생님께 말씀드려서 구입하도록 한다.

실리카겔
곤충 표본, 식물 표본, 해조 표본 등을 건조시킬 때 쓴다.

염소 중화제
민물고기를 사육할 때 수돗물에 들어 있는 염소를 중화시킬 때 쓴다. 중화제가 없을 경우 물을 햇볕에 한나절 두었다가 사용하면 된다.

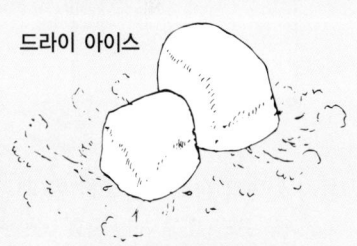

드라이 아이스

생물의 체온을 낮춰서 그 움직임을 관찰하는 데 쓴다. 손으로 직접 만지면 동상에 걸릴 수 있다.

온도 측정법

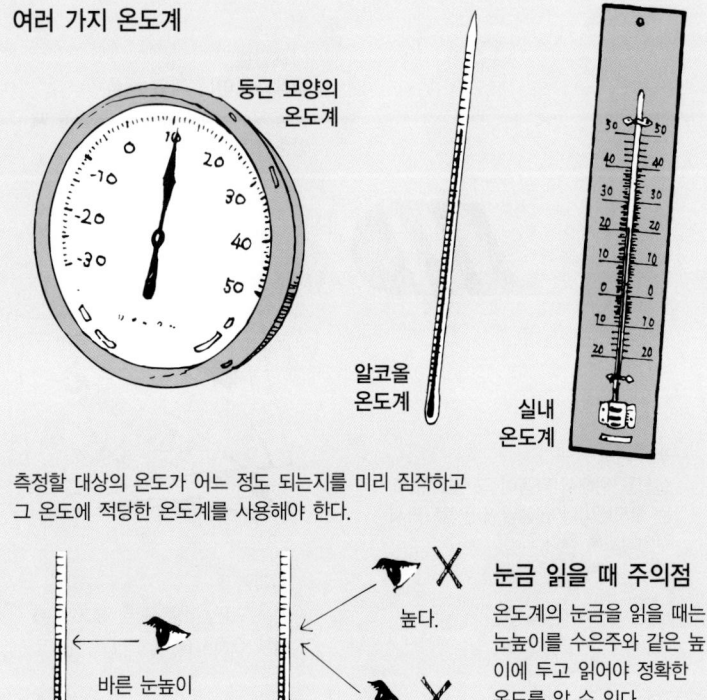

여러 가지 온도계

둥근 모양의 온도계

알코올 온도계

실내 온도계

측정할 대상의 온도가 어느 정도 되는지를 미리 짐작하고 그 온도에 적당한 온도계를 사용해야 한다.

바른 눈높이

높다.
낮다.

눈금 읽을 때 주의점

온도계의 눈금을 읽을 때는 눈높이를 수은주와 같은 높이에 두고 읽어야 정확한 온도를 알 수 있다.

동시에 여러 장소의 온도를 잴 때

여러 개의 온도계를 동시에 사용할 때는 온도계에 따라 차이가 있을 수 있으므로 어느 온도계 하나를 기준으로 한다. 다른 온도계를 읽을 때는 기준 온도계와의 차이를 감안하고 읽는다.

22.5℃   23℃

왼쪽 온도계를 기준 온도계로 하면
오른쪽 온도계에서는 0.5℃를 빼고 읽는다.

기온은 실내 온도계로 충분히 잴 수 있지만, 물 온도는 막대 온도계가 있어야 편리합니다. 측정 대상에 알맞은 온도계를 골라 씁니다.

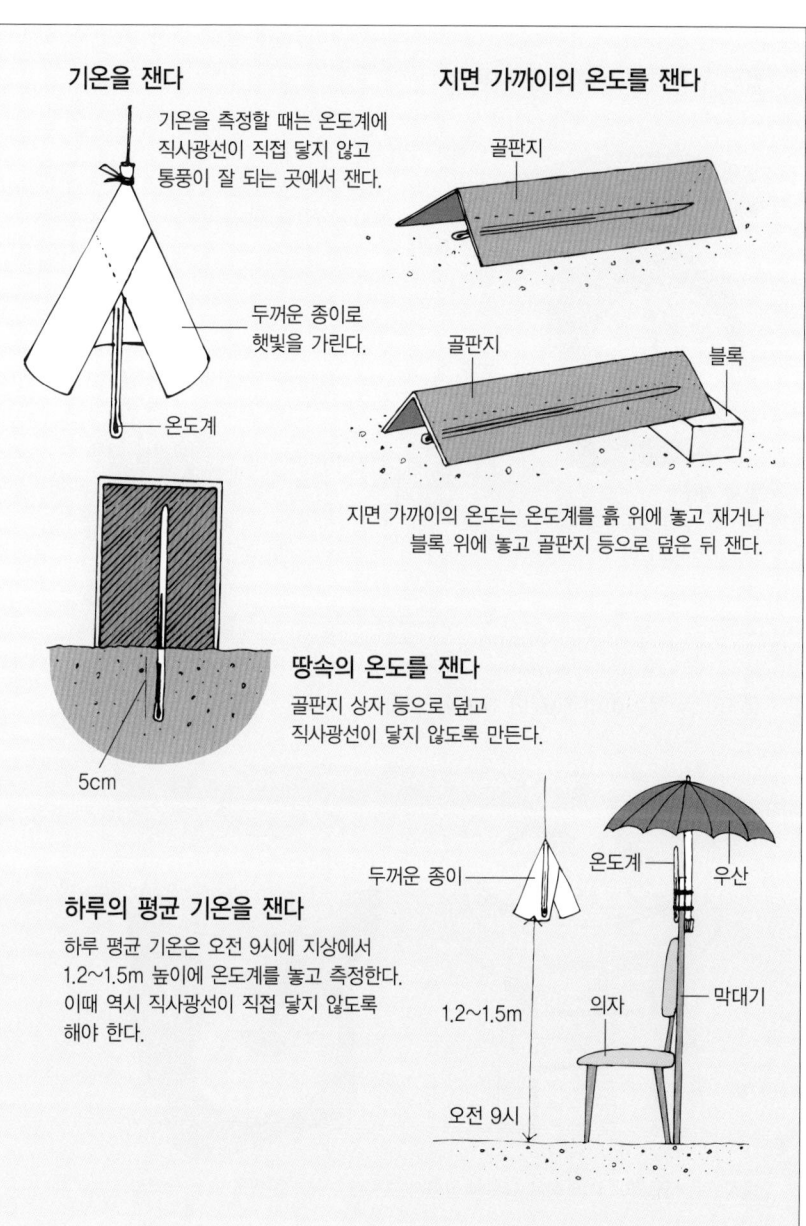

기온을 잰다
기온을 측정할 때는 온도계에 직사광선이 직접 닿지 않고 통풍이 잘 되는 곳에서 잰다.

두꺼운 종이로 햇빛을 가린다.

온도계

지면 가까이의 온도를 잰다
골판지

골판지

블록

지면 가까이의 온도는 온도계를 흙 위에 놓고 재거나 블록 위에 놓고 골판지 등으로 덮은 뒤 잰다.

땅속의 온도를 잰다
골판지 상자 등으로 덮고 직사광선이 닿지 않도록 만든다.

5cm

하루의 평균 기온을 잰다
하루 평균 기온은 오전 9시에 지상에서 1.2~1.5m 높이에 온도계를 놓고 측정한다. 이때 역시 직사광선이 직접 닿지 않도록 해야 한다.

두꺼운 종이
온도계
우산
1.2~1.5m
의자
막대기
오전 9시

무게와 분량을 재는 방법

물건 무게에 맞는 저울을 사용한다

저울의 한 눈금의 무게는 얼마이고, 각 저울은 얼마까지의 무게를 달 수 있을까? 저울의 성능을 미리 알고 사용하자.

접시 저울
1kg에서 20kg까지 달 수 있고, 여러 모양이 있다.

체중계
꽤 무거운 것을 달 때에 쓰인다.

요리용 저울
한 눈금이 1g이며 100~200g까지 달 수 있다.
가벼운 것을 달 때 편리하다.

움직이는 물건이나 액체의 무게를 잰다

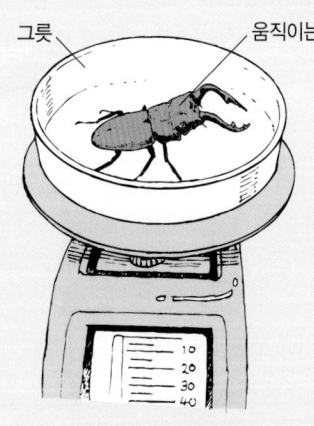

그릇 / 움직이는 생물

액체 / 그릇

움직이는 생물이나 액체 등은 그릇에 담아서 그릇째로 무게를 달고 그릇 무게를 뺀다.

저울은 잴 물건의 무게에 맞는 것을 써야 합니다. 또 흐르는 액체나 너무 가벼운 물건 등 저울로 재기 어려운 것도 머리를 쓰면 방법이 있습니다.

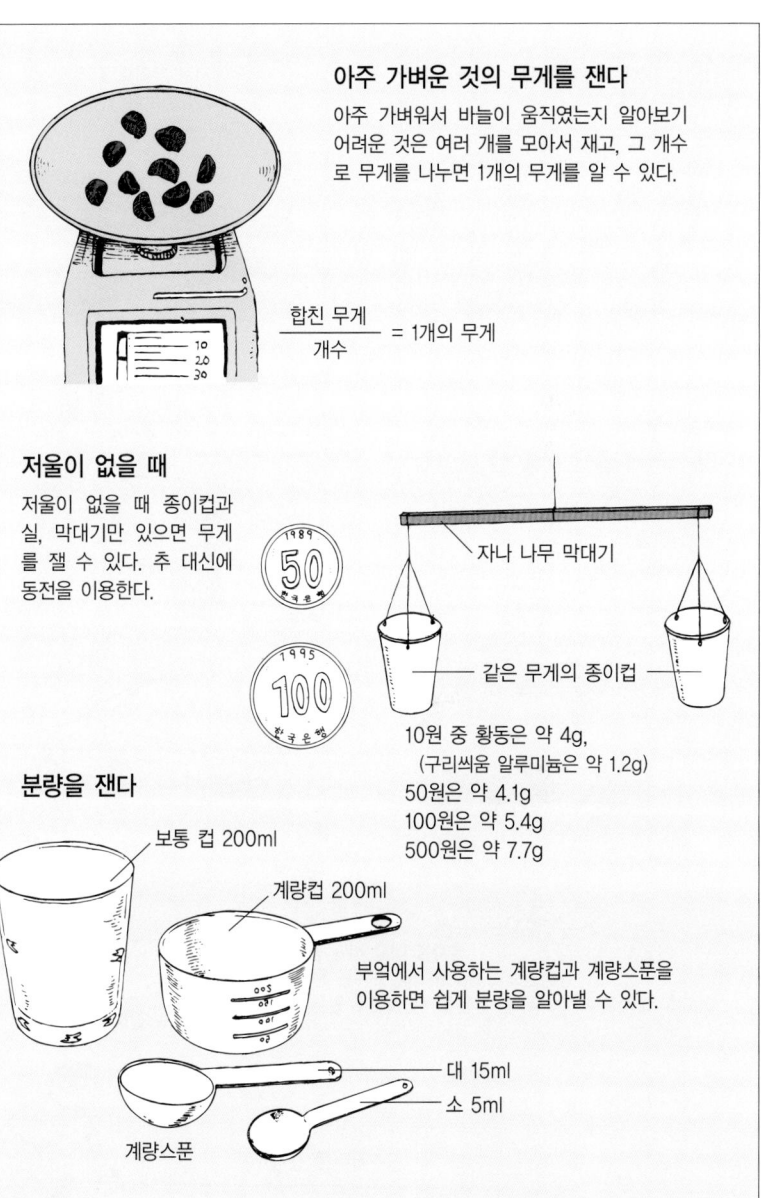

아주 가벼운 것의 무게를 잰다

아주 가벼워서 바늘이 움직였는지 알아보기 어려운 것은 여러 개를 모아서 재고, 그 개수로 무게를 나누면 1개의 무게를 알 수 있다.

$$\frac{합친 무게}{개수} = 1개의 무게$$

저울이 없을 때

저울이 없을 때 종이컵과 실, 막대기만 있으면 무게를 잴 수 있다. 추 대신에 동전을 이용한다.

자나 나무 막대기
같은 무게의 종이컵

10원 중 황동은 약 4g,
 (구리씌움 알루미늄은 약 1.2g)
50원은 약 4.1g
100원은 약 5.4g
500원은 약 7.7g

분량을 잰다

보통 컵 200ml
계량컵 200ml

부엌에서 사용하는 계량컵과 계량스푼을 이용하면 쉽게 분량을 알아낼 수 있다.

대 15ml
소 5ml
계량스푼

길이를 재는 방법

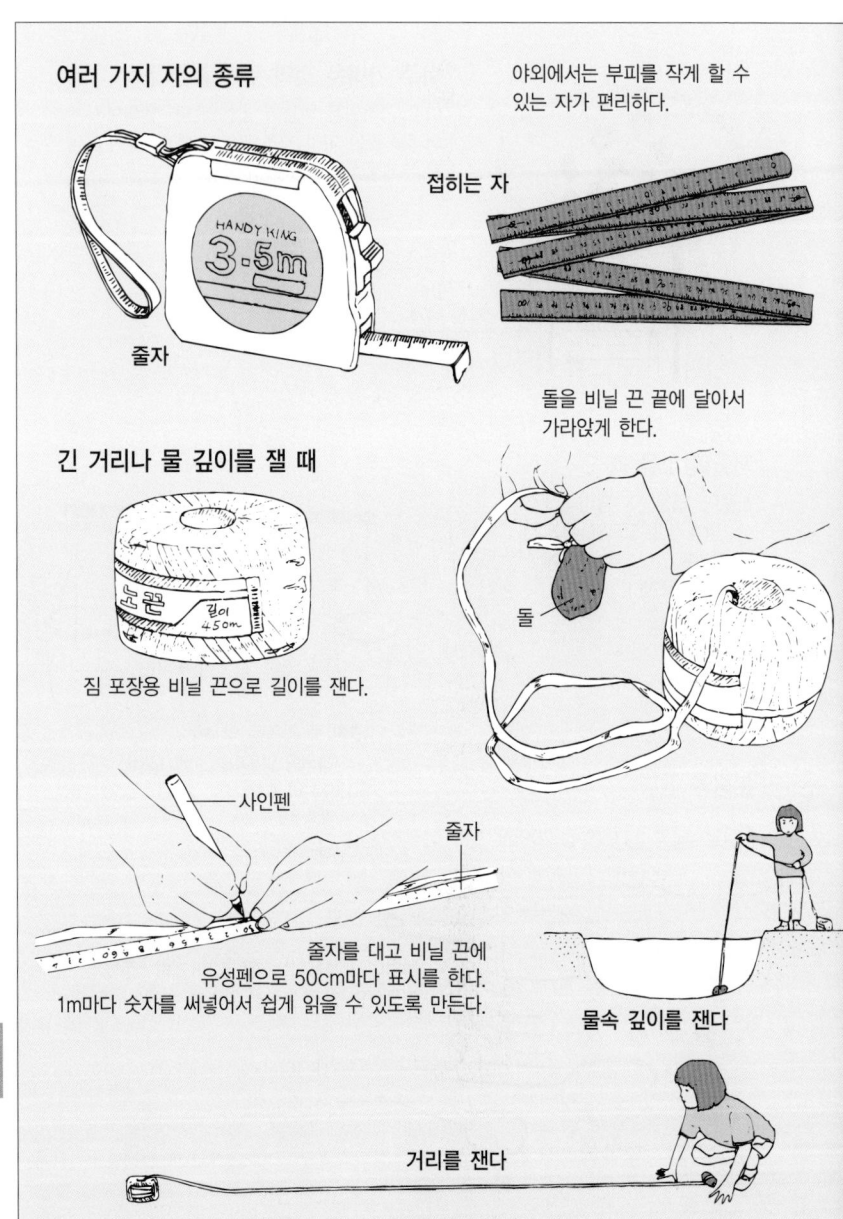

줄자나 접히는 자 등은 휴대하기 쉬워서 야외에서 사용하기가 좋습니다.
재기 힘든 것이나 아주 긴 것을 잴 때 어떻게 하면 될지 생각해 봅니다.

구부러진 대상의 길이를 잰다

식물의 줄기 등 구부러진 것은 실을 이용해서 재고, 나중에 그 실의 길이를 재면 된다.

줄자
실

지도 위에서 거리를 잰다

굵은 실

시작점에서부터 굵은 실을 길 따라 대면서 나아간다.

지도에 나와 있는 스케일(축척)에 실을 대서 거리를 계산한다.

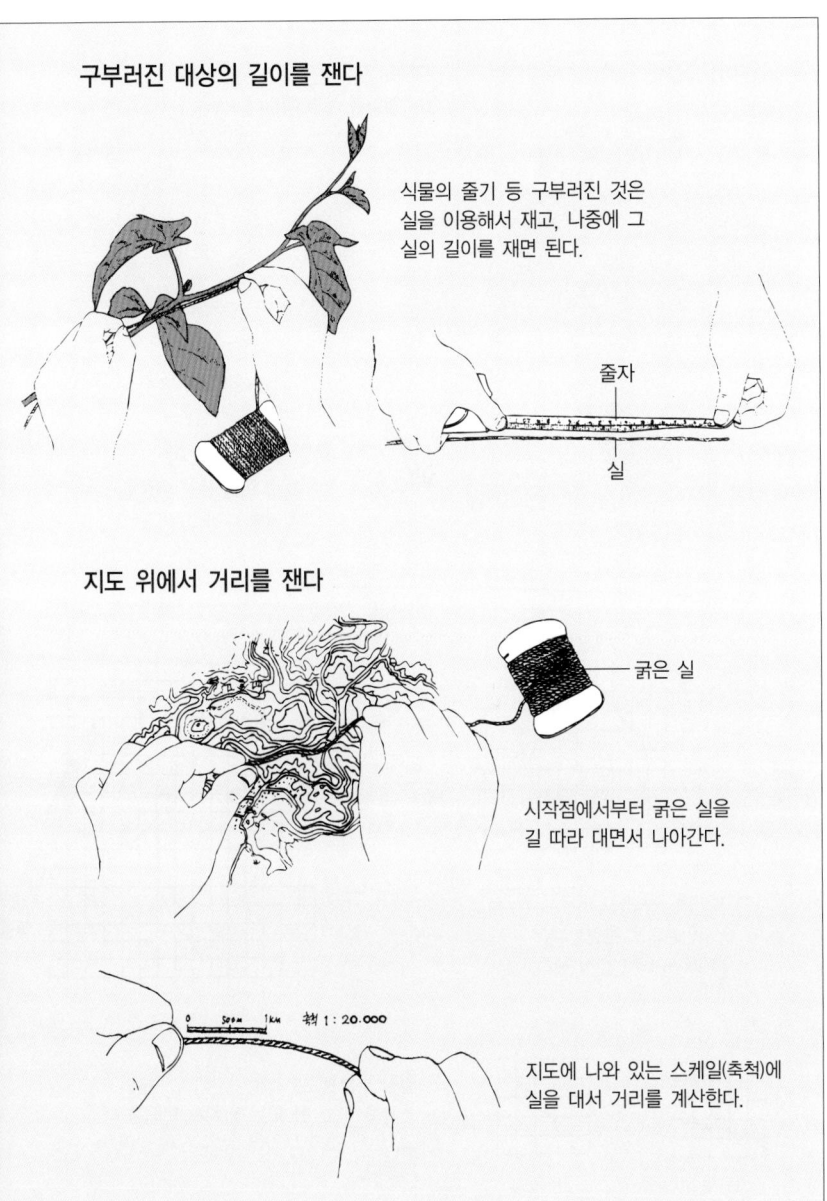

넓이와 부피 재는 방법

모양이 복잡한 대상의 넓이

식물의 잎은 가장자리가 들쭉날쭉해서 전체 넓이를 재기 어렵다.

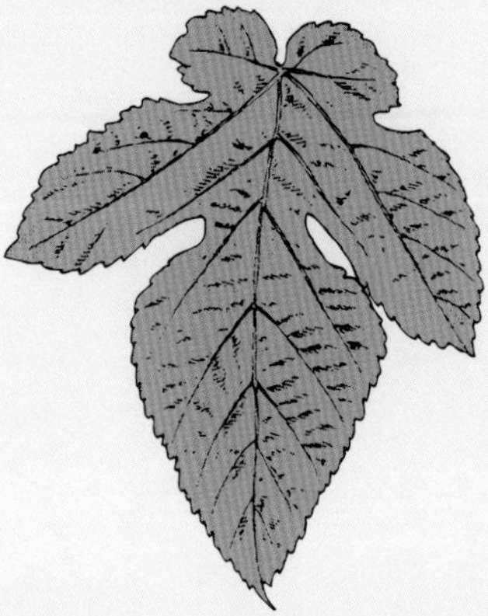

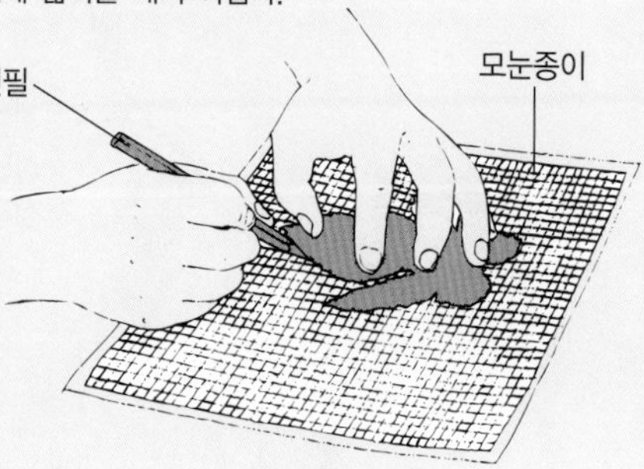

연필 모눈종이

모양을 옮겨 뜬다

모눈종이 위에 대고 연필로 가장자리를 따라 그린다.

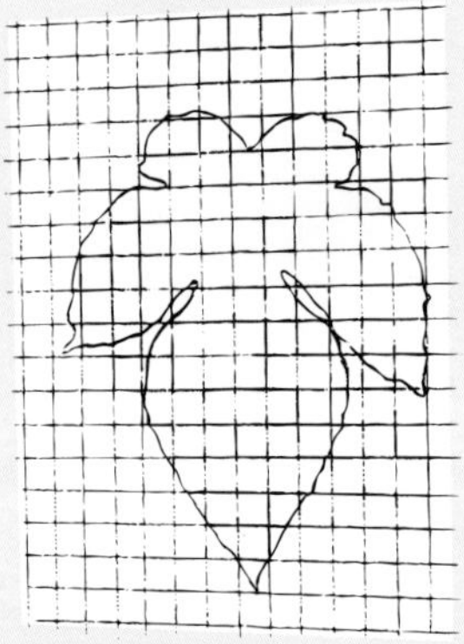

사인펜으로 완전한 네모 부분만 먼저 세고,

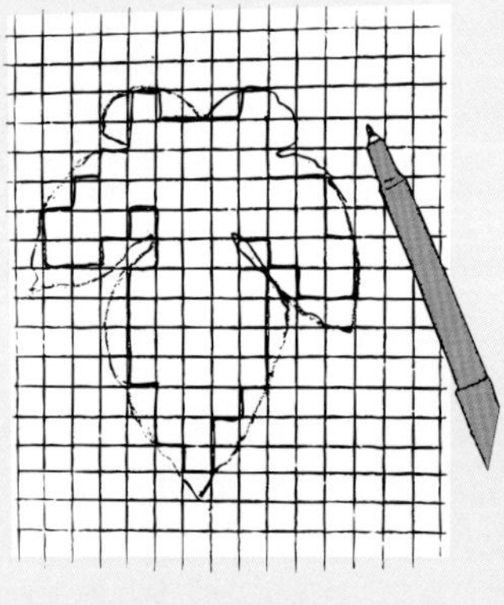

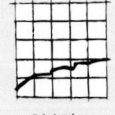
3분의 1

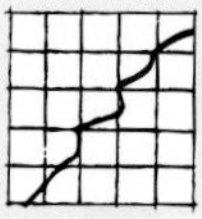

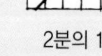
2분의 1

걸친 부분은 2분의 1, 3분의 1, 5분의 4 등으로 나눈 뒤 모두 합쳐서 면적을 내고, 앞의 것과 더하면 잎의 전체 넓이가 나온다.

모양이 복잡한 대상의 면적이나 부피는 학교에서 배운 방법만으로는 재기 어렵습니다. 모눈종이를 이용하거나 물에 담가서 알아낼 수 있습니다.

모양이 복잡한 대상의 부피

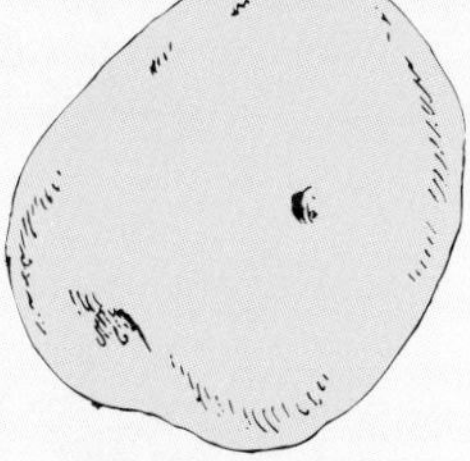

돌은 모양이 복잡해서 그대로는 부피를 알기 어렵다.

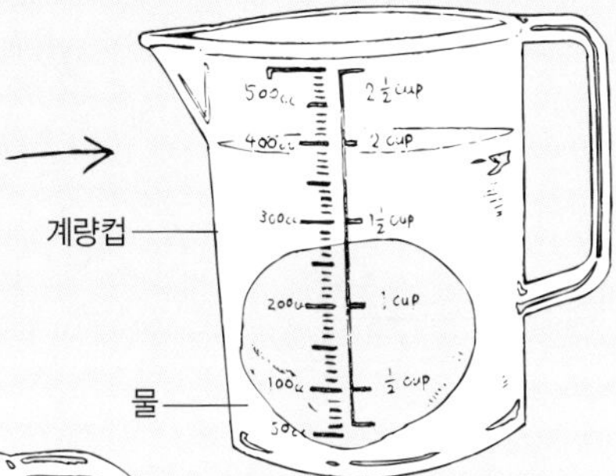

계량컵

물

계량컵에 물을 담고, 물의 양을 알아 둔다. 물건을 물속에 담가 가라앉게 한 후, 불어난 물의 양에서 물건을 넣기 전 물의 양을 빼면 재고 싶은 물건의 부피를 알 수 있다.

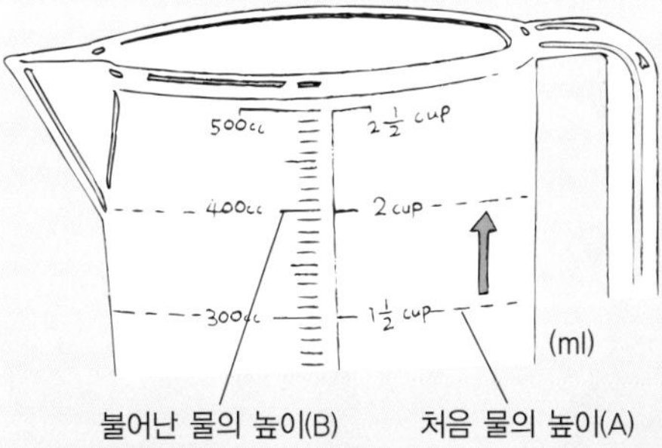

불어난 물의 높이(B)   처음 물의 높이(A)   (ml)

B의 눈금 − A의 눈금 = 물건이 밀어낸 물의 양(ml) = 물건의 부피(cm^3)

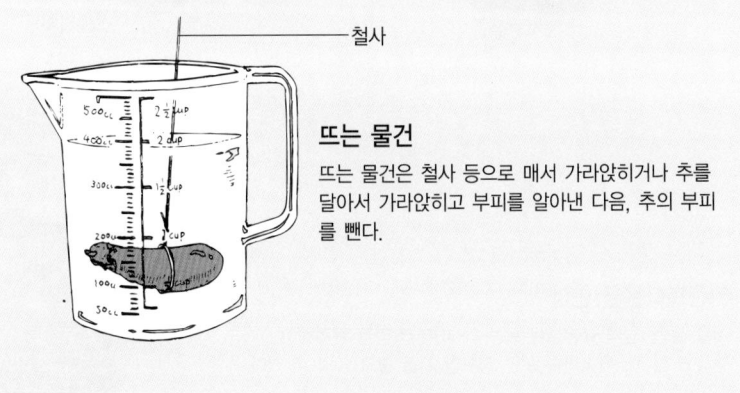

철사

뜨는 물건

뜨는 물건은 철사 등으로 매서 가라앉히거나 추를 달아서 가라앉히고 부피를 알아낸 다음, 추의 부피를 뺀다.

시간을 잰다

집에 있는 시계를 이용

따로 특별한 시계를 준비할 필요가 없다. 집에 있는 시계 중 스톱워치 기능이 있는지 찾아본다.

탁상시계

손목시계

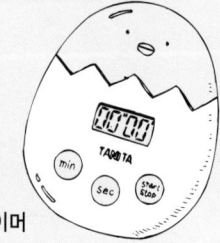

타이머
정해진 시간 동안 정확히 관찰해야 할 때 필요하다.

디지털 손목시계

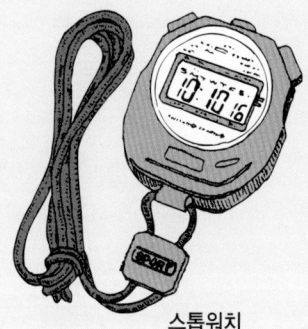

스톱워치

디지털 시계에는 스톱워치 기능이 있다.

카운트다운을 한다

예를 들면, 잎맥 표본을 만드는 데 10분간 잎을 처리해야 한다고 할 때, 타이머를 쓰면 정확한 시간 경과를 알 수 있다.

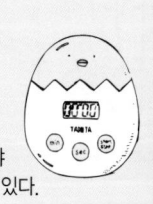
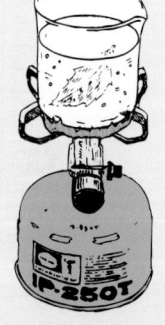

관찰이나 실험을 할 때 시간을 재야 할 때가 많습니다. 집에 있는 시계를 이용합니다. 스톱워치는 시간 경과를 잴 때 편리합니다.

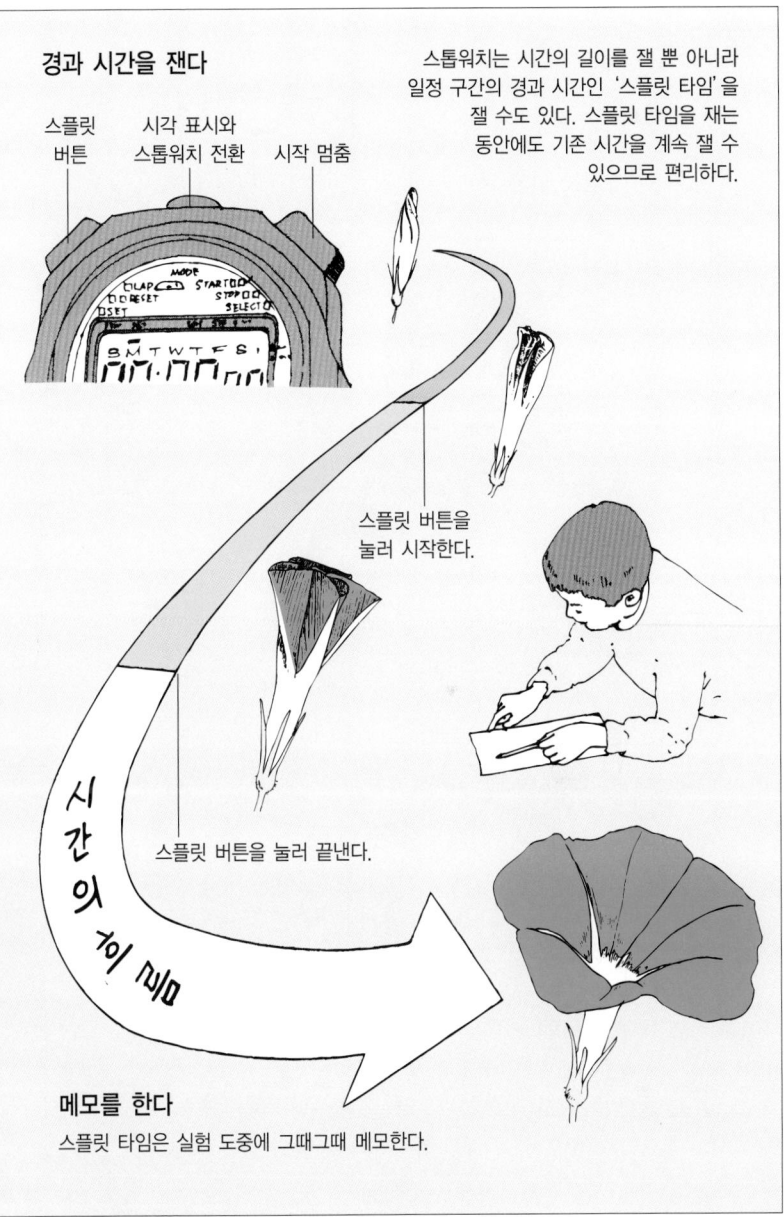

경과 시간을 잰다

스플릿 버튼
시각 표시와 스톱워치 전환
시작 멈춤

스톱워치는 시간의 길이를 잴 뿐 아니라 일정 구간의 경과 시간인 '스플릿 타임'을 잴 수도 있다. 스플릿 타임을 재는 동안에도 기존 시간을 계속 잴 수 있으므로 편리하다.

스플릿 버튼을 눌러 시작한다.

스플릿 버튼을 눌러 끝낸다.

시간의 흐름 메모

메모를 한다

스플릿 타임은 실험 도중에 그때그때 메모한다.

몸의 치수를 이용한 측정법

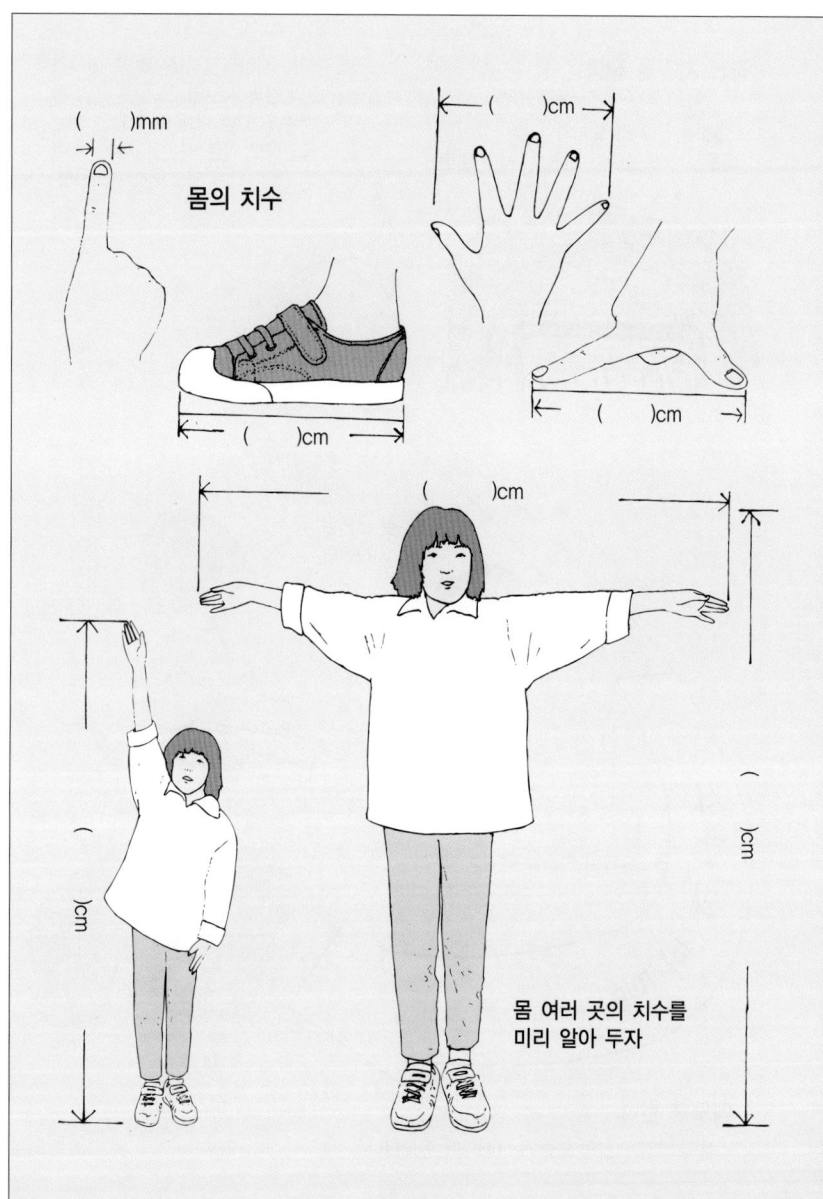

몸의 치수

몸 여러 곳의 치수를 미리 알아 두자

줄자나 자가 없는데 어떤 길이나 거리를 알고 싶을 때가 있습니다.
자기 몸을 이용한 측정법을 알아 두면 이럴 때 편리합니다.

보폭을 알아본다

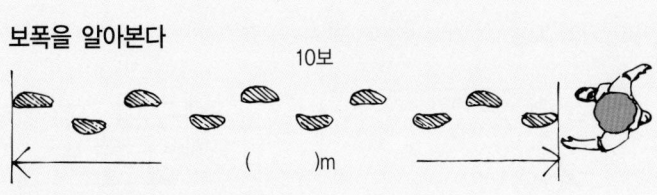

열 발자국을 걸었을 때의 거리를 미리 알아 둔다. 5회 정도 반복해 보고 평균 거리를 알면 정확하다. 실제의 거리는 다음 식으로 풀 수 있다.

$$실제\ 거리 = 10보의\ 거리 \times \frac{실제\ 걸음\ 수}{10}$$

100m는 얼마나 긴 거리일까?

운동장에서 100m의 거리를 대충 느낌으로 알아 두면 실제 측정이 어려울 때도 그 느낌을 기준 삼아 거리를 짐작할 수 있다.

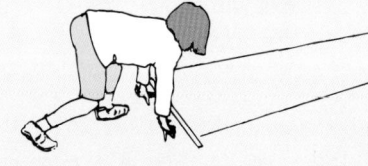

100m달리기 할 때 거리 감각을 기억해 둔다.

별자리의 위치는 각도로 나타낸다

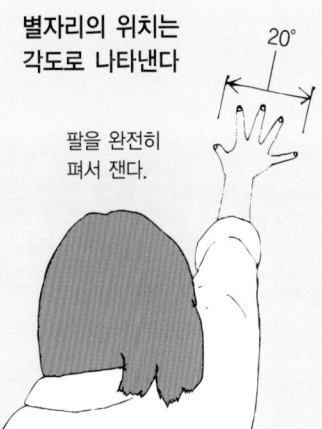

팔을 완전히 펴서 잰다.

별을 볼 때, '북극성에서 5cm 오른쪽에 있는 별'이라는 식으로 말하면 다른 사람이 알아듣지 못한다. 별과 별과의 위치는 각도로 표시한다. 손바닥, 손가락 등의 각도를 미리 알아 두면 이럴 때 편리하다.

지도 이용법

여러 가지 지역 지도
집 주변과 동네의 지도가 필요하면 지역 지도를 이용한다.

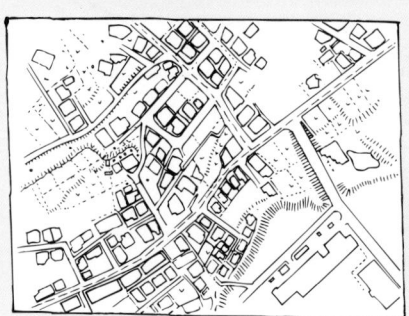

주택 지도 한집 한집의 이름이 실려 있다. 복사해서 이용한다.

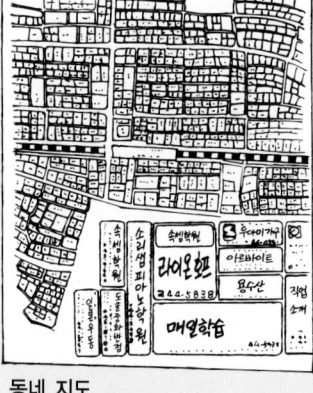

동네 지도
지도 주변에 각종 상점의 광고가 실린 지도

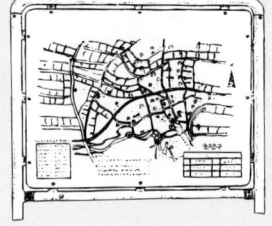

주거 표시 간판
거리 길가에 서 있는 지도가 있으면 사진을 찍는다.

지도를 복사한다

도서관 자료실에는 전국 지도나 지역별 지도 등 여러 가지 지도가 있다. 복사를 한다.

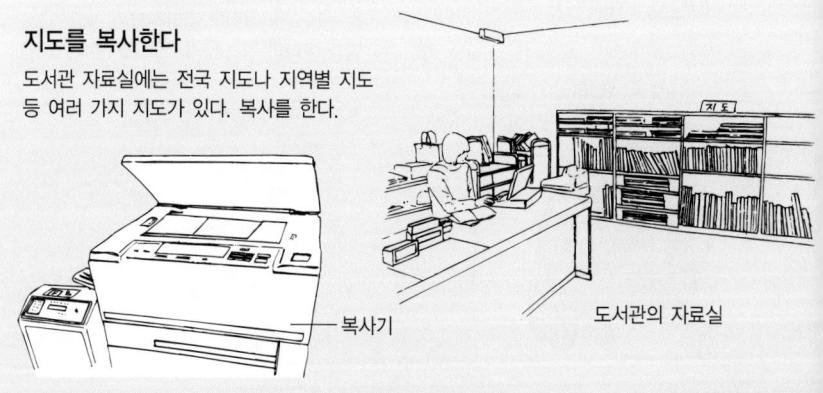

복사기   도서관의 자료실

연구 과제의 마무리 작업에 지도가 필요할 때가 있습니다. 동네 지도, 지형도 등 집에 있는 지도나 도서관 자료실, 인터넷의 지도를 이용합니다.

광역 지도
한국, 세계, 경기도 등 광역 지도는 지도 책을 이용한다.

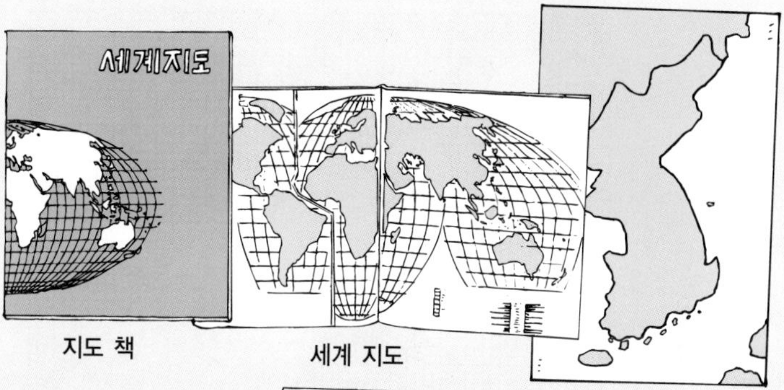

지도 책

세계 지도

대한민국 지도

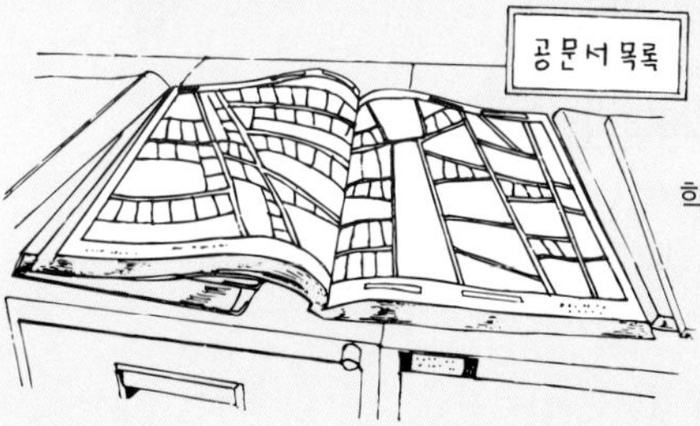

공문서 목록

서점이나 지도 상점에서 살 수 있다.
학교에서 쓰고 있는 것을 이용해도 된다.

2만 5000분의 1, 5만 분의 1 지형도
국토지리정보원 발행의 지형도

지도를 베껴 그린다

아래가 비치는 트레이싱지를 문구점에서 산다.

셀로판테이프 트레이싱지

지도

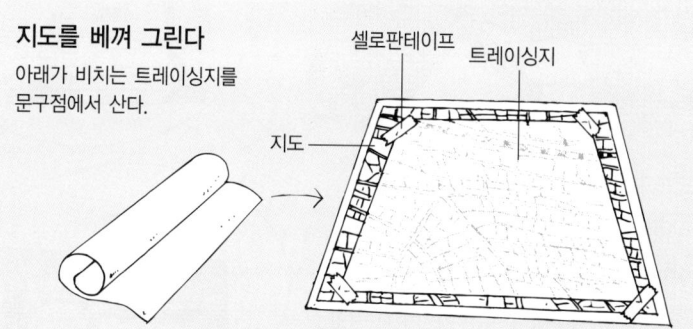

트레이싱지를 지도에 올려놓고 셀로판테이프로 고정시킨 다음
원하는 곳의 지도를 연필로 따라 그린다.

지도 그리는 법

전체의 균형을 생각하고

비치는 방안선이 그어진 모조지를 이용한다.

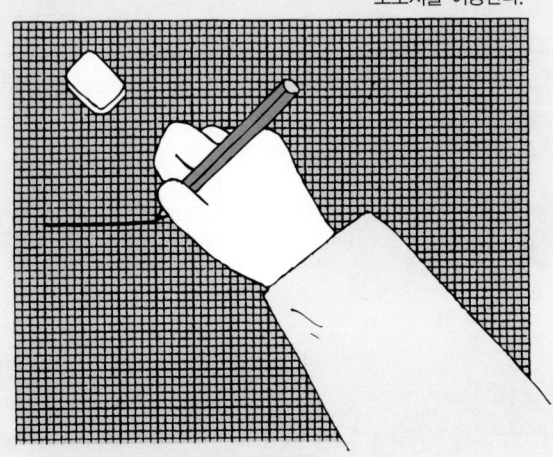

전체의 균형을 생각해야 한다. 무작정 그리면 그려야 할 것을 다 그리지 못해서 실수할 수 있다.

윤곽을 대강 그린다

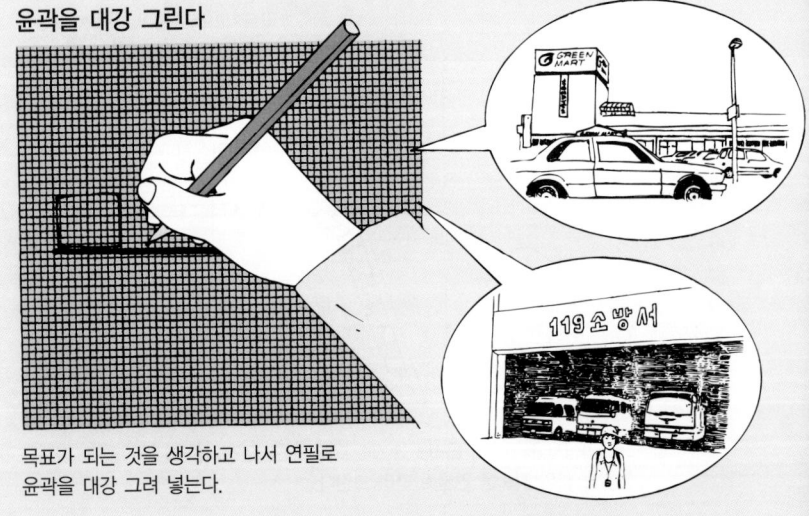

목표가 되는 것을 생각하고 나서 연필로 윤곽을 대강 그려 넣는다.

지도를 그릴 때는 전체의 균형을 생각하며 그리기 시작합니다. 처음에는 연필로 흐리게 밑그림을 그리고 나서 사인펜으로 완성하면 됩니다.

큰길을 먼저 그린다

자를 이용해서 길을 그린다.

건물을 그린다

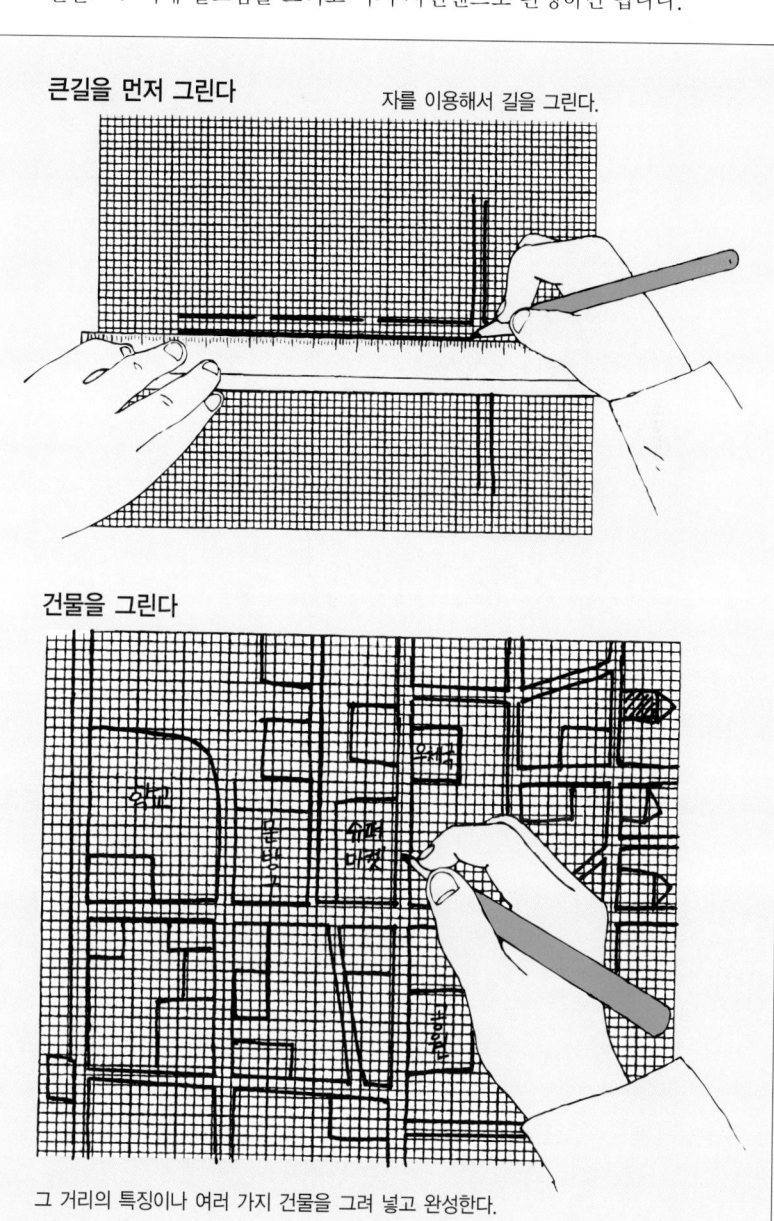

그 거리의 특징이나 여러 가지 건물을 그려 넣고 완성한다.

관찰물을 쉽게 알아보는 방법

동물은 몸의 특징에 주목

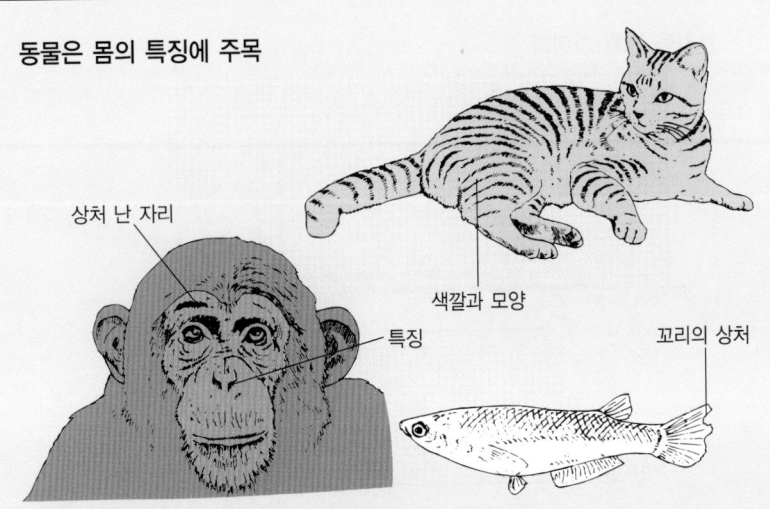

사람과 달라서 같은 종류의 동물은 가리기가 쉽지 않다.
몸의 색깔이나 모양의 특징, 상처 난 자리 등을 길잡이로 삼는다.

식물은 꼬리표를 만들어 단다

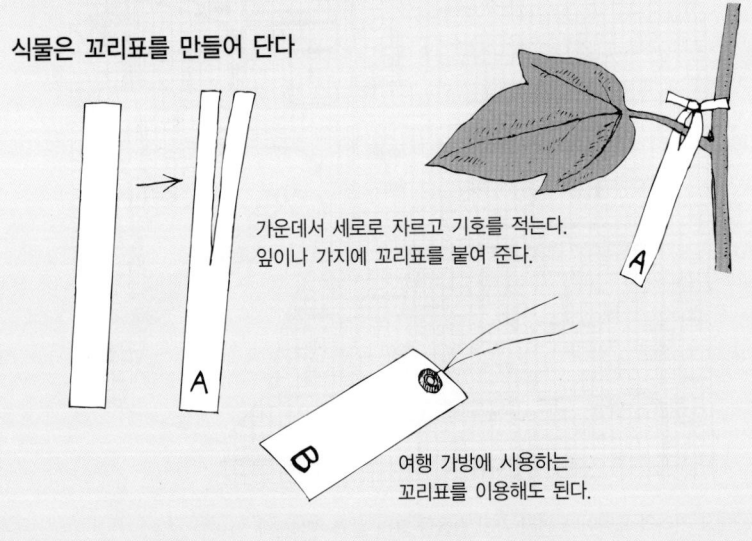

가운데서 세로로 자르고 기호를 적는다.
잎이나 가지에 꼬리표를 붙여 준다.

여행 가방에 사용하는
꼬리표를 이용해도 된다.

여러 마리가 한데 어울린 무리에서 정해진 짐승 한 마리를 관찰하거나 특정 식물을 골라서 관찰할 때는 다른 무리와 구별하는 방법을 생각해야 합니다.

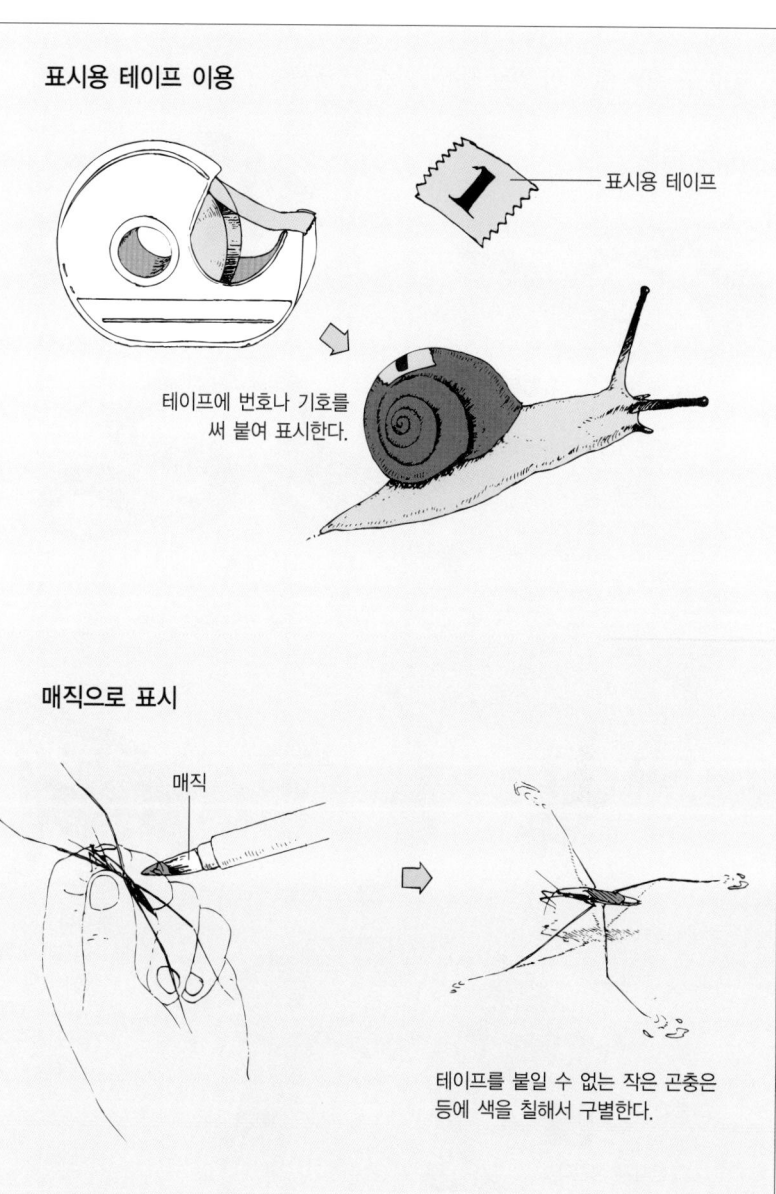

표시용 테이프 이용

표시용 테이프

테이프에 번호나 기호를 써 붙여 표시한다.

매직으로 표시

매직

테이프를 붙일 수 없는 작은 곤충은 등에 색을 칠해서 구별한다.

위험한 동물과 식물

① 사고 내용 및 독이 있는 장소 ② 증상 ★생명에 관계되는 위험한 짐승

야생 동물

살무사 ★
① 문다.
② 붓고, 몹시 아프다.

유혈목이
① 문다. 목 부근에서 독을 뿜는다.
② 출혈, 독이 눈에 들어가면 실명 위험

반시뱀 ★
① 문다.
② 붓고, 아프고, 토한다.

일본원숭이
① 할퀸다. 문다.
② 상처가 생긴다.

두꺼비
① 피부에서 독을 분비한다.
② 입이나 눈에 닿으면 염증이 생긴다.

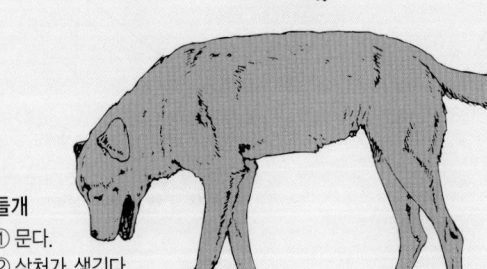

들개
① 문다.
② 상처가 생긴다.

동물이나 식물 중에는 쏘거나 독을 가지고 있어 위험한 것도 있습니다.
모르는 짐승이나 식물을 함부로 가까이하지 않는 것이 안전합니다.

들에 있는 곤충

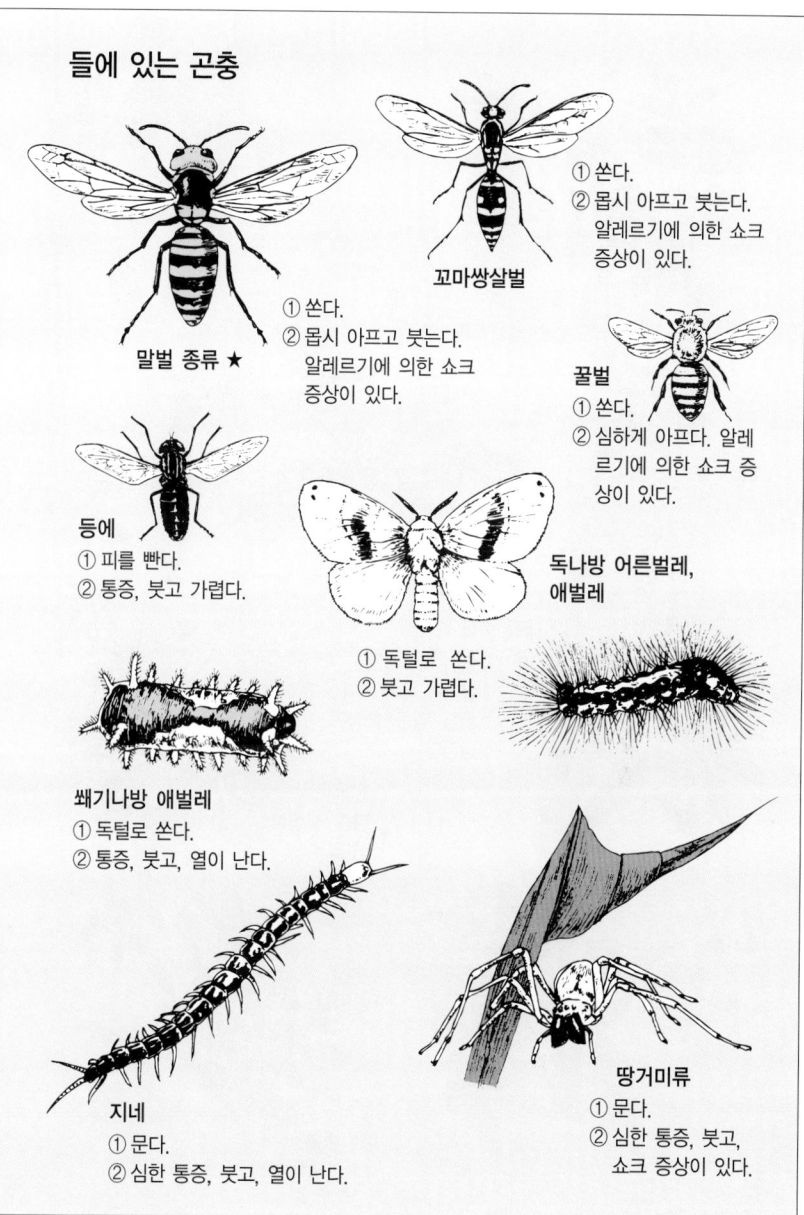

말벌 종류 ★
① 쏜다.
② 몹시 아프고 붓는다. 알레르기에 의한 쇼크 증상이 있다.

꼬마쌍살벌
① 쏜다.
② 몹시 아프고 붓는다. 알레르기에 의한 쇼크 증상이 있다.

꿀벌
① 쏜다.
② 심하게 아프다. 알레르기에 의한 쇼크 증상이 있다.

등에
① 피를 빤다.
② 통증, 붓고 가렵다.

독나방 어른벌레, 애벌레
① 독털로 쏜다.
② 붓고 가렵다.

쐐기나방 애벌레
① 독털로 쏜다.
② 통증, 붓고, 열이 난다.

지네
① 문다.
② 심한 통증, 붓고, 열이 난다.

땅거미류
① 문다.
② 심한 통증, 붓고, 쇼크 증상이 있다.

야생 식물

검양옻나무
① 나무 전체가 독
② 염증, 가려움증

① 수액에 독
② 염증이 생기고 가렵다.

개옻나무

붉나무
① 나무 전체가 독
② 염증, 가려움증

대극 종류
① 줄기에서 나는 유액에 독이 있다.
② 통증, 염증, 물집이 생긴다.

참으아리
염증, 물집이 생긴다.

쐐기풀
① 가시에 독
② 통증이 있다.

애기똥풀
먹으면 설사를 한다.

바다 생물

해파리의 일종 ★
① 촉수에 독
② 심한 통증, 붓고, 구역질, 호흡 곤란

쏠종개
① 제1등지느러미와 가슴지느러미의 가시에 독이 있다.
② 심한 통증, 붓는다.

미역치
① 등지느러미의 가시에 독
② 심한 통증, 붓고, 열이 난다.

노랑가오리 ★
① 꼬리의 가시에 독
② 심한 통증, 붓고, 혈압 저하

흰줄긴극성게
① 긴 가시에 독
② 아프고, 붓는다.

독가시치
① 지느러미에 독
② 통증

해파리
① 촉수의 자포에 독
② 심한 통증, 붓는다.

흰깃히드라
① 자포에 독
② 심한 통증, 가렵다.

나팔분홍성게
① 가시에 독
② 통증

응급 처치

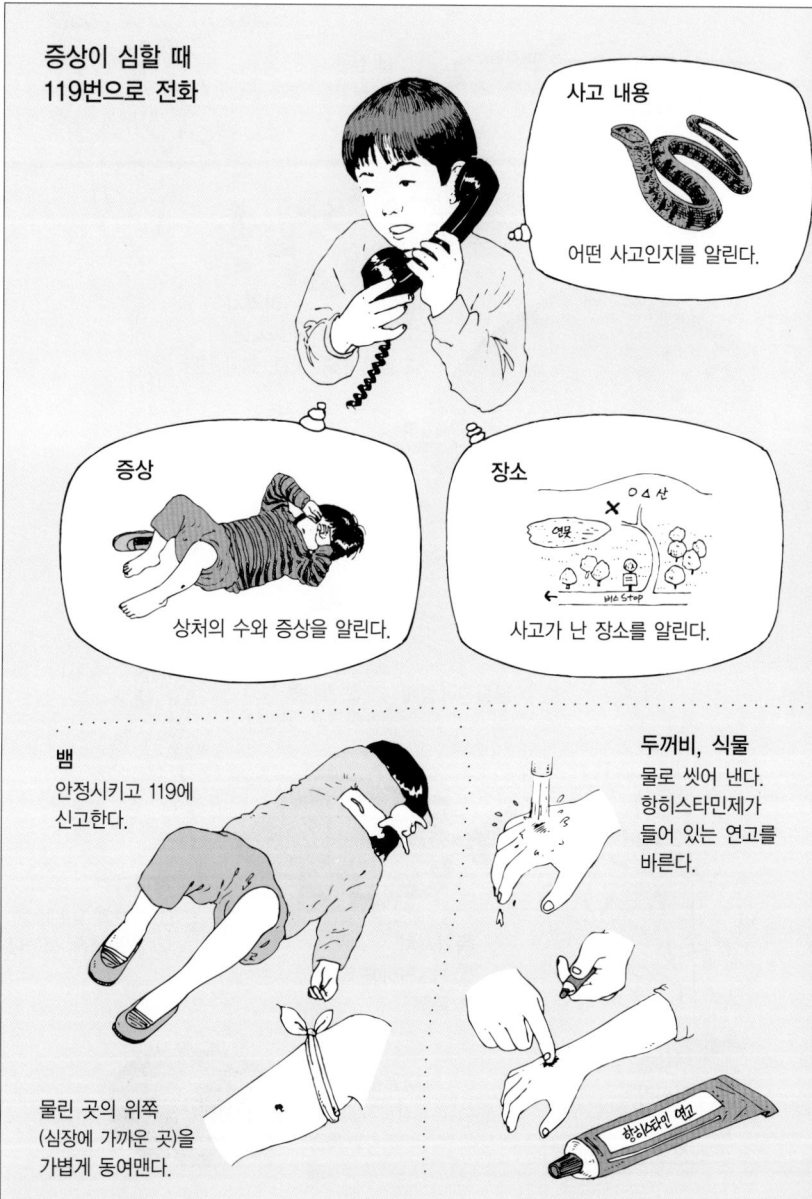

산과 들, 강과 바다에는 위험한 상황이 곳곳에 도사리고 있습니다.
독을 가진 생물에 물렸을 때 어떻게 대처해야 할지 알아봅니다.

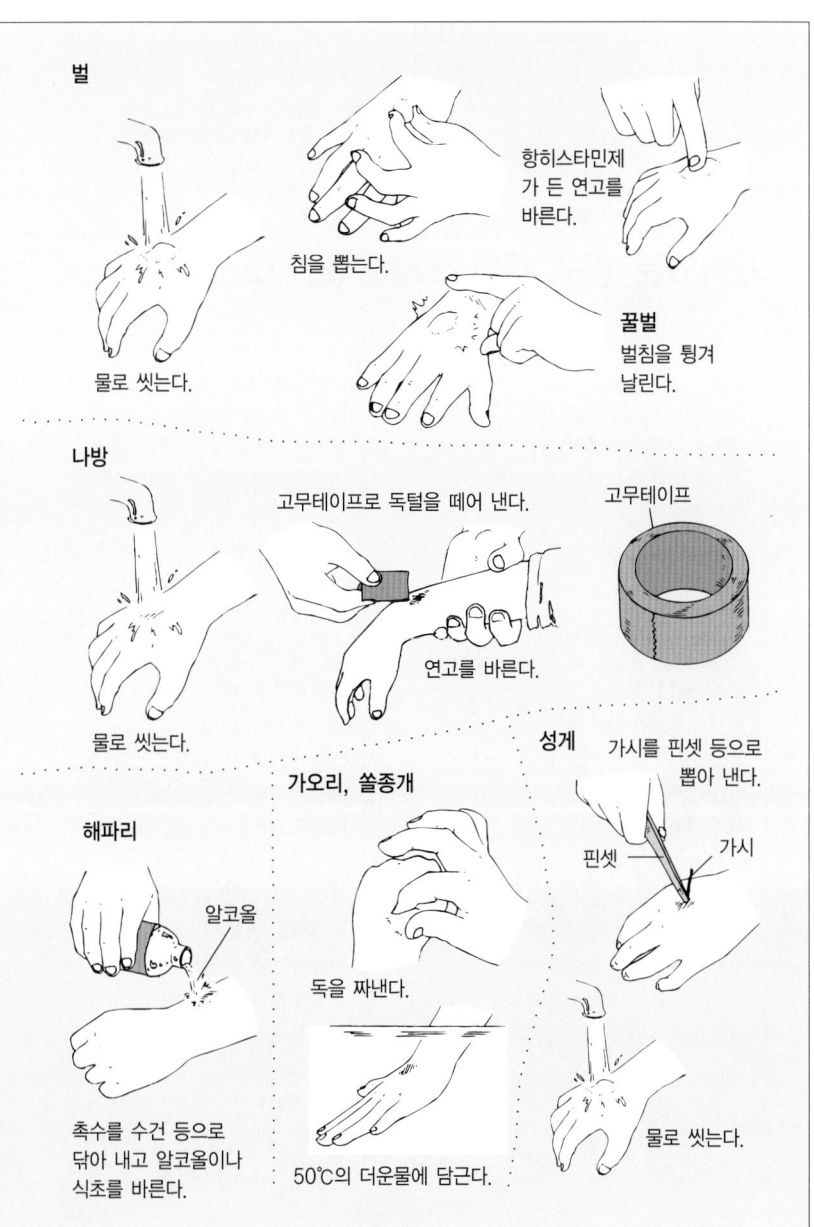

자료

여기 소개하는 연구 주제 목록은 일본 동경국립과학관과 센다이시과학관에 제출된 작품을 토대로 우리 실정에 맞게 바꾸어 작성한 것입니다.
무엇을 연구해야 할지 잘 생각나지 않을 때, 기존에 제출된 주제들을 참고로 고민해 보면 더욱 참신한 아이디어를 얻을 수 있을 것입니다.

재미있는 연구 주제 목록 — 초등학교 1, 2학년

- 자전거 라이트의 비밀
- 두부에 관한 실험
- 장수풍뎅이가 좋아하는 먹이
- 채소와 과일의 씨 조사
- 종이에 따라 물을 빨아들이는 차이
- 꽃과 풀잎
- 모래와 흙에 대해서
- 요구르트 만들기
- 나무껍질 도감
- 공의 튀는 힘 비교
- 금붕어 관찰
- 종이의 모양과 강한 정도 조사
- 종이비행기 나는 모습
- 얼음이 녹는 모습 조사
- 하늘 그림 일기
- 물이 넘치는 모습
- 물속에서의 무게
- 보라색 양배추의 색깔이 변하는 모습
- 먼지 쓰레기 속에서 나팔꽃이 필까?
- 시간에 따른 실내 온도의 변화
- 심장 고동 소리와 숨 쉬는 횟수와의 관계
- 개미가 좋아하는 먹이
- 집 주위 흙의 산성도 조사
- 집 주위에 사는 곤충
- 생선 비늘 관찰
- 깎아 놓은 사과는 왜 누렇게 변할까?
- 시원한 모자와 따뜻한 모자
- 장수풍뎅이의 일생
- 나는 누구하고 닮았을까?
- 어떻게 홍차의 색깔이 변할까?
- 도깨비 구름
- 우리 집 앞 개울물은 얼마나 깨끗할까?
- 더러운 물은 반드시 색깔이 진할까?
- 종이를 만들자
- 물에 뜨는 것과 가라앉는 것
- 쥐며느리가 살기 좋은 환경 연구
- 전지를 만들자
- 어떤 액체에서라도 싹이 나올까?
- 뜰의 화초로 물감 놀이를!
- 소금의 신비
- 지문의 연구
- 올챙이에서 개구리까지
- 공기에는 얼마나 많은 먼지가 있을까?
- 여름에는 왜 흰 양산을 쓸까
- 직업에 따라 필요한 운동 조사
- 곰팡이 관찰
- 아버지의 체온
- 일기예보는 어느 정도 맞을까?
- 과일과 채소 씨의 숫자 조사
- 갯벌에 사는 생물 조사

재미있는 연구 주제 목록 — 초등학교 3, 4학년

재미있는 얼음의 세계
뜰에 사는 작은 곤충
열기구의 실험
두부는 왜 뜰까?
내가 겪은 지진
꽃가루 연구
레몬 전지 연구
연령별 승용차 색깔의 선호도 조사
사슴벌레 암수 구별법
전기가 흐르는 물체 조사
밤과 낮, 바닷물 온도의 변화 조사
바닷물에서 소금을 만들자
기온과 수온의 관계 연구
도시에서 벼 기르기
물을 잘 흡수하는 것과 흡수하지 않는 것
집 안의 먼지와 쓰레기 연구
꽃잎 색깔이 변하는 모습
붕어의 입 관찰
풍경(처마 밑에 다는 종) 소리 연구
커다란 비눗방울 만들기
액체가 어는 모습과 녹는 모습
맛있게 달걀을 삶는 방법
국수 삶을 때의 모습과 길이 변화 관찰
서울 시내 대표적인 약수터 물 조사
서울시 동네 이름의 유래 조사
목욕탕 물을 빨리 데우려면?
물과 기름을 빨아들이는 종이
잎이 빨아올리는 수분의 양
채소와 과일 즙의 색깔 연구
차의 온도와 맛의 관계
산성비가 식물에게 미치는 영향
달걀이 물속에 가라앉는 모습
여름철 차 안의 온도를 낮추려면?
자른 꽃가지를 오래 가게 하는 방법 연구

흙은 어떻게 해서 식물을 자라게 할까?
태양에너지를 재는 실험
물에 녹는 것과 녹지 않는 것
종이의 성질 조사
콩과 팥이 싹트는 모습 관찰
과일의 싹 관찰
벌집 관찰
우리 주변에 있는 약초
과자에 사용되는 착색제의 종류 조사
나팔꽃으로 액성을 조사하는 법
뚱뚱한 사람은 누군가?
종이비행기가 잘 날게 하려면?
뼈가 녹는 모습 조사
달팽이가 기어가는 모습
모시조개가 모래를 밀어내는 모습 관찰
다섯 군데 흙 비교 관찰
자귀나무가 자라는 모습 관찰
설탕과 소금 비교
식물의 텔레파시에 관해서
마시는 물의 염분 연구
집게는 어떤 모양의 집을 좋아할까?
구름의 모양 조사
물질이 녹는 양 조사
개울물은 깨끗한가? - 생물 조사
물의 증발에 대한 연구
비누 만들기
생선의 먹이 연구
새끼 직박구리의 하루 생활
불빛을 따라 모여드는 곤충 조사
채소로 종이를 만들 수 있을까?

재미있는 연구 주제 목록 — 초등학교 5, 6학년

젖니의 연구
무명이 마르는 모습
불빛에 따라 모양이 다르게 보이는 현상
달걀이 오래되었는지 알아보는 방법
떡잎의 비밀
고무밴드의 늘어남과 추의 관계
광선의 차이에 따른 식물 생장의 변화
우리가 사는 마을의 수돗물 조사
토마토 껍질을 곱게 벗기려면
수성펜의 색깔이 나눠지는 모습
송사리의 습성, 알이 부화하는 모습
달걀 껍데기의 비밀
겨울 방학 동안의 날씨 조사
전지의 연구
우리 아빠, 다이어트 대작전!
태양열을 가장 잘 받아들이는 색깔은?
합성착색제의 검출
물이 빨리 끓는 냄비는?
개구리는 환경에 따라 몸 색깔을 바꾼다!
곰팡이가 피는 모습 관찰
물체의 형태와 강도의 비밀
설탕물과 소금물이 어는 모습
멜론 등 과일의 과육과 씨의 발아
식물이 자라는 과정과 흙에 대한 연구
팝콘이 부푸는 비밀
태양 높이에 따른 기온의 변화
물벼룩의 생태 조사
나물을 맛있게 무치는 방법 연구
차의 색깔과 맛 연구
온도 변화에 따른 미각의 차이
가열에 따른 채소 색깔의 변화
녹 연구
건조제의 색깔과 무게의 변화
물의 종류와 때가 빠지는 정도에 대하여

물위를 걷는 소금쟁이의 비밀
발견! 물속 미생물
부엌에 있는 먼지 조사
수용액 — 물체의 뜨고 가라앉음에 대해
철원 지역 새의 종류와 관찰
천둥과 번개의 관계 조사
식물의 마디 관찰
씨에 들어 있는 열량에 대해서
보행 신호 시간과 깜박임에 대한 조사
 — 부산 수정동 10군데
수국 꽃받침의 색깔 변화에 대해
우리 마을의 일출과 일몰 시각 조사
우리 마을에 내리는 비는 산성비일까?
자른 무가 물을 빨아들이는 힘
식품의 영양소 조사
태양의 위력 — 생활과 관련된 영향 조사
스피커 소리의 높이와 음색 연구
지진의 흔들림과 대지의 변화
두부의 재료는 왜 콩이어야 할까?
무와 당근으로 종이를 만드는 연구
집 안의 불쾌지수 조사
TV 리모트 컨트롤의 성질
벼락은 어떤 곳에 떨어질까?
불 없는 곳에 연기가 났다!
어떤 흙이 물을 잘 빨아들일까?
말린 꽃의 비밀
오르간의 비밀
종이비행기가 잘 날기 위한 조건
금붕어는 색깔을 알아볼까?
어항 속 물고기의 행동 관찰
피부의 감각
질소 산화물의 농도 조사
음료가 치아에 미치는 영향에 대하여
이스트균의 성질 조사

비타민C 성질에 대한 연구
결정을 만들어 보자
식물이 수분을 빨아올리는 방식
사과가 변색되는 모습 관찰
전기는 어떻게 생길까?
식품 속에 든 탄수화물 조사
식물의 냄새로 곰팡이를 방지할 수 있을까?
식품의 착색제
종이가 접힌 상태와 강도
물의 성질과 맛
자동차의 배기가스가 식물에 미치는 영향
얼음이 녹지 않게 하려면
식물의 꽃줄기가 일어서는 모습
여러 가지 양초의 실험
가정의 생활 하수가 식물에게 미치는 영향
구름을 만들자
부엌에서 배우는 화학
잎사귀 위를 구르는 물방울 - 잎의 구조
음료의 당분 조사
몸이 물에 뜨는 이유
입을 오물거리며 먹는 동물과 아닌 동물
우리 마을 공기의 오염 정도 조사
곰팡이의 현미경 관찰
수용액에 따라 달걀과 뼈가 녹는 속도
공기 오염 정도는 솔잎으로 알 수 있다!
생활 하수에서 물고기가 살 수 있을까?
태풍은 어떻게 발생할까?
식물의 증발과 환경
우리 주변에 있는 산과 알칼리의 연구
참새의 먹이 찾기 행동
달걀이 물에 뜨는 것에 대한 연구
식품의 방사선 함유량 조사
한천 배양 실험 관찰 일기
산과 알칼리에 의한 식물색의 변화

곰팡이의 신비 대연구
몸에 좋은 물과 맛이 있는 물
나비의 탄생과 기후 조건의 관계
세제 연구
왜 공기가 차가울까?
종이의 장력
기온의 변화와 채소 값
어디까지가 바닷물일까?
꽃과 잎에서 나온 즙의 산성도 조사
음식의 냄새와 빵의 곰팡이
광화문 거리 은행나무 잎의 상태 조사
수돗물은 안전할까? - 수질 상태와 맛
해시계의 연구
비행기가 뜨는 원리
위기를 맞은 지구에 대해서
지렁이 연구
털실 착색제 조사
양파는 왜 매울까?
수박의 성장과 수확
쥐며느리 연구
식물의 물과 양분의 통로
기름과 물은 정말 섞이지 않을까?
주변 식물을 이용한 곰팡이 방지
개미의 길 표시와 위치의 기억에 관하여
맛있는 두부 만드는 법 연구
신문지 연구 - 채소를 싱싱하게 하는 이유

재미있는 연구 주제 목록 — 중학교

전등의 조명도 측정과 조명계의 제작
무당벌레의 무늬 연구
불순물이 결정 크기에 미치는 영향
세제가 발아에 미치는 영향
한여름 나무 그늘이 주는 청량감에 대해서
여러 가지 다이어트 방법의 비교 분석
날씨의 변화와 일기예보
요오드팅크로 식품 조사
여름 버섯 관찰
리트머스 종이를 만들어 본다
회수되는 종이와 회수되지 않는 종이
우리 주변의 환경 오염
식물성 플랑크톤의 광합성
소금물과 전기에 대한 연구
식품 착색제에 대한 연구
소금 양이 많을수록 물에 잘 뜰까?
땅에 묻은 김치와 냉장고 김치의 비교
다리의 형태와 강도에 대해
녹 연구
동해안 다섯 군데 해수욕장의 모래 비교
시멘트가 굳는 과정
산성비가 식물에 미치는 영향
개미 관찰
산화와 환원에 대한 연구
식물과 배기가스
세탁의 과학 — 얼룩빼기에 대해
날아서 퍼지는 씨에 대한 연구
간단한 발전기를 만들어 보고
개미의 습성 연구
가지의 변화와 기온의 관계
금붕어의 호흡 연구
송사리가 적응한 환경에 대해
해안 지형에 따른 모래의 변화
사과 색깔이 변하는 것을 막으려면?

팝콘은 왜 부풀까?
향신료의 살균력 조사
촛불에 관한 실험
달 모양의 변화 관찰
자외선을 예방하려면?
개구리밥에 의한 수질 연구
부채 연구 - 부채의 모양과 무늬 연구
식품에 포함되어 있는 첨가물 조사
세탁, 세제, 섬유의 관계
때가 빠지는 과정에 대해서
발광 박테리아를 키운다!
숲이 대기 환경에 미치는 영향
채소의 종류별 흡수량 조사
토마토 주스를 오래 보관하려면?
기온과 지면의 온도 관계
투명한 얼음을 만들려면?
민달팽이 연구
가정용 교류 전류로 꽁치를 구울 수 있을까?
악기의 음색과 진동 모양에 대하여
자전거의 변속 기어에 대해
실 전화 연구
물 로켓 발사 실험
청량음료의 당분이 치아에 미치는 영향
채소를 오래 보존하려면
달걀 흰자의 기포에 대해
구름과 날씨 연구
프랑스 파리와 서울 사람들의 에티켓 비교
한천을 이용한 전기 분해
바람에 의해 운반되는 식물의 씨 연구
어묵의 탄수화물량 조사
인천항 수질 오염 지도
간단하게 비누 만들기
옷의 보온성 조사
일기예보와 실제 날씨에 대해서

- 나비의 가루에 대해
- 야광 도료의 수수께끼를 푼다
- 수제품 여과 장치에 의한 수용액 정화
- 우리 마을 인구 감소 추세 연구 – 태백시
- 생수와 수돗물의 차이
- 젤리가 굳는 모습과 과즙 성분에 관하여
- 나비목의 발생 시기와 기후의 관계
- 생크림과 비만에 대한 연구
- 우유의 신선도 조사
- 울산시 지의류와 이산화황 오염 실태
- 모래의 액상화 현상에 대해
- 들풀로 만드는 간단한 노리개
- 나팔꽃의 개화와 밤의 길이에 대한 연구
- 고지도를 만든다
- 1990년대 기온 이상 현상에 대한 조사
- 색이 물든 병을 빨리 씻기 위한 연구
- 담배와 신나의 유해성에 대하여
- 뿌리는 어떻게 해서 밑으로 뻗는가
- 지리산 높이에 따른 나무 종류의 차이 조사
- 끓어 넘쳐흐르는 것을 예방하려면?
- 비눗방울의 크기와 방울 두께에 관한 연구
- 천의 흡수성과 흡유성 실험
- 여름꽃의 꽃가루
- 왜 금속은 차고 나무는 따뜻하게 느껴질까?
- 기압이 변하면 소리도 다르게 들린다!
- 모닥불의 신비
- 충치 연구
- 셔터 스피드와 조리개 연구
- 아파트 쓰레기 소각 과정 – 관찰 및 개선점
- 쌀뜨물의 세정력 실험
- 식품에 붙어 있는 세균의 연구
- 농약을 사용한 채소와 무공해 채소 비교
- 목탄의 신비
- 손톱이 자라는 모습
- 낚시터의 수질 조사
- 매미 우는 소리와 시간의 연구
- 금붕어 기를 때 수돗물 염소 제거법
- 직박구리 연구
  - 둥지에서 떨어진 직박구리를 6년간 키우다!
- 방풍림으로서 숲의 성장과 나무의 나이테
- 마찰력의 크기 연구
- 가재의 알 관찰
- 성북동 호화 주택의 문패 연구
- 초가지붕은 왜 비가 새지 않을까?
- 끓어 넘침에 대해서
- 재질에 따른 방음 효과의 차이
- 피부 감각의 신비
- 메밀가루와 소맥분의 성질
- 종유석 연구
- 어두워지면 왜 청색이 밝게 보일까?
- 소음에 대해서
- 솔방울은 언제 벌어지는가?
- 폐품으로 종이를 만든다
- 고속도로의 가로등에 모여드는 나방 연구
- 청량음료에 생선뼈가 녹는 모습 연구
- 지문과 족문에서 보는 유전 연구
- 뜰에 모이는 들새 관찰
- 종이를 똑바로(수직으로) 떨어뜨리려면?

생물, 암석 등 표본 목록

초등학교 1, 2학년

곤충 표본
올 여름에 잡은 곤충 표본
딱정벌레 표본
매미 표본
내가 만난 곤충
여름에 만날 수 있는 곤충
문경새재에서 채집한 곤충 표본
여러 가지 곤충의 허물 표본
거제도에서 채집한 곤충
딱정벌레의 표본
뱀의 허물
집 주변에 나는 화초
학교 운동장 주변의 잡초
여름의 식물
우리 집 뜰에 핀 꽃
뒷산 산책로의 식물 지도
할아버지 집과 밭에서 나는 식물 조사
밭에서 나는 약초 조사
여러 가지 꽃
여러 가지 씨
화초의 모양
책갈피에 끼워 말린 꽃
씨 도감
해초 표본
바닷가 바위 관찰
조개 표본
조개껍데기의 무늬에 대하여
여름방학에 수집한 화석
돌로 만든 인형
해변에서 만든 브로치

초등학교 3, 4학년

곤충 표본
잠자리 표본
딱정벌레 표본
사슴벌레 표본
나비의 사육과 표본
거미 표본
나비 표본
벌집 표본
고속도로 가로등에 모이는 나방
식물 채집
공터의 식물
들에 핀 이름 모를 꽃의 연구
모래터의 식물
약초 표본
여러 가지 도토리
우리 집 주변 화초
등굣길에 볼 수 있는 화초
우리 집 뜰 식물 도감
조개 표본
해변의 보물찾기
해초 표본
암석 표본
흙 표본
섬진강 중류의 돌멩이 표본
광물 표본
돌 연구
우리 마을에서 잡은 곤충

초등학교 5, 6학년

곤충 채집
딱정벌레 표본
잠자리 표본
용두산 공원 가로등에 모이는 곤충
나비의 가루 조사
무등산의 나비
사마귀의 허물 관찰
우리 마을에서 잡히는 곤충
거미 연구
수서곤충 표본
민물고기 표본
생선 등뼈 표본
속초 해변의 조개
조개 표본과 연구
해조 표본
식물 표본
뜰의 나뭇잎 단면도와 표본
여름 들풀 조사
해변 식물 채집
월악산 주변의 야생 식물
늪 지대의 식물
약초 표본
약초와 채소, 영양소를 비교해 본다!
먹을 수 있는 꽃에 대한 조사
우리 집과 할아버지 집의 화초 비교 조사
버섯 표본 만들기
화석과 돌
여름방학에 채집한 조개 화석
지층에 새겨진 바다 기록
개울, 바다, 호수의 모래와 돌 채집 비교

중학교

과천시 근교에 사는 나비
곤충 표본 만들기
물속에서 사는 생물
딱정벌레목 표본 만들기
목동 파리 공원 가로등에 모여든 곤충
주변에 있는 거미
울산시 양치식물의 분포와 환경
집뜰의 약초와 유용 식물
허브, 약초, 독초의 종류 조사
잎맥 표본
학교 주변의 식물 표본
양치식물 표본
해변의 식물과 산의 식물
집 뜰에 자생하는 채소의 비교 연구
북한산에서 본 여러 가지 나뭇잎
중랑천과 양재천에서의 식물 채집
제주도의 가로수 조사
주변에서 볼 수 있는 귀화 식물
해조류 표본 만들기
태안과 제주도의 조개 종류 비교
닭의 골격 표본 만들기
백령도에서 채집한 돌 표본
댐 부근에서 채집한 암석 표본
포항 일원에서 발견되는 화석
 - 고생대 화석을 찾아서
공룡 발자국을 찾아서
해안 지형의 변화와 모래, 암석의 변화
자수정과 금속 광물에 대하여
조개의 화석 표본
각종 물고기의 탁본 도감

거리와 학교 그리고 집 안에 있는 연구 주제

거리를 걷다가, 혹은 집 안에서도 연구하기에 적당한 주제가 갑자기 생각날 수 있습니다. 즉, 연구 주제는 우리 주변에 얼마든지 있습니다. 그런데 이처럼 떠오른 아이디어를 '알찬 연구'로 몰고 가는 데는 몇 가지 요령이 있습니다. ①호기심을 가지고 매달린다. ②카드를 만들어서 항상 들고 다니며 메모한다. ③한 가지 종류를 많이 모은다. ④수량과 날

집과 학교에서

급식 메뉴의 연구 – 좋아하는 메뉴, 싫어하는 메뉴 A B C
다른 학교의 급식 조사 – 같을까? 다를까?
필통 속 조사 – 연필과 볼펜이 몇 자루 들어 있을까?
학년과 남녀에 따라 즐기는 놀이 비교 – 놀이의 종류 조사
어린이 방 비교 – 편리한 공부방, 놀이방
소지품 조사 – 내가 언제나 가지고 다니는 것은 무엇일까?
이번 달에 산 물건 목록 – 용돈 메모 조사
용돈 조사 – 액수와 산 물건은 무엇일까?
머리 모양 조사 – 학년에 따라 다를까? 다른 학교는 어떨까?
우리 집 가족 신발 조사 – 누가 몇 켤레 갖고 있을까?
티셔츠의 무늬 조사 – 로고 분류
내가 어렸을 때 – 성장 기록
반 친구들의 신발 상표와 종류 조사 – 끈이 있는 것, 없는 것 등
커서 되고 싶은 직업 조사 – 학년에 따른 변화 조사
좋아하는 연예인 조사 – 이유도 함께 집계
아침 식사 메뉴 기록 – 빵과 밥의 비율
저녁 식사 메뉴 기록 – 좋아하는 음식과 싫어하는 음식, 남녀별
휴일을 보내는 방식에 대한 조사 – 친구 것도 조사
간식으로 무엇이 좋을까? – 종류 조사, 친구와의 비교, 남녀별 차이
TV를 보는 시간과 즐겨 보는 종류 조사 – 가족별, 많이 보는 사람, 적게 보는 사람
학칙 조사 – 다른 학교와 비교
소풍과 수학 여행 장소 조사 – 다른 학교, 다른 도시와 비교
우리 집의 그릇 수 조사 – 쓰는 그릇과 쓰지 않는 것 조사
사용하지 않는 물건에 관한 연구 – 1년 내내 안 쓰는 물건 조사
나는 한달 동안 무엇을 얼마나 먹을까? – 매일 기록해서 집계
냉장고에 들어 있는 물건의 종류 조사 – 한 달 동안 날짜에 따른 변화 관찰

짜에 따른 차이를 집계한다. ⑤한 장소를 정해 놓고 계속 관찰한다. ⑥어디서 발견했는지를 지도에 그려 넣고, 분포도를 만든다.

이러한 기본 요령은 자연을 주제로 삼을 때도 마찬가지입니다. 특히, 거리와 집 안에서 주제를 찾을 때에는 같은 주제라도 결과가 아주 다른, 나만의 실험이 될 수 있습니다.

거리에서

색다른 화분 – 크기와 종류
할머니들의 신발 – 신발의 종류, 국산품과 외제품
식당 아주머니들의 앞치마 – 앞치마의 종류, 색깔
거리의 게시판 – 종류와 형태
'금지'를 표현하는 방식 조사 – 적힌 말과 종류
간판 – 형태, 색깔, 글자의 크기, 한 빌딩에 붙은 간판 수
문에 달린 전등 – 있는 집, 없는 집, 종류
공원 벤치에 사람이 앉아 있을 확률 조사
대문의 종류 조사 – 재질, 크기, 색깔 등
길거리의 소리 조사 – 한 곳에서 들리는 모든 소리 집계
창문 – 안에서 보이는 창문, 밖에서 보이는 창문
1000원으로 살 수 있는 물건 조사 – 100원으로는?
새벽의 지하철 – 승객의 표정 조사
소화기의 종류와 비치 장소 조사 – 빌딩, 지하철 등
주차 금지 – 금지 장소에 주차한 차량 수, 빈도 등
골목 시장에서 파는 상품의 종류 조사
포장마차의 손님 수 관찰 – 1개월 집계, 한 사람이 앉아 있는 평균 시간 조사
자동판매기 분포도 – 거리의 자판기 조사, 지하철별
가로수의 종류 – 사람들이 가장 좋아하는 가로수는 무엇일까?
안경 낀 사람의 수 – 거리를 걷는 사람 관찰

도서관 및 박물관 안내

[서울시]

강남도서관 www.gangnamlib.go.kr
강동도서관 www.gangdonglib.go.kr
강서도서관 www.gangseolib.kr
강서점자도서관 www.ksbl.or.kr
개포도서관 www.gaepolib.go.kr
고덕평생학습관 www.godeok.or.kr
고척도서관 www.gocheok.go.kr
구로도서관 www.gurolib.go.kr
국립어린이청소년도서관 www.nlcy.go.kr
국립중앙도서관 www.nl.go.kr
국회도서관 www.nanet.go.kr
남산도서관 www.namsanlib.go.kr
노원평생학습관 www.nwllc.or.kr
도봉도서관 www.dobonglib.go.kr
동대문도서관 www.dpl.go.kr
동작도서관 www.dongjaklib.go.kr
마포평생학습관 www.mapollc.or.kr
법원도서관 library.scourt.go.kr
서대문도서관 www.sdmlib.go.kr
송파도서관 www.songpalib.go.kr
양천도서관 www.yclib.or.kr
어린이도서관 www.childrenlib.go.kr
LG상남도서관 www.lg.or.kr
영등포평생학습관 www.ydpllc.or.kr
오류도서관 www.oryulib.or.kr
용산도서관 www.yongsanlib.go.kr
인표어린이도서관 www.inpyolib.or.kr
정독도서관 www.jeongdoklib.go.kr
종로도서관 www.jongnolib.go.kr

한국점자도서관 infor.kbll.or.kr
경희대 자연사박물관 nhm.khu.ac.kr
국립고궁박물관 www.gogung.go.kr
국립국악박물관 www.ncktpa.go.kr
국립민속박물관 www.nfm.go.kr
국립서울과학관 www.ssm.go.kr
국립중앙박물관 www.museum.go.kr
김치박물관 www.kimchimuseum.co.kr
농업박물관 중구 충정로
  www.agrimuseum.or.kr
롯데월드민속박물관
  www.lotteworld.com/Family_museum
매헌윤봉길의사기념관
  www.yunbonggil.or.kr
삼성어린이박물관
  kids.samsungfoundation.org
삼성출판박물관 www.ssmop.org
서울대 의학박물관
  www.medicalmuseum.org
서울디자인박물관 02-590-3473
성암고서박물관 02-725-5227
안중근의사기념관 www.patriot.or.kr
외교박물관 02-571-1097
육군박물관 museum.kma.ac.kr
이화여대 자연사박물관 nhm.ewha.ac.kr
전쟁기념관 www.warmemo.co.kr
짚풀생활사박물관 www.zipul.co.kr
체신기념관 02-734-8369
한국분재박물관 www.bonsaitv.com
한국불교미술원 www.bulgyoart.co.kr

한국자수박물관 www.bojagii.com
한국현대의상박물관 02-319-5497
호림박물관 www.horimmuseum.org
홍산박물관 02-572-7496

[경기도]

가평도서관 www.gaplib.or.kr
강화군립도서관 www.ghlib.net
경기도립중앙도서관 www.gglib.or.kr
고양시정보문헌사업소 www.goyanglib.or.kr
과천도서관 www.kwalib.kr
광명시하안도서관 www.gmhlib.or.kr
광주도서관 www.gjlib.or.kr
구리시립도서관 www.gurilib.go.kr
군포시립도서관 www.gunpolib.or.kr
김포시립도서관 lib.gimpo.go.kr
남양주시립도서관 www.nyj.go.kr/lib
동두천시립도서관 city.ddclib.net
부천시립도서관 www.bcl.go.kr
북수원도서관 buk.suwonlib.go.kr
서수원도서관 seo.suwonlib.go.kr
성남도서관 www.snlib.or.kr
수원선경도서관 sk.suwonlib.go.kr
수원중앙도서관 ct.suwonlib.go.kr
안산시립도서관 lib.iansan.net
안성시립도서관 www.apl.go.kr
안양시립도서관 www.anyanglib.or.kr
양주시립도서관 www.libyj.go.kr
양평군립도서관 www.yplib.or.kr
여주군립도서관 www.yjlib.go.kr
연천군도서관 lib.iyc21.net
오산시립도서관 www.osanlibrary.go.kr
용인도서관 www.yonginlib.or.kr
의왕시중앙도서관 www.uwlib.or.kr
의정부시지식정보센터 www.uilib.net
이천시립도서관 www.icheonlib.go.kr
인천 계양도서관 gyl.go.kr
인천 부평도서관 www.bpl.go.kr
인천 북구도서관 www.ipl.go.kr
인천 서구도서관 www.sgl.go.kr
인천 수봉도서관 www.slib.or.kr
인천 연수도서관 www.yslib.go.kr
인천 주안도서관 www.ijuanlib.or.k
인천 중앙도서관 www.ijlib.or.kr
인천 화도진도서관 www.ihl.kr
파주시도서관 www.pajulib.or.kr
평택시시립도서관 www.ptlib.net
포천시립도서관 lib.pcs21.net
하남시립도서관 www.hanamlib.go.kr
화성시립도서관 www.hscitylib.or.kr
경기도과학연구원 www.gise.kr
경기도문화의전당 www.ggac.or.kr
경기도박물관 www.musenet.or.kr
국립산림박물관 www.kna.go.kr
국립현대미술관 www.moca.go.kr
단국대 석주선기념박물관 031-8005-2390
마사박물관 museum.kra.co.kr
목아박물관 www.moka.or.kr
아모레퍼시픽미술관
  museum.amorepacific.co.kr

인천시립박물관 museum.incheon.go.kr
인천커피자료관 032-526-3111
제암리 3·1운동 순국기념관 www.jeam.go.kr
중남미문화원 www.latina.or.kr
철도박물관 031-461-3610
한국민속촌 www.koreanfolk.co.kr
호암미술관 hoam.samsungfoundation.org
환경지식포털 ekp.me.go.kr

[강원도]

강릉 명주도서관 www.mjlib.or.kr
강릉 모루도서관 033-640-4850
강릉시립도서관 www.gnslib.or.kr
고성도서관 www.고성도서관.kr
동해도서관 www.donglib.or.kr
삼척 도계도서관 033-541-5397
삼척 원덕도서관 033-572-4819
삼척평생교육정보관 www.samleic.or.kr
속초도서관 www.sokcholib.or.kr
속초평생교육정보관 www.library.or.kr
양구도서관 www.yglib.go.kr
양양도서관 www.yanglib.or.kr
영월도서관 www.ywlib.or.kr
원주 문막도서관 www.munmaklib.or.kr
원주시립도서관 lib.wonju.go.kr
원주평생교육정보관 www.wonjulib.or.kr
인제도서관 www.injelib.or.kr
정선도서관 www.jslib.or.kr
철원 갈말도서관 www.cwgmlib.kr
철원 김화도서관 www.cwghlib.kr
철원도서관 www.cwlib.kr

춘천 춘성도서관 www.cslib.or.kr
춘천시립도서관 www.iccl.or.kr
춘천평생교육정보관 www.kleic.or.kr
태백도서관 www.tblib.or.kr
태백시립도서관 www.tbmlib.or.kr
평창도서관 www.plib.go.kr
홍천도서관 www.hclib.or.kr
화천도서관 www.hwcl.or.kr
횡성도서관 www.hslib.or.kr
강릉선교장 www.knsgj.net
대관령박물관 033-640-4482
DMZ박물관 www.dmzmuseum.com
애니메이션박물관
  www.animationmuseum.com
오죽헌시립박물관 www.ojukheon.or.kr
참소리축음기 에디슨과학박물관
  www.edison.kr
춘천시어린이회관 033-254-7933
한국스키박물관 033-681-5030

[경상남도]

김해도서관 www.gimhaelib.go.kr
김해통합도서관 lib.gimhae.go.kr
마산도서관 www.masanlib.or.kr
마산시립도서관 lib.masan.kr
부산 강서도서관 www.library.busan.kr
부산 구덕도서관 www.guducklib.kr
부산 구포도서관 051-330-6300
부산 금정도서관 library.geumjeong.go.kr
부산 기장도서관 library.gijang.go.kr
부산 남구도서관 library.bsnamgu.go.kr

부산 명장도서관 www.mjlib.kr
부산 반송도서관 www.bansonglib.or.kr
부산 부전도서관 www.bjl.go.kr
부산 사하도서관 www.sahalib.kr
부산 서동도서관 www.seodonglib.kr
부산 시민도서관 www.siminlib.go.kr
부산 연산도서관 www.yeonsanlib.kr
부산 영도도서관 library.yeongdo.go.kr
부산 중앙도서관
  www.joonganglib.busan.kr
부산 추리문학관 051-743-0480
부산 해강아동관 051-253-1161
부산 해운대도서관 www.haeundaelib.or.kr
부산영어도서관 www.bel.go.kr
부산점자도서관 www.angelbook.or.kr
사천도서관 www.salib.or.kr
삼천포도서관 www.scplib.or.kr
울산 울주도서관 www.usul.or.kr
울산남부도서관 www.usnl.or.kr
울산동부도서관 www.usdl.or.kr
울산중부도서관 www.usjl.or.kr
진주시립도서관 www.jinjulib.or.kr
창원도서관 changwon-lib.or.kr
창원시립도서관 www.cwcl.or.kr
통영도서관 www.tylib.or.kr
합천도서관 www.hc-lib.or.kr
거제박물관 www.geojemuseum.or.kr
거창박물관 055-940-3568
경남과학교육원 www.gnse.kr
국립진주박물관 jinju.museum.go.kr
밀양시립박물관 museum.miryang.go.kr

부산 어린이회관 www.childpia.kr
부산박물관 www.museum.busan.kr
울산동구문화원 www.udcc.or.kr
울산북구문화원 www.soeburi.org
울산중구문화원 www.munhwa21.org
의령박물관 museum.uiryeong.go.kr
진주산림박물관 055-759-3122
태정민속박물관 055-746-6828
통도사성보박물관
  www.tongdomuseum.or.kr

[경상북도]
경산시립도서관 lib.gbgs.kr
구미도서관 www.gumilib.go.kr
구미시립도서관 www.gumilib.or.kr
대구 남부도서관 www.nbl.or.kr
대구 달성도서관 www.dsl.daegu.kr
대구 대봉도서관 www.dblib.daegu.kr
대구 동부도서관 www.dongbu-lib.daegu.kr
대구 두류도서관 www.duryu-lib.daegu.kr
대구 북부도서관 www.bukbu-lib.daegu.kr
대구 서부도서관 www.seobu-lib.daegu.kr
대구 수성도서관
  www.suseong-lib.daegu.kr
대구 중앙도서관 www.tglnet.or.kr
상주도서관 www.sjlib.go.kr
안동도서관 www.andonglib.go.kr
예천공공도서관 www.yecheon-lib.go.kr
울진공공도서관 www.uljinlib.or.kr
포항시립도서관 www.phlib.or.kr
건들바우박물관 053-421-6676

경북교육정보센터 www.geic.kr
국립경주박물관 gyeongju.museum.go.kr
국립대구박물관 daegu.museum.go.kr
국립등대박물관
　www.lighthouse-museum.or.kr
대구 어린이회관
　www.daegu.go.kr/Childhall
안동민속박물관 www.adfm.or.kr

[충청남도]

공주도서관 www.glib.or.kr
공주시립도서관 www.gongjulib.go.kr
대덕구 안산평생학습도서관
　ansan.daedeok.go.kr
대전 유성도서관 library.yuseong.go.kr
대전 한밭도서관 hanbat.metro.daejeon.kr
대전갈마도서관 galmalib.or.kr
대전동구도서관 yongunlib.donggu.go.kr
대전점자도서관 town.cyworld.com/djbraille
대전평생학습관 www.dllc.or.kr
서산시립도서관 www.smlib.or.kr
아산도서관 www.asl.or.kr
아산시립도서관 www.ascl.or.kr
천안 중앙도서관 www.jungang.or.kr
교과서박물관 www.textbookmuseum.co.kr
국립공주박물관 gongju.museum.go.kr
국립부여박물관 buyeo.museum.go.kr
국립중앙과학관 www.science.go.kr
대전 한밭교육박물관 www.hbem.or.kr
대전 화폐박물관 museum.komsco.com
독립기념관 www.i815.or.kr

보령석탄박물관 www.1stcoal.go.kr
온양민속박물관 www.onyangmuseum.or.kr
외암 민속마을 www.oeammaul.co.kr
우정박물관 www.postmuseum.go.kr

[충청북도]

괴산도서관 www.gsl.go.kr
금왕도서관 www.kwlib.go.kr
단양도서관 www.dylib.go.kr
매포공공도서관 043-422-1937
영동도서관 www.ydlib.go.kr
옥산도서관 043-260-4948
옥천도서관 www.oclib.go.kr
제천시립도서관 www.jclib.or.kr
제천학생회관 www.jcsh.go.kr
증평도서관 www.jplib.go.kr
청원도서관 www.cwlib.go.kr
충북중앙도서관 www.cbjalib.or.kr
충주시립도서관 www.cjdl.net
국립청주박물관 cheongju.museum.go.kr
리쿼리움 www.liquorium.com
청주고인쇄박물관 www.jikjiworld.net
청풍문화재단지 043-640-6503
충주박물관 www.cj100.net/museum
한독의약박물관 043-530-10041

[전라남도]

광주송정도서관 songjung.ketis.or.kr
광주시립도서관 www.citylib.gwangju.kr
광주중앙도서관 jungang.gen.go.kr
금호평생교육관 geumho.gen.go.kr

나주공공도서관 www.najulib.or.kr
남평공공도서관 www.nplib.or.kr
벌교공공도서관 www.beolgyolib.or.kr
순천시립도서관 www.sclibrary.or.kr
영광공공도서관 www.yklib.or.kr
장흥공공도서관 www.jhlib.or.kr
함평공공도서관 www.hplib.go.kr
광주시립민속박물관 gjfm.gjcity.net
국립광주박물관 gwangju.museum.go.kr
국립해양유물전시관 www.seamuse.go.kr
나주배박물관 061-331-5038
낙안민속마을 www.nagan.or.kr
담양공공도서관 www.dylib.or.kr
목포공공도서관 www.mokpolib.kr
목포향토문화관 061-276-6331
한국대나무박물관
   www.damyang.go.kr/museum

[전라북도]

고창공공도서관 www.gcplibrary.go.kr
명봉도서관 063-534-8260
무주공공도서관 www.mujulibrary.or.kr
부안공공도서관 www.buanlib.or.kr
순창공공도서관 www.sclib.or.kr
완주군도서관 lib.wanju.go.kr
운봉공공도서관 063-634-0297
원평공공도서관 www.wpl.or.kr
익산시립도서관 www.iksan.go.kr/library
임실공공도서관 063-643-3200
장수공공도서관 www.jpl.or.kr
전주시립도서관 lib.jeonju.go.kr
정읍시립도서관 www.jeongeuplib.or.kr
진안공공도서관 www.jinanplib.or.kr
국립전주박물관 jeonju.museum.go.kr
군산청소년회관 063-450-4456
동진수리민속박물관 063-540-1114
익산문화원 iksan.kccf.or.kr
전북교육문화회관 www.jec.go.kr

[제주도]

동녘도서관 www.dnlib.or.kr
서귀포시통합도서관 lib.seogwipo.go.kr
서귀포학생문화원도서관 www.sscclib.jeju.kr
송악도서관 064-794-3476
애월도서관 aewollib.jejusi.go.kr
우당도서관 woodang.jejusi.go.kr
제남도서관 www.jnlib.go.kr
제주도서관 www.jejulib.or.kr
제주점자도서관 www.jbl.or.kr
제주탐라도서관 tamna.jejusi.go.kr
한라도서관 hallalib.jeju.go.kr
한수풀도서관 www.hsplib.go.kr
민속자연사박물관 museum.jeju.go.kr
분재예술원 www.spiritedgarden.com
성읍민속마을 www.seongeup.net
제주공룡랜드 www.jdpark.co.kr
제주교육박물관 www.jjemuseum.go.kr

찾아보기

ㄱ
가로수 274
가시나무 218
각도(별의 위치) 327
간판 268
갈릴레오 위성 246
갈퀴덩굴 207
감자 70, 185, 216
감자 가루 185
강도래 169
개망초 106
개미 77, 152
개옻나무 336
거름종이 313
거머리 168, 169
거미 116, 150, 163
거미줄 116, 150
거적 감기 85
검양옻나무 336
검은물잠자리 169
겉씨식물 212
게 112, 119, 296
경과 시간(스플릿 타임) 325
계량스푼 319
계량컵 27, 312, 319, 323
고깔해파리 337
고양이 260
곤충 채집 가방 79
곤충 채집망 78, 80, 81, 82
곤충핀 88, 90, 93, 94
공중전화 271
과일 222
관찰 노트 36, 79, 99, 302
관찰 카드 37
구경(망원경) 306, 309

구실잣밤나무 218
국제 자매 도시 280
국화 211
굴절 망원경 308
귀뚜라미 77, 83
규조류 167
귤나무 57, 134, 135
그래프 44, 45, 145
그림 글자 262
그물맥 109
기공 186
기구 소독 236
기어(자전거) 250
기온 226, 317
김장 담기 289
깃털 120
깅검 체크 291
꼬리표 332
꼬마쌍살벌 335
꽃가루 185, 311
꽃눈 227
꿀벌 145, 335
꿩의비름 211

ㄴ
나란히맥 109
나무껍질 119
나방 85, 90, 134, 254, 339
나비 56, 76, 86, 87, 90, 94, 134, 254, 296
나팔꽃 22, 24, 64, 109, 188, 189, 192, 194, 213, 214, 232, 240
나팔분홍성게 337
나프탈렌 315
낙엽 활엽수 274

날개돋이 138, 146
날도래 169
냉이 226
노랑가오리 337

ㄷ
달 242, 244
달의 공전 242, 245
달의 자전 242
달팽이 60, 154, 156
대구망초 106, 226
대극 종류 336
대물렌즈 311
대보름 288
대지 88, 107
덫 83, 85, 112
도감 32
도로의 기호 266
도서 대출 카드 30
도서관 30
도토리 218
독가시치 337
독나방 335
돋보기 304
돌참나무 218
동물 지도 258
동물성 플랑크톤 166, 167
동지 289
두꺼비 334, 338
둔치 110
드라이 아이스 315
드라이버 78
들개 334
등각류 169
등에 335
디지털 카메라 300

딱정벌레 77, 86, 93, 94
땅거미류 335
떡잎 196, 212

ㄹ
라벨 40, 89
라이트 251
로제트 226
루페 304, 305
리트머스 시험지 232, 240, 313

ㅁ
마찰 250, 251
마취 158, 314
막대 그래프 44
만년필형 돋보기 304
말매미 140
말벌 335
망초 226
매미 94, 138, 140
머귀나무 57
메꽃 207
메뚜기 84, 92, 94
메뚜기 낚싯대 84
메탄올 314
명주우렁이 169
모눈종이 322
모종삽 78, 98, 163
모종판 64
목련 227
목성 246, 247, 309
몸의 치수 326
무 208, 221
무궁화 109
무늬 290, 291

무순 230
물고기 297
물방울(도트) 291
물벼룩 167, 187
물삿갓벌레 169
미역치 337
밀물과 썰물 172

ㅂ
바닷말 110
반사 망원경 308
반사굴절 망원경 308
반시뱀 334
배기가스 240
배율 306, 309, 310, 311
배트(넓적한 접시) 312
버드나무 210
번데기 57, 254
벤젠 314
별자리 307, 327
보름달 243
보폭 327
보호색 178
복사 48
부엽토 72
부처님 오신 날 289
북극성 309
붉나무 336
브레이크 251
비노리 207
비닐 주머니 79, 99
비료 71, 72
비커 312

ㅅ
사마귀 92

사진 45, 300
산성 232, 240, 313
산성비 240
살무사 334
삼각대 306
삼각지 79, 87
삼각통 79, 87
상수리나무 77, 142, 218, 227
상현달 243
새 발자국 118
새포아풀 207
생활 하수 230
생활용품 239
샬레 312
서양민들레 207, 211
석고 118, 119
석회고토비료 72
선 그래프 44
설 288
설문 조사 38, 39
설문지 39
소금의 결정 187, 234
소금쟁이 58, 82, 130
소나무 185
소리 252
속도 제한 267
손목시계 324
솜(탈지면) 89, 313
송사리 59, 62, 63, 180
쇠뜨기 186
수박 222
수산화나트륨 108, 314
수서곤충 86, 168
수액 77, 142
수화 276

스톱워치 324, 325
스포이트 313
시침핀 88
시트형 돋보기 304
식물 도감 33
식물 채집 96, 100
식물 채집 가방 98, 101
식물 채집첩 99, 101
식물성 플랑크톤 166, 167
식사 예절 278
식초 233, 241
신문 294
신문지 99
실내 온도계 316
실리카겔 91, 104, 315
실시계 306
쌍떡잎식물 109, 212
쌍안경 242, 305, 306
쌍안실체 현미경 310, 311
쏠종개 337, 339
쐐기나방 335
쐐기풀 336
쓰레기 282
씨 뿌리기 68
씨감자 216
씨방 199

ㅇ

ISO 301
안장 250
안전지대 266
알카리성 109, 232
알코올 온도계 316
알코올램프 27, 312
애기똥풀 336
애매미 140
액상화 현상 249

액체 비료 69, 71
앵무새 297
약품 314
양배추 221
양토 72
양파 209, 211, 221
에탄올 215, 314
엘리베이터 270
역광 302
염소 중화제 63, 315
오이 220
온도 34, 316
올챙이 59
옷차림 50
완두콩 212
왕거미 151
외떡잎식물 109, 212
요리용 저울 318
요오드 액 215, 314
우유팩 284
원 그래프 44
월동 254
월령 245
유지매미 139, 140
유턴 금지 267
유혈목이 334
윤축 250, 251
윤충류 167
응급 처치 338
의태 179
이탈리안 스트라이프 291
인터뷰 38
일본원숭이 334
일시 정지 267
일안반사식 카메라 300
일회용 카메라 300, 301
잎눈 227

잎맥 108, 109
잎몸 108, 109

ㅈ

자갈 122
자동 콤팩트 카메라 300, 301, 303
자동판매기 282
자료실 31
자전거 250
자주닭의장풀 186
잠자리 86, 87, 92, 94, 146
잠자리 애벌레 59, 146
잡초 206
장수풍뎅이 54, 148
장애인 270, 272
장치대 308
재생 종이 285
저녁매미 140
저울 318, 319
전설 292
전시 테이프 88, 91
전시판 89, 90
전정가위 98
전족판 89, 93
점자 블록 270
접는 톱 98
접시 저울 318
접히는 자 320
제비 174
조개 114, 115
졸참나무 142, 143, 218, 219
종가시나무 218, 219
종이테이프 99
주머니칼 98
주사기 88
줄돌거머리 169

줄자 320
증류수 314
증발 234
지네 335
지도 328, 330
지렁이 61, 158, 160, 163, 168, 169
지진 248
질경이 207
질석 73
짚신벌레 167

ㅊ
참매미 140
참으아리 336
채소 208, 220, 222
천연비료 72
천연 세제 231
천체 망원경 308
청개구리 23, 74, 176
체중계 318
초승달 243
총알고둥 172
추월 금지 267
칠엽수 227
칡 214
침엽수 274
침팬지 182

ㅋ
케이폭나무 210
콜리플라워 220
콩 68, 212, 213, 220

ㅌ
타이머 324
타이어 250

타탄 체크 291
탁상시계 324
탱자나무 57, 134
털매미 140
토끼풀 207
토성 246, 247
토양 생물 162, 164
툴그랜 장치 163, 164

ㅍ
파 221
파인더 309
페달 250
페이즐리 291
페트병 덫 83
페트병 어항 82
펜실 스트라이프 291
평균 기온 317
평균대 89, 95
표 44
표류물 286
표면 장력 131
표본 88, 90, 92, 95, 96 102~109, 112~128
표준 식별표 233
풀솜나물 207
풍뎅이 83, 163, 296
풍습 293
플랑크톤 166
플래시 302
피망 220, 222
핀셋 79, 89
필름 301
필름통 79

ㅎ
하루살이 169
하현달 243
한가위 289
한식 288
한천 237
합성 세제 231
항히스타민 연고 338, 339
해바라기 66, 196~205
해파리 337
핸들 251
행성 246
현미경 184, 310
호랑나비 57, 132, 133, 136
화성 246, 247
횡단보도 266
흡수 종이 232
흡충관 78, 83
흰깃히드라 337
흰명아주 207

이 책을 옮긴 **김창원** 선생님은 고려대학교 대학원 정외과를 수료하였고,
현재 자유 번역가로 활동 중입니다.
주요 번역서로는 《모험도감》, 《생각하는 개구리》, 《세계 동물기》, 《자연도감》,
《놀이도감》, 《공작도감》, 《원예도감》, 《식물일기》, 《곤충일기》, 《바다일기》,
《신기한 곤충도감》, 《숲 속 수의사의 자연일기》 등이 있으며,
저서로는 《할아버지 아주 어렸을 적에》, 《할아버지가 보내는 편지》가 있습니다.

자유연구도감

1쇄 - 2009년 10월 27일
6쇄 - 2018년 12월 10일
지은이 - 아리사와 시게오
그린이 - 쓰키모토 카요미
옮긴이 - 김창원
발행인 - 허진
발행처 - 진선출판사(주)
편집 - 이미선, 권지은, 최윤선
디자인 - 고은정, 구연화
총무·마케팅 - 유재수, 나미영, 김수연
주소 - 서울시 종로구 삼일대로 457 (경운동 88번지) 수운회관 15층
　　　대표전화 (02)720-5990　팩시밀리 (02)739-2129
　　　홈페이지 www.jinsun.co.kr
등록 - 1975년 9월 3일 10-92

*책값은 뒤표지에 있습니다.

ISBN 978-89-7221-633-9 76400
ISBN 978-89-7221-626-1 (세트)

Text ⓒ Shigeo Arisawa 1998.
Illustrations ⓒ Kayomi Tsukimoto 1998.

Originally published under the title of
"An Illustrated Guide to free Inquiries" (Jiyuu Kenkyu Zukan)
by Fukuinkan Shoten, Publishers, Inc., Tokyo, Japan, in 1998

The Korean translation copyright ⓒ 1999
by Jinsun Publishing Co., Ltd.

필름통
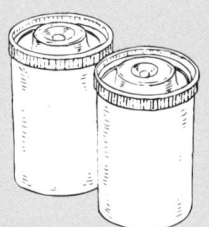
곤충, 씨 등을 넣는다.

면봉 케이스

곤충, 씨, 잎 등을 넣는다.

비닐 주머니

식물 채집 등에 사용한다.

밀폐 용기
곤충 채집이나 관찰에 사용한다.

쟁반
관찰할 때 사용한다.

온도계

빈 상자
표본 상자로 사용한다.

랩
뚜껑 대신 사용한다.

실험이나 관찰에

가 정

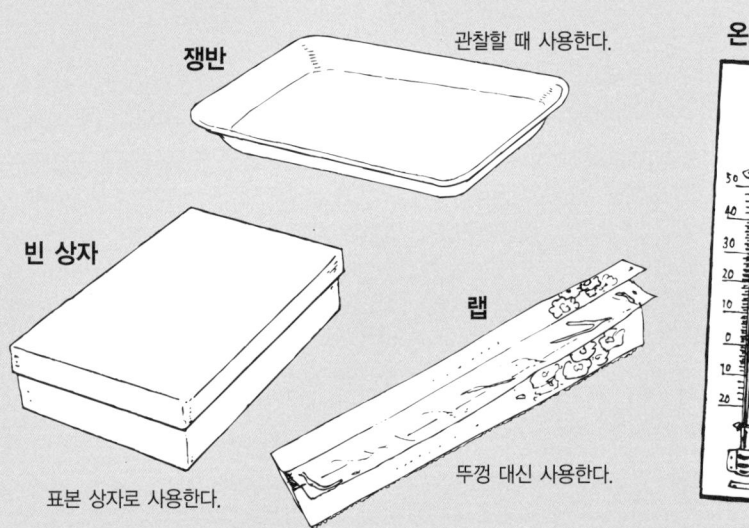